D1732494

Edition
Archiv der deutschen Jugendbewegung

Band 6

Herausgeber:
Winfried Mogge

Berater:
Elisabeth Domansky
Ulrich Herrmann
Arno Klönne
Jürgen Reulecke
Bernhard Schäfers

Gudrun Fiedler
Jugend im Krieg

Bürgerliche Jugendbewegung,
Erster Weltkrieg und sozialer Wandel
1914–1923

Verlag Wissenschaft und Politik

© 1989 bei Verlag Wissenschaft und Politik
Berend von Nottbeck, Köln
Umschlaggestaltung Rolf Bünermann
Gesamtherstellung Werbedruck Zünkler, Bielefeld 11
Printed in Germany · ISBN 3-8046-8730-X

Inhalt

5. Kapitel:
Perspektivsicherung: Gründung einer Herrschaft der Besten

6. Kapitel:
Nach dem Krieg: Der Zwang zum Handeln

7. Kapitel:
Fieber ohne Heil

Anhang

Vorwort

Die Beschäftigung mit der deutschen Jugendbewegung eröffnet ein weites Feld historischer Betrachtung, das zu kontroversen Standpunkten herausfordert. Während der erste Aufbruch der Jugend um 1900 im *Wandervogel* und die Entwicklung eines spezifisch jugendlichen Selbstgefühls oft als ein revolutionärer Akt dargestellt wurden, erweist es sich bei näherer Analyse, daß diese Jugendlichen in ihre gesellschaftliche Gegenwart stark eingebunden waren. Gerade weil sie erst am Anfang ihres Lebens standen, spiegeln sie in ihrem Suchen nach einer gültigen Lebensperspektive die Probleme und Krisen des wilhelminischen Kaiserreichs exemplarisch wider.

So handelt die vorliegende Arbeit von der Spannung zwischen überholten gesellschaftlichen Traditionen und der Suche nach neuen Orientierungsmöglichkeiten, in der die bürgerliche Jugendbewegung während des Ersten Weltkrieges lebte. Die Farbigkeit der Auseinandersetzung innerhalb der Gruppen, wie sie in den Quellen dokumentiert ist, trug dazu bei, die historische Analyse nicht zu einer nüchternen Pflichtübung werden zu lassen.

Die Arbeit wurde 1985 vom Fachbereich für Philosophie und Sozialwissenschaften der Technischen Universität Braunschweig als Dissertation angenommen. Sie ist zur Veröffentlichung überarbeitet und gekürzt worden. Ein vollständiges Exemplar mit umfangreichen Anmerkungen und Anhängen steht im Archiv der deutschen Jugendbewegung (Burg Ludwigstein) zur Verfügung.

Herr Professor Dr. Klaus Erich Pollmann (Braunschweig) hat den Fortgang der Arbeit von den ersten Schritten an wohlwollend und kritisch begleitet. Ich möchte ihm an dieser Stelle danken, daß er mir in schwierigen Momenten hilfreich zur Seite stand und sich für einen Druckkostenzuschuß einsetzte, den mir der Fachbereich für Philosophie und Sozialwissenschaften gewährte.

Die Veröffentlichung wurde auch durch einen Druckkostenzuschuß des Hessischen Ministeriums für Wissenschaft und Kunst gefördert.

Einen wesentlichen Beitrag zur finanziellen Absicherung der Forschungen leistete die Studienstiftung des deutschen Volkes, die mich als Stipendiatin aufnahm. In diesem Zusammenhang gilt mein Dank auch Herrn Professor

Dr. Eberhard Kolb (Köln), der mir wichtige Anregungen für die Konzeption der Untersuchung gab.

Großzügige Unterstützung bei der Arbeit gewährte Herr Dr. Winfried Mogge. Durch sein und seiner Mitarbeiterinnen und Mitarbeiter freundliches Entgegenkommen konnten die Quellen im Archiv der deutschen Jugendbewegung aufgearbeitet werden. Auch eine gründliche Durchsicht und Korrektur der Arbeit ist ihm zu danken. Die Register wurden ebenfalls im Archiv der deutschen Jugendbewegung angefertigt.

Frau Hanna Schroeder-Herrl und Herr Ralph Düren haben mit viel Geduld meine Manuskripte in eine Reinfassung gebracht.

Vor allem möchte ich aber allen Braunschweiger Freunden danken, die mir die kritische Distanz zu meiner eigenen Arbeit bewahren halfen.

Gudrun Fiedler

Jugendbewegung
in der modernen Industriegesellschaft

1

1. Jugend und sozialer Wandel

Die Geschichte der bürgerlichen deutschen Jugendbewegung beginnt mit dem *Wandervogel*. Dessen Wurzeln gehen zurück auf eine Gruppe von Oberschülern, die mit einem Studenten an Wochenenden oder in den Ferien von Steglitz bei Berlin aus wanderten. Vom Frühling 1896 an machten sie ohne Aufsicht der Eltern längere Ausflüge in die Umgebung ihres Heimatortes. Für die damaligen Vorstellungen von Sitte und Anstand war ein solches Unternehmen geradezu revolutionär. Hier beanspruchten Jugendliche, zumindest ihre freie Zeit selber zu gestalten. Um das ungebundene Wanderleben zu ermöglichen, mußten allerdings auf Dauer die Erwachsenen aushelfen. Im November 1901 wurde deshalb der *Wandervogel, Ausschuß für Schülerfahrten* gegründet, der als »Kartell« zwischen den aktiv wandernden »Führern« – älteren Schülern oder Studenten – und liberal eingestellten Eltern wirkte. Die Eltern schirmten die Gruppe nach außen hin ab und standen rechtlich für sie ein.[1]

Mit dem organisierten *Wandervogel* beginnt so die sichtbare Geschichte der Jugendgruppen und -cliquen, die durch unser Jahrhundert hindurch immer wieder die Gesellschaft der Erwachsenen beschäftigten. Das 20. Jahrhundert wurde ein »Jahrhundert der Jugend«; im *Wandervogel* wurden sich jüngere Leute im Schüler- und Studentenalter zum ersten Mal ihrer Eigenarten positiv bewußt, setzten sie sich gegenüber den Älteren und Etablierten in Kleidung, Sprache und Verhaltensweise ab.[2]

Das »Phänomen Jugend« wurde ermöglicht durch eine expandierende Industrie, die das Leben in Deutschland von der Mitte des 19. Jahrhunderts an völlig veränderte. Die einsetzende wirtschaftlich-technische Entwicklung beeinflußte die Berufs- und Alltagswelt der Menschen radikal. Wohnen und Arbeiten wurden voneinander getrennt. Viele Handwerker und kleine Bauern mußten aus wirtschaftlichen Gründen ihre Existenz aufgeben und gingen in die Fabriken. Der Arbeitskräftebedarf der Industrie bewirkte eine starke Bevölkerungsbewegung vom agrarischen Osten zu den industriellen Zentren im Westen und im Berliner Raum. So stammten um 1907

9

rund 20 Prozent der Berliner Bevölkerung aus den agrarischen Gebieten Mecklenburgs, Schlesiens, Ost- und Westpreußens. Neben der starken Ost-West-Bewegung gab es eine zweite, nicht ganz so intensive aus dem Süden und der Mitte Deutschlands (Thüringen, Sachsen-Anhalt) in die Industriezentren. 1871 lebte weniger als ein Viertel der Bevölkerung in städtischer Umgebung (das heißt in Gemeinden über 5000 Einwohner), 1890 schon ein gutes Drittel, 1910 fast die Hälfte. Die großen Städte über 100 000 Einwohner nahmen dabei überproportional zu.[3]

Die Sozialisation der Nachkommen wurde mehr und mehr von staatlichen Institutionen übernommen. Erziehung und Ausbildung wurden länger und anspruchsvoller. Neu entstehende Berufe und die rasche Technisierung der Lebensumwelt erforderten höhere Qualifikationen und gute Kenntnisse der Kulturtechniken. Gegen Ende des 19. Jahrhunderts, ausgehend von den großen Städten, waren die meisten Kinder und Jugendlichen vom staatlichen Bildungs- und Ausbildungssystem erfaßt. Durch den Unterricht in altershomogenen Gruppen erhielten sie die Möglichkeit, im Umgang miteinander eigene, sogar von den Konventionen abweichende Verhaltensweisen zu entwickeln.

Die bürgerliche Jugend erhielt zuerst die Chance, sich an Schule und Universität neuartige Freiräume zu schaffen. Die Angehörigen der verschiedenen, aus dem früheren *Wandervogel* entstandenen Bünde nutzten die Gelegenheit, in den Ferien auf langen Fahrten über Wochen hinweg in einem »Jugendreich« zu leben. Im vertrauten Umgang der Gleichaltrigen klärten sie miteinander die für die Pubertät so wichtigen Fragen nach dem Sinn und Ziel eines menschlichen Lebens und entwickelten dabei eigene Ansichten von einer besseren Welt, die es eines Tages zu erkämpfen gelte.

Ungleich schwerer waren die Startchancen der Arbeiterjugend. Die Mädchen und Jungen aus der Arbeiterschicht kamen in der Regel nach kurzer Schulzeit in die Lehre, wo sie unter der strengen Aufsicht des Meisters standen. Sie mußten sich das eigene Jugendleben in der wenigen arbeitsfreien Zeit erkämpfen.

Gegen Ende des 19. Jahrhunderts wurde »Jugend« zum ersten Mal als wichtige gesellschaftliche Größe begriffen: Ihre Aufgabe würde es sein, die noch ungewisse Zukunft der Gesellschaft zu gestalten. In adeligen und vor allem in bürgerlichen Kreisen breitete sich die Sorge aus, die politischen und sozialen Fundamente des Kaiserreiches könnten angesichts der Veränderungen im wirtschaftlichen Bereich ins Wanken geraten. Sogenannte *vaterländische Vereine* sollten der nachfolgenden Generation mit militärischer Disziplin Gehorsam beibringen. Besonders die Arbeiterjugend – immer in Gefahr, sich an die Sozialdemokratie anzulehnen – sollte durch körperliche Übungen in den Abendstunden von umstürzlerischen Ideen abgelenkt und emotional für das Kaiserreich gewonnen werden.

Die Jugendbewegung wiederum war eine Protestbewegung gegen die Zwänge, durch die junge Menschen in ihrer geistigen und seelischen Entwicklung behindert würden. Hier verwies man auf die lebendige Gemeinschaft in den eigenen Reihen. Der Protest richtete sich in erster Linie gegen die Zwänge im unmittelbaren Erfahrungsbereich, also gegen Schule und Universität. Aber auch die Disziplinierung in paramilitärischen Vereinen war den Wandervögeln suspekt; sie lehnten jede größere Organisation und jegliche autoritäre Bevormundung ab und wanderten grundsätzlich in kleinen Gruppen in freier Natur. Hier suchten sie Antworten auf die Frage nach der eigenen Identität und danach, wie diese in einer modernen Massengesellschaft individuell bewahrt werden könne.

Selbstverständlich flogen diesen bürgerlichen jungen Leuten ihre Ideen nicht von ungefähr zu. Sie hatten eine Erziehung durch Eltern und Schule genossen, die nun, bei der Ablösung vom Elternhaus und der Auseinandersetzung mit tradierten Lebensformen, durchaus wichtig wurde. Viele Eltern von Wandervögeln gehörten dem Teil des deutschen Bürgertums an, der auf akademische Bildung mehr Wert legte als auf ein hohes Einkommen.

Die Gebildeten waren zu Beginn des 19. Jahrhunderts ein wesentlicher Motor der liberalen Bewegung gewesen, die eine Gesellschaft selbstbestimmter Individuen erstrebte, in der Konflikte rational in öffentlicher Diskussion gelöst werden könnten. Daneben gab es aber auch Kinder von Handwerkern, die sich an den Wertmaßstäben des Bildungsbürgertums orientierten. Es fällt auf, daß der Protest der Jugendbewegung gegen die negativen Folgen der Industrialisierung und Verstädterung Deutschlands starken Rückhalt unter den Akademikern fand. So artikulierte sich die Zivilisationskritik besonders unter Gymnasiallehrern. Das Seelenheil des Menschen werde inmitten einer technisierten und durchorganisierten Lebensumwelt verkümmern – so fürchteten auch die anderen Angehörigen der typischen bildungsbürgerlichen Berufe, die Pastoren, Richter, Landräte, Lehrer, Professoren, Ärzte, Rechtsanwälte oder Schriftsteller, die bislang größten Einfluß auf die Setzung ethischer Maßstäbe der Gesellschaft ausgeübt hatten. Ihr Anspruch gründete sich auf ihre humanistische Bildung, die sie durch den Besuch einer Universität erworben hatten. In der traditionellen, noch ständisch geprägten deutschen Gesellschaft des frühen 19. Jahrhunderts wurden die auf die Formung der Persönlichkeit abzielenden Vorstellungen allgemein akzeptiert. Mit der Hochindustrialisierung seit den neunziger Jahren gewann das technische, funktional ausgerichtete Sachwissen an Bedeutung, dessen Anwendung auch zu sichtbaren Erfolgen führte.

Die Mitglieder der Jugendbewegung wurden bei ihrer Suche nach Lebenskonzepten in doppelter Weise verunsichert. Sie wuchsen in einer Gesellschaft auf, die innerhalb weniger Jahre eine überstürzte Modernisierung im industriellen und wirtschaftlichen Bereich erlebt hatte. Politik und Verwaltung, aber auch kulturelle und soziale Normen unterlagen jedoch noch ständischen Traditionen. Der schwierige Prozeß der nationalen Identitätsbildung wurde so in dem noch jungen deutschen Kaiserreich nachhaltig durch zusätzliche Spannungen gestört. Die Eltern der Wandervögel konnten sich ihrer Lebenseinstellung nicht mehr sicher sein. Die einstige Elite mußte neben sich eine neue, aus Wirtschaft und Industrie kommende bürgerliche Führungsschicht dulden. Das gebildete Bürgertum befürchtete seinen materiellen und ideellen Statusverlust.

Die Wandervögel hatten es also nicht leicht, sich an nachahmenswerten Verhaltensmustern und Wertvorstellungen zu orientieren. Sie übten Kritik an der Entwicklung des Kaiserreiches zum modernen Industriestaat, warfen aber auch den eigenen Eltern vor, die auf den Menschen bezogene Idee von Bildung durch die Verknüpfung mit Prestige und dem Anspruch auf gesellschaftlich führende Positionen verraten zu haben. Eine geistige Revolution, die es allen in Konventionen und Gewohnheiten erstarrten Menschen möglich machte, wieder zu sich selbst zu kommen, erschien als das Gebot der Stunde. Das Individuum müsse seine bedrohte Identität zurückgewinnen. Ihre Kritik an der Zivilisation bedeutete aber nicht, daß die Jugendbewegung an den politischen und sozialen Grundlagen des Kaiserreiches zweifelte. Man wurde im Elternhaus durchaus patriotisch erzogen und war im konservativ-bewahrenden Sinne vaterländisch eingestellt.

Die bürgerliche Jugendbewegung ist so ein wichtiger *Indikator* für den sozialen Wandel im Kaiserreich.[4] Gerade die Schicht, aus der die meisten Jugendlichen stammten, war durch ihre eigene Bedrohung besonders sensibilisiert für das Vordringen der Technik in den Alltag, für das zunehmende kapitalistische Wirtschaften und die Einengung der menschlichen Freiheit durch die bürokratische Erfassung der Bevölkerung. Die Jugendbewegung, die sich in ihren führenden Köpfen häufig zu solchen Themen äußerte, erhob aber den Anspruch, nicht nur die Probleme ihrer Gegenwart erkannt zu haben, sondern auch eigene, jugendspezifische Lösungen anbieten zu können, die aus dem unmittelbaren Gruppenerleben erwuchsen. Sie wollte selbst ein *Faktor* in der gesellschaftlichen Entwicklung werden.

Im Weltkrieg verstärkten sich solche Spannungen in dem Maße, in dem die Modernisierung forciert wurde. Im ersten modernen Massenkrieg wuchs der Bedarf an Munition und Waffen ins unermeßliche. Es begann ein Wettlauf der kriegführenden Länder um die bestmögliche Ausnutzung ihrer Wirtschaftskraft. Alte Waffensysteme wurden ständig verbessert, neue entwickelt. Um den Krieg führen zu können, mußten alle Arbeitskräfte ausgenutzt und möglichst effektiv in der Rüstungsindustrie eingesetzt werden. Die Industriebetriebe wuchsen zusammen. Nur große Firmen wurden den neuen Anforderungen gerecht. Der Krieg verwandelte das Kaiserreich

12

gänzlich in einen Staat mit hohem Organisationsgrad und komplexer Gesellschaft.

Unter dem Druck solcher Anspannung brachen schwelende Konflikte aus. Vor allem zwischen Arbeitern und Unternehmern wurde der Graben größer. Und die Jugendlichen wurden sich der Tatsache bewußt, daß sie einen wesentlichen Teil der Kriegslast trugen. Das Mißtrauen gegenüber den Erwachsenen, die ihnen dennoch keine weiteren Rechte zugestanden, nahm zu.

Die Mitglieder der Jugendbewegung wurden im Krieg zum ersten Mal mit einer Realität konfrontiert, die sie vorher nicht gekannt hatten oder der sie an Schule und Hochschule auszuweichen gewohnt waren. Es begann eine neue Phase der Auseinandersetzung mit der Welt der Erwachsenen. In den Bünden wuchs der Wille, sich dieser Realität zu stellen und sie nach eigenen Vorstellungen umzuformen. Der Einsatz für das bedrohte Vaterland im Schützengraben oder bei sozialpflegerischen Maßnahmen zu Hause bot die Legitimation für solche Ansprüche.

2. Zur Methode

Die vorliegende Arbeit fühlt sich einer Methode verpflichtet, die eine Analyse sozialer und wirtschaftlicher Strukturen damit verbindet, Bewußtseinslage und Mentalität einer Gesellschaft, einer Schicht oder eines Individuums zu untersuchen. Sie geht davon aus, daß Mentalitäten ebenso handlungsbestimmend sein können wie reale Fakten.[5] Das bedeutet nicht, daß Mentalitäten unabhängig von sozialhistorischen Bedingungen entstehen. Aber sie können ein Eigengewicht gewinnen, so daß sie sich nicht unmittelbar aus diesem Rahmen ableiten lassen. In der mentalen Verfassung einer Gesellschaft schlagen sich kollektive und individuelle Erfahrungen nieder. Die Einstellung zur Realität stützt sich auf die Interpretation solcher mit Hilfe der Erfahrung gesammelten Weltsicht. Sie ist entstanden in dem Bestreben, die Wirklichkeit in einen Sinnzusammenhang einzuordnen und dadurch begreifbar zu machen. Bewußtseinsphänomene, Ideen oder Sinnentwürfe werden bei einer solchen Methode historischer Betrachtung ernst genommen und nicht »als bloßer Ausdruck politischer und ökonomischer Interessen, als bewußte Verschleierung tatsächlicher politischer und sozialer Gegebenheiten abgetan«.[6]

Die Forderung nach einer »Sozialgeschichte der Ideen«[7] muß auch und gerade bei der Beschäftigung mit der bürgerlichen Jugendbewegung aufgestellt werden, deren Geschichte im Untersuchungszeitraum weniger durch reale Unternehmungen als vielmehr durch Utopien bestimmt wurde, die sich aus einem tiefen emotionalen Gemeinschaftserlebnis herausgebildet hatten. Die zur Verfügung stehenden Quellen enthalten relativ wenige Berichte über Tagungen, Entschließungen, Verträge, Wahlen und ähnliche Fakten. Sie sind stark reflektiert und bewußt in ihren Aussagen über Stimmungslagen, Gefühle, Zukunftsvorstellungen, da die meist jugendlichen Autoren dank ihrer traditionell klassischen Bildung sehr gut mit Sprache umgehen konnten. Erzogen in bildungsbürgerlichen Sprach- und Denkmustern, wurden sie mit den Auswirkungen der modernen industriellen Entwicklung in Deutschland zu Beginn des 20. Jahrhunderts konfrontiert. Die Ereignisse des Ersten Weltkrieges und die Reaktionen der Gesellschaft und ihrer Jugendlichen darauf zeigen beispielhaft, wie weit realer sozialer Wandel und das Begreifen dieses Vorganges auseinanderklaffen können.

Die folgende Untersuchung wird eingeleitet mit einer Darstellung des historischen Rahmens, in dem sich das Phänomen »Jugendbewegung« entwickelte. Sie stützt sich vor allem auf sozial- und wirtschaftshistorische Literatur und versucht, die Spannung zwischen Realität und Realitätsverarbeitung zu deuten.

Wie schwierig ein solches Vorhaben einzulösen ist, zeigt ein Überblick über die Forschung zur Politik im kaiserlichen Deutschland von Rüdiger vom Bruch (1980), der mit Recht die geringe Zahl fundierter sozialhistorischer Arbeiten bemängelt. Auch Klaus Vondung, der eine »Sozialgeschichte der Ideen« (1976) fordert, löst den Anspruch dieses Titels nicht ein und betreibt eher eine psychologische und psychoanalytische Betrachtung, die nach Ulrich Linse »die Veränderung kultureller Werte, sozialer Mythen und symbolischer Codes ebenso ins Blickfeld [rückt] wie die damit verbundene Entwicklung der Einzelpersönlichkeit«[8], die jedoch ohne die Auseinandersetzung mit realen Gegebenheiten leicht wieder reine Geistesgeschichte werden kann.

Die vielversprechende Untersuchung Dietrich Rüschemeyers über »Modernisierung und die Gebildeten im kaiserlichen Deutschland« (1972) fand leider keinen Abschluß. Der Autor beabsichtigte, »die Reaktionen der deutschen Bildungsschicht auf Modernisierung und Industrialisierung im letzten Drittel des 19. Jahrhunderts . . . hauptsächlich auf eine systematische Inhaltsanalyse von politisch-literarischen Zeitschriften« zu stützen. »Dieses Vorgehen soll . . . jene Kluft überbrücken, die sich in Arbeiten mit ähnlicher Problemstellung auftut: die Kluft zwischen einer individualisierenden Geistesgeschichte, die das Denken einiger weniger Autoren im Detail analysiert und als charakteristisch fürs Ganze nimmt, und intuitiv-impressionistischen Spekulationen, die breiter gelagerte Mentalitäten und Ideologien grobflächig charakterisieren und aus sozialökonomischen Bedingungen und politischen Entwicklungen erklären.«[9]

Auffallend ist, daß amerikanische Historiker meist deutscher Herkunft die zur Zeit fundiertesten Werke zum deutschen Bildungsbürgertum geschrieben haben. Fritz K. Ringer (1969, 1979, 1983) und Konrad Jarausch (1978/ 79, 1982, 1983) beschäftigen sich mit dem Erziehungswesen im 19. Jahrhundert. Sie haben eine Methode entwickelt, die sich auf sozialhistorische Fakten stützt, in ihren Fragestellungen aber die Bewußtseinslage der Gebildeten im 19. und 20. Jahrhundert untersuchen will – und zwar im Hinblick auf die nationalsozialistische Diktatur von 1933 bis 1945.[10] James J. Sheehan (1983), der sich mit dem deutschen Liberalismus befaßt, geht von ähnlichen Ausgangsbedingungen aus. Walter Struve (1973) und Fritz Stern (1963) betreiben die Analyse eher unter ideologiekritischen Aspekten ohne sozialhistorischen Bezug. Deutsche Arbeiten, die das Bildungsbürgertum und seinen Idealismus sozialhistorisch untersuchen, sind zumeist älteren Datums.[11]

Die Erforschung des Bildungsbürgertums ist eingebettet in die sogenannte Modernisierungsforschung, die davon ausgeht, daß eine durch gesellschaftliche Veränderungen ausgelöste, durch die technisch-industrielle Entwicklung vorangetriebene »Modernisierung« das entscheidende Kriterium ist, das die Neuzeit vom Mittelalter und Altertum unterscheidet.[12] Es handelt sich dabei nicht um eine ausgereifte, soziologisch abgesicherte Theorie, sondern eher um einen Fragenkomplex, der die historische Entwicklung der letzten 200 Jahre aufschließen will.[13]

Kennzeichnend für die »Modernität« einer Gesellschaft ist nach diesem Modell die zentrale Stellung des innovationsfähigen technisch-industriellen Bereiches, der unterstützt und gefördert wird durch ein kapitalistisches Wirtschaftssystem. Die rasche technische Entwicklung und die Dynamik der kapitalistischen Industrie strahlen auch auf den sozialen, politischen und kulturellen Teilbereich der Gesellschaft aus und führen dort zu Anpassungserscheinungen. Das bedeutet für die Frühphase der Modernisierung im 18. und zu Beginn des 19. Jahrhunderts, daß sich die ständische Ordnung auflöst und allmählich in eine pluralistische Gesellschaft mit erhöhter sozialer Mobilität im Rahmen eines liberal-demokratischen (National-)Staates übergeht. Es entstehen Interessengruppen, die ihre ökonomischen und sozialen Belange im Konkurrenzkampf untereinander regeln.[14] Getragen wird dieser Prozeß vom Bürger als dem gebildeten »Citoyen« und als »Bourgeois«, dessen Macht auf seiner Wirtschaftskraft beruht.[15] Beide Typen schaffen im Europa des 18. und 19. Jahrhunderts die geistigen und wirtschaftlichen Voraussetzungen für den Aufbruch in das Industriezeitalter. Das allzusehr am anglo-amerikanischen Selbstverständnis orientierte Muster muß den jeweiligen nationalen und temporalen Unterschieden angepaßt werden, die sich in der Auseinandersetzung mit dem Einbruch moderner Strukturen ergeben.

Dieser Erscheinung trägt Dietrich Rüschemeyer (1969) für die deutsche Geschichte Rechnung, indem er das Modell einer »partiellen Modernisierung«

entwirft. Teilbereiche der Gesellschaft werden zu Impulsgebern des sozialen Wandels, während andere Teilbereiche in gewohnten Bahnen verharren. »Modern« sind die anpassungsfähigen Strukturen, »veraltet« diejenigen Bereiche, die sich nicht anpassen können oder wollen. Der nie endenden Dynamik, die der industriell-technische Sektor in die Gesellschaft hineinträgt, wird die Forderung nach Anpassung der kulturellen, sozialen und personalen Strukturen gegenübergestellt.[16] Aus der Spannung zwischen dem beharrenden Alten und dem dynamischen Neuen ergeben sich häufig gesellschaftliche Konflikte.

Gerade die bildungsbürgerliche Schicht in Deutschland verhielt sich gegenüber der »Technisierung, Organisierung, Bürokratisierung« des Alltags und der Berufswelt skeptisch und entwickelte aus Angst vor sozialem und wirtschaftlichem Statusverlust ein Protestverhalten, das gegen Ende des 19. Jahrhunderts im »Kulturpessimismus« offen zutage trat. Was nicht in ihr klassisch-idealistisches Weltbild paßte, bezeichnete sie als »modern«. Bei aller Fragwürdigkeit dessen, was »modern« und was »weniger modern« sei, enthält Rüschemeyers Ansatz den für die Behandlung der deutschen Jugendbewegung wichtigen Kern, daß bei gesellschaflicher Veränderung nie *alle* Bereiche betroffen sind, so daß von einer »Koexistenz heterogener und nicht ohne weiteres vereinbarer Elemente«[17] gesprochen werden kann.

Die bildungsbürgerliche Jugendbewegung stellte der Dynamik wirtschaflicher und industrieller Veränderung die Utopie vom gleichbleibenden Abenteuer menschlicher Gemeinschaft gegenüber. Sie erinnerte an die Zeit des Beginns technischer Entwicklung, in der die Bürger hofften, der Mensch werde von nun an sein Schicksal selbst in die Hand nehmen. Die Jugendbewegung wollte weg von der Technik und allen anderen als negativ eingestuften modernen Begleiterscheinungen. Sie warnte davor, den Menschen nicht mehr in den Mittelpunkt aller Entscheidungen zu stellen und ihn einer technisch bestimmten Welt auszuliefern. Ihr Protest äußerte sich in der Vorkriegszeit durch Rückzug aus gesellschaftlichen Zwängen in die von der modernen Zivilisation noch unberührte Natur. Der Beginn des Ersten Weltkrieges nahm ihr diese Nischen.

Der Krieg als erster moderner Massenkrieg, der die Zivilbevölkerung ebenso beanspruchte wie die rekrutierten Soldaten, das Hinterland ebenso einbezog wie die Front, förderte die Modernisierungstendenzen der Vorkriegszeit. Organisation, Bürokratisierung und Technisierung erreichten einen neuen Höchststand.[18] Die Auseinandersetzung zwischen den ins Leben geworfenen Heranwachsenden und der sie umgebenden Gesellschaft des Kaiserreiches begann. Ihre Vorstellungen und Wünsche standen auf dem Prüfstand. Würden sie den realen Zwängen der Erwachsenenwelt widerstehen können und die Hoffnung auf eine am Menschen ausgerichtete Ordnung Wirklichkeit werden lassen?

Dabei gilt es, zum einen nach dem Sinn zu fragen,»an dem historische Akteure im Erfahrungshorizont ihrer Zeit sich orientiert haben«[19] – also nach den Sinnentwürfen der Älterengruppen der Jugendbewegung, die in der Auseinandersetzung mit der sich modernisierenden wilhelminischen Gesellschaft entstanden. Zum anderen ist die Bedeutung zu erfragen, die »historische Aktionen unter theoretischen Gesichtspunkten von heute annehmen können«.[20] Die vorliegende Arbeit will dabei Probleme der Jugendemanzipation, der Reaktion des Bildungsbürgertums auf den Einbruch der Moderne und nicht zuletzt die Stellung von Technik in einer modernen Gesellschaft und ihre Auswirkungen am historischen Beispiel behandeln. Im Zeichen zunehmender Umweltzerstörung und verstärkter Bedrohung des Individuums und seiner Lebenswelt durch Rationalisierung und Funktionalisierung des Alltags und der Berufssphäre ist die von der damaligen Jugendbewegung gestellte Frage nach dem Verhältnis von Mensch und Technik wieder akut.

Leopold Rosenmayr[21] schlägt vor, bei der Untersuchung jugendlicher Verhaltensweisen folgende Aspekte zu berücksichtigen:
1. den »Alterseffekt«: Die Angabe des Alters verweist auf typische altersbedingte Verhaltensweisen von Jugendlichen, die berücksichtigt werden müssen, so die Vorherrschaft des Werterlebnisses.
2. den »Generationseffekt«: Werte und Normen sind nicht erst in der Pubertät Teile der Sozialisation. Die Auseinandersetzung zwischen Eltern und Kindern um Maßstäbe für Verhaltensweisen beginnt schon früher und ist durchaus kein einseitiger Prozeß. Vom historischen Standpunkt aus ist der Zeitraum wichtig, in dem die Kinder erzogen worden sind, da sich die Einstellung der Eltern zu ihrer gesellschaftlichen Umgebung und die Erfahrungen, die sie machen, auf den Erziehungsstil übertragen. Bei der Feststellung gleicher Normen von Eltern und Heranwachsenden, die durch den Erziehungsprozeß verinnerlicht werden, muß jedoch vorsichtig argumentiert werden, da Erziehung ein Wechselverhältnis zwischen Erzieher und Kind bedeutet.
3. den »Periodeneffekt«: Festzustellen ist jeweils der historische Zeitpunkt der Untersuchung (in diesem Falle also die Kriegs- und Nachkriegszeit 1914 bis 1923). Die vorliegende Arbeit will die Situation der Jugendlichen im Krieg beschreiben und fragt dann nach der Reaktion der bürgerlichen Jugendbewegung auf den Krieg.

Dieser Ansatz hat den Vorteil, daß er die historischen Rahmenbedingungen berücksichtigt, mit denen sich Heranwachsende während ihrer Sozialisation auseinandersetzen müssen. Die Forschung zur bürgerlichen Jugendbewegung betrachtete bisher diese Bewegung eher als »einzigartiges« Phänomen und vernachlässigte zumeist ihre Einbindung in historische Prozesse. Das vorhandene Quellenmaterial verführt leicht dazu, Personen und Ereignisse nur aus der »Innensicht« der Jugendbünde darzustellen. Das aber verleitet dazu, die in den Quellen vermittelte Weltsicht zu isolieren. Der Aussagewert ist dann nur gering.

3. Zur Forschungslage

Die Veröffentlichungen zur historischen Jugendbewegung wurden zumeist von ehemaligen Mitgliedern verfaßt, denen es an kritischer Distanz und auch an Quellenkenntnis mangelte. Sie beschrieben ihre subjektiven Erfahrungen innerhalb eines kleinen Gesichtskreises. Richtungweisende wissenschaftliche Arbeiten sind in jüngerer Zeit entstanden.[22] Eine neuere, wissenschaftlich abgesicherte Gesamtdarstellung fehlt immer noch.

Zu den bemerkenswerten Publikationen aus der frühen Zeit, die ein umfassendes Bild der Jugendbewegung zum Thema haben, gehören die durch quellenmäßige Belege gut abgesicherte Arbeit Friedrich Wilhelm Foersters (1923) und die erste soziologische Untersuchung von Charlotte Lütkens (1925). Beide versuchten, die Jugendbewegung in größere Zusammenhänge von Erneuerungsbewegungen einzuordnen. Unter den jüngeren Arbeiten ist Jakob Müllers geistesgeschichtlich orientierte Untersuchung über die Wandervögel als »deutsche Hauptrichtung neukonservativer Reform« (1971) hervorzuheben. Der erste stringente soziologische Ansatz stammt von Ulrich Aufmuth (1979), der von der Frage nach den Entstehungsbedingungen der *Wandervogel*-Bewegung ausging.[23] Unterstützt wird Aufmuths These von der bildungsbürgerlichen Herkunft dieser Jugendlichen durch die empirisch-soziologische Untersuchung von Otto Neuloh und Wilhelm Zilius (1982), die rund 140 Angehörige der *Wandervogel*-Bünde von 1914 über ihre »Einstellungen, Leitbilder und Erlebnisse« befragten.[24]

Einen Überblick zum Diskussionsstand der neueren – historischen – Jugendforschung bietet der Sammelband »›Mit uns zieht die neue Zeit‹– Der Mythos Jugend«, herausgegeben von Thomas Koebner, Rolf-Peter Janz und Frank Trommler (1985), in dem neben den Emanzipationsversuchen Jugendlicher »zwischen Jahrhundertwende und Drittem Reich« auch die Versuche der Erwachsenen angesprochen werden, Jugend für sich zu vereinnahmen. Die Beiträge dieses Bandes greifen weit über den Rahmen der bürgerlichen deutschen Jugendbewegung hinaus.

Der Schwerpunkt des bisherigen Forschungsinteresses liegt bei der Anfangsphase der Jugendbewegung und bei den Aktivitäten der Bünde in den zwanziger Jahren.[25] Die Zeit des Ersten Weltkrieges fand bislang wenig Beachtung. Bis auf einen älteren Aufsatz von Wilhelm Flitner über die Jugendbewegung im Krieg (1927) und die Kapitel im Rahmen größerer Fragestellungen bei Jakob Müller (1971), Willibald Karl (1973), Magdalena Musial

(1982) und Franz Josef Krafeld (1984) lassen die meisten Arbeiten, auch die ehemaliger Mitglieder, eine Auseinandersetzung mit dem Verhalten im Krieg vermissen.[26] Ulrich Linse (1973) beschäftigt sich in einem Aufsatz zu den »linken« Strömungen der Jugendbewegung im Ersten Weltkrieg mit dem Widerstand dieser pazifistisch eingestellten Gruppen in der Kriegsgesellschaft. Er geht davon aus, daß nur die linken bürgerlichen Jugendlichen und die Arbeiterjugend den Wunsch nach Überwindung der Gesellschaft zur Verbesserung des menschlichen Lebens gehabt haben. Reinhard Preuß (1983) legte eine bisher nicht veröffentlichte Dissertation über die »frei-deutsch-sozialistische« Richtung in der deutschen Jugendbewegung 1913 bis 1919 vor.[27] Allen gemeinsam ist die auf die Jugendbewegung beziehungsweise Jugendsoziologie bezogene und so mitunter eingeengte Fragestellung. Eine Einordnung in die Wirtschafts-, Sozial- und politische Geschichte des Kaiserreiches steht noch aus.

Ein Kapitel dieser Arbeit befaßt sich mit der Reaktion der Bewegung auf die mögliche Einführung der militärischen Jugendpflege. Der Entwurf eines Reichsjugendwehrgesetzes wurde zwischen 1915 und 1917 in der zeitgenössischen Literatur stark diskutiert, in der Forschung über den Ersten Weltkrieg jedoch kaum beachtet. Besonders Klaus Saul (1971, 1983) beschäftigt sich mit den staatlichen Bemühungen um die schulentlassene Jugend bis 1914, die vor allem der Abwehr sozialdemokratischer Einflüsse auf die 16- bis 20jährigen dienten, und mit der militärischen Jugendpflege im Krieg 1914 bis 1918. Reinhard Höhn (1969) geht in seinem Werk über das Verhältnis zwischen Heer und Sozialdemokratie auch auf die Geschichte der vormilitärischen Ausbildung ein, die mit dem Reichsjugendwehrgesetz im Krieg ihren Höhepunkt erreichte. Er arbeitet den Versuch einer Militarisierung der Jugend jedoch nicht scharf heraus und überschätzt andererseits die Erfolge der paramilitärischen Jugendvereine der Vorkriegszeit. Mit der militärischen Jugendpflege vor dem Ersten Weltkrieg befaßt sich unter sozialpädagogischem Aspekt Heinrich Muth (1961).

4. Zur Quellenlage

Der Zugang zu den Quellen ist dadurch erleichtert, daß das *Archiv der deutschen Jugendbewegung* auf Burg Ludwigstein gerade in den letzten Jahren wichtige Nachlässe von Führern und Sammlungen von Bünden und Gruppen der Bewegung aufgenommen hat. Es bietet so eine noch nicht lückenlose, aber in ihrem Umfang einzigartige repräsentative Materialsammlung. Publiziertes Material gibt vor allem eine dreibändige Quellensammlung zur Jugendbewegung an die Hand, die von dem ehemaligen Wandervogel Werner Kindt herausgegeben wurde (1963, 1968, 1974). Eine Dokumentation von Gerhard Ziemer und Hans Wolf (1961) unterrichtet über die Zeit bis zum Beginn der zwanziger Jahre. Die Auswahl der Quellen ist in beiden Sammlungen sehr subjektiv durch den Blickwinkel derjenigen vorgenommen worden, die das historische Geschehen selbst verfolgt und mitgestaltet haben. Die Herausgeber haben in zweifellos bester Absicht vor allem Material der »dominanten« Gruppen ausgewählt; Dokumente der radikaleren nationalistischen Kreise, aber auch der zum Sozialismus tendierenden Gruppen sind nur spärlich vertreten. Kindt und Ziemer/Wolf vermitteln so die Vorstellung, der »Geist der Jugendbewegung« habe nur im *Wandervogel* und in der *Freideutschen Jugend* geherrscht, und die »linken« und »rechten« Gruppierungen seien Abweichungen von der »wahren« Linie gewesen.[28]

Über die Jugendbewegung im Ersten Weltkrieg gibt es eine Fülle von Quellen im *Archiv der deutschen Jugendbewegung*. Vor allem die Zeitschriften der verschiedenen Gruppen sind zahlreich und wahrscheinlich vollständig vorhanden. Diese Nachrichtenblätter waren die Mittler zwischen Heimat und Front. Neben den überregionalen Gaublättern und Bundeszeitschriften verfaßten auch die einzelnen Ortsgruppen Berichte über ihre »Fahrten« und »Nestabende«, um sie den Soldaten zu schicken. Hier gibt es chronologische Lücken, da die Fahrtenberichte nicht regelmäßig erschienen und nur unter großen Mühen hergestellt werden konnten.

Überall waren »Kriegsbriefe« abgedruckt. Jeder wollte wissen, wie es »seinen« Wandervogelsoldaten »draußen« erging. Auch hier finden sich keine zusammenhängenden Briefreihen, die sich über den gesamten Krieg hinweg erstrecken. In den Akten der Ortsgruppen, der Gaue und Bünde liegen ebenfalls Mitteilungen der Soldaten, die nur kurze Zeiträume erfassen. Die Situation ist jedoch weitgehend gleich, so daß zutreffende Aussagen gemacht werden können, wenn man aus den verschiedenen Gruppen Briefe sammelt, die den Zeitraum des Krieges insgesamt abdecken. Regionale Verschiedenheiten spielten für das Thema keine Rolle. Es erwies sich auch, daß die Diskussion der bürgerlichen Jugendbewegung über den Krieg und die Kriegsgesellschaft sich an beispielhaften Gruppen darstellen ließ.

In den schriftlichen Quellen äußerte sich zwar nur eine kleine, von den Kriegsereignissen meist verschonte Personengruppe, die aber das Geschehen in der Jugendbewegung entscheidend beeinflußte. Deshalb können die aus den Quellen gewonnenen Untersuchungsergebnisse als repräsentativ angesehen werden. Zu den Gruppen der oben charakterisierten »Abweichler« liegt auch im Archiv wenig Material vor. Es handelt sich dabei jedoch um Quellen, die zentrale organisatorische Themen behandeln, so daß eine Einordnung auch dieser Strömungen möglich war.

Bei der Interpretation der Quellen der Jugendbewegung ist zu berücksichtigen, daß es sich hier um Material handelt, das die realen Ereignisse mehrfach filtert. Die zahlreichen Beiträge zur Diskussion um Richtungen und Ziele der Bewegung geben eher die Meinungen der Autoren wieder und haben weniger die Rekonstruktion von Tatbeständen im Sinn. Dank ihrer Erziehung in klassischer Bildungstradition wandten die Verfasser selbstverständlich und geübt das Medium Sprache an. Um die Spannung zwischen dem Wollen der Bewegung und dem realen Geschehen herauszuarbeiten, war es wichtig, auch »zwischen den Zeilen« zu lesen und den Bestand an traditionellen Formeln aufzubrechen und für den heutigen Leser verständlich zu machen. Für die Kriegszeit gilt, daß auch psychische Verdrängungsprozesse die Darstellung der Realität in hohem Maße (und aus lebenserhaltenden Gründen) behindern.

Bei der vorliegenden Arbeit handelt es sich also weitgehend um eine Ideengeschichte, die aber versucht, einen sozialhistorischen Rahmen darzustellen und somit über den engeren Kreis der Jugendbewegung hinauszuweisen.

Abbildung 1:
Titelseite, 1915

Die bürgerliche Jugendbewegung bis zum Ersten Weltkrieg

1. Rahmenbedingungen für das Entstehen einer Jugendbewegung in Deutschland

»Jugend« kann nur dort entstehen, wo infolge intensiver gesellschaftlicher Arbeitsteilung den unterschiedlichen Altersgruppen verschiedene Aufgaben zufallen. Um die komplizierter werdenden Arbeits- und Lebensbedingungen zu verstehen – um zu lernen –, wird die nachfolgende Generation in unterschiedlichem Maße von der reinen Existenzerhaltung der Familien freigestellt. Die Dauer der Freistellung hängt vom Schulniveau, oft aber auch von den finanziellen Möglichkeiten der Eltern ab. Für den Abiturienten verlängert sich die Jugendphase durch den Universitätsbesuch. Häufig fern von zu Hause und schon relativ selbständig in der Organisation von Arbeit und Freizeit, genießen diese Heranwachsenden als Studenten alle Vorteile eines solchen Lebens.

Das wilhelminische Kaiserreich bot alle Bedingungen für das Entstehen eines spezifisch jugendlichen Bewußtseins. Innerhalb eines streng konservativen Rahmens entwickelte sich eine wirtschaftliche und soziale Dynamik, die langfristig zur Ausprägung von Interessengruppen beitrug, die nun ihre ökonomischen und sozialen Bedürfnisse anmeldeten. Traditionellen ständischen Sozialformen und kulturellen Normen sowie überlieferten feudalistischen Resten in Verwaltung und Politik standen in Handel und Gewerbe und vor allem in der Industrie neue kapitalistische Wirtschaftsformen und moderne technische Produktionsverfahren gegenüber. Die Ausweitung des Produktionsbereiches veränderte die Arbeits- und Lebensbedingungen. In den Industriezentren formte sich das Bewußtsein einer eigenständigen Arbeiterklasse. Diese definierte sich ebenso wie die Unternehmer über ihre Stellung im Produktionsprozeß, während die grundbesitzenden, die militärischen und bürokratischen Führungsgruppen sich nach vorindustriellen Kriterien bestimmten.[1]

Mit der Bürokratisierung der Produktion und der wachsenden Bedeutung der Dienstleistungen wuchs die neue Schicht der Angestellten heran. Die unterschied sich ökonomisch nur wenig von den Arbeitern, hatte aber ein streng antiproletarisches Bewußtsein und rechnete sich somit dem »neuen Mittelstand« zu. Der »alte Mittelstand« aus Handwerkern und Kleingewerbetreibenden mußte sich in seiner Produktionsweise auf die Industrie einstellen oder sank zur proletarischen Schicht herab. Die Angehörigen mittelständischer Berufe – Handwerker, Angestellte und Beamte – fühlten sich insgesamt ideologisch eng mit Großindustrie und Landwirtschaft verbunden. Bis zum Ende des Kaiserreiches bildeten alle Berufsgruppen spezielle Organisationen, um ihre Interessen wirksam vertreten zu können. Auch im Familienleben lockerten sich die sozialen Beziehungen. Frauen und Jugendliche meldeten ihre Rechte auf gesellschaftliche Partizipation an. Sie wollten als gleichberechtigte Individuen sich selbst vertreten und schufen entsprechende Vereinigungen. An die Stelle traditioneller fester Bindungen und damit verbundener Fürsorge trat also nun die »Konkurrenz organisierter Privatinteressen«.[2] Die Öffentlichkeit wurde zum Schauplatz des Wettbewerbs miteinander streitender wirtschaftlicher und sozialer Gruppenbedürfnisse, auf dem tragfähige Kompromisse immer wieder neu vermittelt werden mußten.

Die für das Kaiserreich so typische Zusammenarbeit der modernen Wirtschaftseliten mit den »vorindustriellen grundbesitzenden, militärischen und bürokratischen Führungsgruppen« verhinderte aber »in der sich entfaltenden industriellen Gesellschaft . . . das Zustandekommen eines Konsensus über die Grundordnungen«.[3] Der nationale Integrationsprozeß verschärfte sich dadurch zu einer permanenten Krise, die durch die Angst vor der Sozialdemokratie verschärft wurde. Es tat sich eine tiefe Kluft zwischen den Arbeitern und der übrigen Gesellschaft auf. Die Arbeiter wurden aus Furcht vor den sozialen Konsequenzen der Industrialisierung politisch und sozial ins Abseits gestellt. Während zwischen »Mittelschicht« und »Oberschicht« sozialer Aufstieg möglich war, bestanden für die Arbeiter als Vertreter der »Unterschicht« zusätzliche Mobilitätsbarrieren. Die tiefe soziale Kluft zwischen ihnen und der restlichen Gesellschaft ließ weniger Aufsteiger in die Mittelschicht kommen als Mittelschichtler in die Oberschicht.

Aus Furcht davor, die große Masse der Arbeiterjugendlichen an die Sozialdemokratie zu verlieren, setzten 1909 umfangreiche jugendpflegerische Maßnahmen ein, denen schon im letzten Jahrzehnt des 19. Jahrhunderts private Initiativen von bürgerlicher Seite vorangegangen waren. Der Schwerpunkt der Jugendpflege lag in der Erziehung junger Menschen zu staatsbürgerlichem Verhalten unter Anleitung von Offizieren und national eingestellten Persönlichkeiten durch »körperliche Ertüchtigung«. Die Übungen dienten dazu, die Jugendlichen zu disziplinieren und gleichzeitig die Wehrkraft zu steigern.

Bis kurz vor Beginn des Ersten Weltkrieges konnte die Konzeption einer deutschen Weltmachtpolitik über die Dynamik der industriellen Entwicklung hinwegtäuschen und die beharrenden Kräfte stärken. Der Mittelstand, das gebildete Bürgertum, ja sogar die Arbeiter ließen sich von der nationalen Bewegung mitreißen. Im August 1914 schien trotz aller sozialen und ökonomischen Unterschiede das nationale Anliegen die Gesellschaft zu einen. Der Weltkrieg erwies sich jedoch als ein »Katalysator sozialen Wandels«, der den wirtschaftlich-technischen Sektor stärkte und somit den Übergang in die Industriegesellschaft beschleunigte.

Vor solchem Hintergrund ist es nur konsequent, daß die Frage nach der Stellung von Jugend in der Kriegsgesellschaft von Erwachsenen und Jugendlichen aufgegriffen und heftig diskutiert wurde. Denn: »Wer die Jugend hat, hat die Zukunft.«[4]

2. Die Jugendbewegung als Teil der bildungsbürgerlichen Kulturrevolte

Als Antwort auf die geistige Starrheit und gesellschaftliche Enge der wilhelminischen Gesellschaft versuchten zunächst Gymnasiasten, sich jugendliche Freiräume zu schaffen, in denen sie sich entfalten könnten.[5] So zogen sie am Wochenende oder in den Ferien in die Natur hinaus, lehnten technisierte und durchorganisierte Umgebungen sowie unter den Erwachsenen übliche Konventionen ab. Das Wandern als »Ausdruck neu erschlossener Lebensfülle« forderte den Menschen auf, ohne technische Errungenschaften und »äußere Bequemlichkeiten« schwierige Situationen zu bewältigen. Die kleinen »Horden« vermittelten lebendige soziale Kontakte.[6]

»Dieses Wandern ist Flucht, ist Empörung – wenn ein anderes Sich-Versagen gegenüber der gesamten Umwelt und deren Maßstäben Flucht genannt werden kann: aber, und das ist das Starke, . . . daß sie – auf anderen Gebieten – ganz positiv gewandt wird, daß sie das ›Leben flieht‹, um – durchaus diesseitig – ein neues, eigenes Leben zu finden . . .«[7]

Mit diesen Worten umschrieb Charlotte Lütkens 1925, noch ganz in der Tradition des *Wandervogels* stehend, das »Gesicht der Bewegung«.[8] Die Jugendbewegung erweist sich damit als Teil jener zivilisationskritischen Protestbewegung, die seit etwa 1890 vor den Folgen einer Überbetonung des Materiellen warnte. Die Träger dieser Gegenbewegung, Angehörige des akademisch gebildeten Bürgertums, fürchteten die Funktionalisierung des Menschen durch die Technik und die Verflachung und Nivellierung der »Kultur« durch Massenansprüche.

Das Vordringen kapitalistischer Produktionsweisen und die damit verbundene Ausbreitung technischer Erzeugnisse und eines entsprechenden funktionalen Denkens bis in den Alltag der Menschen hinein ließ die Werte der Bildungsbürger in den Augen der Gesamtgesellschaft zurücktreten. Es entstand ein neuer technisch-naturwissenschaftlicher Bildungsbegriff, der wegen des in Zahlen zu messenden Erfolges die alten, allerdings längst nicht mehr klassischen Vorstellungen zu verdrängen drohte. Ein neues Wertesystem bot sich an. Die faktenbezogene Sachausbildung an Realgymnasien und Oberrealschulen machte mit zunehmender Bedeutung der Industrie den altsprachlichen Gymnasien Konkurrenz, ebenso wie die neuen Technischen Hochschulen den traditionellen Universitäten.

Eine Avantgarde unter den Bildungsbürgern forderte seit den letzten Jahrzehnten des 19. Jahrhunderts die Wiederbelebung »wahrer Kultur« und »Menschenbildung« durch eine »geistige Reform des Lebens«. Sie wandte sich damit auch gegen einen formalisierten und inhaltsleeren Kulturbetrieb, der sich vom Staat aushalten und beherrschen ließe, aber vom Großteil des Bildungsbürgertums unterstützt werde. Den als »Oberlehrer« und »Bildungsphilister«[9] aus den eigenen Reihen Verspotteten wiederum war die einstige Hoffnung auf ein durch Geistesbildung geformtes, selbstbestimmtes Individuum verlorengegangen. Sie gaben sich damit zufrieden, daß es möglich war, an den Schulen und Universitäten Qualifikationen zu erlangen, mit denen man Ansprüche auf sozial angesehene Berufe und besondere Privilegien anmelden konnte.

Die avantgardistischen »Lebensreformer« hingegen akzeptierten eine solche Einstellung nicht mehr. Ihre Kampfansage an das Lernen für formale Qualifikationen bekam zusätzlichen Auftrieb durch die herrschende Akademikerarbeitslosigkeit, die gerade die typisch bildungsbürgerlichen Fächer der Philologie, Theologie und Rechtswissenschaft betraf und die Sinnlosigkeit der »Paukerei« bewies. Bildung auf diesem Wege zu vererben, drohte unattraktiv zu werden.

Der »Rückzug in die Kultur« erweist sich so als Kampfansage an die schädlichen Kräfte der Moderne. Vertreter des gebildeten Bürgertums machten gegen Ende der achtziger Jahre mobil, das »Menschliche« vor der »Technik« zu retten – und um ihren eigenen Führungsanspruch erneut geltend zu machen. Zentraler Begriff der neu umschriebenen anarchischen »Anti«-Kultur war das »Leben«. Es bedeutete Absage an das verkrustete Alte und ein uneingeschränktes Ja zum ungeordneten, unmittelbaren Geschehen im Augenblick – also Hoffnung, Vitalität, Hinwendung zum Gefühl, zu Schlichtheit und Wahrheit. »Leben« umfaßte somit das Gegenteil dessen, was in der komplexen Industriegesellschaft mit hochgradigen Spezialisierungs- und Organisationsformen gefordert wurde. Die Hinwendung zum »Leben« meinte die Abkehr vom bloßen Intellekt und von lebloser Wissensvermehrung und ihrer Anwendung.

Dieser Protest gegen die Technisierung des Menschen und seiner Lebenswelt wurde getragen von Literaten und Künstlern. Er wurde in Produkten des Kunstgewerbes, im Design, in der Architektur angesprochen, aber auch in den Geistes- und Sozialwissenschaften und in der Pädagogik aufgegriffen. In der Jugendbewegung fanden zum Beispiel Vorstellungen von leichter, luftiger Kleidung aus körperfreundlichen Stoffen lebhaften Anklang. Viele Lebensreformer schlossen sich von der städtischen Gesellschaft ab und gründeten landwirtschaftliche Genossenschaften, die Bausteine für eine neue Lebensordnung werden sollten. Die Meinungen über den richtigen Weg dorthin reichten von starr ablehnenden, allem Modernen verschlossenen Ansichten bis hin zum tapferen Bejahen einer irreversiblen Entwicklung, deren inhumane Konsequenzen allerdings vermieden werden müßten. Die letztere Idee beinhaltete die Hoffnung, »die sozialen und politischen Kräfte, die durch die industrielle Revolution freigesetzt worden waren, zu lenken, der Demokratie ihren Stachel zu nehmen, die sozialdemokratischen Arbeiter vom Radikalismus und vom Internationalismus der marxistischen Orthodoxie abzubringen und die Massen zu einem minimalen Respekt vor den kulturellen Traditionen und nationalen Ideen«[10] des Bildungsbürgertums zu veranlassen, das heißt, sie unter Führung des Bürgertums zu erziehen. Dagegen versuchten andere Gruppierungen, die sozialen und wirtschaftlichen Konsequenzen der Modernisierung aufzuhalten. Die Furcht vor den Arbeitern trieb sie in das Lager der Junker und des Großbürgertums.

Beide Gruppen teilten das Mißtrauen der Bildungsbürger gegenüber ungebildeten Schichten. Ihr Vertrauen galt häufig dem Idealbild einer über der Gesellschaft stehenden Führerpersönlichkeit. So gilt für die gesamte bildungsbürgerliche Protestbewegung: »Liberal-demokratische und reaktionär-elitäre, aufklärerische und irrationale Inhalte lagen bei diesen Weltanschauungen in einer merkwürdigen Gemengelage.«[11]

Alle aber hatten sie zum Ziel, die technische Entwicklung als bloße Gestaltung des Oberflächlichen unter die Herrschaft der »Kultur« zu stellen, die allein die seelischen, also die wahren Bedürfnisse des Menschen stillen könne. Damit trafen die Gebildeten durchaus einen Nerv des jungen Reiches, dem ein zündender, alle sozialen Gruppen und regionalen Bestrebungen einender Impuls fehlte.

Die Entwicklung der selbständigen Jugendgemeinschaft

Aus der Schülergruppe um den Studenten Hermann Hoffmann entwickelte sich der typische *Wandervogel*-Fahrtenstil: eigenständiges Wandern von Jugendlichen ohne Aufsicht der Erwachsenen bei Wind und Wetter. Dabei spielten der »Drang zum Ungewöhnlichen« und die »Freude an der körperlichen Leistung«[12] eine große Rolle. Ziel war es, möglichst anspruchslos und nur auf sich gestellt das Land zu erwandern.[13] Die Kerngruppe aus Steglitz unternahm zuerst Fahrten in die Umgebung Berlins, dann in die Mecklenburgische Schweiz, in die Rhön und schließlich im Sommer 1896 ins Fichtelgebirge, weiter durch den Bayerischen und Böhmischen Wald bis nach Prag.

Als Hoffmann[14] sein Studium beendete und ins Ausland ging, übernahm der Oberprimaner Karl Fischer[15] die Organisation der Wanderungen. Mit dem *Wandervogel, Ausschuß für Schülerfahrten* erhielt das Wandern nun eine feste, juristisch abgesicherte Form.[16]

Der *Ausschuß* löste sich im Sommer 1904 wegen eines Streites über Karl Fischers autoritären Führungsstil auf. Ehemalige Mitglieder gründeten den *Wandervogel, eingetragener Verein zu Steglitz bei Berlin* mit einer weniger hierarchischen Struktur. Sein geistiger Führer wurde der Student und Musiker Siegfried Copalle, der 1905 das erste »Wandervogel-Liederbuch« herausgab, das zu einem bewußteren Wandern anleiten sollte. Im *Steglitzer Wandervogel* liegt ein Ursprung für die spätere lebensreformerische Komponente der Jugendbewegung, die sich in einfacher Lebensweise und Alkohol- und Nikotinenthaltsamkeit äußerte.

Der im Herbst 1904 von Karl Fischer als Konkurrenz gegründete *Alt-Wandervogel* hingegen hielt beharrlich an der gewohnten Form des wilden Umherschweifens fest. Seine Mitglieder dachten kaum darüber nach, welche Konsequenzen sie aus dem ungebundenen Leben in der Natur für den in Konventionen erstickenden Alltag ziehen konnten.

Diese beiden Bünde stellten die neue Form der Jugendgemeinschaft dar: Wandern aus Sehnsucht nach Ungebundenheit und Abenteuer – oder als Ausdruck der Selbstbesinnung.[17]

Mit der Abtrennung der Jenaer Ortsgruppe vom *Alt-Wandervogel* 1907 begann eine Phase der Vertiefung und Differenzierung der Grundsätze in der Jugendbewegung.[18] Anlaß der Spaltung waren Forderungen nach Nikotin- und Alkoholabstinenz, nach der Aufnahme von Mädchen in den Bund und der Ausdehnung der Gruppe auf Volksschüler. Der neugegründete Bund der Reformwilligen nannte sich *Wandervogel, Deutscher Bund für Jugendwanderungen.*[19]

Über die »Fahrt« hinaus entwickelten sich Ansätze zu einer neuen Lebensauffassung, die sich in veränderten Verhaltensweisen äußerte. Mit der Aufnahme von Mädchen im *Deutschen Bund* änderte der *Wandervogel* auch das Verhältnis der Geschlechter zueinander. Bei getrennten oder gemeinsamen Wanderungen lernten die Jungen die Mädchen als »Kameraden« kennen. Statt der »Tanzstundenpoussiererei« herrschte die Atmosphäre einer »offenen, natürlichen . . . Kameradschaftlichkeit«.[20]

Die Wandervögel lebten in Gruppen, die sich in gemeinsamer Arbeit ein eigenes Jugendreich im »Nest« schufen und von hier aus in die Ferne auf »große Fahrt« gingen. Die »Horde« war der eigentliche Kern der Bünde. Sie bestand aus sieben bis fünfzehn Jungen oder Mädchen, die durch ihre

Abbildung 2:
Steglitzer Wandervögel, 1904

Erlebnisse zu einer Gemeinschaft zusammenwuchsen.[21] Hier entwickelte sich vor allem ein neuer Umgangston jenseits der erstarrten Konventionen. Damit aber hatte der *Wandervogel* »den Kampf mit der Sitte und dem ›guten‹ Ton aufgenommen«.[22]

Der *Jung-Wandervogel, Bund für Jugendwandern,* eine Gruppe, die sich 1910 vom *Alt-Wandervogel* getrennt hatte, stellte dann zum ersten Mal bewußt und pointiert formuliert einen eigenständigen jugendlichen Standpunkt gegenüber der Erwachsenenwelt heraus.[23]

Wesentlichen Eifluß auf die Bünde hatten die Studenten Hans Lißner und Hans Breuer, der den »Zupfgeigenhansl« herausgab, das grundlegende Liederbuch der Jugendbewegung, mit dem das deutsche Volkslied des 15. bis 18. Jahrhunderts wieder populär wurde. Der stark lebensreformerisch geprägte *Deutsche Bund* wollte auf die Gesamtbewegung wirken und ein »Wandervogeldeutschland« schaffen, »soweit die deutsche Zunge reicht!«[24] Sein Ziel war eine wirkliche »Wanderkunst«[25] wie im *Steglitzer Wandervogel,* hier nun mit dem Anspruch, sie »auf alle Stände auszudehnen«.[26]

Im Gruppenleben der konkurrierenden Bünde bildete sich ein eigener *Wandervogel*-Stil aus. Dazu gehörte eine angemessene Ausrüstung, also zweckmäßige Kleidung (»Kluft« genannt), praktisches Gepäck (im Rucksack), Übernachten in Zelten und die Zubereitung des Essens auf »Fahrt« in einem gemeinsamen »Hordenpott«.[27] Es bürgerte sich ein, alte Lieder zu singen und sie mit der »Klampfe« zu begleiten. Im Heimatort suchten die Jugendlichen eine Unterkunft, in der sie sich ungestört treffen konnten. Die »Stadtnester« wurden in Eigenarbeit renoviert und ausgestaltet. In glücklichen Fällen fand sich in der Nähe ein ehemaliges Bauernhaus oder eine aufgelassene Mühle als Landheim, zu dem man kleinere Ausflüge unternahm.

Die bürgerliche Jugendbewegung bis 1914

Während des Studiums fanden viele ältere Wandervögel in den traditionellen Studentenverbindungen keine Heimat und schlossen sich deshalb mit gleichgesinnten Lebensreformern zu studentischen Gemeinschaften neuen Stils zusammen.[28] Im Oktober 1913 traten diese Gruppen zum ersten Mal spektakulär an die Öffentlichkeit. Ihr Fest auf dem Hohen Meißner sollte ein Protest gegen die üblichen Feiern zur hundertjährigen Wiederkehr der Völkerschlacht bei Leipzig sein und ein Zeichen geben für die eigenständige Lebensweise der Jugend.[29] Hier verbanden sich vierzehn Vereine auf der Grundlage der »Meißnerformel« zur *Freideutschen Jugend:*

>»Die Freideutsche Jugend will aus eigener Bestimmung, vor eigener Verantwortung, mit innerer Wahrhaftigkeit ihr Leben gestalten. Für diese innere Freiheit tritt sie unter allen Umständen geschlossen ein.

30

Abildung 3:
Metzer Wandervögel, 1913

Zur gegenseitigen Verständigung werden Freideutsche Jugendtage abgehalten. Alle Veranstaltungen der Freideutschen Jugend sind alkohol- und nikotinfrei.«[30]
In diesem Programm fehlen offensichtlich »alle Hinweise auf eine politische Einstellung im engeren Sinne«.[31] Darum hatte es auf dem Hohen Meißner erbitterten Streit gegeben. Aussagen, die den gewohnten politischen Richtungen folgten, wurden in die »Meißnerformel« nicht aufgenommen, obwohl mehrere von Erwachsenen dominierte Verbände darauf gedrängt hatten.[32] Die Ansicht setzte sich durch, die Jugendbewegung müsse zunächst ihr neu entdecktes Lebensgefühl formulieren[33], das den politischen Bereich erst in Ansätzen streifte.[34] Doch auch damit trat man schon bewußter in eine Auseinandersetzung mit der Umwelt ein als zuvor der *Wandervogel*.

»Der Wandervogel war das Ausdrucksmittel der Jugend, ihr eigenstes, unbestrittenes Recht gemäß den Mendelschen Gesetzen . . . Der Ältere hat andere Pflichten: . . . der Abenteuerlust herzhaft den Rücken gewandt! Den Blick hinaus ins Leben gerichtet! – Dem Mann Gewordenen blüht die Tat!«[35]

Als die *Freideutsche Jugend* wegen ihrer emanzipatorischen Aussagen in Bayern angegriffen und der lose assoziierte *Wandervogel* dort an einigen Orten sogar verboten wurde[36], nahm eine Vertretertagung der Freideutschen 1914 in Marburg die »Meißnerformel« in ihrer Schärfe zurück und betonte die Gültigkeit der durch die Erwachsenen geschaffenen Werte.[37] Nach wie vor wurden die Ansprüche der Jugend auf ihren Eigenwert herausgestellt und alle »wirtschaftliche, konfessionelle und politische Parteinahme . . . als vorzeitige Bindung dieser unserer Selbsterziehung«[38] abgelehnt.
Unterschiedliche Strömungen innerhalb der Jugendbewegung, die sich zunächst in der *Freideutschen Jugend* gefunden hatten, trennten sich nun wieder. Die der Erwachsenenwelt gegenüber weniger oppositionellen Heranwachsenden aus dem *Wandervogel* und dem gleichzeitig entstandenen *Bund Deutscher Wanderer* blieben in der *Freideutschen Jugend*.[39] Sie strebten unter Führung des jungen Arztes Knud Ahlborn[40] eine »zweckfreie Entfaltung« der Persönlichkeit im Kreise Gleichgesinnter an. Ihr Protest gegen die Hohlheit des Bürgertums wurde eher weltabgewandt und unreflektiert ausgelebt durch Wanderungen in der »unberührten« Natur oder im Zusammenleben der studentischen Gruppe.
Ganz anders verhielt sich die *Jugendkulturbewegung* um den Pädagogen und Schulreformer Gustav Wyneken. Hier hatten sich junge Intellektuelle und »Deklassierte«[41] zusammengefunden, die aus ökonomischer Not oder als Juden für die *Wandervogel*-Bünde nicht tragbar erschienen. Vor dem Ersten Weltkrieg stellten sie nur einen Bruchteil der von der Jugendbewegung berührten Jugendlichen. Ihre Vorstellungen gingen aus von konkreten

Schritten zur Veränderung der Welt im Sinne einer »Kultur der Jugend«, die noch nicht korrumpiert sei. Das *Akademische Commitee für Schulreform*, bestehend aus Studenten und Schülern[42], die *Sprechsäle* der Schüler[43] und die Zeitschrift »Der Anfang«[44] riefen zum Kampf um eine Schulreform auf. Die *Freie Schulgemeinde Wickersdorf*, die Wyneken bis 1910 leitete[45], fühlte sich ebenfalls der *Jugendkulturbewegung* verpflichtet. Der Anspruch, Jugend könne aus sich heraus eine neue Kultur schaffen, wirkte revolutionär und provozierend auf die Erwachsenenwelt.

Die Angriffe, besonders aus Bayern, ließen nicht lange auf sich warten. Als Antwort darauf schlossen die Freideutschen die »Alters- und Zweckverbände« aus ihrem Zusammenschluß aus.[46] Neben dem lebensreformerischen *Vortrupp* und der jugendbewegten *Burschenschaft Vandalia* mußten die *Freie Schulgemeinde Wickersdorf* und der von Wyneken gegründete *Bund für freie Schulgemeinden* austreten. Die Aufnahme des *Anfang-Kreises* und des Berliner *Sprechsaals* wurde abgelehnt. Der 1913 entstandene Einigungsbund der *Wandervogel*-Organisationen, der *Wandervogel e. V.*[47], hingegen blieb von sich aus fern. Die *Freideutsche Jugend* verstand sich nun als selbstbezogene Erziehungsgemeinschaft von Jugendlichen für Jugendliche[48], nicht mehr als »Gesinnungs- und Arbeitsgemeinschaft« der Jugendlichen, die nach einer Zeit der Entwicklung »umgrenzte Aufgaben selbständig« in Angriff nehmen könnten.[49] Eine feste Organisation sollte die Gewähr bieten, daß der Name *Freideutsche Jugend* nicht von beliebigen Vereinen und Gruppen beansprucht werden konnte.[50]

3. Ausblick

Mit solchen Schritten waren die Probleme jedoch nicht gelöst. Die Spannung zwischen den konträren Auffassungen über die Stellung der jungen Generation in der Gesellschaft bestand in der *Freideutschen Jugend* weiter, konnte aber nicht mehr ausgetragen werden, weil der Beginn des Krieges vorerst weitere Diskussionen verhinderte. Der größte Teil der Freideutschen war der völlig neuen Welt des modernen Massenkrieges ausgeliefert.[51] Im Schützengraben erlebten sie die Andersartigkeit ihrer vom Bildungsbürgertum geprägten Lebenswelt im Vergleich zu den anderen Klassen. Sie mußten nun praktisch lösen, was theoretisch erst vage mit der »Organisationsfrage« angeklungen war: Sollten sie sich auf selbstgenügsame Inseln zurückziehen oder um eine allgemeine Verbreitung ihrer Ideen kämpfen?[52] Ein Problem, das auch für die älteren Wandervögel wichtig wurde. Die Trennung der Jugendbewegung in Mitglieder an der Front und solche in der Heimat ließ derartige Diskussionen aber nur unter erschwerten Be-

dingungen zu. Die Zwänge der Kriegsgesellschaft, der Abbruch vorgezeich-
neter Lebensläufe veränderten alle bisherigen Fragestellungen.
Solche Probleme stellten sich selbstverständlich nicht nur den Mitgliedern
der Jugendbewegung, sondern der gesamten jungen Generation. Je länger
der Krieg dauerte und je stärker er den sozialen Wandel beschleunigte, desto drängender wurde für die Heranwachsenden die Frage nach den eigenen
Lebenszielen. Die politischen und militärischen Instanzen der Gesellschaft
reagierten darauf mit dem Versuch, die reibungslose Integration der Jugend
auch für die Zeit nach dem Krieg sicherzustellen und alle Jugendlichen im
Interesse der Stabilisierung des »status quo« unter Kontrolle zu bringen.[53]
Die Suche junger Menschen nach einer Stellung innerhalb der Gesellschaft
fiel zusammen mit der noch nicht abgeschlossenen Jugendphase, in »der
dem heranwachsenden Menschen viele verschiedenartige Lebensformen,
soziale Situationen und Werthaltungen begegnen und während der dieser
eine eigene Haltung hierzu entwickelt«.[54] Die Heranwachsenden mußten
sich mit dem Krieg und der kriegführenden Gesellschaft auseinandersetzen
und aufgrund dieser Situation die von den Eltern übermittelten Werte auf
ihren Bestand prüfen: Konnten sie, deren Lebensperspektiven unsicher geworden waren, in Zeiten eines verstärkten sozialen Wandels den Vorstellungen der bereits Etablierten folgen?[55]
Jugendliche und Heranwachsende, die noch nicht voll in die Gesellschaft
integriert sind, reagieren in der Regel stärker als Erwachsene auf Veränderungen der gesellschaftlichen Struktur. Wenn die Erwachsenenrollen weniger attraktiv oder unerreichbar werden, dann muß die Generation der Jüngeren Wege finden, um sich neue Lebensperspektiven aufzubauen.[56] Wie
verhielt sich die kulturkritische bürgerliche Jugendbewegung in Zeiten eines verstärkten sozialen Wandels, der die Tendenzen zu Technisierung, Organisierung und Bürokratisierung förderte? Wenn sie ihre Utopien verwirklichen wollte, mußte sie vor allem darüber befinden, ob die von den Eltern
übernommenen Verhaltensmuster weitergeführt werden konnten oder ver-
worfen werden mußten. Jugend wird zum *Faktor* sozialen Wandels.
Da diese jungen Menschen bis zum Kriegsbeginn in der Schule und an der
Universität in gesellschaftlichen Freiräumen gelebt hatten, waren sie für die
bestehenden Widersprüche und sozialen Konflikte bei der direkten Konfrontation mit der Gesellschaft besonders sensibel. Sie hatten vor dem Krieg
in realitätsfernen Nischen unter anderen Jugendlichen gelebt und ohne
Auseinandersetzung mit der Wirklichkeit ihre Ideen von einer besseren
Welt entwickelt. Die Reaktion der Jugendbewegung auf den Krieg und den
Druck der Erwachsenen verweist so zum anderen auch auf bereits erfolgte
oder sich anbahnende Veränderungen in der eigenen Schicht und in der Gesamtgesellschaft. Jugend wird zum *Indikator* sozialen Wandels.[57]

Der Erste Weltkrieg
und das Ende der Selbstgenügsamkeit

1. Aufbruch 1914: Die »große Fahrt«

Als 1913 auf dem Hohen Meißner ein Mitglied des *Österreichischen Wandervogels* den Kampf gegen die Slawen um das Deutschtum in der »Ostmark« proklamierte und die »reichsdeutschen Brüder«[1] um tatkräftige Hilfe bat, blieben diese Worte nicht ohne Widerspruch:
»Krieg? Diese Ausgeburt des Wahnsinns, Lebensvernichtung, Menschenmassenmord in unseren Tagen? – Davor mußte ein gütiges Geschick, davor sollte unser aller treues Wirken uns bewahren!«[2]
Doch da waren auch die Träume vom großen Abenteuer des Kampfes, von strahlenden Helden mit gezückten Schwertern und edlen Taten für »Gott – König – Vaterland«.[3] Schule und Elternhaus hatten die junge Generation zu diesem »engagierten, opferwilligen Patriotismus«[4] erzogen. In den Jahren vor dem Ersten Weltkrieg glaubten der größte Teil der deutschen Gesellschaft und mit ihm offizielle Regierungsstellen, daß ein Krieg auf Dauer zur Erhaltung der Stellung des Deutschen Reiches in der Welt unvermeidbar sei.[5]
So fand auch die weniger direkte, doch ebenfalls von Bildern des patriotischen Kampfes ausgehende Rede des Pfarrers Gottfried Traub auf dem Hohen Meißner den Beifall der Zuhörer.[6] Gustav Wyneken warnte dort zwar vor einem verheerenden Kampf, begrüßte aber ein Jahr später doch den Krieg als Möglichkeit zur Reformierung der inneren Verhältnisse Deutschlands.[7] Vor ihm hatten schon viele aus der bildungsbürgerlichen Avantgarde den Kampf als ein »reinigendes Gewitter« herbeigesehnt, was sich in Bildern von Untergang und Krieg niederschlug. Nietzsche, George, Rilke, die Expressionisten Georg Heym, Ernst Stadler oder Rudolf Leonhard erwarteten den Zusammenbruch der leblos gewordenen starren Zivilisation, den Anbruch einer neuen Zeit.[8]
Die ambivalente Haltung der Gesellschaft wie der Jugendbewegung des Kaiserreiches zum Krieg[9] spiegelt sich wider in einem Telegramm der *Deutschen Akademischen Freischar*[10] von ihrem Bundestag in Jena an den Kaiser, unmittelbar vor dem Beginn des Weltkrieges. Der Wortlaut selbst

ist verlorengegangen; Knud Ahlborn rekonstruierte ihn zehn Jahre später: »Der Sinn war eine sorgfältig begründete Kundgebung gegen den Krieg als Mittel zur Lösung politischer Konflikte im allgemeinen und gegen den bevorstehenden Krieg im besonderen; ferner dann eine lebhafte Beschwörung an den ›Friedenskaiser‹, den Krieg im letzten Augenblicke mit allen nur irgend möglichen Mitteln zu bannen; im Schlußsatz das für die Haltung der gesamten Freideutschen Jugend beim Kriegsausbruch charakteristische Gelübde: Falls bei ehrlichsten und ernstesten Bemühungen, den Konflikt auf friedlichem Wege beizulegen, Deutschlands Unversehrtheit nicht erreicht werden kann, falls also der Notwehrcharakter des Krieges unbedingt feststeht, wird auch die Akademische Freischar wie alle andere deutsche Jugend sich bis zum letzten Mann für die Verteidigung des Vaterlandes zur Verfügung stellen.«[11]

Unter dieser Voraussetzung meldeten sich viele Wandervögel und Freideutsche ohne Zögern als Freiwillige, als nach den Schüssen von Sarajewo die Mobilmachung angeordnet wurde. Wie ihre Altersgenossen[12] wollten sie »ihre Pflicht als Deutsche . . . tun, um Deutschlands Ehre zu bewahren und unsere Macht zu erhalten«.[13]

»Am 1. August erhielten wir in Marburg die Nachricht, daß bald Mobilmachung befohlen werden würde. Wir reisten nach Hause, und ich habe mich in Halle, der größten Stadt in unserer Nähe, als Freiwilliger gemeldet«, schrieb Gotthold von Rohden, Mitglied der *Akademischen Vereinigung Marburg,* in knappen Worten am 5. August 1914 an einen griechischen Bekannten.[14] Eine Woche vorher wollte er noch in den »Ferien . . . natürlich tüchtig . . . arbeiten, um den verschiedensten Anregungen nachzugehen«.[15]

Viele *Wandervogel*-Führer befanden sich bei Kriegsbeginn mit ihren Gruppen auf sommerlicher Großfahrt. So schnell wie möglich eilten sie nach Hause zurück, um sich bei den militärischen Stellen zu melden:

»Die Kriegserklärung traf mich unerwartet auf frisch-fröhlicher Jungenfahrt im Meininger Land. Schleunigst zurück; in Erfurt schon die ersten Militärzüge, Infanterie, Artillerie und schmucke Gardereiter mit flatternden Wimpeln und Fähnchen. Am II. VIII. als Kriegsfreiwilliger bei Schützen eingetreten und nach zackiger Ausbildung am I. XI. über Leipzig – Marburg – Coblenz – Sedan – Laon – St. Ernie ins Feld.«[16]

Die Städte wurden zu Treff- und Sammelpunkten der Soldaten. Über Dresden berichtet Grete Schnabel, Mitglied des *Wandervogel*-Gaues Sachsen:

»Soldaten, und immer wieder Soldaten; die bildeten den Mittelpunkt. Und die ersten Siegesnachrichten! Flatternde Fahnen und Glockengeläut, dazu eine freudig erregte Menschenmenge und singende (oder brüllende) Kinderhorden mit Fähnchen und Holzsäbel und Schulran-

Abbildung 4:
Aus einem Album der Zeitzer Wandervögel, 1917

zen als Tornister! Das sind bleibende Eindrücke, von denen sich keiner eine Vorstellung machen kann, der's nicht miterlebte.«[17]

Der Wandervogel und Leutnant Hanns-Gerd Rabe zeichnete später die Stimmung in den ersten Augusttagen aus der Erinnerung ähnlich. Er erlebte den Kriegsbeginn in Osnabrück:

»Am 2. August 1914 begann der erste Weltkrieg! Die Mobilmachungserklärung wühlte die Stadt buchstäblich auf: ›Eine größere Bewegung gab es, als Trommelschlag erscholl und eine Ausrufpatrouille vom IR 78 erschien, um die Verhängung des Kriegszustandes zu verkünden. Das wurde von den Umstehenden mit brausenden Hurrarufen beantwortet. Beim Konzert im Garten des Hotels Germania war alles besetzt; patriotische Weisen erklangen, mehrere begeisterungsvolle Ansprachen wurden gehalten. Uniformen in großer Zahl belebten das Bild. Es war eine unvergeßliche Kundgebung in ernster Zeit.‹«[18]

Aber es gab auch andere Reaktionen. So schrieb das »Osnabrücker Tageblatt« am 3. August:

»Die Würfel sind gefallen! Gewaltige Aufregung hat sich unserer Stadt bemächtigt, alles ist wie umgewandelt. Der Verkehr vollzieht sich in fieberhafter Eile, die Bewegungen der Menschen, das Rollen der Automobile und Wagen. Und über allem liegt ein großer Ernst, eine Ruhe, die fast unheimlich wirkt. Es gab und gibt viele traurige und verweinte Augen, von Müttern, von jungen Frauen, von Bräuten und Mädchen; viele Klagen um die nahe Trennung, viel Angst vor dem Entsetzlichen, das kommen kann.«[19]

Der Jugendbewegung fehlten mit einem Schlag die wichtigsten Führer und alle Älteren. In Sachsen wurden in den ersten 14 Kriegsmonaten 40 Prozent der *Wandervogel*-Führer und Scholaren Soldaten.[20] Die *Freischar* in Göttingen verlor alle männlichen Mitglieder an die Armee, so daß die Studentin Martha Ida Paul in der Universität von sich behaupten konnte: »Ich bin die Göttinger Freischar.«[21] Bis 1916 wurden aus dem *Wandervogel e. V.* etwa 6000 junge Männer eingezogen, ungefähr die Hälfte des Mitgliederbestandes vor dem Krieg. *Alt-Wandervogel, Jung-Wandervogel* und kleinere Splittergruppen stellten zusammen um die 2000 Soldaten. 4000 vom *Wandervogel e. V.* traten als Freiwillige zu Beginn des Krieges in die Armee ein; etwa 1000 wurden einberufen. Bis 1916 kamen weitere 1000 hinzu, die freiwillig gingen oder eingezogen wurden. Die meisten von ihnen meldeten sich zum »Fußvolk«, also zur Infanterie.[22] Da die militärischen Stellen auf einen großen Andrang von Freiwilligen nicht eingerichtet waren, mußten manche an verschiedenen Orten versuchen, eine Einheit zu finden, die noch nicht überfüllt war.[23]

Hanns-Gerd Rabe erinnerte sich 50 Jahre später, wie sehr dieser Ansturm die Militärs verwirrte:

Abbildung 5:
Aus einer Wandervogel-Zeitschrift, Januar 1915

»Was [der Ausbilder] Pricker nicht ganz begriff, war die Tatsache unseres freiwilligen Eintritts. Das ging nicht nur ihm so, sondern weit höher gestellten Rangstufen. Wir haben die Verwunderung darüber erst später begriffen, weil sie über die subalterne Geisteshaltung der meisten Deutschen hinausging. Wir durchbrachen eine Einfriedigung der stillen Ordnung einer bürgerlichen Welt, für die der ›Wandervogel‹ schon eine Belastung, wieviel mehr die Tatsache einer solchen Freiwilligkeit bedeutete. Das zeigte sich später noch darin, daß wir als Unteroffiziere immer vor diesem Titel noch die Bezeichnung ›Kriegsfreiwilliger‹ amtlich führten.«[24]

Hoffnung auf Statusgewinn

Woher kam diese so unheimliche Bereitschaft, sich freiwillig zu melden? Die *Wandervogel*-Bünde hatten zwar regelmäßig »Kriegsspiele« veranstaltet. Diese boten jedoch eher Anlaß zum Austoben, als daß sie militärisch »ertüchtigen« konnten. Sicherlich auch waren die Jugendlichen patriotisch erzogen worden. Schon deshalb gab es für sie wie für die meisten anderen Kriegstauglichen keine besonderen Skrupel, sich zu melden.

Für die jungen Mitglieder der Jugendbewegung spielten aber andere Motive die entscheidende Rolle. Die Schüler und Studenten erhielten zum ersten Mal die Gelegenheit, sich von der Beaufsichtigung im Elternhaus gänzlich zu befreien und auf sich gestellt die ganze Welt kennenzulernen und Erfahrungen zu sammeln.[25] Das Abenteuer lockte. In romantischen Vorstellungen befangen, sahen die Jugendlichen begierig der »Großen Kriegsfahrt«[26] entgegen. Von den Wandervogelfahrten her an körperliche Strapazen gewöhnt[27], konnten sie, solange sie sich nicht an der Front aufhielten, den Krieg noch als aufregende Entdeckungsreise auffassen.[28]

Als Belohnung für den Einsatz winkte der Status eines Erwachsenen. Das Militär machte keinen Unterschied zwischen Alt und Jung. Im Gegenteil, die Hauptlast des Krieges trug die nachwachsende, physisch leistungsfähigere Generation. So war es kein abwegiger Gedanke, sich als kriegsfreiwilliger Wandervogel und Freideutscher die Achtung weiter Kreise zu sichern und dadurch Anerkennung für die Ideen der Jugendbewegung zu gewinnen. Die Verfasser vieler patriotischer Aufsätze beschworen geradezu die Opferwilligkeit der Jugendlichen: »Krieg und Jugend – sie scheinen zusammenzugehören«.[29]

Besonders die bildungsbürgerlichen Gruppen unterstützten den Topos von der opferbereiten Jugend, die für Kaiser und Vaterland ihr Leben lasse. Diese Jugendlichen seien zu Vorreitern einer inneren Reform geworden, die auch die Erwachsenen im Hinterland nachvollziehen müßten. Durch ihr

Abbildung 6:
Aus einem Album der Leipziger Wandervögel, 1914

moralisches Vorbild sei das deutsche Volk wieder mit seiner geistigen Kultur versöhnt worden, indem es sich vom Materialismus abgewendet habe und nun einem tatkräftigen Idealismus folge.[30] Man sprach so von der Jugend, meinte aber die bürgerliche Jugendbewegung und hoffte, daß durch sie die Gräben zwischen der wilhelminischen Gesellschaft, den Gebildeten und ihren heranwachsenden Kindern aufgehoben seien und die Welt wieder zu ihrer guten Ordnung zurückkehre.

All dies mußte für die Jugendbewegten einen großen Anreiz ergeben, in den Krieg zu ziehen. Zum ersten Mal schien der Einsatz für eine Sache nicht die Begrenzung des jugendlichen Lebensgefühls nach sich zu ziehen. Im Gegenteil – sich ohne Vorbehalt für die Verteidigung des Vaterlandes einzusetzen, mußte die weitere Verbreitung dieser Lebensart bedeuten.[31] Die klare, festumrissene Disziplin einer Armee erlöste die Jugendlichen zudem scheinbar aus dem ständigen Grübeln über sich selbst. Aus Furcht vor einem Programm, das ihnen Erwachsene aufdrängten, wollten sie in der Vorkriegszeit »nichts von allem bekämpfen oder erkampfen, das als negatives oder positives Ziel von außen vor sie hingestellt wird«.[32] Der Versuch, einen eigenen Weg zu gehen, brachte sie wiederum in die Gefahr, »führerlos herumzutreiben«.[33]

Das Militär hingegen war eine

> »geradezu wunderbare Organisation, die jedem sein Arbeitsgebiet genau umgrenzt . . . Zunächst brauche ich so etwas, was mich zwingt und fesselt und festhält, bis ich vielleicht das andere, wonach ich suche und strebe, gefunden hab . . .«.[34]

Das »andere«, wonach die Wandervögel strebten, war die Entfaltung des »Wandervogelgeistes« in Deutschland. Als Oberschüler waren sie dazu erzogen worden, künftige gesellschaftliche Führungspositionen einzunehmen und Kaiser und Vaterland treu zu dienen.[35] Als Wandervögel sollten sie, so die erwachsenen Förderer der Jugendbewegung, Vorkämpfer der Lebensreform sein und ihre herausragende Stellung durch sittlich und moralisch beispielhaften Lebenswandel begründen.[36] Nun, im Krieg, stellte sich ihnen die schwere Aufgabe, sich in diesem Sinne unter extremen Bedingungen zu bewähren und das Geschehen begrifflich zu erfassen.

> ». . . und das ist doch die eigentliche Aufgabe, dieses Ereignis in seiner ganzen Größe, mit aller Erhabenheit und aller Tragik, damit dem geheimnisvollen Dunkel der Antworten, die es auf die letzten Fragen des eigenen Lebens und der großen Geschichte der Völker zu geben scheint, mit zu erleben und es ganz das eigene empfängliche Ich erfüllen zu lassen.«[37]

Auch wenn einem Soldaten zum bewußten Erfassen die Zeit fehle, könne er es doch »wenigstens in seiner unerkannten, nie geschauten und empfundenen Bedeutung einwirken . . . lassen«.[38]

Die gemeinsame Anstrengung eines ganzen Volkes zur Verteidigung seines Staatswesens wurde nun ideell zum Vorbild für eine Volksgemeinschaft[39], die das künftige, bessere Deutschland verkörperte. In diesem Sinn war der Feldzug eine »soziale Tat«.[40] So wie die Jugendbewegten im Frieden den Kampf geführt hatten »gegen Stumpfheit und Niedertracht der Welt«[41], so kämpften sie jetzt gegen die Sünden der Vergangenheit und sahen den Zweck ihres Einsatzes darin, »nach dem Kriege wirken zu können«[42] für ein Deutschland, das sich als Gemeinschaft bewähre.
Vorher wollten sie selbst sich bewähren, um das Nachkriegsdeutschland auch wahrhaft aufbauen zu können.[43] Ob Rekrut oder Freiwilliger, sie alle brannten darauf, in das Gefecht zu kommen, siegen zu helfen. Viele hatten Angst, daß der Krieg vorbei sei, noch bevor sie zum Einsatz kämen.[44] »Weihnachten würde es dann eine schöne gemeinsame Friedensfeier im Landheim geben, rief man sich am Bahnhof zu.«[45] Wenn sich Wandervögel im Kampf durch besonderen Einsatz hervortaten, so konnte es gelingen, ihren Anspruch auf gesellschaftliche Partizipation zu sichern und sich aus den restriktiven Normen bürgerlichen Lebens zu lösen. Die bildungsbürgerliche Jugend würde ihre moralische Führungsposition unterstreichen.

2. Fronterfahrungen

Mit solcherart ausgeprägten Vorstellungen und voller Enthusiasmus zogen die Jugendbewegten ins Feld. Viele aus ihren Kreisen »bewährten« sich, wurden schnell Offiziere und damit Führer von Menschen, die nicht selten wesentlich älter waren als sie.[46] Als militärische Vorgesetzte hatten sie die Möglichkeit, über ihre enge Gruppe hinaus zu wirken. Deshalb sahen sie sich vor allem als Erzieher: »Leutnantsdienst tun heißt seinen Leuten *vorleben*«, »das Vor-sterben ist dann wohl einmal ein Teil davon«.[47] So wurden sie »Wanderer zwischen beiden Welten«[48], zwischen den reinen Idealen, die sie anstrebten, und der Realität, der so gar nichts Ideales anhaftete.
Unter den etwa 10 000 Soldaten des *Wandervogels e. V.* gab es 2200 Unteroffiziere und 1900 Offiziere. Die Verlustquote unter ihnen war besonders hoch. Während im Heer allgemein jeder achte fiel oder vermißt wurde, kam jeder vierte Wandervogel nicht mehr aus dem Krieg zurück. Viele wurden für Tapferkeit ausgezeichnet. Nach einer Zählung gegen Ende 1918 leisteten im Verlauf des gesamten Krieges etwa 10 000 Wandervögel als Soldaten, Krankenpfleger oder Krankenschwestern Kriegsdienst. 2000 waren gefallen oder ihren Verletzungen erlegen, 250 vermißt gemeldet. In allen Gauen betrug die Verlustquote ungefähr 25 Prozent der ausgezogenen Wandervogelsoldaten. Die hohe Einsatzbereitschaft der unerfahrenen Kriegsfreiwilligen forderte ihren Preis.[49]

Diese hohen Verluste lassen sich aber auch darauf zurückführen, daß der Weltkrieg einen unerwarteten Verlauf nahm und die beteiligten Armeen ungeheuren Strapazen aussetzte. Die militärische Leitung war mit der Führung der durch die allgemeine Wehrpflicht entstandenen Millionenheere überfordert. Ihr fehlte jegliche Erfahrung. Die Oberste Heeresleitung hatte teilweise nur ungenaue Vorstellungen über die Vorgänge an der Front, da sie den modernen technischen Hilfsmitteln wie Fernsprechern und Flugzeugen keine Bedeutung zumaß. Hinzu kam, daß Generaloberst von Moltke die Operationen nur zögernd leitete. So blieb der deutsche Angriff bald durch Führungsschwächen und Mißverständnisse stecken. Nach einer kurzen Phase des Bewegungskrieges, in der deutsche Truppen Belgien überrannten und im Osten den Angriff der Russen abwehrten, zogen sich im Winter 1914/15 die Gegner an allen Fronten in die Schützengräben zurück.[50]

Im Alltag des Stellungskrieges wurde Offizieren und Soldaten allmählich bewußt, daß die Zeit der Helden, die sich in der persönlichen Auseinandersetzung bewährten, vorbei war. Subjektive Tapferkeit und Mut gingen unter im Feuer der Maschinengewehre und im Hagel der Granaten.[51] Die technische Entwicklung erzwang eine neue Art der Kriegführung, auf die weder Mannschaft noch militärische Führung vorbereitet waren.[52] Neue Waffen – Maschinengewehre, Handgranaten, Minenwerfer, Flammenwerfer und schwere und leichte Geschütze von höchster Treffgenauigkeit[53] – bestimmten die Kampfhandlungen und erforderten eine gute technische Ausbildung. Beides hatten weder die Mittelmächte noch die alliierten Staaten vor dem Krieg erkannt.[54] Der Verlauf des russisch-japanischen Krieges (1904/05) hatte schon Hinweise darauf gegeben, daß in einem modernen Kampf die Technik die Rolle von Infanterie und Artillerie ändern würde. Die moderne Artillerie erleichterte die Verteidigung und erstickte den gegnerischen Angriff schon im Vorfeld. Um sich vor den weitreichenden Geschützen zu retten, hatten die Soldaten zum Spaten gegriffen und Gräben ausgehoben. Die Infanterie, ehemals Kern jeder Offensive, konnte nur noch unter dem Schutz der eigenen Artilleriegeschosse angreifen. Die deutschen Militärs sahen darin eher eine Ausnahme, die durch geographische und völkische Merkmale bedingt sei. Sie befürchteten, daß die eigene Truppe durch Einübung in den Bau von Schützengräben in eine allgemeine Defensivhaltung verfallen könnte.[55]

Um die Westfront von Holland bis zur Schweiz zu halten, begann die deutsche Armee nach der Marneschlacht im Herbst 1914 sich einzugraben. Nur so schien sie ihre Position gegen die gegnerische Übermacht an Menschen und Material verteidigen zu können. Erneute Angriffe mußten von der Methode einer in dichten Reihen stürmenden Infanterie abkommen.[56] Künftig sollte der Einsatz von Artilleriefeuer, Gas und Panzerwaffen den Vorstoß erfolgreicher machen, indem die vordersten feindlichen Stellungen ausgeschaltet wurden, noch bevor ein Sturmangriff erfolgte. Luftaufklärung half, die feindlichen Ziele zu orten. Dennoch gelang es nicht, den Kampf beweglicher zu machen. Die neuen Geschütze der Gegner waren unüberwindliche Abwehrwaffen.

Riesige Mengen an Material, Waffen und Munition wurden von der deutschen Heeresleitung angefordert. Das bedeutete für die Industriebetriebe im Hinterland, sich ganz auf die Erfordernisse der Front einzustellen. Nur eine gut organisierte Wirtschaft, der Arbeitskräfte, Rohmaterial und technisches »Know-how« zur Verfügung standen, konnte das nötige Material liefern. So griff dieser Krieg erstmals entscheidend in das Leben im Hinterland ein.

Die dritte Oberste Heeresleitung unter Hindenburg und Ludendorff erkannte 1916 deutlich, daß im »Laufe des Krieges . . . der Einfluß der Maschine immer mehr in den Vordergrund gerückt [ist]; die Bedeutung der lebenden Kräfte hat sich dagegen verringert; entscheidend ist nicht mehr allein der höhere Wert der Truppe, der nie hoch genug gestellt werden kann, sondern im steigenden Maße die Überlegenheit an Kanonen, Munition und Maschinengewehren«.[57]

»Retter des Vaterlandes«

Die Wandervögel lernten schnell den Krieg in seiner ganzen Grausamkeit kennen. Sechs Wochen nach Kriegsbeginn war der deutsche Vorstoß an der Marne zum Stillstand gekommen. Der Plan scheiterte, unter Umgehung der Festungen im Osten Frankreichs durch den Einmarsch in Belgien der französischen Armee in den Rücken zu fallen, nach Süden abzuschwenken, sie zwischen der deutsch-schweizerischen Ostgrenze und den deutschen Truppen in Frankreich in die Zange zu nehmen und zu schlagen.[58] Von der schweizerischen Grenze bis Lille erstarrten die Truppenbewegungen im Stellungskrieg. Die einzige Möglichkeit, wieder Bewegung in die Kampfhandlungen zu bringen oder gar den Gegner zu umfassen, bot die Verlagerung der Auseinandersetzungen in das bisher verschonte Gebiet im Norden zwischen Lille und der Kanalküste. Es begann ein Wettlauf der Gegner zur Küste, der jedoch unentschieden endete. Weder den Alliierten noch den Mittelmächten gelang es, die jeweils feindlichen Linien zu durchstoßen oder zu umfassen.[59] In dieser Situation beschloß Generalleutnant von Falkenhayn, preußischer Kriegsminister und seit September 1914 Nachfolger von Moltkes als Chef des Generalstabes, frisch ausgehobene Freiwilligenkorps einzusetzen.[60] Sie sollten die im Norden noch nicht vollkommen erstarrte Front wieder aufrollen.

Diese Mannschaften setzten sich vor allem zusammen aus ungedienten Kriegsfreiwilligen, aus Rekruten und Älteren, deren Dienstzeit schon lange zurücklag. Insgesamt hatten 61 Prozent dieser Soldaten nicht gedient. Unter ihnen befand sich ein erheblicher Teil an Studenten und Schülern höherer Lehranstalten.[61] Die Korps hatten am 10. Oktober 1914 ihre improvisierte Ausbildung abgeschlossen und befanden sich seit dem 13. Oktober in den besetzten Gebieten. General der Infanterie von Loewenfeld urteilte nach der Besichtigung:

»Was für die Ausbildung hat geschehen können, war geschehen. Die Infanterie kann, wenn auch in ihren Entfaltungen noch etwas bedächtig, als ausgebildet angesehen werden. Bei der Feldartillerie macht sich der Mangel an Offizieren störend bemerkbar . . . Weniger gut steht es mit der taktischen Durchbildung der Führer, insbesondere der Kompagnie- und Batterieführer. Diese mußten vorwiegend aus inaktiven Offizieren von teilweise recht hohem Lebensalter entnommen werden. Es fällt diesen häufig schwer, sich in die Anforderungen des modernen Gefechtes hineinzufinden; auch die körperliche Rüstigkeit und Reitfertigkeit auf den ausgehobenen, großenteils rohen und unrittigen Pferden genügt vielfach nicht.

Was am meisten fehlt, ist ein Gefühl für die Gefährdung durch die feindliche Artillerie bereits auf große Entfernungen; daher das harmlose Vorgehen in dicken Massen seitens aller Waffen auf verhältnismäßig kurzem Abstand vom Gegner. Ferner fehlt das Verständnis für das richtige Zusammenwirken der Waffen, nicht nur bei der Artillerie, sondern auch bei der Infanterie.«[62]

General von Falkenhayn hoffte wohl darauf, daß »der stürmische Angriffswille und die ungebrochene Schwungkraft«[63] der mit Jugendlichen stark durchsetzten Korps alle diese Mängel ausgleichen würde. Führende Militärs hatten in den Jahren vor dem Krieg die Einsatzbereitschaft der Jugendlichen zu den kriegsentscheidenden Faktoren gezählt:

»Leicht trennt sich nur die Jugend vom Leben. Sie ist noch nicht durch die tausend Fäden, die das bürgerliche Dasein um uns schlingt, an diese Erde gefesselt. Sie hat noch nicht gelernt, mit dem Verbrauch der Lebenszeit zu kargen . . . *Die Sehnsucht nach Erlebnissen macht sie kriegslustig.* Ruhe und Genuß, das Streben des reiferen Alters, liegen ihr fern. *Sie tritt mit Freude und Sorglosigkeit in den Kampf, die beide zu der blutigen Arbeit notwendig sind.* Die Stärke eines Volkes liegt in seiner Jugend! Wohl dem Lande, wo in Elternhaus und Schule eine leiblich und sittlich kernige, wehrhafte Jugend für den Heeresdienst erzogen wird.«[64]

Übersichtskarte der Deutschen Westfront.

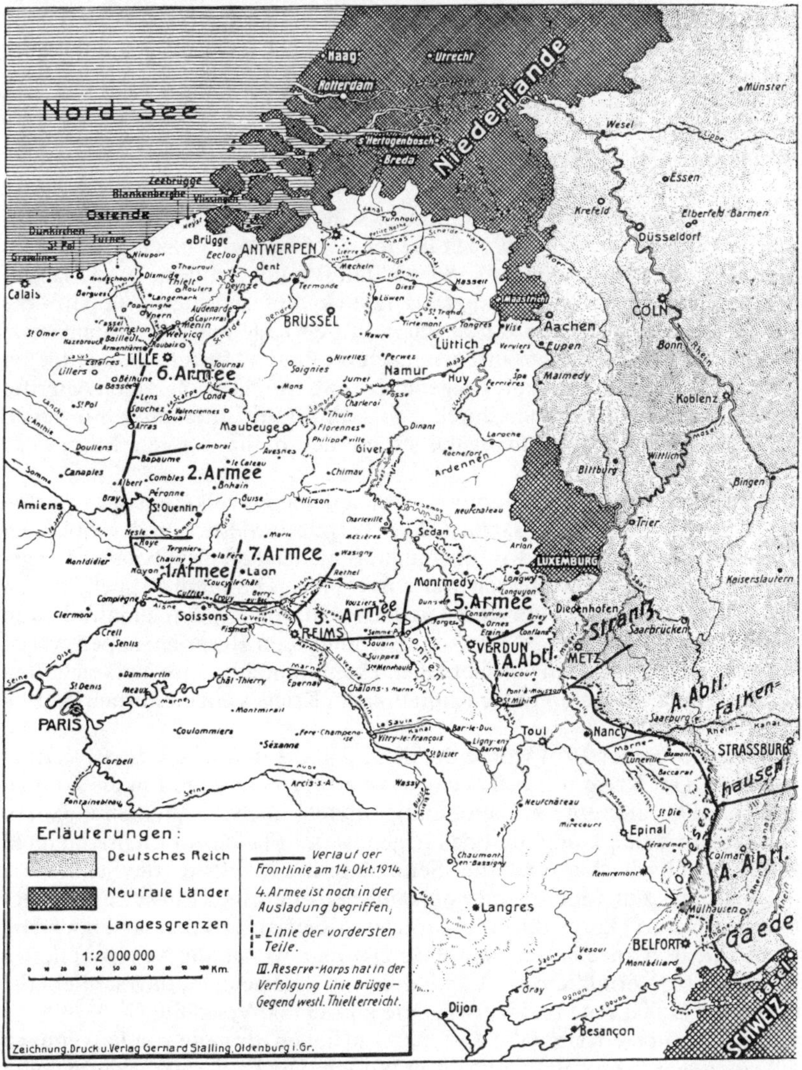

Abbildung 7:
Die deutsche Westfront, Oktober 1914

Die 4. Armee, der das XXII., XXIII., XXVI. und XXVII. Reservekorps zugeteilt wurde, sollte die mit erfahrenen Kämpfern versehene 6. Armee bei ihrem Durchbruchversuch unterstützen, aber nicht die Hauptlast der Kampfhandlungen tragen.

Der Mythos von Langemarck

Der Widerstand der belgischen, französischen und mittlerweile auch englischen Truppen[65] erwies sich nach Beginn der Flandernschlacht am 20. Oktober 1914 als unerwartet stark. Sie wußten sich mit Artillerie- und Maschinengewehrfeuer gut zu verteidigen. Diesen kampferprobten Truppen – die englischen Mannschaften waren schon in den Kolonialkriegen eingesetzt worden – standen die unerfahrenen, nach veralteten Mustern ausgebildeten jungen deutschen Regimenter gegenüber. Ihre frontal erfolgenden Angriffe wurden nur unvollkommen durch eigene Artillerie unterstützt. Für einen wirklichen Durchbruch mangelte es an der dafür nötigen Munitionsmenge.[66]

Das unwegsame Gelände, sumpfige Ebenen und Hügelketten erschwerten den deutschen Angriff zusätzlich. Das Terrain forderte von den Soldaten selbständige Entschlüsse, weil die Fühlung mit den befehlshabenden Vorgesetzten nicht aufrechterhalten werden konnte. Die »milizartigen, neuen deutschen Verbände« brauchten jedoch den »dauernden unmittelbaren Einfluß ihrer Offiziere«.[67] Die Verluste unter den Reservetruppen waren hoch, die Überlebenden vorübergehend kampfunfähig. Ihre Nerven hatten sich in der unerwarteten Extremsituation des Krieges mit modernen Waffen verschlissen.

Anfang November 1914 wurde deutlich, daß die deutsche Offensive steckenblieb. Der Krieg zog sich auch an diesem Frontabschnitt in die Gräben zurück. »Der erstrebte große operative Erfolg blieb . . . beiden Gegnern versagt; für beide kam damit das Ergebnis der Flandern-Offensive einem Mißerfolg gleich. Auf deutscher Seite hätte das Erreichte, die Schließung der Lücke bis zum Meere, sich wohl ohne den offensiven Einsatz der neugebildeten Reservekorps mit weit geringeren Opfern erzielen lassen.«[68] Die 4. und die 6. Armee hatten von Mitte Oktober bis Anfang November etwa 80 000 Tote, Vermißte oder Verwundete zu verzeichnen, davon allein die 4. Armee 39 000 Tote und Verwundete und 13 000 Vermißte.[69]

Um Kräfte für die Kämpfe im Osten frei zu haben, drängte von Falkenhayn auf einen sichtbaren Waffenerfolg im Westen. Die Eroberung Yperns sollte die Siegesgewißheit der Truppen stärken und zugleich zur Frontbegradigung beitragen. Danach könnten größere Truppenteile nach Osten abgezogen werden.

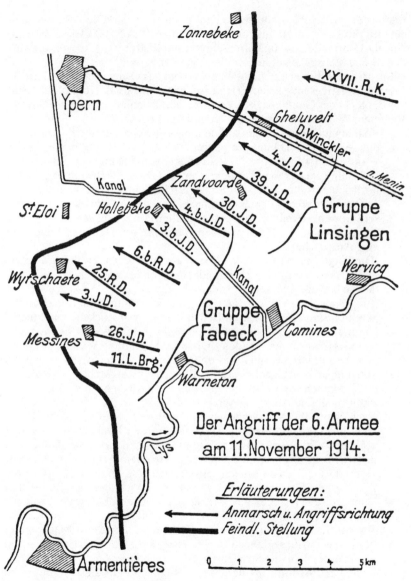

Abbildung 8:
Die Flandernschlacht, November 1914

Bis zum 18. November dauerte das Ringen um die Stadt. Die 4. Armee meldete für die Zeit vom 10. bis zum 18. November 1914 13 000 Tote, Verwundete und Vermißte, also im Durchschnitt rund 1700 pro Tag. Insgesamt wurden 23 500 Menschen getötet, verwundet oder vermißt.[70] Hanns-Gerd Rabe, ehemaliger Wandervogel aus Osnabrück, schilderte 50 Jahre nach Kriegsende seine Erlebnisse, wie er sie als aktiver Soldat, nicht aus der Sicht des Generalstabes, erfahren hat. Er nahm mit dem Infanterie-Regiment 78 Mitte November am Kampf um Ypern teil:

»Wir standen schweigsam auf dem nassen Acker, über den sich schon die winterliche Dämmerung breitete; der Wind schob die steilen Wände der Pappeln, die das Feld umstanden, hin und her. Es regnete. Langsam versackten wir in dem lehmigen Brei. Als Brunken sein Bein hochziehen wollte, blieb der Stiefel fest im Schlamm stecken, während der nackte Fuß aus dem Knobelbecher nach oben schnellte. Ich nahm sein Gewehr, damit er mit beiden Händen den Stiefel aus dem Kleister ziehen konnte . . . Dann erschien Exzellenz von Deimling[71] und hielt eine Ansprache:

›Die Augen ganz Deutschlands sind auf euch gerichtet, ihr seid ausersehen, dem Kriege die entscheidende Wendung zu geben; seid euch dessen bewußt, und seid stolz darauf.

Eure Aufgabe ist leicht. Der Gegner ist zermürbt und erschüttert. Schotten sind es mit nackten Beinen und kurzen Röckchen und nichts dahinter. Die warten nur darauf, daß ihr in Massen auf sie losstürzt, dann werden sie die Hände erheben und sich ohne Widerstand ergeben. Drahthindernisse gibt es da vorn nicht, unsere Artillerie hat die unbedingte Überlegenheit. Ihr habt also nichts zu fürchten. Ihr braucht nur in Massen vorzustürmen, und hinter euch haben die Regimentsmusiken zu diesem Angriff zu spielen‹ . . .

Nach diesen Worten, denen wir ahnungslose Jungen glaubten, weil sie von einem hohen Offizier gesprochen wurden, sanken unsere Köpfe ergeben auf die Brust, unsere Aufgabe war bekannt, wir glaubten an unsere Pflicht. Neben mir stand, mit gekreuztem Arm auf sein Gewehr gestützt, der Gefreite Pricker, er sah nach dem rotglühenden Westen. Die 77er, die Heidjer, fingen an zu singen: ›Wir treten zum Beten‹, der Wind trug den Klang zu uns, wir alle fielen in den Gesang ein, gesungen von den drei Regimentern: ›Herr, mach uns frei!‹ . . .

Wieviel Schritte gehörten zu einem Kilometer, und wie viele Kilometer mußten wir in dieser langen Nacht marschieren, die kein Erbarmen mit uns kannte; denn die Straße war nur ein schmaler Grat zwischen Dunkelheit und Absturz, auf der die drei Regimenter in langer Raupe mühsam marschierten, ach nein, nur vorwärtskrochen.«

Am 16. November bezog das Regiment Stellung:

»Gegen Mittag brach die Sonne wärmend durch, es wurde ein klarer, blauer Himmel. Wir lagen, wie wir jetzt feststellten, etwa 150 Meter hinter der ersten Stellung, die sich im Winkel am Waldrand hinzog, davor war offenes Gelände, die Saubucht mit einigen Häusern. Dort überall steckte der Tommy. Ein Kilometer vor uns lag Zillebeeke, dahinter in gerader Linie mehrere Türme: Ypern . . . dort würden wir ja morgen sein . . .«

Am 17. November begann der Angriff:

»Wir wußten, um 13 Uhr wurde gestürmt. Eine erregte Stimme rief: ›Fertigmachen!‹ Wir sprangen geduckt über den Waldweg auf die andere Seite, ein Baum vor uns wurde von einer Granate umgerissen, wir rannten durch einen schmalen Graben nach vorn an den Waldrand.

Für eine kurze Spanne setzte der donnernde Takt des Feuers aus, der Wind trug für Sekunden verwehte Fetzen von Musik herüber, rechts von uns, hinter einem Hause, spielte die Reg.-Kapelle ›Deutschland über alles!‹ Bevor wir das erfaßt hatten, schrie jemand: ›Los! Sprung auf, marsch, marsch!‹ . . .

Ich riß mich an einem Busch in die Höhe auf die Deckung, es war, als liefen wir in ein Hagelwetter hinein, das uns rauschend umgoß. Neben mir keuchten Menken, Pottebaum, Brunken und Meyer I. Schibilsky sah ich in der ersten Aufregung nicht. Im Lauf erfaßte ich die Landschaft: etwas abfallend, Pappelreihen, Rübenfelder, links einige Häuser. Von allen Seiten das harte Gebell der englischen Karabiner. Plötzlich schrie Brunken neben mir auf, sein Gesicht war zerfetzt und nur noch eine blutige Fläche. Er stürzte tot weit nach vorn, so daß ich über ihn wegspringen mußte. Dann warf uns Schibilskys Stimme an den Boden: ›Hinlegen.‹ . . .

Dann riß uns eine fremde Stimme hoch: ›Vorwärts!‹, ein unbekannter Leutnant mit einer Pistole in der Hand rannte mit uns weiter, die nassen Rüben klatschten schwer um unsere Beine, aber wir liefen. Wie lange schon? Wir wenigen keuchten. Plötzlich lief ich in den Wirbel eines gewaltigen Luftdrucks und erhielt einen Hieb in den Rücken, daß ich nach vorn überschlug, der Tornister schlug hart in meinen Nacken; ich hatte das Gefühl, als ob es auf dem Rücken warm rieselte, war ich verwundet? Vor mir lief eine dünne Kette von Kameraden, ich sprang hinterher und warf mich neben Pottebaum hinter eine dicke Birke. Wir lagen in einer kleinen Senke, die etwas Schutz bot. Ich fühlte eine fröstelnde Kühle und tastete meinen Rücken ab, der Rock war halb weggerissen; als ich die Wunde fühlte, spürte ich den ersten Schmerz, meine Hand war rot vom Blut, ein Granatsplitter hatte mir einen breiten Riß über den Rücken gerissen. Ich dachte nicht weiter darüber nach. Dann knallte Pottebaums Schuß auf einen Engländer, der ziemlich hoch stand. Auch ich schoß auf eine Mütze, sie blieb verschwunden. Überall hinter uns die bitteren Schreie: ›Sanitäter!‹ Es waren unsere vielen Kameraden, die eben noch mit uns sprangen. Jetzt sprang niemand mehr. Ja, richtig, was hatte der General gesagt: ›Ihr werdet Ypern nehmen!‹ In diesem Augenblick wußte ich: Niemand wird heute mehr Ypern nehmen. Als ich wieder schießen wollte, sah ich nach Pottebaum, mitten in der Stirn hatte er ein dunkles Loch, sein kräftiges Gesicht sah ganz friedlich aus.«[72]

In der Flandernschlacht wurden so die jugendlichen Freiwilligen eingesetzt. Der eher unbedeutende Sturm auf Langemarck[73] wurde zum Symbol für den Einsatz einer unerschrockenen, bedingungslos kämpfenden Jugend, die den Tod angeblich nicht fürchtete. Viele Berichte über die Vorgänge um Langemarck betonen, die jungen Regimenter seien mit dem »Deutschlandlied« auf den Lippen gegen die feindlichen Stellungen angerannt.[74]

Die Wirklichkeit sah anders aus. Der Wandervogel Hans Koch, der bei diesen Kämpfen dabei war, beschreibt die Ereignisse als »Massenmord an den Kriegsfreiwilligen«.[75] Die Soldaten hätten weder aus eigenem Antrieb noch singend angegriffen. Das Artilleriefeuer sei viel zu laut gewesen und sie selbst durch das Laufen zu ausgepumpt.

Für die daheimgebliebenen Älteren bedeutete »Langemarck« die Rückkehr der aufmüpfigen Vorkriegsjugendbewegung in den Schoß der vaterländischen Gemeinschaft. Der nationalliberale Abgeordnete Blankenburg stellte im preußischen Abgeordnetenhaus erleichtert fest: »Es gibt eine Brücke, die hinüberführt vom Geiste der Gautage der Wandervögel und anderer *deutsch-nationaler Jugendbünde* zu jenem Schlachtgesang . . . mit dem die jungen Regimenter Langemarck in Belgien stürmten.«[76]

Aber auch Wandervögel und Freideutsche glaubten bereitwillig an den »Mythos Langemarck«: »Ich bin seit Jahren, ich glaube noch nie, so innerlich glücklich gewesen, wie über den Bericht des Hauptquartiers, der uns das mutige Verhalten der jungen Regimenter amtlich bestätigt.«[77] Nun, so glaubten sie, hatten sie bewiesen, wie wichtig ihre Lebensart für die Existenz Deutschlands sei.

3. Desillusionierungen

In den Herbstschlachten des Jahres 1914 hatten die jungen Soldaten erfahren, wie grausam der Krieg ist:

> »Daß Du derselbe bist, der einmal jeder Mücke sich freute als Teil jener unendlichen Harmonie, deren Schönheit Du allendem erlebtest, und derselbe, der heut andern Menschen das Bajonett in den zuckenden Leib rennt . . .«[78]

Für das Vaterland sind gefallen:

Kriegsfreiw. Gefreiter Dr. Hugo Wegele, Göttingen=Darmstadt, Ref.=Inf.=Reg. 234, am 1. November bei Kokuit in Flandern. Ritter des Eisernen Kreuzes;

Kriegsfreiw. Bernhard Runge, Göttingen, Ref.=Inf.=Reg. 234, in Flandern am 23. Oktober;

Oberjäger Bruno Mylius, Braunschweig, Goslarer Jäger 10, am 7. August beim Sturm auf Lüttich;

Einj. freiwilliger Egbert Meyer, Braunschweig, Inf.=Reg. 43, am 18. August im Gefecht bei Stallupönen;

Kriegsfreiw. Hans Kühne, Goslar, Ref.=Jäger=Bat. 23, am 9. Nobr. an der Yser;

Kriegsfreiw. Werner Rother, Peine, Freisinger Jäger, am 5. November in Flandern verwundet, am 16. November im Lazarett gestorben;

Kriegsfreiw. Friedel Claußen, Peine, Ref.=Jäger=Bat. 23, am 11. November schwer verwundet in Flandern, am 20. November gestorben;

Kriegsfreiw. Ernst Hartleben, Braunschweig, Ref.=Inf.=Reg. 208, im Oktober in Flandern;

Kriegsfreiw. Wilhelm Fricke, Braunschweig, Ref.=Inf.=Reg. 208, am 24. Oktober vor Dixmuiden;

Kriegsfreiw. Oltmann Buchholz, Braunschweig, Ref.=Inf.=Reg. 208, im Oktober in Flandern;

Kriegsfreiw. Heinz Huch, Braunschweig, Ref.=Inf.=Reg. 208, am 18. Oktober an seinen vor Dixmuiden erhaltenen Wunden in Gent gestorben;

Kriegsfreiw. Gefreiter Martin Lehmann, Göttingen, Ref.=Inf.=Reg. 234, am 10. Nov. in Flandern;

Kriegsfreiw. Friedrich Struckmeyer, Göttingen, Ref.=Inf.=Reg. 234, am 10. November in Flandern;

Offizierstellvertreter Erich Brachwitz, Göttingen, Landw.=Inf.=Reg. 74, in Flandern;

Kriegsfreiw. Dr. Frank Fischer, Göttingen, Ref.=Inf.=Reg. 234, am 10. November in Flandern (Herausgeber des Wandervogel=Liederbuches);

Leutnant und Kompagnieführer Fritz Leineweber, Hann.=Münden, am 18. September bei Libeaut. Ritter des Eisernen Kreuzes;

Hauptmann d. L. und Batl.=Führer Oberforstmeister Fricke, Hann.=Münden, Landw.=Inf.=Reg. 74, am 27. Oktober im Westen. Ritter des Eisernen Kreuzes. (Eufrat=vorsitzender);

Kriegsfreiw. Wilh. Lönneker, Rinteln, Inf.=Reg. 216.

Abbildung 9:
Aus einer Wandervogel-Zeitschrift, Januar 1915

Abbildung 10:
Aus einem Album der Zeitzer Wandervögel, 1917

Als sich die Fronten verfestigten, stellte sich die militärische Führung allmählich auf die neuen Bedingungen ein. Es wurden Schützengrabensysteme gebaut, in denen sich der Kriegsalltag abspielte. Der Krieg mit modernen Waffen bedeutete so eine ungeheure physische und psychische Belastung. Der einzelne Mensch fühlte sich »doch nur oft als Ding unter Dingen«.[79]

»Wo bleibt das individuelle Heldentum vergangener Kriege? Einer elenden Hasenjagd gleicht solch ein Artilleriekampf und stumm und passiv muß die Seele stille halten der übermäßigen Naturgewalt, die über sie kommt. Man hat keine Waffe, um sich zu wehren. Wie der Vogel im Käfig, auf den der Jäger anlegt, so kommt sich mancher tapfere Soldat vor.«[80]

Der Kampf erschöpfte sich bald in zermürbender Schanzarbeit und qualvoller Routine im Schützengraben: »Nach 3 ½ Wochen wieder an der Front, wo alles noch beim alten war. Mit derselben Regelmäßigkeit Stellung, Reserve, Stellung usf. Mal in einem anderen Abschnitt, das war die ganze Veränderung.«[81]

Gewöhnlich waren die Schützengräben ungefähr 2,10 bis 2,45 Meter tief und etwa 2,10 Meter breit. Um Angriffe abzuwehren oder den Gegner zu beobachten, stiegen die Soldaten auf einen Vorsprung in der vorderen Wand. Querwände in Abständen von jeweils 10 Metern sollten die Zerstörungskraft von Mörsern und Granaten im Graben selbst mindern. Es gab Unterstände und Schlupfwinkel in den Wänden, die Schutz boten und Erholungspausen ermöglichten. Drahtverhaue vor den Gräben zur gegnerischen Seite hin behinderten direkte Angriffe. Die vorderste Schützengrabenlinie war über ein System von Versorgungs- und Reservegräben mit den rückwärtigen Truppenteilen verbunden. »Ruhestellung« bedeutete ein Verweilen etwa 1500 Meter hinter dem Schützengraben. Von den vordersten Linien aus waren die feindlichen Stellungen 18 bis 900 Meter entfernt, im Durchschnitt 90 bis 270 Meter. An Kraterrändern gab es häufig vorgeschobene Positionen, die über einen Grabenausläufer mit dem vordersten Schützengraben verbunden waren. Wachposten waren an diesen Stellen oft nicht mehr als neun Meter von gegnerischen Stellungen entfernt.[82]

Das Zusammenleben in den engen Gräben verlangte hohe Anpassungsfähigkeit. Das hieß für jeden Soldaten, mit unbekannten Menschen auf engstem Raum zusammengepfercht zu leben. Das Überleben des einzelnen hing vom Funktionieren der kleinen Gruppe ab, die im Kampf zusammenhielt oder unterging. Also mußte jeder seine eigenen Bedürfnisse zurückstellen, das Interesse der Gruppe vorrangig vertreten und vor allem Konflikte vermeiden. Individuelle Tapferkeit war nutzlos, ja, sie gefährdete das Überleben der anderen.

»Wie die meisten kam ich mit einer ganz falschen Vorstellung vom

Krieg ins Feld, viel romantischer und abwechslungsreicher dachte ich mir ihn. Und dann: Trotz aller Bereitwilligkeit, seine Pflicht zu tun, hat man aber doch Stunden, wo man tief das Unbefriedigende seiner Lage empfindet. Mit der Opferwilligkeit, für das Vaterland zu kämpfen, ist es nicht getan; die kleinen Übel wie Schmutz, Reibereien, Stumpfsinn bei Kameraden und Vorgesetzten können einen oft genugsam quälen.«[83]

Es gab keine Möglichkeit, aus diesen Käfigen auszubrechen: Die Schützengräben »waren eng und furchtbar tief (2,30 bis 2,50 Meter unter bewachsenem Boden) . . .«.[84] »In Stellung gibt's kein Wasser, und wer nicht gerade arbeiten oder Posten stehen muß, bleibt in seinem Rattenloch.«[85] Mitunter gelang es nicht, die vordersten Linien zu versorgen:

»In den Wäldern zwischen Souain und St. Marie-à-py setzten wir uns am 13. IX. fest und hausten dort in unterirdischen Löchern bis 3. X. Das war die große Hungerzeit, wo wir wochenlang von vor paar Stunden geschlachtetem Hammelfleisch (die in Herden dort rumliefen) lebten und viele vor verkorkstem Magen dem Tode nahe waren.«[86]

Die Soldaten hockten so wehrlos in Schützengräben und warteten auf die Artillerieangriffe. Flugzeuge kreisten über den Stellungen und orteten die Schwerpunkte der gegnerischen Verteidigung. Fühlten sich die Kämpfenden sicher vor Flugzeugen, blieben die Geschütze ruhig, so bestand immer noch die Gefahr, durch unterirdische Minen zerfetzt zu werden. Pioniere beider Seiten versuchten, das Kampffeld und die gegnerischen Anlagen zu unterminieren.[87]

Aus zahllosen Briefen von an der Westfront eingesetzten Soldaten geht hervor, wie die modernen Waffen den Krieg bestimmten.[88] Das Schicksal, das jeden einzelnen treffen konnte, blieb anonym. Die Ursache des Todes vieler Menschen und das Sterben selbst lagen unüberschaubar weit auseinander. Eigene Tapferkeit an der Front garantierte weniger denn je Erfolg oder Verteidigung des Lebens. Die Kugel, die traf, kam von irgendwo weit her aus dem Feuer eines Maschinengewehrs.[89]

Krieg und Armee hatte ihre eigenen Regeln und Gesetze. Die Vorstellungen der Jugendbewegten von individueller Auszeichnung und sozialer Anerkennung erwiesen sich als realitätsfremd. Schon die »Stumpfheit der Ausbildungszeit« hatte etwas von dem Wesen militärischer Erziehung enthüllt, »wo der Mensch zu Werkzeug und Maschine wurde«. Im Feld gewannen viele dann die Erkenntnis: ». . . der Krieg ist eine öde Strecke in der Entwicklung der Menschheit, die man mit geschlossenen, gewaltsam zugehaltenen Augen durchwandert, wie man eben durch eine Wüste geht«.[90]

4. Versuche der Kriegsbewältigung

Es überstieg die Kräfte vieler junger Kriegsteilnehmer, sich in dem unfaßbaren Grauen zurechtzufinden. Schwierig war es auch, die Realität in Worte zu fassen und die verwirrende Fülle an Ereignissen zu verstehen. Dies um so mehr, als die Wandervögel und Freideutschen keine faktenbezogene Auseinandersetzung mit den Auswirkungen und möglichen Ursachen der Kämpfe anstrebten, sondern vom Kriegsgeschehen Impulse für eine philosophische, literarische oder künstlerische Entwicklung der Persönlichkeit erwarteten.

»Ich hoffe, daß die aus dem Feld heimkehrenden Freischärler neues Leben und neue Gesichtspunkte bringen werden. Sie haben eine große Bereicherung bekommen an Welterfahrung und inneren Erlebnissen. Dann werden Fragen kommen wie die: Was ist das tiefste Ziel unserer Entwicklung, welche Kräfte können uns jetzt weiterhelfen und wo bahnt sich in Philosophie, Literatur und Kunst Neues an, was unserem Sehnen und Drängen genügen könnte?«[91]

Nur selten konnten sich die Wandervogelsoldaten das Gefühlschaos eingestehen, dem sie ausgeliefert waren.

»Man spricht nicht gern von solchen Momenten, weil sie vor der Seele liegen wie eine dunkle Gewalt, der sie nicht gewachsen war, die über sie kam mit einer Wucht, die von der Begriffswelt unserer bisherigen Erfahrung überhaupt nicht erfaßt werden kann.«[92]

». . . mehr oder weniger beherrscht . . . die rein physische Angst, die der unausrottbare Selbsterhaltungstrieb erzeugt, die von unten durch den ganzen Körper steigt, das Herz und den Atem beklemmt in dem Momente, wo die Todesgefahr unmittelbar vor Augen steht.«[93]

Manche versuchten, Distanz herzustellen, sich nicht völlig der Situation auszuliefern, und kommentierten die Schreckensnachrichten in einem frisch-forschen Ton:

»An das ewige Getöse und Geknatter gewöhnt man sich sehr schnell. . . . Hochinteressant ist es, das ganze Schlachtenbild miterleben zu können.«[94]

»Wir sind immer noch voller Humor, und das muß so sein.«[95]

Die ständige Gefährdung des eigenen Lebens und die Tatsache, daß die Wirklichkeit jede gewohnte Vorstellung sprengte, machte es fast unmöglich, über das Erlebte nachzudenken und daraus Konsequenzen zu ziehen:

»Wenn man immer in Tätigkeit ist oder in der freien Zeit von bleierner Müdigkeit befallen wird, ist es oft schwer, dies Ganze in seiner Tiefe zu durchdenken.«[96]

»Aber wir hier im Kriege – und ich habe im Vergleich zu anderen doch fast nichts erlebt – fühlen uns Kräften und Wirkungen ausgesetzt, denen gegenüber jegliche normale, vernünftige und logische – was man sonst eben so nennt – Geistestätigkeit aufhört.«[97] In dieser Situation wollte man aushalten, »das Letzte daransetzen; bis der endgültige Sieg unser ist, und unser soll er werden!«[98] Erst nach dem Krieg, als die eigene Existenz nicht mehr unmittelbar gefährdet war, gelang es, das Grauen zu beschreiben. Max Sidow berichtete auf der Jenaer Tagung der *Freideutschen Jugend* 1919 von seinen Kriegserlebnissen:

»Wochen gingen und Monde, Jahre. Zeit rann entsetzlich gleichmäßig in unendliche Ewigkeit. Müde wurden wir und stumpf und gleichgültig . . . Alles schien uns erstorben, in uns, um uns. Wir standen alle unter einem dumpfen, lähmenden Drucke. Und wurden willenlos. Nur immer vorwärts gejagt und gehetzt von dem *einen* Willen, der irgendwie über uns war. Kameraden fielen um uns, schrien in den Qualen schwerer Wunden. Wertvolle, liebe Menschen. Wir achteten dessen nicht mehr. Wir sahen kein Ende der Not . . . Dann aber erschütterte uns eines Tages etwas im Tiefsten. Ein Nahkampf vielleicht. Auge flammte Haß in anderes Auge. Fäuste ballten, krampften, würgten. Ein Fremdes schnürte die Kehle zu. Im Hirne sengte verzehrender Brand. Wut schrie gell. Und dann – stand man keuchend vor Leichen. Blutlachen pfützten am Boden. Man wußte nichts als eine tierische Freude und Sieg! Sieg!«[99]

Naturerleben und Religiosität

Manche Wandervögel fanden in der Natur den Rückhalt, der ihnen in der Sinnlosigkeit des Stellungskampfes verlorengegangen war. Sie suchten etwas, das sie an das normale Leben erinnerte:

»Ja die Sterne! Das sind die gleichen, zu denen wir daheim, wenn wir nachts draußen schliefen, in märkischem Kiefernwald aufsahen . . .«[100] Überlieferte Werte, Verhaltensweisen und Maßstäbe versanken im Geschehen der sich verselbständigenden Kriegsereignisse. Die »Erfahrung eines tiefen Bruchs mit den traditionellen Sicherheiten und Gewißheiten«[101] brachte tiefe Verunsicherung in das Leben der Soldaten. Je länger der Krieg dauerte, desto stärker verblaßten Begriffe wie »Heimat« oder »Vaterland«, die zu Beginn so wichtig gewesen waren. Sie gehörten in ein zweites, wieder »normales« Leben nach dem Krieg.[102] Nur die Natur blieb sich treu im Chaos.[103] Die Jahreszeiten kehrten immer wieder, auch der Himmel veränderte sich nicht: Tod und Vergehen waren ein Teil ewiger Gesetze, denen auch der Mensch unterlag. Einswerden mit dem Rhythmus der Natur versprach Erlösung von Ängsten und Zweifeln.

»Über allem Elend und über allem Unheil, dem Entsetzen, dem Krieg

mit dem Tode wölbten sich Wolken zum gotischen Bogen und sind voller Symmetrie. Der ferne Himmel kommt nicht aus dem Gleichgewicht, wenn die Erde blutet und im unvergeßlichen Jammer um Erbarmen schreit. Denn die Erde ist klein, und die Welt ist groß.«[104]
Robert Schäfer notierte Weihnachten 1915 einen Sinnspruch von Angelus Silesius: »Soll dich des Lebens Baum befrein von Todsbeschwerden, so mußt du selbst in Gott ein Baum des Lebens werden.«[105] Dazu schrieb er: »Das ist das Beste, was uns Soldaten in dem äußerlich so sinnlosen Kriege Befreiendes beschert werden kann. Jene Innigkeit der Hingabe an den alles erfassenden und durch alles flutenden Fluß. Kein Tod, kein Leben, kein Sterben, keine Trägheit und Sichbescheiden, kein Streben und Nichtgenügen, kein Gut und kein Schlecht, kein ›Und‹, sondern ein ›Nur!‹ Der einzelne Mensch ein schluchzendes Plätschern einer brechenden kleinen Welle und ein Wasserstaub über dem Fall des Stroms, wenn die Kraft frei wird. Jene tragende Lust des Erfülltwerdens im Schauen der Formen, im Erfüllen der Wesen und in der Liebe, *die uns von uns erlöst.*«[106]
Manche jugendlichen Kriegsteilnehmer schafften es, aus der gewohnten Hinwendung zur Natur eine unmittelbare Religiosität abzuleiten. Indem sie sich als Werkzeug eines göttlichen Willens begriffen, der sich ihnen in der Natur offenbarte, konnten sie sich in ihr Schicksal ergeben und hinter dem Sterben und der Vernichtung einen Sinn vermuten.
»Unser Treiben ist also ebenso gesollt, wie das der Natur . . . Wir können . . . einen Blickpunkt einnehmen, von dem aus man dieses [das Kriegsgeschehen] zugunsten der gesamten Schöpfung, zugunsten der beruhigten Selbstverständlichkeit, mit der alles geschieht, übersehen kann. Wenn wir also einen einheitlichen Willen auch im Menschengeschehen erblicken können, wenn wir uns in allem unsern Tun des Zerstörens und Tötens als Werkzeuge einer göttlichen Schöpfungstat fühlen, so dürfen wir mit derselben Sicherheit und Ruhe unserer Aufgabe, als der Erfüllung des göttlichen Willens nachgehn, wie die Natur, wenn sie ihrem Meister gehorcht.«[107]
Andere suchten Trost im Leiden Christi und nahmen ihn zum Vorbild: »Auch kennen wir kein lieberes und vertrauteres Symbol in diesem Kampfe als den *Gekreuzigten.*«[108]
Bücher wie Agnes Günthers »Die Heilige und ihr Narr«, in dem die Heldin demutsvoll ihr eigenes Leben bejaht, wiesen einen Weg, das Schicksal Christi anzunehmen.[109] Grimmelshausens Hauptfigur im »Abenteuerlichen Simplicissimus Teutsch« wendet sich nach vielen Schicksalsschlägen von der Welt ab, weil er deren vergängliches Wesen begreift.[110] »Der Idiot« von Dostojewski scheitert mit seinem Anspruch auf sittliche Vollkommenheit, die er vorlebt, an der zerrütteten Realität; er wird verrückt und ist in der Ver-

rücktheit Gott näher, als es jemals die in der Wirklichkeit befangenen Menschen sein können. [111] In solchen Büchern suchten die jugendlichen Soldaten aus dem *Wandervogel* und der *Freideutschen Jugend* Antworten auf ihre Fragen nach der Möglichkeit des Menschen, mit einer heillosen Welt ins reine zu kommen und sich dabei die eigene Lauterkeit zu bewahren. [112]

Krieg als Herausforderung zur Tat

Kampf, Lebensbedrohung und Tod konnten eine Vertiefung in religiöse Jenseitsgedanken aber auch ausschließen. Die Gesetzmäßigkeiten des Krieges wurden dann zu lebensbestimmenden Maßstäben:
»Krieg ist mir gesteigertes Leben. Das Wesen des Lebens ist Kampf, Daseinskampf und geistiger Kampf. Krieg ist von dem sonstigen Leben nicht der Art nach, sondern nur dem Grade nach verschieden«. [113]
Die religiöse Ergriffenheit konnte umschlagen in radikale Diesseitigkeit:
»Jedoch haben wir ja immer die Lösung durch die Tat, in dem tatsächlichen Glauben an die Richtigkeit unseres Tuns, in der Kraft und Macht, die sich in der Tat offenbart.« [114]
»Kampf ist Pflicht, Kampf ist wertlos. Beides ist absolut.« [115]
Von vielen Jugendlichen gerade aus den Bünden ist bekannt, daß sie Nietzsche lasen, den Philosophen, der forderte, »ohne Gott zur höchsten Steigerung des Menschen in der Wirklichkeit zu kommen«. [116] Vor allem im »Zarathustra« [117] forderte Nietzsche ein diesseitiges Lebensgefühl, das bedingungslos das Leben bejahte. [118]
In diesem Zusammenhang erhält das Leiden des Menschen einen anderen Stellenwert. Der gekreuzigte Christus läßt dem Gläubigen die Hoffnung, irdisches Leiden werde im Jenseits belohnt. Der diesseitig ausgerichtete Mensch betrachtet die jenseitsgewandte Haltung als Flucht vor der Realität; er nimmt vielmehr das Leiden an: Das »Sein [gilt] als heilig genug, um ein Ungeheures von Leid noch zu rechtfertigen«. [119]
»Solchen Menschen . . . wünsche ich Leiden, Verlassenheit, Krankheit, Mißhandlung, Entwürdigung – ich wünsche, daß ihnen die tiefe Selbstverachtung, die Marter des Mißtrauens gegen sich, das Elend des Überwundenen nicht unbekannt bleibt; ich habe kein Mitleid mit ihnen, weil ich ihnen das einzige wünsche, was heute beweisen kann, ob einer *Wert* hat oder nicht – *daß er Stand hält.*« [120]
Ein Zustand des Seins ist der »Krieg«; er ist Vernichtung und zugleich Bedingung des menschlichen Daseins. [121] Gerade solche Zitate über die Notwendigkeit von Kriegen wurden in der Zeitschrift »Freideutsche Jugend« oder im »Monatsbericht der Deutschen Akademischen Freischar« oft abgedruckt und im Kreis der Mitglieder diskutiert. [122]

Abbildung 11:
Aus einer Wandervogel-Zeitschrift, Oktober 1917

»Ein Abend bei Lic. Römer führte uns ein in ›Nietzsches Stellung zum Krieg‹. Eine Fülle von Gedanken und Verheißungen drangen auf mich ein, denen gegenüber ich hilflos war, Gedanken, die einzeln durchgedacht und in ihren logischen und praktischen Folgen erkannt sein wollen. Doch blieb manches haften . . . Einiges zum Nachdenken, wie es mir zusammenhanglos in den Sinn kommt: Man hat auf das große Leben verzichtet, wenn man auf den Krieg verzichtet. Der Krieg hat mehr Gutes getan als die Nächstenliebe. Nicht die gute Sache ist es, die den Krieg heiligt, sondern der gute Krieg ist es, der jede Sache heiligt. Was ist gut, fragt ihr – tapfer sein ist gut. Die Gefahren eines Sieges, eines gewonnenen Krieges: Sättigung, Selbstzufriedenheit, innerer Stillstand, Ausruhen auf den Lorbeeren.«[123]

Dagegen vermittelten Fichtes Ideen den Jugendlichen ein idealistisches Ziel, für das zu kämpfen sich ihr Einsatz lohne: die Verteidigung der »deutschen Kulturnation«.

In seinen »Reden an die Deutsche Nation«[124] von 1807/08 hatte der Philosoph erklärt, es sei Aufgabe des deutsches Volkes, die Menschheit zu befreien und eine neue Ordnung einzuführen. Seine Theorie diente dazu, den Krieg ethisch zu legitimieren:

»Wie das deutsche Volk berufen ist, ein ›Urvolk‹ zu sein, das aus den ›ursprünglichen‹ Tiefen heraus lebt, die toten, überkommenen Stützen (d. i. der ›Gegenstand‹) immer wieder bekämpft und abbricht, um in ewiger Bewegung nicht von diesen äußeren Dingen ausgehend oder nach ihnen sich richtend, sondern dem Urgesetz des Lebens folgend und ihm vertrauend schafft, überwindet und wieder neu bildet – während das Ausland an seinem Fetisch, an irgend welchen *Dingen* hängt, um derentwillen alles tut und von ihnen abhängt. Daß *wir* das tiefste Recht in diesem Kriege haben, weil wir den Kampf letztlich um eine Menschheitskultur führen, wie sie tiefer und wahrer kein ander Volk hervorgebracht hat oder der Gesinnung nach gewillt ist durchzuführen, das hat Fichte als erster ausgesprochen und wenn wir es tun, so greifen wir immer auf ihn zurück.«[126]

Mit dem Rückgriff auf Fichte unterstützten solche Äußerungen nur scheinbar die offizielle Kriegspropaganda. Während konservative Kreise im deutschen Hinterland diese Gedanken mit einer aggressiven Annexionspolitik und einer übersteigerten »Deutschtümelei« verbanden, die nicht selten rassistische Argumente[126] enthielt, fand sich die Mehrzahl der Jugendbewegten nicht bereit, auf eine solche Politik einzugehen.[127]

»Otto hat Gobineau[128] gelesen und kann nicht ab von dessen Rassentheorie. Was für ein Unheil dies Wort anstiftet, ist kaum zu glauben. Er schwärmt für alles Germanische . . .«[129]

»Daß aber trotz alledem auch hier Menschen sind, die auch dem

Feinde, wenn er sie persönlich schont und sie nicht herabwürdigt, freundlich und liebenswürdig begegnen können, ohne zu heucheln, das soll Dir dieser reizende Brief der kleinen Marcelle zeigen.«[130]

Klassische Bildung im technischen Krieg

Die jungen Wandervogelsoldaten erfuhren im Weltkrieg auch die Spannung zwischen ihrer klassischen Bildung und den technischen Anforderungen, die ein an konkreten Fakten geschultes naturwissenschaftliches Verständnis verlangten. Sie fielen immer wieder auf durch ihre Versuche, trotz des ermüdenden und abstumpfenden Soldatenlebens an bildungsbürgerlichen Ansprüchen und Gewohnheiten festzuhalten.

»Jetzt aber [im Lazarett] las ich die Tage im Bette sehr viel – zum ersten Mal seit einem halben Jahr.«[131]

Nicht immer brachten sie die Energie auf, sich noch geistig zu beschäftigen:

». . . Auf große philosophische und tiefgründige Erörterungen lasse ich mich nicht ein. Meine Zeit ist mir dazu zu kostbar und außerdem bin ich fürchterlich denkfaul, – kein Wunder, wenn Du bedenkst, daß jetzt schon über ein Jahr jede geistige Nahrung in den Hintergrund getreten ist.«[132]

Es fällt auf, daß sich das Denken der Jugendlichen nur in der philosophischen und religiösen Ebene entwickelte und Erklärungen liefern sollte für die Frage nach einem hinter den materiellen Dingen liegenden letzten Sinn des Sterbens. Eine Auseinandersetzung mit erfahrbarer Wirklichkeit war das nicht. Das reale Ereignis war eher der äußere Reiz, der den inneren Reifungsprozeß stimulieren sollte.

». . . Eine Stellung zu dem Krieg fanden wir noch nicht. ›Philosophisch wußten wir noch nichts mit ihm anzufangen.‹ Wir waren zu sehr noch befangen in dem Erleben.«[133]

Die Begegnung mit der Welt außerhalb der jugendlichen Schonräume während des Weltkrieges brachte jedoch nicht die erhofften Impulse für eine neue Durchdringung von philosophischen, literarischen oder religiösen Problemen, die der Überprüfung ethischer Lebensprinzipien hätte dienen können. Diese jungen Menschen, erzogen in bildungsbürgerlichen Elternhäusern, brachten nicht das Rüstzeug mit, die Ausmaße eines technischen Krieges wahrzunehmen.[134]

Faszination und Abschreckung der modernen Kriegstechnik, die den Soldaten zum anonymen Rädchen im Getriebe machte, wurden von den Mitgliedern der Jugendbewegung kaum einmal direkt angesprochen. Sie bewältigten den Sinnverlust des Handelns und die Entpersonalisierung innerhalb der militärischen Großorganisation zumeist durch Aufgehen in einem pantheistischen Naturerleben oder durch Rückgriff auf religiöse Motive. Die Erfahrung solcher Defizite konnte auch umschlagen in einen unbedingten Glauben an den Sinn und die Notwendigkeit der heldenhaften Tat an sich. Beide Versuche konnten die Wirklichkeit des modernen Krieges wegen einer inadäquaten Sprache und ihrer anachronistisch anmutenden Vorstellungswelt freilich nicht erfassen. In ihren Diskussionen wollten sich die Jugendbewegten mit der »sittlichen Bedeutung des Krieges«[135] auseinandersetzen, nicht dessen Ursachen und Auswirkungen am konkreten Fall analysieren. Ihre Antworten verwiesen in das allgemein Grundsätzliche oder warfen den Menschen auf sich selbst zurück: Kampf um des Kampfes willen oder um den Fortbestand einer Kultur; Aufgehen in der Natur oder Nachvollziehen der Leiden Christi. So wurde ein wichtiges Ausgangsziel verfehlt: die Auseinandersetzung mit dem Phänomen Krieg.

Ernst Jünger, 1918 erst 23 Jahre alt, Altersgenosse und zeitweise auch Weggefährte der Wandervögel, gelang es, die neue Dimension des von Technik geprägten Krieges auszuloten. Er nahm Abschied vom alten Heldenideal und sah im modernen Soldaten den Arbeiter, der die Maschine bedient, den Techniker und den unpersönlichen Kämpfer im Massenheer. Seine Schilderungen fanden freilich Anklang vor allem wegen ihres »heroischen Nihilismus und Ästhetizismus«[136], der den Krieg und den Beruf des Soldaten verherrlichte.

Darf man mit einer Jugendbewegung im nachhinein wegen ihres Unvermögens zu kritischer Reflexion rechten? Die Jugendlichen aus dem Kreis der Wandervögel und Freideutschen beanspruchten die Auseinandersetzung mit dem Krieg ausdrücklich für sich; so ist es berechtigt, sie an ihren eigenen Maßstäben zu messen und festzustellen, daß es ihnen nicht gelang, zu einer eigenständigen realitätsnahen Beurteilung zu kommen. Aber die Wandervögel und Freideutschen wollten ja nicht nur geistige Führer sein, sondern auch Erzieher, wollten den Geist der Wandervogelgemeinschaft verbreiten. Als militärische Vorgesetzte, meinten sie, würden sie ideale Bedingungen dafür vorfinden. Die »Schützengrabengemeinschaft« sollte nach ihren Vorstellungen der Kern einer »neuen Volksgemeinschaft« werden.

5. Die Feldsoldaten als künftige Volkserzieher

Wandervögel und Freideutsche fühlten sich in der Beurteilung des Kriegsgeschehens unsicher. Die erhoffte kollektive Einbindung in einen übergeordneten Sinnzusammenhang hatte sich als Illusion erwiesen. Die ungeheuren Ausmaße der Kämpfe und Materialschlachten gaben dem Individuum keine Antwort auf die Frage nach dem tieferen Sinn der Ereignisse.

Die Mitglieder der bürgerlichen Jugendbewegung zogen sich im Krieg zurück auf ihr ureigenes Gebiet, das Gemeinschaftsleben. In der kleinen Gruppe der untergebenen Kameraden fanden sie das erstrebte Betätigungsfeld als Erzieher. Der Krieg als »Weltkatastrophe« wurde ihnen »ein Aufrüttler der Seelen wie ein großes Elementarereignis, ein Reiniger der politischen Atmosphäre gleich einem Gewitter«, der »durch den Kontrast die ewigen Werte der Schönheit, Wahrheit und Liebe nur leuchtender«[137] hervortreten ließe. Sie verstanden sich als »Vorkämpfer für alles Gute«[138]:

> »Als viele von euch zu Anfang des Krieges begeistert hinauszogen, freudig das Leben einzusetzen für des Vaterlandes Wohl, da hatten sie gewiß nicht gedacht, daß sie neben dem Kampf für's Vaterland einen noch erbitterteren um ihre Lebensauffassung und Ansichten führen müßten, daß sie auf so harten Widerstand stoßen würden, wenn sie ihre Lebensform und ihre sozialen Gedanken durchsetzen wollten.«[139]

Als einfache Rekruten fanden sie jedoch bei den weniger gebildeten Kameraden aus den unteren Volksschichten kaum Verständnis:

> »Das ist nicht das Leichteste, wenn man nicht mit Menschen gleicher Art und Gesinnung zusammen sein kann, und auch nicht einmal die rechte Ruhe findet, sich in Büchern dafür zu entschädigen.«[140]

Den jugendlichen Offizieren erging es nicht anders. Der Offiziersstand war eine hierarchisch gegliederte »Ordensgemeinschaft« mit traditionellen Riten, der reformerischen Gedanken energischen Widerstand entgegensetzte.[141]

> »Ihm [Gotthold von Rohden] war der Unterschied wohl bewußt zwischen denjenigen, die alle Handlungen und Gedanken ernsthaft nach ihrer Reinheit erforschten und neue gesellschaftliche Ideale suchten, und jenen, die das überkommene gesellschaftliche Bewußtsein ohne weiteres aufnahmen und trotzdem ebenfalls den Anspruch auf Persönlichkeit machten, und gewiß mit Recht.«[142]

Die strenge Pflicht- und Berufsauffassung, die Erziehung des Offiziersnachwuchses »nur durch Beispiel und Vorbild« verfehlten ihren Eindruck nicht.[143] Über »jene andern mehr privaten Dinge« stimmten die Jugendbewegten mit der allgemeinen Auffassung im Offizierskorps jedoch nicht überein, so zum Beispiel in der »Alkohol- und Sexualfrage«.[144]

> »Es ist doch eigentümlich, daß außerhalb unserer Kreise unser Bemühen und Streben auf den schärfsten Widerstand trifft. Es ist unglaublich, was man in Offizierskreisen oft für Hohn und Spott zu ertragen hat. Vielleicht ist es in der Front nicht so schlimm. In den Kolonnen aber ist der ganze Betrieb auf Alkohol und Weib aufgebaut.«[145]

Der Krieg stellte die lebensreformerischen Ideale der Jugendbewegten auf die Probe. Viele von ihnen paßten sich den gegebenen Verhältnissen an, andere versuchten aber doch, auch im Schützengraben ihre nervliche Anspannung nicht wie sonst üblich mit Alkohol und Nikotin zu betäuben.[146] Es war schwer, den eigenen Standpunkt zu vertreten; Trinkgelage gehörten unter den Offizieren zur »guten Sitte«.[147]

»Den Offizieren wird viel zu viel derartiges [Alkohol] geliefert. Will da jemand nicht mitmachen, so stößt er auf größeren Widerstand.«[148]

»Schlimm äußert sich die Trinksitte auch in dem Verhalten Vorgesetzter gegen Untergebene, da jene ihre militärischen Machtbefugnisse oft auf, sagen wir, geistige Gebiete ausdehnen. Fahnenjunker und Offiziersaspiranten wissen davon zu erzählen.«[149]

Die jugendbewegten Offiziere mußten es hinnehmen, häufig belächelt zu werden.[150]

»Dabei geraten wir notwendig auch in tieferen, inneren Gegensatz zum *Offizierskorps* als dem eigentlichen Vertreter jener kriegerischen Ideale.« – »Das Standesethos des Offiziers ist naturnotwendig durch Kampf, Dienstpflicht, Lagerleben und stete Todesgefahr bedingt, das unsere durch eine friedliche, kulturelle Zukunft in Familie, Volk und Menschheit . . .«[151]

Als Offiziere bemühten sie sich um eine »vorbildliche Haltung« und sahen weniger im Befehlen als in der »Menschenführung« ihre Aufgabe. Immer wieder hoben sie in Briefen hervor, daß sie sich Gedanken um »ihre« Leute machten und bestrebt waren, sie persönlich anzusprechen und ihre heimatlichen Lebensumstände kennenzulernen.

»Mit Schelten und Verbieten ist wenig getan. Sie müssen einen gern haben.«[152]

»Ihr könnt Euch denken, daß mir die Leute meines Zuges viel im Sinne liegen, wie ich den oder den behandeln soll, . . . das schwierige Problem der eisernen Manneszucht und des freundschaftlichen Verkehrs. Meine 60 Schutzbefohlenen kenne ich nun alle bei Namen . . .«[153]

Es galt, sich als »Mensch« zu bewähren, sich selber vollkommen einzusetzen und so die Untergebenen mitzureißen.[154]

Illusionen von der »Gemeinschaft im Schützengraben«

Freideutsche und Wandervögel wollten als »Führer« Autorität gewinnen und Maßstäbe setzen, um für ihre Ideen von einem neuen Deutschland zu werben.[155] Dieses stellten sie sich vor als Einheit aus innerer Gefühlsbindung. Denn eine wirtschaftliche, politische oder intellektuelle Grundlage lasse nicht in dem Maße »dieses« gewaltige Gefühl der Gleichartigkeit« wachsen, wie es im August 1914 vorhanden gewesen sei, dadurch, daß »die Schranke des eigenen Interesses« fiel. Nackt »wie Kinder« hätten sich die Menschen gegenübergestanden, ehrlich und direkt, mit all ihren Hoffnungen und Wünschen.[156] Die größte Enttäuschung war die Bequemlichkeit der Kameraden.

»Man haßte seinen Nächsten, haßte die eigenen Kameraden mehr als den Feind. Es war, wie ein Sonett es sagt:

Ich stehe hart umkrallt und eingeschlossen
in schwerer Ketten lastendem Gewicht.
Die Kehle schnürt. Hang ich am Hochgericht?
Peitscht Hölle mich? Narrn lächerliche Possen?

Dicht neben mir pfeift einer der Genossen
und blinzelt mir mit sattem Hundsgesicht.
Vom Himmel krankt ein gelbes, fahles Licht.
Der Ekel kriecht mich an aus schmutzigen Gossen.

›Kam'rad!‹ ruft einer, der sich eben sonnte,
vertraulich plump, als ob uns Freundschaft eint'.
Was habe ich mit diesem Kerl zu schaffen?

Ich hasse alle Kameraden! Affen
sind's mir! Ich mordete heut' einen Feind,
wer weiß, den einz'gen, der mir Freund sein konnte!«[157]

Die Kluft, die zwischen den jugendbewegten Idealisten und dem »Volk« bestand, war größer als angenommen.[158] Den bürgerlichen, durch Bildung verfeinerten Sitten standen derbe Umgangsformen der schon früh um ihre Existenz kämpfenden Altersgenossen aus weniger begüterten Verhältnissen gegenüber. Dadurch wandelte sich die Schwärmerei vom »Volk« und seiner Bodenständigkeit[159] bald in die Klage über die unkultivierte »Masse« ohne Interesse an weitreichenden geistigen Fragen. Wandervögel und Freideutsche äußerten sich enttäuscht, daß »die Abstinenzpropaganda . . . in der breiten Masse nie Erfolg haben« würde, weil »der Mann des Volkes . . . nicht nach Vernunftsgründen« handelt. »Gefühle, Stimmungen, Erinnerungen sind da einzig ausschlaggebend.«[160]
Die ewig Unbelehrbaren, so schwenkte vielfach die Meinung im Laufe des Krieges um, müßten durch ein Gesetz zu einer »besseren« Lebensweise gezwungen werden, da »die Menschen am allerzähesten an ihren Lebensgenüssen festhalten«.[161] Manche aus der Bewegung resignierten und hielten jede Durchsetzung ihrer Ziele für illusorisch.

»Ich halte jetzt diese Arbeit nicht nur für erfolglos, sondern auch für wertlos. Das letztere hat man noch nicht eingesehen, wohl aber, daß eine Umgestaltung der Welt nicht so leicht, oder wohl gar ausgeschlossen ist . . .«[162]

Der Feld-Wandervogel

So schwankten die Standpunkte der jugendbewegten Soldaten zwischen dem erzieherischen Eifer, die eigenen Ideale vorzuleben und so Lebensformen zu verändern, dem Ruf nach gesetzlichem Zwang zu Reformen und einem selbstgenügsamen Streben innerhalb der vertrauten Gruppe, die mit der »sozialen Frage« keine Probleme hatte. Mit der Dauer des Krieges tendierten viele Wandervögel und Freideutsche mehr und mehr zu einer radikalen Haltung. Sie grenzten sich von der »Masse« ab und forderten vom Staat gesetzlichen Zwang.[163]

Beiträge in den »Monatsberichten der Deutschen Akademischen Freischar« und in der »Freideutschen Jugend« warnten nun davor, daß aus der notwendigen Selbstbehauptung starre Abgrenzung werde.[164] Der Wunsch, wieder mit Menschen aus der Jugendbewegung zusammen zu sein, wurde jedoch immer stärker.[165] Oft marschierte ein ehemaliger Wandervogel in Feuerpausen weit durch gefährliches Gelände, um ein vertrautes Gesicht wiederzusehen. Als Erkennungszeichen bürgerte sich eine grün-rot-goldene Schnur ein, die im dritten Knopfloch von oben an der Uniformjacke getragen wurde. Als sich abzeichnete, daß der Krieg länger dauern würde, organisierten die Bünde daheim ab Mitte 1915 »Rundbriefe«, die den Kontakt zwischen den Mitgliedern in der Heimat und denen an der Front herstellen sollten.[166] Die zunächst handschriftlich vervielfältigten, eher persönlich gehaltenen Rundbriefe wurden später in Auszügen als »Kriegsrundschreiben« gedruckt.

Aus diesen unorganisierten Anfängen entstand im Frühjahr 1916 der *Feld-Wandervogel*. Zunächst richtete der schwerverwundete Walter Fischer[167] eine nach Frontabschnitten und Truppenteilen geordnete »Soldatenvermittlung« ein. Bald gab es 24 »Vermittlungsstellen«, die 3500 Soldaten betreuten.[168] Zentrale Geschäftsstelle für Frankreich und Belgien wurde das »Feldbundesamt West« in Brüssel. Ihm unterstanden sieben »Gaue«.[169] Der Osten teilte sich in neun wesentlich größere »Gaue« auf.[170] Im Sommer 1918 existierten im Westen 128 feste Treffpunkte, im Osten gab es 40. Hier trafen sich die jugendbewegten Soldaten unabhängig von der Bundeszugehörigkeit und ohne Beachtung der militärischen Dienstgrade. Die Soldaten in der Heimat und die Gefangenen wurden ebenfalls registriert.[171]

Die »Gautage« im Westen 1917 in Brüssel und 1918 im Süden der Westfront, auf der Siernitz, standen ganz im Zeichen der Freude über das Wiedersehen[172], wurden jedoch getrübt durch das Unbehagen über die Vorgänge in der Heimat. Die meisten jugendbewegten Soldaten waren nur wenig informiert über die Diskussionen und Versammlungen im Inland. Da sie nur sporadisch an Führertreffen oder Gautagen teilnehmen konnten, verstanden sie Programme und Stellungnahmen der Daheimgebliebenen

Abbildung 12:
Wandervogel-Feldgautreffen bei Brüssel, September 1917

und Jüngeren nicht mehr.[173] Die Soldaten, Hilfsdienstpflichtigen, Krankenschwestern und Laborantinnen, die an und hinter den Fronten Dienst taten, hatten nach ihrem eigenen Selbstverständnis durch den Krieg neue Einsichten in die Welt gesammelt, die sie weiterzugeben gedachten. Da verwirrte es sie besonders, daß in Deutschland im Gegensatz zum einheitlichen *Feld-Wandervogel* die Gruppen, allen voran wieder die *Freideutsche Jugend,* ein zerrissenes Bild boten. Sie forderten eine ihrer Feldgemeinschaft entsprechende einheitliche Jugendbewegung im Hinterland.

Im »Zwiespruch« und im »Rundbrief der Wandervögel im Osten« wurden die Fragen nach dem Weiterbestehen der Jugendbewegung diskutiert. Die im Felde Stehenden strebten den großen »Einigungsbund« an, hatten sie doch selbst erlebt, wie hier die Gruppenzugehörigkeiten zurücktraten und wie groß das Zusammengehörigkeitsgefühl aller werden konnte in einer Umgebung, in der sie Fremdlinge blieben. Der *Feld-Wandervogel* in seiner scheinbaren Geschlossenheit sollte Vorbild sein.[174] Der *eine* Bund der Jugendbewegung wiederum würde dann den Kern bilden für eine wahre deutsche Volksgemeinschaft nach dem Krieg, in der die Frontsoldaten aufgrund ihrer Erfahrungen und ihres Einsatzes eine wesentliche Rolle spielen wollten: »Das neue Deutschland tragen wir im Herzen. Einigt Euch, damit es werde!«[175]

Selbstbehauptung in der Heimat

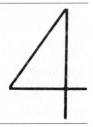

1. Verschärfung der Statusdiskrepanz der bürgerlichen Jugend

Der Krieg bedeutete für Jugendliche und Heranwachsende im Deutschen Reich eine Erhöhung ihres gesellschaftlichen Stellenwertes: Die älteren von ihnen trugen als Soldaten die Hauptlast des aktiven Kampfes[1]; die jüngeren würden bald an ihre Stelle treten. Die Erwachsenen wiederum mußten Vorsorge treffen, das bestehende gesellschaftliche System zu erhalten oder in ihrem Sinne zu verbessern – sie mußten die ihnen folgende Generation auf ihre Werte einschwören. Als Folge davon nahm der Druck auf Jugendliche zu.

Vor allem für die Heranwachsenden aus dem Bürgertum verloren jedoch die Maßstäbe der Erwachsenenwelt an Bedeutung. Auf der einen Seite hatten diese jungen Menschen ihre langwierige Ausbildung, die über Abitur, Studium und Berufsanfang erst nach und nach zu einer gefestigten Stellung innerhalb der Gesellschaft führte, noch nicht beendet, waren also nicht im vollen Sinn des Wortes »Erwachsene«[2]; andererseits trugen sie als Soldaten, Krankenschwestern, Laboranten und in zahlreichen Hilfsdiensten zur militärischen Stärke Deutschlands bei und füllten damit eine wesentliche Position aus.[3] Gleichzeitig verschlechterte sich aber durch den Krieg ihre eigene berufliche und persönliche Lebensperspektive, da Entwicklungen eintraten, von denen niemand wußte, zu welchen Ergebnissen sie führen würden. Schon vor 1914 wurde der Arbeitsmarkt für Akademiker von Krisen geschüttelt. Die Zahl der Abiturienten wuchs, die Berufsstruktur änderte sich zugunsten der Techniker. Wie würde es nach den Kriegsereignissen aussehen, von denen man nur wußte, daß hinterher vieles anders sein würde als zuvor?[4]

Die Kluft zwischen den Ansprüchen der Heranwachsenden auf größere Eigenständigkeit und ihrem tatsächlichen Spielraum wurde im Laufe der Kriegsjahre größer. Auch die Zukunft versprach keine Belohnung in Form von voraussehbar guten Lebens- und Berufschancen mehr. Die Soldaten an der Front merkten nur wenig von den Veränderungen in der Heimat, da sie einem ständigen Existenzkampf und der starren militärischen Disziplin ausgeliefert waren. Die bündischen Gruppen zu Hause spürten die Veränderungen in der sie umgebenden Gesellschaft. Sie reagierten unmittelbar auf die Versuche der herrschenden Eliten, auf Veränderungen mit Gewaltmaßnahmen zu antworten und Arbeiter, Frauen und Jugendliche, die sich von eingefahrenen Traditionen lösen wollten, zu disziplinieren.

Vorstellungen der Feldsoldaten

Die Soldaten aus der Jugendbewegung forderten von den Heimatgruppen, sich zu einem großen »Einigungsbund« zusammenzuschließen und ihre lebensreformerischen Ideen zu behaupten:

> »Noch ist sich die Jugend in ihrer Gesamtheit dessen nicht bewußt geworden, was ihre Aufgabe ist. Nur Wenige sind es: ein Vortrupp, der weiß, was das Ziel ist. Aber wir Wenigen, die um dieses Ziel wissen, wir müssen Euch Jungen jetzt verlassen. Wir müssen scheiden aus Eurer Gemeinschaft: Führerlos lassen wir Euch zurück. Und gerade was brauchen wir notwendiger denn Führer? Wir wissen es, schwer wird Euer Weg sein, steinig und steil, doppelt schwer, weil Ihr ihn Euch selbst suchen müßt. Und uns ist bange, ob Ihr ihn finden werdet, denn da gibt es keine Karten und Wegweiser, die Euch den rechten Pfad weisen können, wie Ihr sie auf Fahrten seht; da gibt es nur einen Kompaß: Eure Seele . . . Laßt Euch Eure Seele nicht rauben: Es ist meine größte Forderung. Nur dann seid Ihr wahre, echte Wandervögel, nur dann seid Ihr Jugend, nur dann gehört Ihr zu jener Mannschaft, die die großen Schlachten nach dem Kriege mitschlagen darf, die Kämpfe, die uns das bringen sollen, was wir schon seit altersher ersehnen . . . Eine rechte Wandervogel-Ortsgruppe muß sein wie ein Orden, eine Ritterschar, die gewappnet dasteht und für die es kein Zurück gibt.«[5]

Die aus dem *Wandervogel* hervorgegangenen Offiziere und Rekruten hatten zwar die Erfahrung gemacht, daß sie in der Armee und im Krieg Verhaltensweisen ausgesetzt waren, die ihrer Einstellung total widersprachen. Vor allem taten sie sich schwer mit den Trinksitten unter den Offizieren und dem Umgang mit der Sexualität in der Etappe. Zum erstenmal fühlten sie auch den kollektiven Druck gesellschaftlich akzeptierter Normen auf sich lasten, die ein junger Wandervogel nur in seinem persönlichen Bereich ein wenig verändern konnte. Da sie aber meinten, diesen Zwängen nur vorübergehend ausgesetzt zu sein, fühlten sich viele Soldaten in ihrem Selbstbewußtsein nicht getroffen. Im Gegenteil, durch die Idee eines opfermütigen Einsatzes gestärkt, formulierten sie gegenüber der »Masse« der anderen Soldaten ihren geistigen Führungsanspruch. Diesen würde man nach dem Krieg als rechtmäßigen Lohn einlösen.

Die *Wandervogel*-Gruppen in der Heimat hatten es zunächst sehr schwer, das Gemeinschaftsleben in Gang zu halten. Im August 1914 hörten die Wanderungen und Nestabende zunächst auf. Die Wandervögel über 17 Jahre und die Freideutschen meldeten sich beinahe ausnahmslos freiwillig zum Militärdienst. Die Bundesleitung des *Wandervogels e. V.* beantwortete Anfragen von Soldaten nach dem Grund des Schweigens vieler Gruppen, die Älteren seien in der Armee und die Jüngeren würden bei der Ernte helfen. Noch Anfang November 1914 war der Kontakt zu allen Gauen noch nicht wiederhergestellt.[6] Als sich die Gruppen dann gefangen hatten[7], setzten ihnen die äußeren Umstände hart zu. Die immer schlechter werdende Versorgungslage verhinderte viele kleine und große Wanderungen oder Nestabende. Lebensmittel und Brennstoffe wurden knapp.[8] Die materielle Not machte auch regelmäßige überregionale Zusammenkünfte unmöglich. Die ständigen neuen Rekrutierungen schwächten die Gruppen zusätzlich.

Die Arbeit in den Gruppen und Gauen setzten die Mädchen und die 16- bis 17jährigen Jungen fort. Viele Eltern hatten Vorbehalte, wenn ihre Kinder mit Gleichaltrigen auf Fahrt gehen wollten.[9] Besonders betroffen von den kriegerischen Ereignissen waren die *Freideutsche Jugend* und die kurz vor dem Krieg als Älterengruppe gegründete *Landsgemeinde*. Von ihren Mitgliedern mußten die meisten sofort ins Feld. Die wenigen in der Heimat verbliebenen Männer – Kriegsfreiwillige in der Ausbildung, Ärzte[10] in Lazaretten, Soldaten in der Heeresverwaltung – und die jungen Frauen übernahmen die Organisation der Heimatgruppen und die Leitung der Initiativen, die den Zusammenhalt mit den Soldaten verbessern sollten. Aber auch bei den zahlenmäßig sehr viel stärkeren *Wandervogel*-Bünden reichten die männlichen Jugendlichen nicht aus, um alle Jungengruppen zu führen. Auch hier mußten die Frauen eingreifen, um den Bestand zu sichern. Bei der *Deutschen Akademischen Freischar* übernahm eine Frau sogar die Leitung der laufenden Geschäfte.[11]

Die Frontsoldaten erkannten die Mühe und Arbeit der Daheimgebliebenen zwar an, gestanden diesen jedoch nur eine Vertreterfunktion zu, bis sie selbst – durch das Kriegserlebnis besonders befähigt – wieder oder überhaupt die Führung übernehmen würden.

Reaktionen in der Heimat

Während die meisten Wandervögel und Freideutschen in den Schützengräben lagen, setzte unter den Daheimgebliebenen eine durch die Kriegsgesellschaft bedingte neue Entwicklungsstufe in der Jugendbewegung ein. Die Geschichte der bürgerlichen Jugendbewegung im Ersten Weltkrieg zu rekonstruieren bedeutet, den Veränderungen in den Gruppen in der Heimat nachzuspüren. Von den Feldsoldaten konnten kaum Impulse für weiterführende Diskussionen ausgehen; Heimat und Front drifteten auseinander. Es erwies sich bald als Illusion zu glauben, die Jugendbewegung werde unverändert auf die Rückkehr der Soldaten warten, damit diese nach dem Krieg ihre angestammten Plätze wieder einnehmen könnten.

Der Druck der Gesellschaft auf die jüngeren, künftig für den Krieg wichtigen Jugendlichen nahm zu. Disziplinierungsversuche durch Militär und Regierung wurden von der bürgerlichen Öffentlichkeit unterstützt. Die beschriebene Krisensituation erschwerte ein einheitliches Vorgehen der Gruppen gegen diese Entwicklung. Die *Wandervogel*-Organisationen zerfielen in regionale Einheiten, weil eine zentrale Bundesgeschäftsführung nicht aufrechtzuerhalten war. Die weniger zahlreiche *Freideutsche Jugend* konnte nur weiterbestehen, weil einige aktive Mitglieder Zeit und Geld opferten, um briefliche Kontakte zu halten oder kleinere Treffen zu organisieren. Sie wurden nicht zum aktiven Militärdienst eingezogen, weil sie zumeist als Ärzte oder noch studierende Mediziner in Lazaretten und Krankenhäusern gebraucht wurden. Andere waren gleich zu Beginn des Krieges so schwer verletzt worden, daß sie längerfristig oder auf Dauer keine Kriegstauglichkeit besaßen. Ihr Studentenstatus sicherte ihnen eine für die damalige Zeit große Mobilität und Unabhängigkeit.[12]

Vor allem in diesen freideutschen Kreisen entwickelten sich Vorstellungen über die künftige Rolle der Jugendbewegung in der sich wandelnden Gesellschaft und die Berufs- und Lebensperspektiven der einzelnen Mitglieder. Die Diskussion zog andere Heranwachsende aus dem *Wandervogel,* aus der Jugendkulturbewegung oder aus lebensreformerisch eingestellten studentischen Kreisen an. Der 1915 aus dem Feld zurückkehrende Knud Ahlborn zog aus dem Kriegserlebnis den Schluß, die Zeiten müßten vorbei sein, in denen die Freideutschen desinteressiert an der Innen- und Außenpolitik Deutschlands vor sich hin gelebt hätten:

>»Heute aber ist plötzlich der allergrößte Teil der Freideutschen mitten in gewaltige politische Ereignisse hineingestellt und selbst unmittelbar zum politischen Faktor geworden. Der Bestand des Reiches wird verteidigt, und unser in seiner Existenz bedrohter Staat enthüllt uns zahlreiche ungeahnte Eigenschaften – eine fundamentale Bedeutung auch für unser eigenes Leben – und die Existenz unserer Sache.
>
>Die Voraussetzungen und Folgen des Krieges gehen *uns alle* an, denn unser Leben ist abhängig von dem des Vaterlandes, und wir können jenes hinfort nicht mehr ›vor eigener Verantwortung in innerer Wahrhaftigkeit gestalten‹, wenn wir dieses außer Betracht lassen. Und wenn wir nun gar in dem neuen Deutschland Führende sein wollen, wie es von uns Freideutschen gelobt ward und angestrebt wird, so sind wir doppelt verpflichtet, uns politisches Wissen zu erwerben.«[13]

Auch andere Sprecher der Jugendbewegung, die aus den verschiedensten Gründen vom Frontdienst befreit wurden und in die Heimat zurückkehrten[14], stimmten darin überein, daß sich die Jugendbewegung in der »Öffentlichkeit«[15] werde behaupten müssen. Sich politisch zu bilden und zu betätigen hieß, sich mit dem öffentlichen Leben zu beschäftigen und dort im Interesse eines ethisch begründeten Allgemeinwohles zu arbeiten.[16] An der Frage nach dem »Wie« entzündete sich eine heftige Auseinandersetzung.

Im Juni 1915 übernahm Knud Ahlborn die Schriftleitung der »Freideutschen Jugend«, einer von der *Hamburger Freideutschen Jugend* gegründeten Zeitschrift, die zunächst die Verbindung zwischen Heimat und Feld für die Mitglieder des Bundes herstellen sollte.[17] Ahlborn nutzte diese Möglichkeit, innerhalb der Jugendbewegung für seine Ideen zu werben. Er setzte sich für eine feste Organisation des *Freideutschen Verbandes* ein, der zum Kristallisationspunkt für die gesamte Jugendbewegung werden sollte. Eines Tages, so der Plan, sollte der auf dem Hohen Meißner ins Leben gerufene lockere Zusammenschluß von Erziehungsgemeinschaften *der* große Dachverband der selbstbestimmten unabhängigen Jugend werden[18] – mit einer gemeinsamen, freideutschen Lebensanschauung. Diesem Ziel galt Ahlborns Tätigkeit seit 1915. Sein forciertes Auftreten ließ in der Jugendbewegung Widerspruch aufkommen. Wer eigene Vorstellungen entwickelte, mußte sich mit Ahlborns Konzeption auseinandersetzen. In den Zeitschriften »Freideutsche Jugend«, »Monatsbericht der Deutschen Akademischen Freischar« und »Der Wanderer« entbrannte die Diskussion über Richtung und Ziele der *Freideutschen Jugend* und damit der Jugendbewegung, deren größter Teil »auf der Grenze zwischen Jugend und Staatsbürger steht« und »nicht gewillt ist, allmählich traditionsgemäß in die Formen des ›Erwachsenen‹ hineinzuwachsen, sondern der festen Überzeugung lebt und ihr Ausdruck zu geben versucht, daß sie ein Fruchtbarmachen ihrer jugendlichen Lebensauffassung für die Allgemeinheit für notwendig hält«.[19]

Zusammen mit seiner Frau Annali leitete Knud Ahlborn als Vorsitzender der Freideutschen die Auseinandersetzung mit einem Überblick über die Entwicklung seit dem Treffen auf dem Hohen Meißner ein[20], damit ». . . dadurch einer organischen Fortführung des durch den Krieg unterbrochenen Freideutschen Werkes vorgearbeitet werden«[21] könne. Wie er sich die weitere Arbeit vorstellte, beschrieb er in zwei Aufsätzen über die Organisation und die Notwendigkeit politischer Bildung und Einflußnahme der »Freideutschen Jugendbewegung«.[22] Dies bedeute nicht eine parteiähnliche Kampfgemeinschaft, in die jeder als Mitglied eintreten könne. Es solle sich vielmehr ein fester Kern ausgewählter Menschen bilden, der in einer Erziehungsgemeinschaft zunächst charakterlich wachse, dann aber auch politisch, indem er nach den ethischen Gründen allen gesellschaftlichen Handelns frage.

Die Konzeption baute deutlich auf dem Gemeinschaftserlebnis des *Wandervogels* auf und suchte nun in der Form der »Erziehungsgemeinschaft« einen Freiraum zu schaffen, in dem es möglich sei, aus historisch gewachsenen Zwängen herauszubrechen und menschliches Zusammensein neu zu konstituieren. Hier sollten die Heranwachsenden sich mit Religion und Philosophie beschäftigen und sich als »ganzheitliche Menschen« erfahren.[23] Eine Organisation sollte diese Gemeinschaft vor Angriffen von außen schützen. Ahlborn gelang es, bei einer Aussprache Ostern 1916 in Jena die freideutschen Führer für eine solche Konstruktion mit festgelegter Aufgabenverteilung zu gewinnen.[24] Er selbst als Vorsitzender des *Arbeitsausschusses* bekam die Kompetenz zugesprochen, die Bewegung nach außen zu vertreten und ihre Ziele darzustellen.

Das Programm der *Freideutschen Jugend,* wie es in Jena formuliert wurde, blieb weiterhin frei von konkreten Zielen und unterstrich so den Charakter einer offenen »Erziehungsgemeinschaft«. Es enthält ethisch motivierte Absichten zur Selbsterziehung dieser Gemeinschaft, betont aber stärker als die Marburger Tagung den Willen zur eigenständigen Neugestaltung des Lebens durch die Jugend.

Knud Ahlborn hatte erkannt, daß sich philosophische Ideale prinzipiell nur schwer mit der erfahrbaren materiellen Wirklichkeit vertragen. Der Einbruch der realen Welt in die jugendlichen Schonräume durch den Krieg hatte bei den Jugendlichen zu vielen Enttäuschungen geführt. Es war für sie unendlich mühsam geworden, das Gewicht des Tatsächlichen zu negieren und den Vorrang einer nicht mit Händen zu fassenden geistigen Kultur zu behaupten. Während die Frontsoldaten ihren Führungsanspruch mit ihrem Einsatz für das Vaterland begründeten, war es in der Heimat wesentlich schwieriger, solche Überzeugungen zu vertreten. Die Jugendbewegung konnte hier nicht auf einen Kampf für eine vorrangige nationale Aufgabe verweisen; sie sah sich gezwungen, ihre auf die Unendlichkeit eines geistigen Erlebens ausgerichteten Vorstellungen in endliche, reale Begriffe zu überführen und als klar formulierte Interessen zu vertreten. Knud Ahlborn versuchte, diesen Widerspruch zu lösen, indem er eine schützende Organisation für ein ungestörtes Gemeinschaftsleben aufbauen wollte, bis die Anziehungskraft dieser Gemeinschaft so groß sei, daß die Gesellschaft keinen Druck mehr auf sie ausüben könne.[25]

2. Die Diskussion um das Reichsjugendwehrgesetz

Schon vor dem Krieg hatte es von Privatleuten ins Leben gerufene bürgerlich-nationale Vereine gegeben, die den Freiheitsdrang der Jugendlichen durch Leibesübungen bändigen wollten. Strenger militärisch ausgerichtet waren die *Jugendwehren,* die in den neunziger Jahren des letzten Jahrhunderts in Nord- und Mitteldeutschland unter der Leitung von Offizieren entstanden, um die Jugend »vor den vielen Gefahren des großstädtischen Lebens zu schützen«.[26] Beide Konzepte strebten an, die »Arbeitskraft und Wehrtüchtigkeit des ganzen Volkes« zu steigern[27] und die nachfolgenden Generationen eng an Kaiserreich und Monarchie zu binden. Vor allem im Bürgertum fanden solche Ideen Anklang, weil gerade hier die Furcht vor einer Bindung der Arbeiterjugendlichen an die »umstürzlerische« Sozialdemokratie besonders groß war.

Der Erlaß des Preußischen Kriegsministers vom 21. Oktober 1909 und der des Ministers der geistlichen, Unterrichts- und Medizinalangelegenheiten vom 18. November 1911 leiteten eine neue Phase der Jugendpflege ein. Das Heer wurde angewiesen, mit den vaterländischen Jugendpflegeorganisationen zusammenzuarbeiten. Die Betreuung der männlichen Jugend sollte nach einheitlichen Gesichtspunkten zusammengefaßt und unter staatlicher Aufsicht neu organisiert werden. Die Erlasse sprachen die Gruppe der schulentlassenen Jugend zwischen 14 und 20 Jahren an, deren »leibliches und noch mehr . . . sittliches Gedeihen aufs schwerste gefährdet« sei durch die »Veränderung der Erwerbsverhältnisse«.[28] Angestrebt wurde ein körperliches Training durch Leibesübungen und geistige Beschäftigung durch Vorträge, Aussprachen und dergleichen.

Der 1911 gegründete *Jungdeutschlandbund* sollte in diesem Sinne alle vaterländischen Jugendvereinigungen unter einer Leitung zusammenschließen, die Selbständigkeit der Vereine allerdings nicht antasten. Trotz der Unterstützung, die dem Bund von offizieller Seite zuteil wurde, gelang es ihm freilich nicht, einen wesentlichen Teil der proletarischen Jugend zu werben. Wegen des ausbleibenden Erfolges entwarf das Kriegsministerium schon im Herbst 1913 einen Plan, alle Jugendlichen gesetzlich zum Eintritt in eine militärische Jugendorganisation zu verpflichten.

Ziele der militärischen Jugendpflege

Schon bald nach Kriegsbeginn traten die ersten Forderungen nach einer ständigen vormilitärischen Schulung der Jugend auch in künftigen Friedenszeiten auf.[29] Die Zeit schien günstig, durch den gemeinsamen äußeren Feind die Gegensätze im Inneren vorerst zu überbrücken. Sogar die Sozialdemokratie hatte sich ja im Zeichen des »Burgfriedens« in die allgemeine »Einheitsfront« eingereiht.[30] Die Erlasse vom 16./19. August 1914 mit ihren Ergänzungen vom 25. November 1914 und vom Oktober 1915 sollten als Grundlage dienen.[31] Die Betonung lag bei der Beteiligung der Jugend aller »Kreise unseres Volkes«, die zu »wehrfreudigen, aufrechten, wahrhaften

Abbildung 13:
Mitglieder des Jungdeutschlandbundes, 1914

Charakteren zu entwickeln [seien], die, stolz auf ihr deutsches Vaterland, jederzeit mit aller Kraft für seine Ehre einzutreten bereit sind«.[32] Trotz mehrfacher Erklärungen der Regierung, bei der militärischen Vorbereitung sei ein spielerisch-sportlicher Ton zu bevorzugen[33], setzten schlecht ausgebildete Helfer[34] ihren Ehrgeiz in einen möglichst perfekten militärischen Drill. Die Folge war eine nur mangelhafte Beteiligung an den *Jugendkompanien*.[35] Hierfür machten Pädagogen und Jugendleiter jedoch den unsteten Charakter der Jugend verantwortlich:

»... so wenig an der vaterländischen Einmütigkeit des gesamten deutschen Volkes ... irgendein Zweifel ist, so wenig ist von der Jugend die gleiche lückenlose Geschlossenheit und Hingabe zu verlangen, denn die Jugend ermangelt eben als solche noch in zahlreichen Fällen des vollen Verständnisses für das, was auf dem Spiele steht.«[36]

Als Ausweg schlugen Vertreter des Kriegsministeriums eine pflichtmäßige Beteiligung an den Kompanien vor, das heißt eine allgemeine »Jugendwehrpflicht«[37] für alle männlichen Jugendlichen vom 17. Lebensjahr bis zum Eintritt in das Heer.[38] Ein »Reichs-Jugendwehrgesetz« sollte die näheren Einzelheiten regeln.[39]

Die Entwürfe sahen vor, die militärische Jugendausbildung im schulpflichtigen Alter mit Übungen im Sportunterricht beginnen zu lassen.[40] Allmählich sollten die Anforderungen beim Turnen und bei Geländeübungen gesteigert werden. In den Mittel- und Fortbildungsschulen[41] und in den höheren Klassen der Gymnasien würde dann der militärische Einschlag bei der Schulung der 14- bis 16jährigen Jungen zunehmen.[42] In dieser Altersstufe sollten auch die jugendpflegerisch ausgerichteten Vereine in die militärische Vorbereitung einbezogen werden. Ihre Aufgabe war es, »an der leiblichen, geistigen und sittlichen Erziehung der Jugend zwischen 14 und 20 Jahren« mitzuwirken.[43]

Mit der Vollendung des 17. Lebensjahres unterlagen die jungen Männer der Jugendwehrpflicht und mußten, laut Gesetzentwurf zur *Reichsjugendwehr*, in die *Jugendkompanien* eintreten.[44] In den Kompanien sollte die »für den Wehrdienst [wichtige] sorgfältigste Durchbildung aller Kräfte des Körpers und damit zugleich Stählung des Willens« erfolgen.[45] Erst in der zweiten Linie seien Übungen »in den besonders militärisch einschlägigen Ausbildungszweigen erforderlich«, wobei »das Hauptgewicht auf Übungen zur Vorbereitung in den militärischen Dienstzweigen zu legen« sei, die nicht in zwei Jahren vollkommen ausgebildet werden könnten.[46]

Die Vorschläge und Entwürfe strebten eine klassenübergreifende Erziehung von Jugendlichen spätestens mit dem Eintritt in die *Jugendwehr* an.[47]

Das Ziel der vormilitärischen Ausbildung war die körperliche und geistige »Ertüchtigung« im vaterländischen Sinn, um die Jugend vorzubereiten auf die Verteidigung des deutschen Staates gegen »innere und äußere Feinde«.

Statt einer durchgreifenden gesellschaftlichen Reform, die auch den »inneren« Feind, nämlich die Sozialdemokratie, in die Gesellschaft integriert hätte, sollte eine Zementierung des »status quo« durch die vaterländische Beeinflussung der jungen Menschen von Kindheit an erreicht werden.[48] Diese aggressive Machtpolitik im Innern entsprach der imperialistischen Politik gegenüber dem Ausland:

>»Nun aber ist Krieg, für uns ein heiliger Krieg um den Fortbestand deutscher Art und deutscher Kultur, welche Haß, Mißgunst und Eigennutz vernichten wollen.«[49]

Aber auch im Frieden könne Deutschland keine Ruhe finden, da beachtet werden müsse, »daß gerade wir Deutschen im Leben der Völker immer auch im tiefsten Frieden in einem mächtigen Kampfe stehen, in dem es gilt, unserem großen Vaterlande den Platz an der Sonne zu wahren«.[50]

Die gesetzliche Regelung ist über das Stadium des Entwurfs nie hinausgekommen. Nachdem im Dezember 1916 die Vereine das Recht erhielten, eigene *Jugendkompanien* aufzustellen, löste sich das ursprüngliche Konzept einer klassenübergreifenden eigenständigen *Reichsjugendwehr* auf. Die vereinseigenen Kompanien konnten nur in bescheidenem Maß auf ihre militärischen Zwecke kontrolliert werden; allgemein gingen die Teilnehmerzahlen zurück. Im Februar 1918 wurde noch einmal ein Entwurf vom Preußischen Kriegsministerium vorgelegt, der ein Reichs-Wehrschulgesetz anstrebte. Er nahm die Tendenz auf, die Wehrertüchtigung bestehenden Organisationen einzugliedern, und wollte die Schule als »Wehrschule« und die Vereine der Jugendpflege zur Grundlage der »Wehrertüchtigung« machen. Offiziere und Heeresverwaltung sollten zur Beratung herangezogen werden.[51]

Jugendbewegung contra Jugendpflege

Schon 1912 begann in den *Wandervogel*-Bünden die Auseinandersetzung um die *Jugendwehren*.[52] Der fundamentale Unterschied zwischen der Freiwilligkeit in den Gruppen des *Wandervogels* und der militärischen Disziplin in den Kompanien forderte die Stellungnahme der Jugendbewegung heraus.[53] Die vom Staat geförderten, durch Ministererlasse 1914/15 erneut ins Bewußtsein gerückten *Jugendwehren* wurden dann zu einer starken Konkurrenz. Da sie in der Kriegszeit zum Aufbau der Wehrkraft beitrugen, erfreuten sie sich breitester öffentlicher Unterstützung. Auch die Pfadfinder hatten sich das Prinzip militärischer Ausbildung schnell zu eigen gemacht und leisteten in der Etappe Dienst.[54] Es schien, als hätte das Wandervogelleben zunächst ausgedient. Im Kriegsdeutschland war kein Platz für »Nebensächlichkeiten, wie das Wandern«.[55]

Allzeit bereit!
Der Pfadfinder

Jugendzeitschrift des Deutschen Pfadfinderbundes

Schriftleitung: Major Maximilian Bayer / Oberleutn. d. L.-K. a. D. Schnell

Verlag von Otto Spamer in Leipzig-Reudnitz.

Zuschriften an die Schriftleitung des „Pfadfinder", Charlottenburg 2, Joachimsthaler Straße 5. — Monatlich eine Nummer. Bezugspreis (im voraus zu entrichten) des ganzen Jahrgangs für den „Pfadfinder" M. 1.80, für den „Pfadfinder" mit Beilage „Der Feldmeister" M. 3.—. Bestellungen durch die Buchhandlungen oder beim Verlag.

Erster Vorsitzender des Bundes: Konsul Bassewitz.

5. Jahrgang   Juli 1916   Nummer 7

Telephonzelt.

Vor dem Kriege hat so mancher an dem Werte des Feldtelephons gezweifelt. Die Macht der Tatsachen hat die Zweifler eines besseren belehrt. Wie in Deutschsüdwestafrika die Signalisten, so haben sich auf europäischem Boden die Feldtelegraphisten außerordentlich bewährt. Also auch in dieser Hinsicht hat unser Pfadfindersystem den Anforderungen der Wirklichkeit Rechnung getragen.

Abbildung 14:
Titelseite, 1916

Walter Fischer, Mitglied der Bundesleitung des *Wandervogels e. V.* und »Soldatenwart« für alle Bünde[56], betonte während des gesamten Krieges immer wieder, wie wichtig gerade die »Wandervogelerziehung« für den späteren Soldaten sei. Dazu gehöre vor allem die Bildung der körperlichen Widerstandsfähigkeit durch Marschieren und Tornistertragen. Sie aber lasse sich nicht »Sonntag nachmittags auf dem Truppenübungsplatze erwerben, sondern ist eine Frucht *langer* Wandertätigkeit«.[57] Er legte vor allem Wert darauf, daß die Jugendlichen in seiner Organisation neben den praktischen auch geistige Fähigkeiten erlangten, durch die sie qualifiziert seien, später die Pflichten eines Offiziers zu übernehmen. Dem vom Staat bestellten Lehrer beziehungsweise dem für die Jugendpflege ausgebildeten Leiter stellte er »den aus Persönlichkeitswerten heraus gewordenen Führer [gegenüber], der, von äußeren Bedingungen unabhängig, ein Wertleben vorlebt«.[58]

Die »Führerfrage« war der entscheidende Punkt, an dem sich *Jugendkompanien* und Jugendbewegung unterschieden. Bei ihrer Arbeit in den frisch gebildeten Kompanien hatten sich die Freideutschen rasch an der strengen und pedantischen Ordnung gestoßen. Die Leiter der Wehren vertraten oft sogar den Jugendlichen völlig entgegengesetzte Ansichten, so daß ein Wirken im Sinne der Bewegung ausgeschlossen war.[59]

Mehr als der *Wandervogel* in seinen verschiedenen Ausformungen setzte sich die *Freideutsche Jugend* von der Praxis der vormilitärischen Ausbildung für Kriegszwecke ab. Die Beiträge in den *Wandervogel*-Zeitschriften betonten zwar die Eigenart des bündischen Lebens, bekundeten aber auch Respekt von den andersgearteten *Jugendwehren*. Die Freideutschen urteilten im allgemeinen strenger.[60] Sie fürchteten die geistige Unbeweglichkeit einer »zweckgebundenen«, also notwendigerweise »toten« Organisation[61], bevorzugten »seelische Gemeinschaften wie unsere Wandervogel-Bünde«, die für das gesamte Volk richtungweisende, erzieherische Impulse geben könnten.[62]

Die gemeinsame Plattform von Wandervögeln und Freideutschen war die Verteidigung der eigenen jugendbewegten Art gegenüber den militärisch ausgerichteten *Jugendkompanien* und den Pfadfindern. Sie als jugendbewegte Elite sahen in ihrem Nachwuchs die künftigen Offiziere und Führer, denen sie nicht nur eine körperliche, sondern auch eine geistige Schulung für das Leben mitgeben könnten.

Die Feldsoldaten und die Jugendwehr

Georg Schmidt, Mitglied des *Wandervogels e. V.*, einer der Kriegsfreiwilligen von 1914, verfaßte 1915–17 während eines Genesungsurlaubs eine Doktorarbeit über »Die Aufgaben militärischer Jugenderziehung in pädagogischer Beleuchtung«[63], in der er sich wie Walter Fischer für eine Mitarbeit in den Jugendvereinen aussprach und dabei die vorbildhafte Rolle des *Wandervogels* herausstellte. Das Eingangsalter sollte bei 18 Jahren liegen. Von den körperlichen Übungen könne man sich, so sein Vorschlag, befreien lassen, wenn man eine gute Kondition aufzuweisen habe. Er verwies aber auch auf die Notwendigkeit einer »geistigen Schulung« neben den rein körperlichen Übungen.

Schmidts Ansichten stimmten mit denen zahlreicher *Wandervogel*-Feldsoldaten überein, die in ihren Briefen uneingeschränkt die Pflicht-Jugendwehr bejahten, da aller Fortschritt der Massen durch Zwang komme, »der ruhig die Form staatlicher Gewalt annehmen soll, wenn die geistige Beeinflussung nicht ausreicht«. Denn »die Mehrheit der Menschen werde nie von selbst zum Besseren den Weg finden oder suchen«.[64] Die einseitige militärische Ausbildung müsse allerdings um das pädagogische Modell einer Bildung der ganzheitlichen Persönlichkeit erweitert werden. Den Zusammenhalt der Truppe vor Augen, ohne den kein Soldat sein Leben erhalten könne, strebten diese Autoren über die »Wehrerziehung« eine »Volksgemeinschaft« an. Durch das Miteinander der verschiedenen sozialen Klassen in den *Jugendkompanien* werde der Geist einer wirklichen Gemeinschaft wachsen. In diesem Sinne solle die paramilitärische Ausbildung der Jugend sowohl »nationale« als auch »soziale Volkserziehung« sein: »Gemeinschaftserziehung zu Gemeinschaftsbewußtsein, Charakterbildung«.[65] Die Feldsoldaten waren sich mit den Jugendbewegten in der Heimat einig, daß der Staat die Leitung in der »Jugendwehrangelegenheit« übernehmen »und dann die Annäherung aller selbständig mit der Jugend arbeitenden Kreise zur Förderung ihrer geistigen und sozialen Wehrpflicht im höheren Sinne ihrer freien Entfaltung« überlassen solle.[66]

Eine einzige Quelle, eine stenografische Notiz, gibt die entgegengesetzte Tendenz wieder. Ein Wandervogel berichtet darin von der Meinung der älteren Soldaten, meist Familienvätern:

»›Mein Bub‹, sagte man mir, ›kommt da mit meinem Willen nicht hinein. Jetzt im Krieg muß ihn schließlich die Mutter manchmal loshaben, aber wenn ich wieder daheim bin, ist Schluß damit.‹ Das ist die Meinung von Leuten, die jetzt 18 Monate im Feld stehen, sich der Achtung ihrer Offiziere erfreuen und Auszeichnungen tragen.

Der Grund dafür: Sie haben eben den Zwang der militärischen Idee an sich selbst empfunden. Sie wissen, daß die eiserne Kommandodisziplin jetzt notwendig wäre, aber sie wollen ihre Jungen davon frei haben.

Sie haben genug an Kriegervereinen für die Alten.«[67]

Er schließt sich an mit der Warnung: »Seht zu, daß man euch nicht einmal mit Recht Militarismus vorwerfe!«[68] Der Verfasser scheint unter den Feld-

Wandervögeln nicht der einzige gewesen zu sein, der jede militärische Vorbildung der Jugend ablehnte. In einem Gespräch mit einem Wandervogel über die »Zwangsjugendwehr« kommentierte der Freund: »Das ist sehr sehr traurig.«[69] Die Stellungnahmen in Zeitschriften und in den Briefen an die Heimatgruppen waren hingegen durchaus positiv. Nun ist es durchaus denkbar, daß die Meinungsäußerungen zu dem Gesetz sich änderten, je nachdem, ob es sich um Gespräche unter Freunden handelte oder um schriftlich fixierte Kommentare. Im mündlichen Austausch war es wohl leichter, Abneigungen und Ängste zuzugeben, während in den Nachrichten nach Hause die geforderte heldenhafte Haltung erschien.[70] Da sich Wandervogelleitungen und Feldsoldaten Hoffnungen auf führende Posten in der militärischen Jugendpflege machten, erschien es um so eher opportun, die offiziellen Erwartungen zu erfüllen.

Stellungnahmen der Wandervögel

Walter Fischer und andere führende Männer des *Wandervogels e. V.* und des *Alt-Wandervogels* wandten sich zwar gegen das streng militärische Gepräge, das die *Jugendwehren* vielerorts angenommen hatten.[71] Da die in Aussicht stehende Regelung allem Anschein nach den militärischen Charakter nicht gesetzlich festschreiben würde, bestand für Fischer jedoch kein Anlaß, gegen den Zwang einzuschreiten. Er achtete in seinen Stellungnahmen nur noch darauf, daß den Jugendvereinen nebenher für ihre Arbeit noch genügend Zeit bleibe.[72] Auch 1918, als das Kriegsministerium einen erneuten Vorstoß wegen der Zwangsjugendwehr unternahm[73], stellte er fest, daß die *Wandervogel*-Organisationen »grundsätzlich mit den vom Kriegsministerium vertretenen Anschauungen übereinstimmen«.[74] Er faßte seinen über die Jahre hinweg unveränderten Standpunkt zusammen:
»a) Freiwillige Ausbildung bis zum vollendeten 17. Jahre. Der Wandervogel beteiligt sich daran. Wo die Schule die Ausbildung übernommen hat, sucht er wenigstens die Lücken auszufüllen. Besser ist, er bildet seine Leute ganz allein aus, falls dies möglich ist. Besonders vorgebildete Ausbilder sind nicht nötig.
b) Prüfung in körperlichen Fertigkeiten.
c) Zwangsausbildung vom 18. Jahre ab. An den militärischen Übungen müssen alle teilnehmen. Von den allgemeinen körperlichen wird befreit, wer die Prüfung bestanden hat. Es sind viele Ausbilder nötig. Ehrenpflicht jedes älteren Wandervogels ist, sich zur Verfügung zu stellen. Wo genug Wandervögel zusammenkommen, können eigene Abteilungen gebildet werden.«[75]
Fischer betonte im weiteren Text, daß hier eine Chance bestehe, »Einfluß

auf die Jugend *und* die militärische Vorbereitung [zu] gewinnen, wenn wir mithelfen«[76]: »Freuen wir uns, daß endlich unsere Forderungen so weitgehend aufgegriffen werden und sehen wir über die abweichende Begründung hinweg.«[77] Sicher steckte dahinter auch die Erwartung, die Wandervögel könnten durch eigene Mitarbeit als Vorgesetzte die ihnen an sich fremden Organisationen verändern.

Folglich beteuerten die *Wandervogel*-Bünde zwar den Wert ihrer Eigenart für die militärische Ausbildung, unternahmen jedoch keine offiziellen Schritte, das kommende Gesetz in ihrem Sinne zu beeinflussen. Trotz ihres Vorhabens, in wichtigen Angelegenheiten gemeinsam vorzugehen, kam es nur zu vereinzelten Protesten, wenn *Wandervogel*-Gruppen von den *Jugendwehren* direkt angegriffen wurden.[78] Die Gestaltung des Gesetzes überließen die Bundesführer den Beamten im Kriegsministerium. Zu den staatlichen Organen hatten sie starkes Vertrauen – eine gesetzliche Regelung werde die offensichtlichen Interessen der Jugendbewegung schon nicht verletzen.[79]

Die Gegner einer gesetzlichen Regelung

Während die Feldsoldaten und die Wandervögel in der Heimat einer gesetzlichen Regelung der *Jugendwehren* zuversichtlich entgegensahen, gab es einige wenige in der bürgerlichen Jugendbewegung, die eine solche Disziplinierungsmaßnahme ablehnten. Zu ihnen gehörte der spätere Berliner Stadtarzt Max Hodann. In einem Aufsatz über »Die Verstaatlichung der Jugendkompagnien – Eine Stimme aus der Jugendbewegung«[80] wies er die von der Öffentlichkeit erhobenen Vorwürfe zurück, die Jugend sei zu faul, um sich freiwillig an den Kompanien zu beteiligen. Jugend akzeptiere Autorität nur, wenn sie selbstverständliche Autorität sei, die keine Schutzmittel zu ihrer Aufrechterhaltung benötige. Dies sei jedoch bei der staatlich unterstützten militärischen Jugendpflege, die unter dem Vorwand einer körperlichen Ertüchtigung »Vermilitarisierung der Jugend«[81] anstrebe, »eine Gefügigmachung unserer heranwachsenden Generation, von der wir alles Zukünftige erhoffen müssen«.[82]

Der Autor wehrte sich dagegen, Jugend »als blinde Masse« zu behandeln[83]: In den »Schriften zur Jugendbewegung«[84], die er zusammen mit Klaus Albrecht, Wolfgang Breithaupt und Karl Vetter[85] herausgab, betonte er immer wieder die Eigenständigkeit der Jugendlichen und verwarf die Absichten, mit Hilfe eines Wehrgesetzes jugendlichen Geist zu disziplinieren.[86] Die von ihm und den anderen Herausgebern der Zeitschrift gegründete *Centralarbeitsstätte für Jugendbewegung* hatte sich zum Ziel gesetzt, zunächst auf nationaler, später auf internationaler Ebene die Kräfte der Jugend zu sam-

SCHRIFTEN ZUR JUGENDBEWEGUNG

DEZEMBER 1916

Gedicht

Herbert Eulenberg

Unendlicher Jammer deckte die Erde.
Die Eltern klagten gefallene Söhne
Und Kinder klagten verlaſſene Mütter.
Nacht und Schmerzen umhüllte die Seelen.
An Reihen von Gräbern erſtarrt der Schmerz.

Da leuchtet ein Stern auf,
Ein einziger kleiner,
Der heiß erſehnt ward, ja angebetet
Zu allen Zeiten, wo Tempel ſtürzten
Und Völker fielen und Glauben wankten.
Hoffnungen empfangen dich,
Vergangenheiten bauen auf dich,
Die Gegenwart huldigt dir.
Gegrüßeſt ſeiſt du mit unſeren Tränen!
Neue Jugend, neue Jugend.

Abbildung 15:
Titelseite, 1916

meln, um zur Lösung des Problems der »absoluten Machtlosigkeit der Jugend als Faktor unseres Gesellschaftslebens« beizutragen.[87] Es schien wichtig, daß »die Jugend nicht etwa anfängt, zusammen zu arbeiten – dazu fehlen jetzt alle Vorbedingungen –, aber daß sie anfängt, sich über die Arbeit ihrer Kameradinnen und Kameraden anderer Vereine, Gruppen, Sippen zu orientieren. Eine gut unterrichtete Jugend ist mehr wert als eine systematisch organisierte Jugend«.[88]

Gerade in der Frage des Reichsjugendwehrgesetzes habe sich die Einflußlosigkeit der Jugend gezeigt. Hodann verwies auf eine Resolution der *Berliner Freien Studentenschaft*[89] gegen das Gesetz, die keinerlei Wirkung gehabt habe. Der Rektor der Berliner Universität hatte den Vorgang zudem noch als »Kompetenzüberschreitung« gesehen und die Studenten aufgefordert, ihre Resolution zurückzunehmen.[90] Ein erster Schritt, sich zu wehren, sei eine gute Information *aller* Jugendlichen über die sie interessierenden Probleme.

Max Hodann forderte also Aufklärung über die Arbeit der einzelnen Jugendgruppen und über *die* Vorgänge in der Öffentlichkeit, die sich unmittelbar auf das Leben der jungen Menschen auswirken würden. Er sprach dabei wohlbedacht nicht nur von den bürgerlichen Jugendlichen im *Wandervogel* und in der *Freideutschen Jugend;* sein Ziel war eine gemeinsame Front der Jugendlichen aus allen Schichten des Volkes gegen die morsche Gesellschaft der Erwachsenen.

Der *Berliner Kreis,* einige Jugendbewegte, die sich den Ideen des Pädagogen Gustav Wyneken verpflichtet fühlten, lehnte die militärische Jugendvorbereitung ebenfalls ab, weil der jüngeren Generation ein von außen kommendes Schema aufgepreßt werden sollte. Keiner aus diesem Kreis unternahm jedoch konkrete Schritte gegen eine Zwangsregelung. Der Student Alfred Kurella[91] schlug vor, falls die Jugendwehrpflicht tatsächlich eingeführt werde, möge der *Wandervogel* in seiner Art weitermachen und jegliche Anpassung vermeiden. Allerdings sei es gut, wenn die Älteren »alle, besonders die draußen Offiziere geworden sind, sich melden als Ausbilder«.[92]

Ebenfalls ablehnend stand der Ingenieur Dankwart Gerlach[93] jeglichem Zwang gegenüber: Es gebe »keinen wirkenderen Weg, einen Menschen kraftlos und saftarm zu machen, als ihm die Kindheit zu entkinden, keinen besseren Weg, kraftvolle und tüchtige Männer zu schaffen, als die Kinder Kindliches treiben zu lassen«.[94] Er fürchtete jedoch nicht etwa die dauerhafte Militarisierung der Jugend: »Die deutsche Geschichte stellt uns nur die Wahl zwischen Hammer und Ambos. Gehauen wird immer.«[95]

Gerlach ist Vertreter einer Gruppe von älteren Wandervögeln, für die die Jugendbewegung im völkischen Sinne revolutionär war beziehungsweise werden sollte. Sie schlossen sich während des Krieges im *Greifenbund,* später im *Jungdeutschen Bund* zusammen.[96] Für sie war der *Wandervogel* nicht patriotisch im herkömmlichen Sinn, sondern eine Revolution der Jugend: »*Deutsch* war er stets, nur mit politischen und sonstigen *Gegenwarts*formen hat er schlechterdings nichts zu tun, weil nicht die Alten, die Menschen ohne Vergangenheit und Zukunft, sondern die Jungen, die Nochjungen und die Erstjungen sein Wesen bestimmen.«[97] Ihnen schloß sich der Kreis um die völkisch und antisemitisch geprägte, offiziöse »Wandervogelführerzeitung« an.[98] Doch auch von den Völkischen ging keine Initiative aus, die Öffentlichkeit gegen das Gesetz und für eine freie Jugendpflege zu beeinflussen.

Die Gegner des Jugendwehrgesetzes setzten also die erneuernde Kraft der Jugend gegen die erstarrte Welt der Erwachsenen. Sie sahen in der gesetzlichen Regelung den Versuch der Alten, die Jungen zu gängeln. Zu einer Einigung untereinander konnten sie jedoch aus weltanschaulichen Gründen nicht kommen. Während Hodann und der *Berliner Kreis* von Aktivitäten der Jugendlichen *aller* Länder und Schichten eine menschlichere Zukunft erhofften, verstanden Gerlach und seine Freunde unter einem jugendlichen Deutschland ein wehrhaftes Vaterland, das die nationalen Werte hoch einschätzte.[99] Im damaligen Sprachgebrauch war dies der Gegensatz von »zwischenvölkischen« und »völkischen« Ideen.

Die Reaktion der Freideutschen

Die *Freideutsche Jugend* versuchte unter ihrem Vorsitzenden Knud Ahlborn[100] als einzige unter den Gruppen der Jugendbewegung, in der Frage eines möglichen Jugendwehrgesetzes durch Öffentlichkeitsarbeit die Interessen des Verbandes und der Wandervögel allgemein zu vertreten. Die Freideutschen verstanden sich seit dem Marburger Vertretertag 1914[101] als zweckfreie Erziehungsgemeinschaft. So mußten sie es vermeiden, sich für ein politisches Ziel zu engagieren: »Allerhöchstens werden sie sich rein defensiv gegen solche Angriffe von außen her wenden müssen, die sie in ihrer Existenz bedrohen.«[102]

Das aber war mit dem Entwurf zur Einführung einer gesetzlichen Regelung der *Jugendwehr* der Fall. Nun war man aufgerufen, Stellung zu nehmen. Zunächst behinderten »die mangelnde Vertretung der Interessen der Freideutschen Jugend . . ., die Zersplitterung der Bewegung und der Gemeinschaft . . ., die durch den Krieg entstandenen vielfachen Aufgaben, die an die Freideutsche Jugend herantreten, sowie der Mangel von Satzungen, die eine organische Entwicklung verbürgen und ihre Störungen abstellen helfen«[103], konkrete Schritte. Deshalb ging es 1916 bei Führerbesprechungen in Jena und Göttingen um einen Organisationsentwurf, um »die Freideutsche Jugend so arbeitsfähig und tatbereit zu machen, daß sie bei Kriegsende gewappnet dasteht für die Aufgaben, die ihrer in der deutschen Zukunft harren«.[104]

Knud Ahlborn machte wegen der möglichen Einführung der »Zwangsjugendwehr« im Namen der Verbandsleitung eine Eingabe an die Kriegsministerien, an die Vorstände aller Parteien und an etwa 30 Reichstagsabgeordnete, die er den Versammlungen in Jena und Göttingen vorlegte.[105] Darin erklärte er sich mit einer auf die Kriegszeit begrenzten Regelung der Jugendwehrfrage einverstanden und versuchte, die Gruppen der Jugendbewegung »als durchaus geeignete Erziehungsgemeinschaften für die Vorbereitung zum Heeresdienste« vorzustellen.[106] Die Jugendwehrerziehung solle ja keine »Soldatenspielerei, nicht Ausbildung in großen Verbänden oder spezielle militärische Unterweisung in bestimmten Dienstzweigen« sein.[107] Für körperliche Ertüchtigung seien die Gruppen der Jugendbewegung hervorragend geeignet. Als weiteres Argument für die Anerkennung der Organisationen der Jugendbewegung führte Ahlborn die besseren Voraussetzungen der Wandervogeljugend gegenüber der »Menge[108] der häuslich nicht hinreichend erzogenen Jungen«[109] an. »Ohne Frage wäre es ein großer Gewinn, wenn die *gesamte* deutsche Jugend aus dem oft aufreibenden Leben ihrer Berufe und Vergnügungen in die Natur hinausgeführt und körperlich betätigt würde – wie dies ja durch die Jugendwehr geschieht. Aber muß darum der geistig mehr differenzierte Teil der Jugend – wie ihn die freideutsche Jugend darstellt –, der zur Führung in der Zukunft mit berufen sein wird, sein besonderes und ohne Frage auch für die Gesamtheit wertvolles Gemeinschaftsleben aufgeben?«[110] In der Hoffnung, daß nach dem Krieg wieder ein uneingeschränktes Leben in den Jugendgruppen möglich werde, würde die *Freideutsche Jugend* jedoch auch dieses Opfer bringen.[111]

Die Aussprache der freideutschen Führer in Jena am 21./22. April 1916 kam zu dem Ergebnis, der Charakter der freideutschen Bewegung lasse sich mit dem der Wehren nur schwer vereinbaren.[112] Aufgabe der *Freideutschen Jugend* sei es, »die höheren Notwendigkeiten des innerlichen Lebens« zu entwickeln, die der *Jugendwehr*, selbst wenn sie militärischen Drill ablehne, die »äußeren Notwendigkeiten der soldatischen Ausbildung« zu fördern.[113] Deshalb sei es unsinnig, wenn die *Freideutsche Jugend* Aufgaben der *Jugendwehr* übernähme, wie es Ahlborn in seiner Eingabe forderte. Die vormilitärische Ausbildung solle vielmehr den Jungen genügend Zeit lassen, sich auch anderweitig zu engagieren.[114] Auffällig dabei ist das elitäre Selbstverständnis, das sich besonders in Ahlborns Text zeigt, in dem er für den »geistig mehr differenzierten Teil der Jugend« eine Ausnahmeregelung forderte.[115] Als Ergebnis der Jenaer Konferenz wurde ein Entschluß angenommen:

»Entschließung der Freideutschen Jugend zur Frage der Jugendwehr.
I. Der Freideutschen Jugend scheint, für den Fall der Schaffung eines
Reichsjugendwehrgesetzes, unter allen Umständen eine Hinausschie-
bung der parlamentarischen Entscheidung auf die Zeit nach dem Frie-
densschluß erforderlich. Jetzt besteht die Gefahr, daß Erziehungsmaßnahmen von höchster Bedeutung unter einseitiger Beleuchtung und
unter der Einwirkung von Empfindungen, die für die Regelung der Erziehung nicht maßgebend sein dürfen, getroffen werden. Diese Forderung erscheint der Freideutschen Jugend um so zulässiger, als etwa bestehende Bedürfnisse nach einer sofortigen militärischen Jugendausbildung für die Kriegsdauer doch wohl jederzeit durch Verfügungen
der Generalkommandos zu befriedigen sind.
II. Wenn die endgültige Entscheidung dennoch jetzt getroffen werden
sollte, ist sich die Freideutsche Jugend bewußt, daß ihr – insofern sie
aus Laien besteht – ein Urteil über die militärtechnische Seite der
Frage nicht zusteht.[116] Soweit sich herausstellen sollte, daß die militärische Jugenderziehung zur Wahrung unseres Volkstums notwendig
ist, ist die Freideutsche Jugend selbstverständlich entschlossen, sie zu
fördern.
III. Die Freideutsche Jugend, der Bund der neuen Erziehungsgemeinschaften, erachtet es aber als ihre Pflicht, darauf zu dringen, daß den
äußeren Notwendigkeiten, die fraglos erfüllt werden müssen, die höheren Notwendigkeiten eines innerlichen Lebens nicht hintergesetzt
werden. Ein billiger Ausgleich dieser beiden Forderungen erscheint ihr
möglich.
IV. Sie hält insbesondere dafür, daß außer den Ferien der ungeschmä-
lerte Sonntag dem ›zweckfreien‹ lebendigen Wachsen der jugendlichen Seele vorbehalten bleibt; und daß ferner, um eine Zerreißung des
jugendlichen Lebens, die völlige Verdrängung der Schule aus dem jugendlichen Interessenkreis und eine weitere Beeinträchtigung des Fa-
milienlebens zu verhüten, die militärische Jugendvorbereitung aus-
schließlich den *höheren* Klassen der Mittelschule bzw. der Fortbildungsschule eingegliedert werden sollte.«[117]
Aus Punkt I der Entschließung geht hervor, daß die freideutschen Führer
die Gefahr erkannten, die in dem Versuch der Regierung lag, die Ausnahmesituation des Krieges zu weitreichenden Erziehungsmaßnahmen und
Eingriffen zu nutzen. Sie gerieten dabei in einen Zwiespalt zwischen ihren
eigenen Forderungen und dem Verlangen des Staates, »Opfer für das Vaterland« zu bringen. Beides waren unbezweifelbare Grundsätze auch ihres
Denkens. So heißt es in einem Bericht über Diskussionen in Jena:
»Die Tragik des gegenwärtigen Geschehens liege für uns darin, daß
während in der freideutschen Idee als solcher, in der uns vorschweben-

den Entfaltung zu reiner Schönheit und Güte, der Krieg zweifellos keinen Platz habe, wir doch auch als Freideutsche, nachdem der Krieg einmal da sei, seine Durchführung wollen müßten. Denn gleichgültig, wie man über seinen Ursprung denke, jetzt stehe das Selbstbestimmungsrecht des deutschen Volkes auf dem Spiel, diese Grundlage alles seelischen Gedeihens. Um eines höchsten Wertes willen also seien wir dauernd gezwungen, höchste Werte zu verletzen; und diesem allgemeinsten Konflikt der Pflichten gelte es, auch in der besonderen Frage der Jugendwehr ins Auge zu sehen. Darum müßten wir dem Kaiser geben, was des Kaisers sei, und dem Prinzip einer militärtechnischen Ausbildung zustimmen.«[118]

In diesem Konflikt gab man schließlich – Punkt II der Entschließung – dem Gemeinwohl des »Volkstums« den Vorrang und befürwortete eine vormilitärische Ausbildung, die allerdings auch – Punkt III – das »innerliche Leben« des Menschen berücksichtigen müsse.

Punkt IV nimmt die abgrenzende Haltung Ahlborns gegenüber den weniger gebildeten Jugendlichen wieder auf. Eine der jeweiligen Schulart angegliederte vormilitärische Ausbildung hätte bedeutet, daß die Übungen nach Schichten getrennt abgehalten würden. Die Wandervögel und Freideutschen als Kinder aus bürgerlichen Häusern besuchten fast ausnahmslos das Gymnasium, während die Fortbildungsschule als berufsbegleitende Anstalt Arbeiterkinder als Schüler hatte.[119] Ahlborns Vorschläge laufen auf einen Versuch hinaus, den Freideutschen und Wandervögeln einen Sonderstatus innerhalb der deutschen Jugend zu verschaffen. Wie der Autor bereits in seiner Eingabe darlegte, »machen [die freideutschen Jugendgruppen] in einer Weise wehrhaft, wie sie der Forderung des preußischen Kriegsministeriums entspricht«[120], wodurch eine vormilitärische Ausbildung also überflüssig wird.[121] Die Göttinger Vertretertagung am 11. Juni 1916 erklärte jedoch die Bereitschaft der *Freideutschen Jugend*, die Übungen der *Jugendwehr* zu akzeptieren.»Wie alle anderen Volksgenossen sollten wir uns der allgemeinen Fachausbildung unterziehen.«[122]

Der Vertretertag in Göttingen nahm als repräsentatives Gesamtorgan[123] die Jenaer Entschließungen an und beauftragte den *Hauptausschuß*, in diesem Sinn aktiv zu werden. Eduard Heimann berichtete, daß er in dieser Richtung bereits in Verhandlungen mit Politikern und Behörden eingetreten sei. Er sehe das Ergebnis günstig. Mit der Einbringung eines Zwangsjugendwehrgesetzes sei nicht zu rechnen, zumindest nicht in absehbarer Zeit.[124]

Knud Ahlborn selbst besuchte mehrere Jugendpflegekonferenzen, auf denen er versuchte, den Standpunkt der Jugendbewegung zu verdeutlichen. Während Ende 1915 eine solche Konferenz in Berlin stattfand, an der die freideutschen Vertreter zwar teilnahmen, jedoch selber keinen Redner stellten[125], meldete sich Ahlborn 1916 – ebenfalls in Berlin – zu Wort:

»Vertreter aller Richtungen der freien, das heißt nicht von seiten des Staates eingerichteten Jugendpflege – von den Orthodoxen beider Konfessionen bis zu den Freigeistigen – waren hier versammelt, um über Grundsätze für den weiteren Ausbau der Deutschen Jugendpflege zu beraten. Kein Wunder, daß angesichts der drohenden und von den meisten als solche erkannten Gefahr eines Jugendwehrzwanggesetzes, das keine Rücksichten auf die Interessen der freien Jugendpflege nimmt, alle Weltanschauungsgegensätze zurücktraten und eine im Grunde einheitliche Stimmung der Abwehr gegenüber einem Gesetze nahezu alle Konferenzteilnehmer miteinander verband.«[126]

Der Redner verwies in seinem Beitrag zum Konferenzthema »Zwang und Freiheit in der Jugendpflege«[127] auf die Eigenart der Freideutschen. Hier hätten sich streng ausgewählte Menschen zusammengeschlossen. »Ohne damit ein Programm der Bewegung geben zu wollen«[128], versuchte er, die Ziele des Verbandes näher zu beschreiben: Reformen in den Bereichen der Familie, der Kirche, der Warenproduktion, der Güterverteilung und der Bildung.

»Ich begnüge mich mit diesen Andeutungen, die zeigen, daß in dieser Jugend der Wille erwacht ist, die Wirklichkeit nach einem neuen Bilde zu gestalten oder vielmehr nach einer Zusammenschau all der großen Bilder, die uns Kant hinsichtlich der Beziehung der Völker zueinander, Fichte hinsichtlich der inneren Aufgaben der Nation, Nietzsche hinsichtlich der inneren Folgerichtigkeit in den Taten des Einzelnen (wenn auch oft in unzureichenden Bildern), Lagarde über deutschen Glauben und deutsches Vaterland, unter den Lebenden ein Natorp, Avenarius, Kerschensteiner, von Gruber, Damaschke und wie sie alle heißen mögen, aufgerichtet haben . . .

Gewiß werden nun die Anhänger einer umfassenden Zwangsjugendpflege erwidern: Eure Bestrebungen in Ehren; derartige Grundsätze kann man vielleicht für eine kleine Ausleseschar von Jugend der höheren Stände gelten lassen, aber doch nicht für die breite Masse aller Jugendlichen, von der ihr doch höchstens den Bruchteil eines Prozentes ausmacht! Gegen diese Argumentation ist scheinbar nicht aufzukommen. Dennoch meine ich, daß auch hier – wie sonst in unserm Staate – die höheren Lebensformen unter allen Umständen erhalten und geschützt werden müssen. Solange wir uns den Luxus höherer Bildungsanstalten leisten können, solange wir überhaupt in unserer höheren Differenzierung unsere nationale Stärke erblicken, so lange besteht auch unsere Forderung nach einem höheren Gemeinschaftsleben der Jugend zu Recht. Wir verlangen damit keineswegs, daß die ganze Jugend nun von allem äußeren Zwange befreit werde. Im Gegenteil! Solange es an der inneren Verankerung fehlt, wird man der äußeren Befestigung und Nötigung nicht entbehren können. Aber, so meinen wir, in demselben Maße, wie eine innere Bindung sich bildet und festigt, soll und muß die äußere gelockert werden, damit jene sich frei entfalten kann. Das ist nun freilich unser Glaubenssatz, oder besser ein Erfahrungssatz gerade unseres Gemeinschaftslebens, daß, wo man der einmal geweckten Seele nur Licht und Luft zum Wachsen gibt, sie sich nach ihr innewohnenden Gesetzen zu immer größerer Klarheit, Kraft und Gütigkeit entwickelt. Damit stehen wir dem Dogma der äußeren Gewalt, des Zwanges, gerade gegenüber. Für uns lautet die Frage der Jugendpflege nicht, wie sie von den Vertretern der militärischen Zwangsjugendpflege formuliert ist: Wie hindern wir die Jugend, Böses zu tun – oder wie sie wohl dort meist gefaßt wird: Unzweckmäßiges, wie zwingen wir die Jugend, das dem Staate gehörende Gut ihrer körperlichen Kraft und Gesundheit zu erhalten?, sondern: Wie pflanzen wir die rechte Gesinnung, den rechten Opfersinn, das rechte Verantwortlichkeitsgefühl, die unbedingte Treue gegen das für gut Erkannte in die Jugend hinein. Und weiter lautet unsere Frage: Wo und wie bilden wir die Menschen aus, die solche Gesinnung pflanzen und pflegen können? Wo und wie können wir ihnen eine Stätte schaffen, auf der die Finsternis da draußen keine Gewalt hat, wo die Macht sittlicher Kräfte erlebt werden kann, wo die durch Abstammung und häusliche Erziehung in Zukunft zur Führung berufene Jugend auch zur Führung heranreifen kann? Ich sage lieber: zur straffen Selbstzucht, um einmal ihrem Volke recht zu dienen.«[129]

Obwohl die Berichte in der »Freideutschen Jugend« und im »Monatsbericht der Deutschen Akademischen Freischar« wohlwollend ausfielen[130], scheint sich Knud Ahlborn in der Diskussion um diese Fragen doch schwergetan zu haben, weil er kein konkretes Programm vorstellen konnte. Die dem freideutschen Standpunkt gegenüber kritischen »Schriften zur Jugendbewegung« berichteten in ihrer Dezemberausgabe 1916, Ahlborn sei auf »tiefes und wohlwollendes Unverständnis«[131] gestoßen. Es sei sehr widersprüchlich, für die »Zwecklosigkeit«, die in der *Freideutschen Jugend* verteidigt werde, ein Programm aufstellen zu wollen.[132]

Eine Organisation war, das zeigte sich bei Ahlborns öffentlichem Auftritt in Berlin deutlich, für die Freideutschen eine zweischneidige Angelegenheit. Sie mußte sein, um sich den Disziplinierungsmaßnahmen der Erwachsenen im Namen einer allgemeinen freien Jugendpflege widersetzen zu können. Die Vertretung der *Freideutschen Jugend* in der Öffentlichkeit erforderte aber, Programm und Ziel darzulegen. Dadurch entstand notwendigerweise ein festes Bild von den Mitgliedern und ihrer Gemeinschaft und wurde der offenen »geistigen Entwicklung« von außen eine abgegrenzte Erwartungshaltung aufgedrängt.

Die drohende Einführung einer Pflichtjugendwehr forderte die Jugendbewegung heraus. Ihre eigene Existenz stand auf dem Spiel; die Auseinandersetzung war unvermeidlich. Dabei lassen sich die verschiedenen Richtungen innerhalb der Bewegung erkennen, wie sie in der Kriegszeit durch die Konfrontation mit der Gesellschaft und ihren Forderungen entstanden.

Das Spektrum der Stellungnahmen zur *Jugendwehr* reichte von positiven Erklärungen der Feldsoldaten und der Bundes- und Kreisleiter von *Wandervogel e. V.* und *Alt-Wandervogel* über die sehr differenzierte Zustimmung der *Freideutschen Jugend* bis hin zur Ablehnung. Das gegnerische Lager spaltete sich auf in eine international orientierte und eine national ausgerichtete Gruppe; beide stellten die jugendliche Kreativität der Starrheit der in die Gesellschaft integrierten Erwachsenen entgegen.

Einig waren sich alle Gruppen, daß die Jugend, vor allem die der bürgerlichen Jugendbewegung, eine erneuernde Kraft für die Zukunft besäße und diese mitgestalten sollte. Frank Fischer ging in seiner Stellungnahme von vornherein davon aus, daß eine Jugendwehrpflicht dem *Wandervogel* die Chance eröffne, über Führungsstellen in der staatlichen Jugendpflege Einfluß auszuüben. Knud Ahlborn und Alfred Kurella wollten diesen Versuch ebenfalls wagen, aber nur als letzte Möglichkeit der Einflußnahme, falls eine gesetzliche Regelung nicht zu verhindern wäre. Ihre Einschätzung des Vorgehens der Zivilbehörden war wesentlich skeptischer.

Ahlborns Ziel, unter Führung der Freideutschen ein gemeinsames Vorgehen der Jugendbewegung gegen eine gesetzliche Regelung zu erreichen, rückte ein Stück näher, als der Älterenbund der Wandervögel, die *Landsgemeinden*[133], mit ihm zusammen eine Dokumentation über das Wehrgesetz zusammenstellen wollte. Eine weitere Zusammenarbeit bahnte sich an, als Wilhelm Hagen, Schriftleiter der Zeitschrift »Landsgemeinde«, und Knud Ahlborn eine Zusammenlegung der Zeitschriften ihrer Gruppierungen erörterten.[134] Dies könne ein erster Schritt sein, die zersplitterte Jugendbewegung in allen Altersklassen zusammenzufassen; nur so sei es der bürgerlichen Jugend möglich, sich als gesellschaftliche Kraft zu etablieren.

Auf welche Schwierigkeiten selbständige Aktionen Jugendlicher stoßen konnten, zeigt das Schicksal der Berliner *Centralarbeitsstätte für Jugendbewegung*. Heft 6 ihrer »Schriften zur Jugendbewegung« über »jugendpolitische Tagesfragen« durfte nicht erscheinen.[135] Die CAS selbst wurde der »Majestätsbeleidigung und Aufreizung zum Ungehorsam« angeklagt und Ende 1916 verboten.[136]

Selbst der wesentlich zurückhaltendere *Wandervogel*, dessen Führer sich weitgehend den Forderungen der *Jugendwehr* anpaßten und den Eigenwert der Jugendbewegung nur sehr vorsichtig betonten, wurde von kirchlichen

Kreisen »unpatriotischer Gesinnung« und »antikatholischer Bestrebungen« verdächtigt, ja sogar als »sittlich verkommen« bezeichnet und beim Kaiser angeschwärzt. Wegen der Versuche der Freideutschen, sich als Verband bürgerlicher Jugend zu etablieren, geriet der *Wandervogel* in den Verdacht, eine »demokratische Organisation« zu sein. Deshalb wurde in einigen Korps an der Front sogar die oben geschilderte Soldatenvermittlung verboten.[137]

3. Erziehungsgemeinschaft oder Kampfbund?

Das Beispiel der Diskussion um das Reichsjugendwehrgesetz zeigt, daß die bürgerlichen Jugendlichen durchaus nicht immer einverstanden waren mit dem, was die Kriegsgesellschaft von ihnen verlangte. Je länger der Krieg dauerte, desto mehr betonten die Bündischen ihren eigenständigen jugendlichen Standpunkt. Entsprechend nahm der Wille zu, über die eigenen Gemeinschaften hinaus aktiv zu werden. Da die Mitglieder der Jugendbewegung von einer »geistigen Revolution« ausgingen, hatten sie dabei keine politischen Aktionen im Sinn. Sie sahen sich vielmehr als »Erzieher der Volksmassen«. In den Jahren 1916 und 1917 entbrannten heftige Diskussionen über die Inhalte der pädagogischen Vorstellungen und darüber, wie sie zu verwirklichen seien. Im Hintergrund stand wieder das Problem der Jugendbewegung, mit dem sie kämpfte, seit sie den Anspruch erhob, allgemeingültige Lösungsmodelle für anstehende gesellschaftliche Probleme zu besitzen: Wie sollte sie die Unbegrenztheit einer »geistigen Kultur« aus dem Reich der Gedanken in die Realität der Fakten umsetzen?
In dieser Not griffen manche aus der Jugendbewegung auf die Unterstützung von Angehörigen der älteren Generation zurück, die die Bewegung von Beginn an wohlwollend begleitet hatten. Schon mehrmals waren Wandervögel und Freideutsche auf solche Hilfe von Erwachsenen angewiesen gewesen: Das Schülerwandern mußte juristisch durch die *Eltern- und Freundesräte* abgesichert werden[138]; und als das Treffen auf dem Hohen Meißner in das Sperrfeuer der Kritik geriet, konnte diese nur durch die Fürsprache bekannter Persönlichkeiten wie Ferdinand Avenarius, Gottfried Traub oder Alfred Weber gedämpft werden.[139]
Diese älteren Freunde akzeptierten, daß die Jugend »nicht mehr bloß das Objekt [sein möchte], sondern sie möchte auch einmal Subjekt sein; sie möchte nicht immer nur ein Gegenstand der Pflege sein«.[140] Die erwachsenen Förderer verfolgten aber damit durchaus eigene Ziele. Eine selbständige, nicht parteipolitisch engagierte Jugend garantierte ihnen den fortgesetzten Kampf um lebensreformerische Ideen auch in der nächsten Genera-

tion. Eine Auseinandersetzung in der Jugendbewegung um mögliche Perspektiven vor allem für die Zeit nach dem Krieg rief unweigerlich auch das Interesse der anteilnehmenden Erwachsenen hervor.

Die »Partei der Gebildeten«

Einer von ihnen war der Philosoph Leonard Nelson, der in der *Freideutschen Jugend* den Kern einer »Partei der Gebildeten« sah. Die Jugendlichen und speziell die Freideutschen waren für ihn ein potentieller Faktor sozialen Wandels.[141] Sie sollten die notwendige Veränderung der deutschen Gesellschaft vorantreiben und das öffentliche Leben im antikapitalistischen, antiklerikalen und antiliberalen Sinne neu ordnen.[142] Voraussetzung dafür sei eine ethisch fundierte Grundlage, gegründet auf der Theorie, daß es eine überindividuelle Vernunft gebe. Dadurch sei es möglich, menschliches Leben objektiv vernünftig zu regeln. In einer derartigen Gesellschaft sollten absolut rechtmäßige Organisationsformen die allgemeinen Zwecke des öffentlichen Lebens für alle Menschen gerecht lenken. Despotismus jeder Art sei ausgeschlossen, wenn die Gesellschaft aus gebildeten Leuten bestehe, die in der Lage seien, die für den Ungebildeten verdunkelte Vernunft zu erkennen.

Um die Voraussetzungen für eine »Gesellschaft der Gebildeten« zu schaffen, strebte Nelson die Erziehung breiter Volksmassen an.[143] Dazu wollte er »Kampfbünde« gründen, die sich als »Erziehungsgemeinschaften« verstanden und ihre eigene Charakterbildung betrieben. Zu einer solchen »Führerausbildung« gehörten Übungen in praktischer Ethik sowie eine gute Allgemeinbildung, vorrangig in naturwissenschaftlichen Fächern.[144] Deren praktisch-rationale Weltsicht könne, so Nelson, den Charakter für die ethische Bildung schulen. Damit löste er sich von dem klassisch-humanistischen Bildungskonzept, wie es in reduzierter Form an den damaligen höheren Schulen unterrichtet wurde.[145] Der Weg zu einer neuen Gesellschaftsordnung des ethisch fundierten Sozialismus gehe über Menschen, denen durch ihre Ausbildung die Verpflichtung erwachse, die weniger Gebildeten in eine bessere Zukunft zu führen.[146]

Nelsons Philosophie überschritt so den rhetorischen Bereich und beanspruchte, Weltanschauung zu sein, die auf die Menschen pädagogisch einwirken wollte. Darin stand sie der Jugendbewegung nahe. Der *Wandervogel* betonte eher das irrationale Erleben, Nelson wollte eine rationale Konzeption eines besseren Lebens entwerfen und setzte dem Glauben in der Jugendbewegung die Kategorien wissenschaftlicher Wahrheitsfindung entgegen. Beide versuchten, Antworten auf die Veränderung des öffentlichen Lebens in einer modernen Gesellschaft zu finden. Elitär und irrational wurde Nelsons Konzeption dadurch, daß er die Möglichkeit, den Charakter nach den Gesetzen der Vernunft auszubilden, nicht vom eigenen Wollen und Streben abhängig machte. Dem Menschen sei die objektive Vernunft prinzipiell zunächst verstellt. Um dennoch zur Einsicht in vernünftige Zusammenhänge zu kommen, brauche er einen Lehrer, der durch naturgegebene Bevorzugung den Schleier lüften könne. Dieser Führer legitimiere sich einzig durch das Charisma seiner Persönlichkeit, das den Schüler in seinem Glauben an ihn bestätige.[147] Bis gegen Ende des Ersten Weltkrieges hing Nelson noch der Vorstellung nach, daß die Gebildeten eines Volkes besonders geeignet seien, solche Führerpersönlichkeiten zu stellen.[148]

Die Begründung eines Lehrer-Schüler-Verhältnisses durch Treue und die Pflicht der gebildeten Lehrer, den Weg zur Vernunft zu weisen, kamen den Anschauungen der Jugendlichen aus den *Wandervogel*-Gruppen nahe. An diesen Punkten konnten sie sich wiederfinden. Leonard Nelson gab ihnen Gelegenheit, ihre Einstellung zur Gemeinschaft und zum Volk »wissenschaftlich«, also allgemeingültig und überindividuell, zu fundieren. So ist es nicht erstaunlich, daß der Philosoph zu Beginn seiner Göttinger Zeit Kontakt zur dortigen *Freischar* aufnahm[149] und sich für die Entwicklung der Jugendbewegung interessierte. Er bezeichnete sie als »Regung der Kraft und Selbständigkeit, der Gesundheit und des guten Muts des besseren Teils der deutschen Jugend«.[150] Notwendig für eine Erneuerung der Lebensführung sei die Bildung des Charakters, die von den Freunden und Helfern der Jugend bereits angestrebt werde.

Die *Freideutsche Jugend* hatte zwar durch den Ausschluß der »Zweckgemeinschaften« aus ihrer Organisation die Hoffnungen der Avantgarde bildungsbürgerlicher Reformer auf Gefolgschaft aus den Reihen der Jugendbewegung nicht erfüllt, doch die Wahrscheinlichkeit einer Revision dieses Beschlusses schien vor dem Ausbruch des Weltkrieges groß. Vor allem in der *Deutschen Akademischen Freischar* meldeten sich Stimmen, die eine Verarmung der Bewegung befürchteten.[151] Als nun die Programmdiskussion durch Knud Ahlborn 1915 wieder kräftig vorangetrieben wurde, konnte Nelson hoffen, die Freideutschen an sich zu binden.

Kampf für einen ethisch fundierten Sozialismus

Max Hodann, einer der Anhänger Nelsons, hatte Knud Ahlborns Konzeption einer Erziehungsgemeinschaft schon 1915 hart angegriffen. Er warnte vor der Gefahr, sich mit der *Freideutschen Jugend* elitär abzuschließen. Sich abzugrenzen sei in Marburg wohl notwendig gewesen, könne jedoch nicht als grundsätzliches Prinzip verstanden werden. Die Führungsaufgabe der Jugendbewegung bestehe vielmehr darin, den vom Schicksal weniger verwöhnten Jugendlichen etwas vom eigenen Reichtum abzugeben. Und dazu, hier stimmte er mit Ahlborn überein, sei eine Organisationsform nötig, in der sich die Gemeinschaft entfalten und den »freideutschen Menschen« bilden könne.[152]

Dieser Bund müsse »selbsterziehend an sich . . . arbeiten, in strengster Selbstdurchdenkung reif . . . werden für die Forderungen der Tage«. Neben der individuellen Forderung nach Erforschung der »eignen Wesenheit«[153] müßten die Freideutschen eine allgemeine Aufgabe erfüllen: »Es ist dies das soziale Moment unsrer Zeit, das hier auch aus der Jugend heraus zum Durchbruch gelangt.«[154]

Die eigene Lebensauffassung »auf weitere Kreise übertragen« hieße kämpfen. Eine Organisation sollte also laut Hodann die Bildung einer Gemeinschaft ermöglichen – »dem Neuen, unserm Neuen«[155] –, um dann nach außen die »soziale Aufgabe« zu erfüllen. Im Vergleich zu Ahlborns Standpunkt erscheint diese Zielvorstellung Hodanns weniger elitär. Er wehrte sich jedoch gegen den Eindruck, daß er sich einer demokratischen Gesinnung nähere:

> »Es wird mir vielleicht der Vorwurf gemacht werden, die Freideutsche Jugend sei ein aristokratisches Element, daher komme für unsre Auswirkung als Freideutsche ein solcher Bereich nicht in Betracht. Ich bin ein Feind jeglichen Demokratisierens. Wo der Demos, die Masse, *herrscht,* da herrscht Suggestion, das ist Unverstand. Aber Schenken vom Eigensten bleibt der edelste Reichtum, das Vornehmste unsres Wesens: Wir sind nur so lange reich, als wir schenken *können,* verschwenden, vom Gehalt unseres Selbst. Und reich fühlen wir uns doch, in Jugendfrohsinn und Jugendstärke!«[156]

Zwei Konzeptionen standen sich also gegenüber: die Ahlborns, der den Wert der abgeschlossenen Erziehungsgemeinschaft betonte, und die Hodanns, der die Gemeinschaft nur als Voraussetzung für soziale Arbeit in der Gesellschaft gelten ließ. Hodann wollte »Erziehung« nach innen und »Kampf« nach außen. Den Freideutschen dürfe es nicht mehr genügen, unter sich zu sein, sie müßten sich »von einer richtunggebenden Erkenntnis« leiten lassen und »dieser Erkenntnis entsprechend ein Bestimmtes zu erreichen, wenigstens den Weg dahin zu ebnen suchen«.[157] Für die Älteren sei die »Instinkthaftigkeit«[158] des *Wandervogels* nicht mehr die richtige Lebenshaltung. Damit brachen wieder die gegensätzlichen Standpunkte auf, wie sie schon vor dem Krieg in Marburg aufeinandergeprallt waren: die Auseinandersetzung zwischen dem unreflektierten Protest gegen die Erwachsenengesellschaft und den Forderungen nach konkreten Schritten zur Veränderung der Welt im Sinne einer Jugendkultur.[159]

Hodann wie Ahlborn forderten einen »Freideutschen Bund der Bünde«[160], der eine als Erziehungsgemeinschaft, der andere als Kampfbund auf der Basis eines gemeinschaftlichen Lebens. Eine Klärung mußte auf dem ersten großen Kriegstreffen der *Freideutschen Jugend* in Göttingen versucht werden.

Das freideutsche Treffen in Göttingen

In Göttingen standen sich Pfingsten 1916 einige wenige bedingungslose Gegner jeglicher Organisationsform, die Ahlborn-Anhänger und der Kreis um Leonard Nelson gegenüber. Es gab außerdem eine Gruppe, die ohne die Mehrheit der abwesenden Freunde keine Beschlüsse fassen wollte und von vornehrein am Wert eines solchen Treffens zweifelte, auch wenn sie einer organisatorischen Regelung nicht ablehnend gegenüber stand.

Die Göttinger Tagung wurde vorbereitet durch eine Aussprache der freideutschen Führer Ostern 1916 in Jena. Knud Ahlborn gelang es, in diesem Kreis die Zustimmung für eine festere Organisation einzuholen und damit die Marburger Linie fortzusetzen.[161] Das angesprochene Programm blieb weiterhin frei von konkreten, sachbezogenen Zielen. Als wichtige organisatorische Neuerung wurde jedoch die Möglichkeit eröffnet, *Arbeitsgemeinschaften*»mit bestimmten Einzelzielen, die mit der Freideutschen Jugend in Einklang stehen und deren Leitung in Händen von Freideutschen liegt«[162], zu gründen. Diesen Gemeinschaften könnten sich auch Außenstehende anschließen. In Göttingen sollte dann »die Neugestaltung und Neuordnung des Verbandes der Freideutschen Jugend sowie die Richtung der freideutschen Gemeinschaftsarbeit *endgültig* festgelegt werden«.[163]

Für Ahlborns Stellung war es außerordentlich wichtig, daß die Zeitschrift »Freideutsche Jugend« das offizielle Organ des *Verbandes der Freideutschen Jugend* werden sollte. Wenn der Vertretertag in Göttingen Satzung, Programm und die Zustimmung zum Verbandsorgan bestätigen würde, hätte Ahlborn sein Ziel erreicht und könnte er als Schriftleiter der Zeitschrift und als Vorsitzender des *Arbeitsausschusses* beginnen, die Gruppen der Jugendbewegung um die von ihm geleitete Kerntruppe der *Freideutschen Jugend* zu sammeln und aus dem kleinen Verband eine große Bewegung zu machen.

Schwierigkeiten machten diejenigen Freideutschen, die überhaupt keine Organisation haben wollten, weil sie eine Erstarrung des lebendigen Zusammenlebens befürchteten. Sie waren offensichtlich in Jena nicht dabei gewesen. Christian Schneehagen als Befürworter dieser Richtung[164] hatte sich vertreten lassen, weil er sich als Soldat im Krieg befand.

Aber auch die Nelson-Gruppe, die Ahlborn in Jena noch gefolgt war und die vom *Arbeitsausschuß* befürwortete Satzung einstimmig mit beschlossen hatte, würde Schwierigkeiten machen in dem Moment, in dem die trotz aller äußeren Festlegung sehr defensive und auf eine »Erziehungsgemeinschaft« ausgerichtete Haltung Ahlborns offenbar wurde. In Jena war zwar eine fest umrissene Organisation bestätigt und erweitert worden, eine »Kampfgemeinschaft« im Nelsonschen Sinne sollte sie aber noch lange nicht sein.[165]

Knud Ahlborn betonte in seinem Eröffnungsreferat in Göttingen, daß seit dem Marburger Treffen das Bedürfnis nach einer freideutschen Organisation bestanden habe. Er verwies auf den Druck der Öffentlichkeit, dem die Jugendbewegung seit Beginn ihres Bestehens ausgesetzt sei. Gerhard Fils, Schriftführer des *Hauptausschusses,* nahm den Faden auf und strich die Notwendigkeit einer Organisation heraus, deren Form jedoch »eine lockere, flüssige und biegsame sein« müsse.[166] Zur Zeit könne der *Hauptausschuß* nicht arbeiten, die Interessen der Freideutschen seien nur unzureichend auf der bisherigen Basis vertreten; es seien freideutsche *Ortsverbände* entstanden, die ohne Zugehörigkeit zu einer der Gründergruppen aufgenommen werden wollten; fremde Gruppen wollten beitreten, und schließlich seien parallele Bewegungen entstanden. Zudem habe der Ausbruch des Krieges die Aufgaben des Verbandes vervielfacht. Fils kam den Gegnern einer organisatorischen Regelung entgegen:

> »Es werde nicht so sehr auf den Wortlaut dieser Satzung ankommen wie vielmehr auf die Art, wie sie gegebenenfalls zur Geltung gebracht werden. Sollte aber, wider Erwarten, die neue Fassung den Unwillen der aus dem Felde heimkehrenden Freideutschen erregen und ihre Zustimmung nicht finden, so werden wir uns heute von solcher Erwägung nicht bestimmen lassen, sondern die Verantwortung tragen, die wir um der freideutschen Sache willen auf uns genommen haben. Muß hier etwas gewagt werden, so wollen wir es wagen.«[167]

Die wichtigsten Punkte von Jena wurden angenommen: unter anderen die Möglichkeit, Ortsverbände und *Arbeitsgemeinschaften* in den Verband aufzunehmen. Gerhard Fils betonte dabei als Vorsitzender der *Freideutschen Siedlungsgemeinde* den Charakter von »Erziehungsgemeinschaften«, den diese Arbeits- oder Tatgemeinschaften hätten.[168] In die *Ortsverbände* konnten nun nach strenger Auslese auch Einzelpersonen oder Gruppen aufgenommen werden, die nicht zur *Freideutschen Jugend* gehörten. Bei der Wahl zum nunmehrigen *Hauptausschuß des Freideutschen Verbandes* – der *Arbeitsausschuß* war in den neuen Satzungen umbenannt worden – konnte sich Knud Ahlborn mit seinen Leuten durchsetzen.[169]

Bei der nun folgenden Programmaussprache schlug der anwesende Leonard Nelson eine Erweiterung des Jenaer Programms vor. Die Ablehnung der *Freideutschen Jugend,* sich wirtschaftlich, konfessionell oder politisch zu binden, solle eingeschränkt werden durch die Klausel: ». . . soweit sie nicht bedingt, auch nach außen hin für den Schutz ihrer Ideale einzutreten.«[170]

Denn, so Nelson, »eine Erziehungsgemeinschaft von Menschen über 20 Jahren [müsse] auch Zweckgemeinschaft sein . . ., für ihre Ideale ein(zu)treten, sie müsse den Mut haben, für ihr Interesse nach außen hin zu kämpfen«[171].

In diesem Zusammenhang verlangten Nelson und die Freunde aus der Göttinger *Freischar* von den Freideutschen, daß sie gegen die Behinderungen der Lehrtätigkeit des Münchener Professors Friedrich Wilhelm Foerster protestierten, der durch einen Artikel in der Schweizer »Friedenswarte« die Mißbilligung seiner Fakultät hervorgerufen hatte.[172] Der Pazifist Foerster hatte den Krieg als Ergebnis einer verfehlten deutschen Politik im Zeichen Bismarcks gedeutet. Dieser Vorstoß Nelsons hatte keinen Erfolg. Das Protokoll vermerkte dazu:

»Ahlborn lehnt diese Forderung aus inneren und äußeren Gründen ab: Voraussetzung zum Handeln nach außen müsse für die Fr. J. immer sein, erstens, daß sie einen Fall genau überschaue; zweitens, daß sie durch ihre freideutsche Gesinnung sich genötigt fühle, in diesem Falle sich als Gesamtheit einzusetzen. Beide Bedingungen seien an vorliegendem Falle nicht erfüllt *und könnten* angesichts der augenblicklich dringenden inneren Aufgaben der Fr. J. *nicht erfüllt werden*. Aber selbst wenn beide Bedingungen erfüllt würden, könne die Fr. J. dennoch gehindert sein, zu handeln, einfach weil ihre Kraft noch nicht ausreiche, den Kampf erfolgreich zu bestehen. Er wisse wohl, daß Märtyrer oft einer guten Sache durch Selbstaufopferung den Weg geöffnet haben. Er wisse auch, daß man unter Umständen selbst einen ungleichen Kampf aufnehmen müsse. Er würde es aber vorziehen, daß die Freideutsche Jugend sich einmal nicht für irgendeine gute Sache, sondern für *die ihr selbst* aus ihrem Wesen heraus erwachsenen Aufgaben einsetze und bis dahin ihre Kräfte sammele und sich rüste.«[173]

Nelson warf den Delegierten »Mangel an Zielbewußtsein« und »Furchtsamkeit« vor; er nannte sie »unjugendlich«, ja »greisenhaft«. Der *Freideutsche Verband* möge endlich die Konsequenzen aus dem Meißnerspruch ziehen und für seine Überzeugung und seine Zukunft eintreten.[174] Es reiche nicht aus, wenn der Einzelne mutig auftrete und der *Verband* schweige. Denn einer allein habe nicht genügend Kraft, wenn er nicht eine Organisation im Rücken habe – so Nelson in einem Brief an Max Hodann nach dem Göttinger Treffen.[175]

Ein »Programm der Programmlosigkeit«

Der Student und Leutnant Bruno Lemke bestätigte Ahlborns Auffassung. Ein »Programm der Programmlosigkeit« entspräche dem Wesen einer Erziehungsgemeinschaft. Auf Dauer dürfe man sicherlich nicht bei so »lockeren, dehnbaren« Programmpunkten bleiben.[176] Zunächst jedoch heiße es, festzuhalten an dem bisher verfolgten Weg, da die Feldsoldaten ihre Meinung nicht äußern könnten. Er faßte für den programmatischen Teil die Ahlbornsche Richtung zusammen:»Anregungen seien von allen Seiten erwünscht, aber die Politik erfordere, das Programm möglichst opportun zu fassen.«[177]

In den Diskussionen um die Vorschläge Leonard Nelsons wurde auch die Tendenz deutlich, daß die freideutschen Wortführer sich von keinem Außenstehenden vorschreiben lassen wollten, wie sie sich verhalten sollten – namentlich von keinem, der im Gegensatz zu ihnen selbst nicht im Krieg gewesen war. Heinrich Nominé, Mitglied der Bundesleitung der *Deutschen Akademischen Freischar,* faßte die Auseinandersetzung zusammen:

>»Wieweit die Angriffe Nelsons sachlich ungerechtfertigt sind, mag sich jeder selbst klar machen, *persönlich* will ich hierzu nur folgendes bemerken: Uns, die wir draußen gewesen sind, kann keiner, der zu Hause hinterm Ofen den Krieg mitmacht, so leicht der Feigheit bezichtigen, selbst ›als Vorkämpfer einer besseren Zukunft‹. Für uns gab's und gibt es anderes zu tun, als zu *demonstrieren,* auch wir *handeln,* aber auf Grund *eigener* Überlegung. *Uns die Handlungsfreiheit in diesem Sinn zu gewährleisten, dafür tritt die Freideutsche Jugend nach wie vor ein.* Aber die Freideutschen zum Handeln zu *zwingen* oder es zuzulassen, daß sie übertölpelt werden und zum Tun *mitgerissen,* ohne daß dieses Tun organische Lebensäußerung der Jugend wäre, dazu geben wir uns nimmer her. Daß wir *frei* bleiben, dafür werden wir uns einsetzen bis zum letzten! Jetzt, wo die Mehrzahl der Freideutschen Akademiker im Feld steht, war es für uns in der Heimat dreifach notwendig, vorsichtig zu sein. *Der Fall Foerster ist durch die letzte Fakultätserklärung erledigt.* Was verschlägt es, wenn die Freischar ihr ›Prestige‹ mal nicht wahren konnte, weil sie – *vorm Feind stand!*«[178]

Bruno Lemke war es auch, der das neue Göttinger Programm formulierte:

>»Die Freideutsche Jugend ist eine Vereinigung von Gemeinschaften, die von jugendlichem Geist geschaffen und erhalten werden, um sich in ihnen unter eigener Verantwortung und mit innerer Wahrhaftigkeit ihr Leben zu gestalten. – Wirtschaftliche, konfessionelle und politische Parteinahme lehnt die Fr. J. als vorzeitige Bindung ihrer Selbsterziehung ab. – Die Einrichtungen und Sonderziele der einzelnen Gemeinschaften werden durch die Vereinigung nicht berührt, desgleichen nicht ihre besonderen Vorbehalte betreffend ihre Zusammensetzung. – Alle Veranstaltungen der Fr. J. sind alkohol- und nikotinfrei.«[179]

Dieses Programm sammelte die Gruppen unter einer Formel, deren Aussage möglichst breit gefaßt war. Die Gemeinschaft der Freideutschen bezeichnete sich nun nicht mehr als »Jugendgemeinschaft«, wie es noch in Marburg hieß und in Jena übernommen worden war. Sie bildete nun eine Vereinigung von Gemeinschaften, die »von jugendlichem Geist geschaffen und erhalten werden«.[180] Die Mitglieder wurden älter und konnten wegen des Krieges doch noch keine festen Lebensperspektiven entwickeln, den Eintritt in das Erwachsenenleben vollziehen und die *Freideutsche Jugend* den jüngeren Studenten überlassen. Dem entsprach übrigens der Zusatz, daß bei der Wahl der Vertreter für den *Vertreterausschuß* in den einzelnen Gruppen nur die über 18jährigen wählen dürften.

Damit wären im Falle eines Beitritts der *Wandervogel*-Bünde deren meisten Mitglieder von der Stimmabgabe ausgeschlossen gewesen. Hier vollzog sich also langsam eine Scheidung zwischen Jugendlichen und Heranwachsenden. Lemke beschrieb den Versuch der freideutschen Führer, aus ihrem Gemeinschaftsgedanken heraus Modelle für eine Beeinflussung der Öffentlichkeit zu entwickeln, schon vor dem Krieg:

> »Die Köpfe und Herzen aber, die in den Erziehungsgemeinschaften ausgebildet werden, kommen eines Tages von selbst, um sich in den Dienst der guten Sache zu stellen. – Und damit ist auch die erste der Befürchtungen widerlegt: als fände die Erziehungsgemeinschaft nicht den Anschluß an das Leben: eben über den Weg der Zweckgemeinschaft findet sie ihn. *Ihre Mitglieder,* die ihr entwachsen, *nicht die Organisation* selbst, können eintreten, einmünden in Zweckvereine, damit bringen sie denen neue Anregung und befreien andrerseits die Erziehungsgemeinschaft von der Gefahr, daß sich der Betätigungsdrang ihrer Mitglieder nach innen wendet.«[181]

Der *Hauptausschuß* schien bei der Göttinger Tagung seine Stellung gefestigt zu haben. Selbst bei den Kritikern sah es so aus, als könne das Gefühl einer gemeinsamen Grundlage andere Ansichten überspielen. Im September 1916 erschien jedoch eine »Erklärung der Kriegsfreischar Göttingen«, die bedauerte, daß es nach der Veröffentlichung des gesammelten Materials im Juli-August-Heft der »Monatsberichte« nicht zu einem öffentlichen Auftreten für Foerster gekommen sei. Die empörte Zurückweisung der Vorwürfe Nelsons habe auf der Annahme beruht, die *Freideutsche Jugend* würde auf jeden Fall eingreifen:

> »Wir bedauern um so mehr die Untätigkeit der Freideutschen Jugend, als ein tatkräftiges Auftreten in diesem Fall das einzige Mittel gewesen wäre, Nelsons Vorwürfe zu entkräften, die uns nach *dieser* Stellungnahme der Freideutschen Jugend sachlich zum größten Teil berechtigt erscheinen. Es ist uns nicht klar, wozu die Freideutsche Jugend eigentlich da ist, wenn sie auch in solchen Fällen, wie der Fall Foerster einer war, nicht die Kraft zum Handeln finden kann. Das Organisieren als Selbstzweck und die Anfertigung von ›sachlichen Entgegnungen‹ auf

Vorwürfe, die ihr deswegen gemacht werden, rechtfertigen jedenfalls ihr Vorhandensein noch keineswegs.«[182]
Ebenso äußerte sich Eduard Heimann beim Freischartag 1916, ebenfalls in Göttingen. Nach ihrer Göttinger Konferenz sei die *Freideutsche Jugend* ein »Zweckverband der Lebensgemeinschaften«[183], der »völlig in der Luft schwebt, da ihm sein eigenes Programm nicht die kleinste Aufgabe zuweist«.[184] Die *Kriegsfreischar Göttingen* sprach sich in ihrem Beitrag für eine Ablehnung der Göttinger Beschlüsse aus. Sie strebe für die Freideutschen »eine politische Tätigkeit . . . ohne parteipolitische Bindung« an und wolle »die schlichte und schöne Meißnerformel anstelle des verschrobenen Satzes des Göttinger Programms setzen«.[185] Dieser erste Satz drücke nämlich, so Heimann in seinem Aufsatz, im Gegensatz zu allen späteren Formulierungen einen Zweck des *Freideutschen Verbandes* aus.[186] Schließlich forderten die Göttinger im »Falle der Ablehnung des Antrages . . . den Austritt der D. A. F. aus dem Verbande der F. J. zu erklären«.[187]
Durch geschicktes Taktieren gelang es Ahlborn, die *Freischar* auf ihrem Bundestag in Göttingen auf seine Seite zu ziehen. Er bestätigte die Göttinger Beschlüsse der Freideutschen, wies auf die Chance hin, mit diesem Programm endlich inhaltlich der *Freideutschen Jugend* eine Richtung geben zu können. Wie der Inhalt ausgefüllt werden solle, hänge von der Mitarbeit der Gruppen ab; eine »Einigung der Bünde in irgend einer außerhalb ihrer wirklich gemeinsamen Interessen liegenden Sache« werde nicht zu erreichen sein.[188] Daraus ergäbe sich die Folgerung, daß der *Verband* nur nach außen hin auftreten dürfe, wenn er oder einer seiner Bünde in seiner Existenz bedroht werde. Natürlich könne der *Verband* für solche Ziele eintreten, die von der Gesamtheit getragen würden, zum Beispiel die Alkoholenthaltsamkeit bei Offiziersaspiranten. Die Zeitschrift, die Aussprachewochen und die Vertretertage müßten mehr von diesen Zielen herausarbeiten. Eben hier liege die Erziehungsaufgabe der *Freischar,* »denn sie muß vor allem erreichen, daß neue Ziele auch von den nichtakademischen Bünden als solche anerkannt werden«.[189]
Heimanns Gruppe und die gesamte *Freischar* ließen sich überzeugen und blieben im *Freideutschen Verband*.[190] Sie wollten zwar ein Programm, das ethische Ziele aufstellte, schreckten aber zurück vor Nelsons Forderungen nach kämpferischem und organisiertem Einsatz. Leonard Nelson zog die Konsequenzen und versuchte, einen eigenen »Kampfbund« aufzubauen, wie er ihn in seinem Brief an Hodann vom Juni 1916 beschrieben hatte. Er trat aus der *Freischar* aus.[191]
»Ich kann nicht dabei stehen bleiben, dem Übel zuzusehen und es zu kennzeichnen. Mein erstes Bestreben gilt seiner Beseitigung. Darüber bin ich im klaren, daß eine erfolgreiche Umgestaltung nicht von der freideutschen Gesamtbewegung ausgehen kann, die wir einstweilen

verloren geben müssen. Wir müssen vielmehr für unsere Arbeit von einem zunächst kleinen Kreise schon erprobter Charaktere ausgehen, also eine durchaus intensive Methode befolgen. Denn nur so wird es uns möglich sein, alle die Elemente auszuschließen, die durch Ehrgeiz und Eitelkeit oder romantischen Spieltrieb und Mangel an Ernst die Sache aus ihren Bahnen lenken könnten. Von diesem kleinen Kreis müssen die Führer ausgehen, die dann das Unternehmen weiter tragen und ausgestalten. Es ist zwecklos, in die Breite wirken zu wollen, bevor die Führer ausgebildet sind; denn erst dann wird man hoffen dürfen, endlich einmal mit Gottes Hilfe eine wirkliche Jugendbewegung zustande zu bringen. Diese Ausbildung muß nach einem festen und klaren Ziel orientiert sein, das jedoch nicht dogmatisch, sondern allein von wissenschaftlicher, und zwar philosophischer Seite her bestimmt werden kann. Das Interesse an der Bewegung darf nicht auf seiner heutigen Stufe stehen bleiben, es muß philosophisch begründet und durch das Verantwortungsgefühl gefestigt werden, damit es nicht den Zufälligkeiten der Neigung und der äußeren Umstände ausgesetzt bleibt und durch seine Instabilität das Vorwärtsschreiten der ganzen Sache stets gefährdet . . .«[192]

Nelson griff nun auf studentische Anhänger zurück, die nicht aus der Jugendbewegung kamen, und gründete Mitte 1917 den *Internationalen Jugendbund*.[193] Auch Max Hodann[194] hatte eingesehen, daß die bürgerlichen Freideutschen für eine »politische« Kampfgemeinschaft zur Verbreitung der Kultur nicht geeignet seien. Er arbeitete eng mit Nelson zusammen und nutzte seine Kontakte zur Berliner Arbeiterjugend, um in dieser Gruppe Erziehungsarbeit zu leisten.[195]

Mit dem Rückzug Nelsons war der Weg frei für den *Hauptausschuß der Freideutschen Jugend*, seine Vorstellungen durchzusetzen. Der Grundstein für eine *Freideutsche Bewegung* schien gelegt. Zu den Kerngruppen kamen in Göttingen die *Neue Akademische Gemeinschaft Heidelberg*, die *Odenwaldschule Oberhambach* und die *Freideutsche Gemeinschaft der Dürerschule Hochwaldhausen* hinzu.[196] So wurde der *Freideutsche Verband* vorsichtig erweitert im Hinblick auf den angestrebten großen Einigungsbund. Da die Freideutschen nur nach strenger Auslese bereit waren, neue Ortsgruppen und Arbeitsgemeinschaften aufzunehmen, gerieten sie nicht in die Gefahr, den Charakter einer abgeschlossenen Exklusivgemeinschaft zu verlieren. Der geistige Führungsanspruch ihres kleinen, auserwählten Kreises blieb so eine grundlegende Anschauung der *Freideutschen Jugend* wie der bürgerlichen Jugendbewegung überhaupt.

4. Kulturelle Jugendbewegung oder Jugendkulturaktivismus?

Gegen Ende des Jahres 1916 schien der *Hauptausschuß der Freideutschen Jugend* unter seinem Vorsitzenden Knud Ahlborn auf dem besten Wege, die Älterengruppen der Jugendbewegung zu sammeln. Das Konzept der »jugendlichen Erziehungsgemeinschaft« hatte sich durchgesetzt. Es forderte den weitgehenden Verzicht der Freideutschen als Organisation auf aktive kämpferische Teilnahme am öffentlichen Leben. Nur dort, wo die Existenz des Verbandes und der Bewegung gefährdet war, wußten sie sich zum Handeln aufgerufen. Ahlborn schlug eine vorsichtige Taktik ein und versuchte durch Verhandlungen und Vorträge, pragmatisch vorhandene Möglichkeiten auszunutzen. Sein Ziel war es, die Jugendbewegung auf Dauer in der Gesellschaft als eigenständige jugendliche Kraft zu etablieren. Die Vertreter eines radikaleren Engagements der Jugend befanden sich auf dem Rückzug. Leonard Nelson und Max Hodann waren bei ihren Versuchen gescheitert, die Freideutschen in politische Programme einzubinden und ihrer Führung zu unterwerfen. Die *Freideutsche Jugend* beharrte auf der Vorstellung, ein Bund zu sein, der »von der Jugend selber geschaffen« sei.[197]

Dennoch blieb der Widerspruch zwischen einem klar umrissenen Engagement in den Institutionen der Jugendpflege und dem Streben nach unbegrenzter Selbstverwirklichung in einem herrschaftsfreien Raum bestehen. Hinter beiden Polen standen Gruppen, die mit Ahlborns Mittelweg nicht einverstanden sein konnten. Das Versagen der staatlichen Interventionspolitik, das Aufbrechen traditioneller gesellschaftlicher Strukturen und der Verlust faßbarer Lebensperspektiven in einer Zeit des verstärkten sozialen Wandels führten dazu, daß die eine Seite zunehmend nach Taten rief, während sich die andere mehr und mehr auf das eigene innere Erleben zurückzog. Beiden Richtungen kam der geistige Aktivismus des Pädagogen Gustav Wyneken und seines Anhängers Alfred Kurella entgegen. Wyneken plädierte für ein unendliches »Reich des Geistigen«, das keiner äußeren Bindungen bedürfe. Kurella betonte, darauf aufbauend, eher die »geistige Tat« als das »geistige Bewußtsein«. Die Auseinandersetzung zwischen den pragmatischen »Jugendreformern« und den »Jugendradikalen« erreichte erst 1917 ihren Höhepunkt.

Wynekens Vorstellungen von einer Jugendkultur

Gustav Wyneken, der 1913 auf dem Hohen Meißner den Anspruch der Jugend auf eigenständiges Handeln besonders scharf vertreten hatte, mußte 1910 sein Landschulheim Wickersdorf in Thüringen verlassen[198] und verlagerte seitdem seinen »Kampf für die Jugend« auf die Jugendbewegung. Er fand schnell Anhänger unter Wandervögeln und Freideutschen. Sie stellten nun, während des Krieges, unter Wynekens Einfluß die seit 1913 schwebende Frage nach dem Stellenwert der Jugend neu.[199] Wyneken sprach dem Jugendalter prinzipiell eine besondere Qualität zu. Die Jugendzeit war für ihn keine Periode der bloßen Vorbereitung, in der speziell die bürgerliche Jugend, entlastet von aller Existenzsicherung, dem Erwachsenenalter zustrebe. Die Zeit zwischen dem Beginn der Pubertät und dem Eintritt in den Beruf habe vielmehr den Vorteil, daß der Mensch sich nicht in alltäglichen Nebensächlichkeiten verrenne, kleinkariert und spießig denke. Jugendliche spürten noch den »Geist«, der sich in der Welt offenbaren wolle und mit Hilfe der Jugend zum Durchbruch dränge. Jugend sei eher eine moralisch höhere Stufe des Menschseins: In diesem Alter habe die Menschheit noch die Möglichkeit, eine bessere, geistverwandte Lebensform zu entwickeln.[200]

»Geist« ist für Wyneken ein zentraler Begriff: Der »Geist« steht über dem Werden und Vergehen, bedeutet das Absolute und das Gesetzmäßige. Je näher der Mensch dem Geistigen komme, desto mehr nähere er sich seinem eigenen – nämlich dem geistigen – Ursprung. Die Geschichte der Menschen weise eine Entwicklungslinie von der tierischen zur geistigen Welt auf.[201] Um dem »Geist« näherzukommen, müßten die Menschen ihr Denken ändern. Dies sei die spezielle Aufgabe der Jugend.

Seit der Jahrhundertwende, so Wyneken, rege sich die neue Generation in allen Ländern der Erde, so auch in Deutschland im *Wandervogel*. Sie beginne, ihr eigenes Leben zu leben. Dazu gehöre eine neue Körperlichkeit. Der Wunsch nach dem einfachen Leben, der sich in der Jugendbewegung zeige, weise auf einen grundlegenden Neuanfang hin.[202] Nur dürfe der *Wandervogel* nicht in dieser Phase steckenbleiben. Er müsse über die Stufe des »bequemen und gemütvollen Naturerlebens« hinauskommen. Sonst bestehe die Gefahr, sich in »Kitsch« zu verrennen. Die im *Wandervogel* gewonnene Lebensform der Askese und der männlichen Freundschaftsbünde müsse weiterentwickelt werden zu einer eigenen »Jugendkultur«. Diese zu verwirklichen, sei Aufgabe des Studenten. Er stehe in seiner freien Lebensart und der ungezwungenen Form des Kulturgenusses dem neu zu schaffenden Menschen der »Jugendkultur« sehr nahe. Da ein Student freier sei als ein Schüler und als Heranwachsender mehr Rechte habe, aber ebenfalls noch nicht in das Leben der Erwachsenen eingegliedert sei, müsse er anstelle des Schülers für die Verwirklichung der »Jugendkultur« kämpfen.[203] Verwirklicht sah Gustav Wyneken die Jugendkultur bereits in der Schulform der *Freien Schulgemeinde,* wie sie bisher nur in Wickersdorf bestehe. Hier hätten sich Elemente des *Wandervogels* und der Landerziehungsheimbewegung zu einer höheren Form der Jugendkultur vereinigt. Schule und

Jugend könnten sich endlich begegnen; die Jugendlichen seien vor den schädlichen Einflüssen der Erwachsenenwelt geschützt. Von 1916 an entwickelte Wyneken den Gedanken einer *Freien Jugendgemeinde,* die geistiger Sammelplatz der heranwachsenden Jugend werden sollte.[204] Als Stätte dieser Begegnung sah er nun nicht mehr die Schule, sondern eine von ihm zu gründende und zu leitende *Jugendburg.*

Ähnlich wie bei Nelson werden bei Wynekens Konstruktionen die Bereiche des gesellschaftlichen Handelns und dessen Strukturen ausgeklammert. Folgerichtig entwickeln beide keine politischen Vorstellungen und Begrifflichkeiten. Mit den als absolut richtig erkannten Grundsätzen ihrer Weltanschauung versuchen beide, der vorgefundenen Gegenwart ihre eigenen Ansichten überzustülpen. Nicht sie richten sich an der Realität als Maßstab aus; die reelle Gegenwart muß sich vielmehr nach ihren Vorstellungen richten, um sich dem von ihnen anerkannten idealen Zustand zu nähern. Nelson wie Wyneken sahen sich selbst als Führer, die die Menschen in die bessere Zukunft leiteten. Bei Nelson ist es die Fähigkeit zur Einsicht in die Vernunft, bei Wyneken die eigene Nähe zum Geist[205], die ihnen die Gabe verleiht, den Menschen Propheten zu sein.

Nelson suchte eine aktive Kampfgemeinschaft, deren Mitglieder möglichst jung sein sollten, damit sie in seinem Sinne erzogen werden könnten. Wyneken sprach die Jugendlichen an, weil sie durch ihre Jugendlichkeit allein schon in der Lage seien, eine »Jugendkultur« zu entwickeln. Die Jugendgruppe müsse durch Erziehung für die Begegnung mit dem Geist vorbereitet werden; und es sei nötig, sie gegen die Gefahren der Erwachsenenwelt abzuschirmen. In einer neuen Schule, zum Beispiel der *Freien Schulgemeinde Wickersdorf,* würde der »neue Mensch« erzogen. Hier sei es möglich, die »Führer von morgen« zu bilden. Das Modell ähnelt dem Nelsonschen Gedanken einer abgeschlossenen Kampfgemeinschaft, doch ein entscheidender Schwerpunkt ist verschieden: Für Nelson besitzt das Jugendalter keine hervorragende Qualität innerhalb des menschlichen Lebens.

Leonard Nelsons Kampfgemeinschaft stellt eine Gruppe von lernbereiten Menschen dar, die sich zum Zweck der Charakterbildung innerhalb einer Bildungsstätte zusammenfinden. Gustav Wynekens Schulvorstellung ist absoluter: Die wirkliche Umgestaltung des Menschen in der Gesellschaft beginne mit der Revolutionierung der Erziehung in der neuen Schule.[206] Beide verwerfen das altsprachlich geprägte, humanistisch ausgerichtete Erziehungsideal des 19. Jahrhunderts und wenden sich den modernen Naturwissenschaften zu.[207] Der Begriff der »Erziehung« ist zentral für die weltanschaulichen Konzeptionen der beiden Männer.

Natürlich mußte ein Kreis wie die *Freideutsche Jugend* sowohl Nelson als auch Wyneken anziehen, zumal die Freideutschen selbst verwandte Gedanken vertraten. Wyneken stieß zur Jugendbewegung nicht aus eigener Erfahrung. Er hatte Hans Blühers Buch über den *Wandervogel* gelesen und sich daraus ein Bild gemacht.[208] Darauf aufbauend, entwickelte er die Vorstellung, daß der *Wandervogel* auf dem besten Wege dahin sei, wo die *Freie Schulgemeinde* unter seinem Einfluß bereits stehe. Der von ihm gegründete *Bund für freie Schulgemeinden* schien Wyneken geeignet als die Spitze der Jugendbewegung, die der Anleitung bedürfe.[209] So mußte er danach trachten, die Älteren im *Wandervogel* und in der *Freideutschen Jugend* für sich zu gewinnen, um mit ihnen gemeinsam die ihnen weltgeschichtlich gestellte Aufgabe erfüllen zu können. Das aber hieße für die Jugendbewegung, Wyneken nicht nur als pädagogisches Vorbild anzuerkennen, sondern ihm auch die Führung zu überlassen. Er wollte aus der *Freideutschen Jugend* einen Zusammenschluß von Gruppen machen, der allein durch die gemeinsame Gesinnung ohne jede Organisationsform zusammengehalten werde. Ein Ausschuß sollte dafür sorgen, daß jährlich Feste ohne Programm stattfänden. Zwanglos sollten sich die Jugendlichen treffen, um zu tanzen und zu singen und grundsätzliche Vorträge zu hören. Die Erziehungsarbeit finde in den künftigen *Freien Schulgemeinden* statt, die die Besten unter den Jugendlichen aufnehmen würden. Von hier sollten dann Impulse zur Reform des Hochschulwesens ausstrahlen. Wichtig sei es, daß die Jugend sich nicht frühzeitig auf einen »Zweck« festlegen ließe wie die »Reformphilister«. Sie müsse sich für die Aufgabe bewähren, eine neue Kultur zu schaffen; dann ergäben sich Reformen von selbst.[210]

Die bevorzugte Stellung der Jugend in Wynekens Denken war so attraktiv, daß sich immer wieder Jugendliche um ihn scharten. Die Radikalität seines Jugendbegriffes, der sich streng von allem, was Erwachsene bislang zu diesem Thema hervorgebracht hatten, abgrenzte und eine ethisch höhere Kategorie des Menschseins umschrieb, zog vor allem Jugendliche an, die sensibilisiert und erschreckt waren von den sozialen Mißständen ihrer Zeit. Sie wollten den von der Industrie Ausgebeuteten das »wahre Menschentum« wiedergeben. Von hier aus ist es nur ein kleiner gedanklicher Schritt, gemeinsam mit der Arbeiterjugend eine Front gegen Erwachsene aufzubauen, die eine solche Welt geschaffen haben. So entstand der *Berliner Kreis,* dessen Kontakte von der linksbürgerlichen Intelligenz des *Ziel-Kreises*[211] bis zur linkssozialistischen Arbeiterjugend reichten, die sich unter Karl Liebknecht zu organisieren begann.[212]

Geistiger Aktivismus

Motor und Kopf der Agitation für Wyneken war Alfred Kurella. Er und einige andere junge Intellektuelle, die wie er »vorläufig k. u. geschrieben waren und auch etwas gegen den Krieg unternehmen wollten«[213], fanden sich zusammen, um die Jugendbewegung für den Schulgründer zu mobilisieren.[214] Kern dieses *Berliner Kreises* war eine esoterische Gruppe von Freunden um Fritz Klatt und Hans Koch.[215]

In diesem Zusammenhang traf Kurella seit Herbst 1916 mit den wichtigsten Führern der Jugendbewegung, vor allem der Freideutschen, zusammen. Er verstand es, Heinrich Nominé, der noch kurz vorher einen scharfen Artikel gegen Wyneken verfaßt hatte[216], und Gerhard Fils für Wynekens Sache zu überzeugen.[217] Ahlborn verlor mehr und mehr die beherrschende Position im *Hauptausschuß* und mußte sich mit Kurellas Vorstellungen über den Weg der *Freideutschen Jugend* auseinandersetzen.

Im Herbst 1916 veröffentlichte Alfred Kurella in der bedeutenden Zeitschrift »Die Tat« einen Artikel über »Die Zukunft der Jugendbewegung«. Darin zeigte er ein Entwicklungsmodell der Jugendbewegung auf. In Anlehnung an Wyneken schilderte er die *Freie Schulgemeinde* und die *Jugendburg* als die fortgeschrittensten Schöpfungen der Jugendbewegung. Wyneken sei bereits in die aktive Phase der Bewegung eingetreten. Er sei es auch gewesen, der vorausschauend wesentlich früher ein für diese aktive Phase typisches Projekt ins Leben gerufen habe, die *Freie Schulgemeinde*. Dieser aktiven Phase gingen die empirische und darauf aufbauend die rationale Phase chronologisch voraus. Sie würden nacheinander erreicht, stellten jeweils eine qualitativ höherwertige Stufe dar, könnten aber auch zeitlich nebeneinander existieren. Der empirischen Stufe sei der *Wandervogel* zuzuordnen. Es sei für ihn daher typisch, daß die »Einordnung, die Konstruktion von Zusammenhängen und die damit ausgeübte Kritik . . . *intuitiv* aus dem Geiste jugendlicher Unvoreingenommenheit heraus« geschehe.[218] Auch der *Bund Deutscher Wanderer* und die anderen jugendlichen Wandervereinigungen gehörten zu dieser Phase.

Der zweiten Stufe der Jugendbewegung gehöre der *Anfang-Kreis* an.[219] Für ihn sei es kennzeichnend, daß die enge Gemeinschaft des *Wandervogels* aufgebrochen und das gemeinsame Erlebnis als bindendes Mittel verlassen werde zugunsten der Gefolgschaft des Einzelnen »und seiner Stellungnahme zu Ideen und Zielen«.[220] Die Gemeinschaft sei örtlich gebunden, die Gefolgschaft benötige nur die rein geistige Bindung an ihren Führer. Auch in dieser Phase sei der Heranwachsende noch »weltfremd«. »Lebt er in der ersten Phase weltfremd aus Unkenntnis, so tut er es jetzt absichtlich, um zur reinen Durchdenkung der Welt mit den höchsten Zielen vor Augen zu gelangen.«[221] Auch die *Deutsche Akademische Freischar* gehöre in diesen Kreis, der sich auf der rationalen Stufe befinde. Sie stelle jedoch keine reine Form dar, da sie zum Teil noch dem Gemeinschaftsleben nachhänge. Am klarsten sei das Führer-Gefolgschafts-Verhältnis in den »rein geistigen Kreisen«[222] verkörpert, »deren größter und wichtigster, wie schon betont, der um Wyneken und seine Forderung der Jugendlichkeit ist«.[223] Ein anderer dieser Art sei »der um Joël und Landauer mit ihrer Hauptforderung eines (jugendlich neu gedachten) Sozialismus (im Gegensatz zu dem der Partei)«.[224]

Die nächste Entwicklungsstufe fordere dann den Eintritt des Individuums in das aktive tätige Leben. »Sie ruht auf dem *einzelnen,* aus den beiden ersten hervorgegangenen, im Beruf tätigen *Menschen.* Eine bestimmte Bindung ist nicht mehr vorhanden, es sei denn in örtlichen Vereinigungen.«[225] Die einzelnen Phasen werden deutlich in ihrer Qualität unterschieden. Jeder Phase entspricht laut Kurella der vollentwickelte Zustand eines bestimmten Menschentyps. Es kann also vom jeweiligen Menschen her keinen Aufstieg in die nächsthöhere Stufe geben. Die wirklichen Führer der Jugendbewegung seien die Führer der dritten Gruppe.[226]

Der von Kurella geforderte Aktivismus dieser Stufe verwirklicht sich nicht in konkreten Handlungen. Er ist vielmehr ein »Geist-Aktivismus«, der ». . . durch Wort Ereignisse« zu schaffen glaubt.[227] Aktivisten sind »Menschen, die leidenschaftlich bestrebt sind, Ideen der sittlichen Vernunft in der gesellschaftlichen Realität durchzusetzen«.[228] Unter dem Leitwort eines sehr verschwommenen Geist-Begriffes[229] sammelten sich so 1917 im *Ziel-Kreis* Menschen, die in einer Zeit der Auflösung der überkommenen politischen Formen die »Herrschaft der Gebildeten« neu und revolutionär forderten.

Der Kreis sollte einen »neuen Adel« bilden, der Eigennutz und Selbstsucht des alten Adels abgeschüttelt habe und sich dem Allgemeinwohl verpflichtet fühle.[230] Kurt Hiller, Gründungsmitglied des *Ziel-Kreises,* nannte diese Form der aristokratischen Gebildetenherrschaft »Logokratie«.[231] »Aristokratismus« ist »die Lehre von der im Staat einzusetzenden Herrschaft der Geistigen«.[232]

Im Kampf für Gustav Wyneken und seine Ideen entwickelte Kurella, ausgehend von dem oppositionellen Jugendbegriff des Pädagogen, eine Vorstellung von Jugend, die sich dann von Wynekens Erziehung zum geistigen Bewußtsein deutlich abhob.[233] Er entfernte sich auch mehr und mehr vom Aktivismus, der durch literarische Aktionen ausgesuchter geistiger Führer die Gesellschaft verwandeln wollte. Sein jugendradikaler Standpunkt führte Kurella zur Ablehnung der bestehenden gesellschaftlichen Verhältnisse überhaupt. Nach seiner aktivistischen Phase, in der er den Durchbruch zur »Herrschaft der Kultur« von einer durch den »Eros« zusammengehaltenen »Volksgemeinschaft« erwartete, wandte er sich spätestens 1918 sozialdemokratisch-marxistischem Gedankengut zu. Die Verwirklichung kommunistischer Verhältnisse in der Wirtschaft sollte den Menschen endlich Zeit für kulturelle Betätigung geben.

Alfred Kurella betonte von Anfang an die geistige *Tat*, nicht – wie sein Lehrer Wyneken – das geistige *Bewußtsein*. Taten bereiten sich vor in Gemeinschaften, die durch den Kampf für die Durchsetzung des Geistes zusammengehalten werden, sichtbar in der zentralen Führergestalt. Der *Berliner Kreis* um Kurella verstand sich als eine solche Zweckgemeinschaft, die den Geist Gustav Wynekens verbreiten wollte.[234]

»Unser Ziel ist, wie von Anfang an angesprochen, Wyneken zu helfen. Aber nicht, indem wir nur bei irgendeiner Gelegenheit für seine Person eintreten, etwa uns in seinen Streit mit Wickersdorf mischen; bei seinem Kampf um die Freie Schulgemeinde ihn mit unseren Kräften zu unterstützen, kann und wird für uns notwendig werden in der Verfolgung unserer Aufgabe, aber nicht Aufgabe selbst sein. Sie ist vielmehr: *Rettung der Jugendbewegung durch den Geist Gustav Wynekens*. Indem wir unserem Führer sein Gefolge zuführen, das die Unzulänglichkeit oder Böswilligkeit Mittelmäßiger, letzten Endes um ihre Stellung Besorgter ihm mit falschen Vorspiegelungen fernhält; indem wir die freie Jugendbewegung von innen heraus bereiten.«[235]

Zum anderen verneinte diese Gruppe jede Art der Organisation, die bei der *Freideutschen Jugend* zum Absterben der Bewegung geführt habe, weil sie im Vordergrund stand. Der Kreis um Wyneken brauche keine »vereinsmäßige Bindung«. »Wir sind vereinigt und gebunden durch den Geist und die Arbeit.«[236] Als Ziel und Richtung dieser Arbeit wurde gefordert, ». . . nicht Fernbleiben vom öffentlichen Leben, sondern Eingreifen in es, zur Verteidigung der eigenen Ideale; ohne Parteipolitik zu treiben, werden wir beständig Partei nehmen und am Ende gar selbst Partei werden, um die Welt nach unserem Bilde zu ändern . . .«[237] Im ersten »Rundbrief« des Ende 1917 offiziell gegründeten *Berliner Kreises* wird das Verhältnis der Gruppe zu der sie umgebenden Gesellschaft umschrieben: »Der bestehende Staat als die sichtbarste und zugleich verwundbarste Erscheinungsform der von uns abgelehnten Gesellschaftsordnung«.[238] Der Kreis hatte inzwischen Kontakte zur Berliner *Freisozialistischen Jugend* und über Kurellas Bekanntschaft mit Hiller Kontakte zu pazifistischen Gruppen bekommen und eine deutlich distanziertere Haltung zum wilhelminischen Staat eingenommen.[239]

Knud Ahlborn, zu dem sich 1917 Helmut Tormin und Bruno Lemke gesellten, versuchte, das Bedürfnis nach »geistigen Taten« aufzunehmen und zu konkretisieren. In einer 1917 erschienenen programmatischen Schrift zur »Freideutschen Jugendbewegung« sprach er davon, daß Vorstellungen über »Erneuerungsbestrebungen unseres Kulturlebens«[240] zum geistigen Besitzstand der Bewegung gehörten. Dazu zählte er die neue Schule, eine neue Kirche, ein neues Elternhaus, eine neue Art der Güterverteilung und eine neue Art der Warenproduktion. Allerdings seien dies keine einzelnen Zwecke, die von den Freideutschen verfolgt würden. Sie würden gefordert »in ihrer Gesamtheit und mit allen sich daraus ergebenden Wechselbeziehungen«.[241] Nur in der Gesamtverwirklichung der Reformen könne »der ersehnte höhere Lebenszustand gewährleistet werden«. Damit sei gegen »Reformphilistertum und Reformfanatismus eine deutliche Grenze gezogen«. Ebensowenig wie bei der Alkoholabstinenz würden die freideutschen Älteren zugeben, daß die von Wyneken geforderte »Eroberung der Schule« die alleinige oder auch nur die wichtigste Aufgabe darstelle.[242] Der künftige Bau der freideutschen Jugendbewegung solle sich dann den oben beschriebenen Forderungen der gesamten Lebenserneuerung anpassen.

»Die ganze Jugend *unserer Art*, wie sie im Bund der Wanderer, dem Bund der Landsgemeinden, der Freischar und den anderen akademischen Gruppen und den Wandervogelorganisationen gesammelt ist, bildet einen festgeschlossenen Verband mit einer möglichst sorgfältigen persönlichen Auslese und einer möglichst starken inneren Disziplin . . .«[243]

Der Verband solle sich »in drei Stufen mit fließenden Übergängen« gliedern. Die erste Stufe sei die des *Wandervogels*. Sie betone »die Führung durch andere«, den Gefolgschaftsgedanken aufgreifend. Die zweite Stufe sei die der *Wanderer*, *Freischaren* und *Landsgemeinden* mit gegenseitiger »Selbsterziehung in geschlossenen Gemeinschaften mit strenger Auslese«. Die dritte Stufe bestehe dann aus »Tatgemeinschaften (Studiengemeinschaften und Arbeitsgemeinschaften, evtl. Kampfgemeinschaften)«. Sie bestände aus lockeren, »interkorporativen Gruppen« von Mitgliedern der zweiten Stufe, die über sie hinausgewachsen seien. Außenstehende könnten nach strenger Auslese herangezogen werden.

Die Betonung der Organisation mit festen Aufnahmeprinzipien, die Ablehnung der Wynekenschen Schulvorstellungen als zu einseitig und die stufenweise Strukturierung der Gemeinschaften Gleichberechtigter weisen auf das Trennende zwischen Ahlborn einerseits, Wyneken und Kurella andererseits hin. Das Prinzip der Auslese ist dabei Wynekens Gedankengängen nicht fremd. Es ist hier auch als taktisches Mittel zu sehen, unerwünschte Mitglieder fernzuhalten, um die Entwicklung der Freideutschen zu einer allumfassenden Jugendbewegung nach Ahlborns Vorstellungen nicht zu stören. Der wirkliche Unterschied liegt im Gemeinschaftsgedanken. Kurella will, daß sie sich einem antibürgerlichen »Geistigen« unterwirft, Ahlborn geht von einer »Selbsterziehung« in einem gleichberechtigten Miteinander aus. Die einzelnen »Stufen« sind bei Ahlborn in keiner Weise qualitativ verschieden. Sie entsprechen dem chronologischen Werdegang eines Menschen; deshalb kann es auch eine Zusammenfassung der Gruppen in einem Verband geben.[244]

Bei einem Treffen der Wyneken-Anhänger und all derjenigen, die mit dem *Hauptausschuß* nicht einverstanden waren, im August 1917 auf der Loreley fand Gustav Wynekens Auffassung von einer offenen Jugendbewegung großen Zuspruch.[245] Bis auf Heinrich Nominé waren dort keine Mitglieder des *Hauptausschusses* anwesend. Viele Frontsoldaten hatten sich eingefunden, da der Aufruf zum Treffen weit im Westen bis an die Front verteilt worden war. Die Teilnehmer verabschiedeten folgende Entschließung:

»Die Freideutsche Jugend soll wieder der Name für eine große, freie und lebendige Jugendbewegung werden wie bei ihrer Entstehung auf dem Hohen Meißner. Nicht der Name für eine Jugendpartei. Alle Organisation hat lediglich dieser Bewegung die nötigen technischen Dienste zu leisten, darf aber nicht, wie bisher, die Bewegung beherrschen wollen, ihr Richtung geben und Grenzen setzen.

Darum ist eine neue, lediglich dienende Arbeitsorganisation aus freiwillig Bereiten zu schaffen. Die nächste äußere Aufgabe der Freideutschen Jugend ist die Veranstaltung von Jugendtagen.

Die Zeitschrift ›Fr. J.‹ soll ein Platz freier Aussprache über die Jugendfragen werden und erlöst werden von der ewigen Diskussion über sich selbst.«[246]

Darin wird ein fundamentaler Unterschied in der Auffassung von Leben und Aufgabe einer Gemeinschaft deutlich. So ist es verständlich, daß Helmut Tormin und Max Bondy als Antwort auf die Attacken des Wyneken-Kreises von »zweierlei Jugendbewegung«[247] sprachen und sich dem Versuch widersetzten, die »Absichtslosigkeit«[248] in der freideutschen Erziehung in der abgeschlossenen Gemeinschaft gleichzusetzen mit einem Steckenbleiben in organisatorischen Fragen.

Nun standen sich zwei Blöcke gegenüber, die um Richtung und Ziel der bürgerlichen Jugendbewegung kämpften. Während des Jahres 1917 bröckelte der Block um Knud Ahlborn ab. Heinrich Nominé und Gerhard Fils sowie Armin Bock als Mitglieder des *Hauptausschusses* erwärmten sich für Wynekens Ideen.[249]

Auch die Göttinger Gruppe, die vormals Nelsons Gedanken angehangen hatte, dessen Ziele ihnen aber zu einseitig auf den politischen Tageskampf abgestimmt waren[250], öffnete sich mehr und mehr Wynekens Einfluß. Sie wollten ihn zwar nicht zum Führer der Freideutschen machen, sperrten sich aber gegen Ahlborns Politik der Abgrenzung von dem Pädagogen. Der jugendliche Aktivismus des Kurella-Kreises entsprach ihren Vorstellungen.[251] Sie trugen die Auseinandersetzung um »Erziehungs-« oder »Tatgemeinschaft« in die *Freischar*, die 1917 die Diskussionsthemen in den »Monatsberichten« bestimmte.[252]

Andere Gruppen – in den *Landsgemeinden* und im *Bund Deutscher Wanderer* – übten Druck aus, sich nicht zu eng an die Freideutschen anzuschließen, weil sich »undeutsche Intellektuelle« dort eine eigene Organisation geschaffen hätten. Hier zeichnete sich bereits der später so starke »völkische« Flügel der bürgerlichen Jugendbewegung ab.[253]

Das Treffen auf der Loreley brachte Gustav Wyneken einen ungeheuren Prestigegewinn. Er sah sich seinem Ziel, geistiger Führer einer Jugendbewegung zu werden, einen wichtigen Schritt näher. Hinter ihm stand die große Gruppe der Unzufriedenen, die auf eine Reform des *Freideutschen Verbandes* drängten. Den Anschluß suchten der *Bund der Landsgemeinden*, der *Berliner Kreis* um Kurella, die *Schweizer Akademische Freischar*, der *Deutsche Wandervogel* und diejenigen unter den *Wandervogel*-Führern, die mit den Beschlüssen ihrer aus Älteren bestehenden Bundesleitung nicht mehr einverstanden waren.[254] Knud Ahlborn als Vorsitzender des *Hauptausschusses der Freideutschen Jugend* erkannte die Gefahr einer Spaltung seiner Gruppe und der ganzen Bewegung und versuchte, durch Angebote eines Sitzes im *Hauptausschuß* und der Beteiligung an der Zeitschrift, die Kurella-Gruppe zu integrieren.

Am Ende der »Freideutschen Woche« in Holzminden im Herbst 1917 kam es dann zu einem Treffen zwischen Wyneken und Ahlborn, das mit einer offiziellen Versöhnung der beiden abschloß. Im Anschluß daran wurde beschlossen, daß die *Freideutsche Jugend* eine neue Organisation bekommen sollte, die sich nur als »Verkehrsorganisation« auffaßte und das Leben in den Gruppen nicht behinderte. Vor allem sollte niemand mehr aus der Jugendbewegung ausgesperrt werden. Diese Bedingungen waren schon vor der Holzmindener Tagung in Berlin zwischen dem *Hauptausschuß* und dem Kurella-Kreis ausgehandelt worden.[255] Wynekens Erscheinen, der erst auf ein dringendes Telegramm[256] hin am Ende der Woche eintraf, war eigentlich nur noch nötig, um gegenüber den unterschiedlichen Grüppchen in der *Freideutschen Jugend* den Neuanfang, der mit seinem Namen verknüpft war, demonstrativ zu besiegeln. Er betonte in seiner Ansprache, die Jugend müsse sich nach allen Seiten offenhalten. Sie dürfe sich noch auf Jahre hinaus nicht festlegen und solle warten, bis sie durch »geistiges Leben« reif geworden sei. Dadurch enttäuschte er einige, die nach Kurellas Aktivitäten eher einen Aufruf zur Tat als zur inneren Sammlung erwartet hatten.[257] Koch und Kurella vertraten dann auch weiterhin, im Gegensatz zu ihrem Lehrer, einen aktivistischen Standpunkt.[258]

Die wirklichen Spannungen in der *Freideutschen Jugend* konnten in Holzminden dennoch nicht gelöst werden. Wyneken war die Integrationsfigur, die die Gegensätze überdeckte.[259] Unter Leitung Ahlborns wurde ein Ausschuß gebildet, dem von der *Freideutschen Jugend* Meinhard Hasselblatt, Friedrich Schlünz, Harald Schultz-Hencke und Helmut Tormin angehörten, von den auf »Entorganisierung« drängenden Gruppen Wilhelm Hagen (*Bund der Landsgemeinden*), Hermann Bergmann (*Deutscher Wandervogel*), Harald Debrunner (*Schweizer Akademische Freischar*), Paul Vogler (Freideutscher Führer im *Alt-Wandervogel*) und Alfred Kurella (*Berliner Kreis*).[260] Er sollte den Zusammenschluß der *Freideutschen Bewegung* vorbereiten, damit der *Freideutsche Verband* aufgelöst werden konnte, und eine neue Verfassung schaffen. Fritz Jöde, Alfred Kurella und Harald Schultz-Hencke traten in die Schriftleitung der Zeitschrift »Freideutsche Jugend« ein.[261]

Vorerst blieb also alles beim alten. Nach außen hin hatte der Kreis um Wyneken ein Bündnis mit den Freideutschen geschlossen, ohne sich deren Ausleseverfahren zu unterziehen. Das ausführende Organ der *Freideutschen Jugend*, der *Vertreterausschuß*, wollte bis zur Neuregelung keine neuen Bünde aufnehmen, behielt sich jedoch vor, sich durch Kooptation geeigneter Führer aus Gruppen, die nicht zu den Freideutschen zählen, zu ergänzen. Damit bestand die Möglichkeit, die Kurella-Gruppe nicht nur in den Verfassungsausschuß aufzunehmen, sondern auch in den *Vertreterausschuß* der bestehenden Organisation.

Damit aber kam ein neues Problem auf: Wenn die Freideutschen die Wyneken-Gruppe akzeptierten, was sollten sie dann mit den neu entstandenen völkischen Gruppen tun, die auch einem »Zweck«, nämlich der Idee der Nation, anhingen? Der Anspruch auf die Schaffung einer einheitlichen Jugendbewegung drängte dahin, auch diese Gruppen aufzunehmen.

5. Die völkischen Jugendradikalen

Auf dem Hohen Meißner war 1913 auch eine starke Gruppe Erwachsener vertreten, die versuchten, die dort sich zeigende Jugendbewegung für völkische Ideen zu begeistern. Das »Vaterland« stehe jenseits allen »Parteiengezänks«, hatte der Pfarrer und Politiker Gottfried Traub[262] in seiner Festrede begründet:

>»Alles Große ist erwachsen aus der Gemeinschaftlichkeit, und hier erscheint, wie das Morgenrot am Himmel, der Gedanke des Vaterlandes. Wir gehören zum *Vaterland*. Das ist für uns nicht ein Begriff einzelner Partei. Wir wehren uns gegen alle die, die den patriotischen Sinn gepachtet zu haben meinen . . . Und doch muß diese romantische Vaterlandsliebe sich noch vertiefen, daß nämlich auch dann, wenn uns das Vaterland nicht gefällt, auch dann, wenn wir seine Fehler und seine Mängel sehen, trotzdem die Liebe zu ihm stark und mächtig bleibe, denn auch wir sind nicht vollkommen und fehlen mancherlei. So meine ich, tritt über diese Vaterlandsliebe hinaus die Idee des *Staates*. Es war

der alte Staat Friedrichs des Großen, der einstens die besten aus den umliegenden deutschen Stämmen an sich zog: ein Arndt kam aus Rügen, ein Stein aus Nassau, ein Hardenberg aus Hannover, ein Scharnhorst desgleichen, sie alle kamen von auswärts, weil sie in dem Preußen des Alten Fritz eine mächtige Staatsidee schlummern sahen, die sie nun wieder aufwecken wollten. So meine ich, muß auch heute wieder die Idee vom Staat das Einigende werden, das, was die Kräfte von überall her sammelt, daß der Staat in uns und durch uns wachse. Die unpersönliche Idee des Staates zum persönlichen Eigentum zu gestalten, wofür unsere besten Kräfte verwertet werden müssen, dünkt mir die schönste Losung.«[263]

An die nationalistisch ausgerichteten Kreise des wilhelminischen Kaiserreiches hatten sich schon vor dem Krieg ältere *Wandervogel*-Führer angelehnt, wie die Gruppe um Friedrich Wilhelm Fulda und seine »Wandervogelführerzeitung«, die einen aggressiven Nationalismus vertrat, verschärft durch damals gängige Rassentheorien. Zum Meißnertag 1913 erschien die antisemitische »Judennummer« der »Führerzeitung«; eine der Folgen war eine Gegengründung, die »Pachantei«.[264]

Zahlreiche ältere Wandervögel schlossen sich direkt vaterländischen Vereinen an. Otger Gräff, Bonner *Wandervogel*-Führer, zum Beispiel wurde Mitglied in der *Germanengilde*, im *Hammerbund*, im *Deutschen Volksbund*, im *Deutschen Erneuerungsbund* und in der *Loge des aufsteigenden Lebens*.[265] Außerdem schloß er sich der von Adalbert Luntowski 1915 gegründeten *Deutschen Siedlungsgemeinschaft* an, die ländliche Siedlungen auf der Grundlage einer Bodenreform anstrebte, um die Menschen aus der schädlichen Zivilisation herauszuführen.[266] Unter der »Führerschaft der Besten, der Begabtesten, der Menschen mit Gemeinschaftsgewissen«[267] sollte daraus eine »Geistordnung der Dinge«[268] entstehen; die »Führer« übernähmen das »Kulturkommando«.[269]

Die völkische Entwicklung der Feldsoldaten

Deutschvölkische Einstellungen trafen im Krieg den Nerv der Feldsoldaten, die einem ihnen selbstverständlichen Nationalismus anhingen und denen die Vorgänge in der kritischen, das Völkische nicht betonenden *Freideutschen Jugend* immer undurchschaubarer wurden. Sie verstanden nur wenig die zögernde Haltung Knud Ahlborns gegenüber dem Reichsjugendwehrgesetz und regten sich über die allgemeine Zerstrittenheit der Heranwachsenden auf.[270] Sie wünschten sich eine einige Bewegung, die gestärkt aus dem Krieg hervorginge. Dafür hatten sie nach ihrem Selbstverständnis als beispielhafte Soldaten bereits die besten Voraussetzungen geschaffen. Am siegreichen Ausgang des Krieges und an der Kulturaufgabe Deutschlands gegenüber seinen Nachbarländern hatten sie keine Zweifel. Deshalb traten jugendbewegte Soldaten auch für den Kampf »germanischer« Flamen gegen die Wallonen in Belgien ein, für die Stärkung des »Deutschtums« der im Ausland lebenden Deutschen; als Lohn für die Strapazen des Krieges und den errungenen Sieg wünschten sie sich Land für Siedlungsprojekte in den Weiten der »slawischen« Länder. Denn:

»Deutschem Wesen dient der Wandervogel, allem, was gut und schön und edel ist. Für dich alles, o Deutschland, dir verdanken wir alles, was wir sind und besitzen, unser Elternhaus, unsern Leib, unser Wesen und unsere Bildung, unsere Freuden und unsere Freunde.«[271]

In diesem Sinne wurden einige Feldsoldaten in der Etappe und an ruhigeren Frontabschnitten aktiv. Die in Belgien Stationierten schufen eine Brüsseler Auslandsgruppe des *Wandervogels* und bemühten sich um die Gründung einer Schule für die dortigen Deutschen. Zu den Aufgaben des *Auslands-Wandervogels* erklärten sie die »Erziehung zum Deutschtum im edelsten Sinne«. »Deutsche Lebensart« solle sich so fest einpflanzen, daß sie nach dem Krieg ohne den Schutz der Soldaten weiterbestehe.[272]

Im Osten fanden die Soldaten eine andere Situation vor. Polen und Rußland mit den unbesiedelten Weiten schienen in ihrer »Rückständigkeit« geradezu auf die »Kultivierung« durch Deutsche zu warten. Hier könnten Wandervögel siedeln und neue Gemeinschaften gründen, »Kulturträger des deutschen Bauernstandes« sein.[273]

»Junge deutsche Kraft ist nötig, die sich nicht beugt vor dem Mammonismus, der alles, auch Kurland, zu Geld machen will. Junger deutscher Idealismus, dem der Mensch und sein Leben als der letzte irdische Zweck heilig ist . . .

Darum: wir haben hier oben eine Aufgabe zu erfüllen. Wir haben hier das Deutsche gegen die Deutschen oder sagen wir Deutsches gegen Deutsche zu schützen.«[274]

Eine ähnlich tatkräftige Arbeit für das Wachstum der Jugendbewegung erwarteten die Frontsoldaten von den Daheimgebliebenen. Sie wollten keine intellektuellen Streitereien und Reden im Stile der Freideutschen. »Der eine zieht hier, der andere dort; der eine sagt ja, der andere nein. Und immer vorsichtig, daß man nicht irgendwo anstößt. Alles Kopf. Ohne Herz.«[275] Was fehle, sei ein Bund von Gleichgesinnten, die sich ohne große Worte zum Kampf um ein Ziel fänden.[276]

Vom Greifenbund zum Jungdeutschen Bund

Aus dieser Situation entstand 1915 der *Greifenbund*. Sein Gründer, der aktive Soldat Otger Gräff, wandte sich an diejenigen, »welche die Wandervogelschule durchgemacht und in dieser Schule gewisse Selbstverständlichkeiten der deutschen Lebensart erworben haben«.

»Mit solcher Feststellung werden wir gleich über eine Menge Streitfragen und begriffliche Auseinandersetzungen hinweggehoben. Für Körper, Seele und Geist sind uns beim Wandern durch unser Vaterland bestimmte Erkenntnisse gewachsen, welche uns untrüglich kundtun, wie wir deutschem Wesen die Treue halten müssen.

Als Schüler haben wir diese Erkenntnisse nur in beschränktem Maße verwirklichen können, soweit es unserer bedingten Freiheit ersprießlich war. Jetzt aber stehen wir vor der Pflicht, die erprobte Lebensart des Wandervogels auszubauen, zu vertiefen und im Berufsleben zur Geltung zu bringen. Der Kampf unserer Jugend hat uns den Sonntag erobert. Nun müssen wir uns den Alltag erobern.«[277]

Um solche Ideen Wirklichkeit werden zu lassen, suchte Gräff tatendurstige Männer, die sich freiwillig unterordnen könnten. Und so schloß er sein erstes Flugblatt:

»Dieses Blatt will nicht werben im herkömmlichen Sinn. Mitläufer, Genießer, zahlende Mitglieder weisen wir ab. Schwächlinge, die sich an tönenden Worten berauschen müssen, Streber, Selbstlinge und eitle Eigenbrötler finden keinen Platz bei uns. Jeder, der zu uns will, prüfe sich wohl, ob er gewillt ist, alles das zur Tat zu schaffen, was für die Entwickelung des deutschen Lebens notwendig erscheint.«[278]

Viele Soldaten hätten Gräff sicher vorbehaltlos zugestimmt, wäre nicht sein aggressiver Rassismus gewesen. Der *Greifenbund* sollte, so Gräff, frei bleiben von allem »Fremdländischen«, vor allem von Juden. Gräff stellte dem »vom Verstand geleiteten Semiten« – dem »verfaulten, entarteten Morgenländer«[279] – den »sittenreinen Deutschen« gegenüber, der Gemüt habe, aber keinen Verstand[280]:

»Das *höchste* Gut! Unser deutscher Glaube also ist Glaube an unsere eigene Art, an deutschen Geschlechtes hohe Bestimmung, Vertrauen auf die Möglichkeit und Notwendigkeit neuen herrlichen Aufstieges unserer *Rasse*. Erst der Tod unserer Rasse, unserer Volkheit bedeutet den Tod unseres Glaubens, unseres Gottums, Gottes selbst. Denn der Völkerbrei, die ›Menschheitskultur‹ und der Gott oder die Götzen, die *dann* noch leben, können uns vollkommen gleichgültig sein.«[281]

Auf dem Bundestag des *Wandervogels e. V.*, Pfingsten 1916 in Naumburg, sprachen sich die älteren Mitglieder gegen eine solche völkische Orientierung aus.[282] Sie gründeten den *Bund der Landsgemeinden*, der ohne Zielsetzung und ohne festes Programm zunächst einmal nur eine Gemeinschaft älterer Wandervögel sein sollte.[283] Die anwesenden Mitglieder des *Greifenbundes* schlossen sich an.[284]

Otger Gräff, der in Naumburg nicht dabei war, formierte seine Gruppe daraufhin neu. Der *Greifenbund* sollte weiterbestehen, allerdings in Form eines »geheimen Ordens«. Die verschworene Gemeinschaft würde weiterwirken innerhalb der *Landsgemeinden* und über den Bund auch Einfluß in der *Freideutschen Jugend* gewinnen.[285]

Die Diskussionen in der *Freideutschen Jugend* wurden 1916 jedoch zunächst beherrscht von der Auseinandersetzung um Leonard Nelson und Gustav Wyneken. Hellmuth Vogel und Wilhelm Hagen steuerten einen Kurs, der die gegensätzlichen Standpunkte der Älteren – »völkisch« (national) oder »zwischenvölkisch« (international) – auf den kleinsten gemeinsamen Nenner bringen wollte.[286] Im September 1916 traf Gräff Vorbereitungen zur Gründung eines *Jungdeutschen Bundes.* Im Frühjahr 1917 war dies offiziell:

»Wir völkisch (national) Gesinnten in der Jugendbewegung sind in unserer traurigen Zersplitterung machtlos und dienen der überall herrschenden nichtvölkischen Minderheit nur zum Gespött. Ein entschiedener Zusammenschluß tut dringend not.

Daher wird seit Scheiding 1916 unter dem vorläufigen Namen ›Jungdeutscher Bund‹ in Weimar zunächst ein nach Städten geordnetes Listenverzeichnis aller Völkischen aus der ganzen Jugendbewegung angefertigt. Es soll damit erreicht werden, daß wir zum notwendigen erbitterten ›Krieg im Frieden‹, in dem es erst recht um unser deutsches Volkstum gehen wird, gerüstet dastehen, daß allmählich allerorten die Deutschbewußten miteinander verbunden werden können, und daß hinter allen Einzelbünden – die alle ihr besonderes Arbeitsfeld haben – ein völkischer Gesamtbund steht.

Jeder ältere, der mit Leib und Seele Wandervogel ist (Wandervogel = Jugendbewegung überhaupt) und völkisch denkt, Führer oder Nichtführer, melde sich also bei Irmgart Scheibe, Weimar, Kaiserin-Augusta-Straße 16, an: Versicherung deutscher (d. h. von jüdischem und farbigem Bluteinschlag freier) Abkunft, Vor- und Hausname, Beruf, Wohnort und Straße (Soldaten stets die Heimatanschrift angeben!).

Wer einen Beitrag zahlen will, mag es tun. Es dient der Sache.«[287]

Damit gingen die völkischen Jugendradikalen ihren eigenen Weg und verzichteten auf den Gedanken einer einheitlichen Jugendbewegung. Schneller und deutlicher als andere Bünde wollten sie in das öffentliche Leben hineinwirken und die bestehenden Verhältnisse erneuern. Ebenso wie die Nelson-Gruppe und der *Berliner Kreis* erkannten sie auch die Notwendigkeit, sich der Arbeiter zu versichern. Die »soziale Frage« fordere einen erneuten Feldzug gegen den »inneren Feind«:

»Damit kann noch nicht genug getan sein. Wir sind auch für unsere Volksgenossen verantwortlich. Alles, was uns selbst im Wandern geworden ist, möchten wir auch den Volksgenossen um uns ermöglichen. Wir wollen aus der Volksschuljugend Wanderscharen im Sinne des Wandervogels schaffen. Und den Erwachsenen, wo sie ein Herz für uns haben, wollen wir durch treuen Volksdienst zu unserer erprobten Lebensart verhelfen. Der neue Adel des Herzens und des Blutes erwächst aus allen Schichten unseres Volkes.«[288]

Der *Greifenbund* sollte nach dem Willen seines Gründers endlich die ersehnte »Tatgemeinschaft« werden. Deshalb schloß er partikuläre Bestrebungen nicht aus.

»Im Innern wird also der Greifenbund das gleiche Gesicht haben wie der Wandervogel: deutsche Natürlichkeit, Freundschaft und Gradheit. Wandern, das uns hat wachsen lassen, bleibt uns selbstverständlich. Im Äußern wird der Greifenbund dort sein Feld finden, wo immer der gleiche deutsche Geist, der den Wandervogel schuf, zur Betätigung drängt, wo er dessen Grenzen aber übersteigt, aus Rücksichten des Alters, auf Grund freiwilliger Begrenzung.«[289]

Der *Jungdeutsche Bund* vertrat dann seinen Standpunkt radikaler und konsequenter:

»Selbsterziehung. Was wir als junge Wandervögel empfunden, das wollen wir bewahren unser Leben lang, aber immer mehr auch erkennen. Einer helfe dem andern. Wir müssen uns im Leben aufeinander verlassen können. Fröhliche Wander- und Lebensgemeinschaft gebe uns immer wieder Kraft, und die Weihe deutscher Feste binde uns alljährlich von neuem in Treue. In den Ortsgruppen aber bilde man Arbeitsgemeinschaften und bearbeite gemeinsam alle wichtigen Fragen, zum Beispiele Rassenfrage, auch Vorgeschichte und Geschichte, Glauben und Gottum, gesellschaftliche, wirtschaftliche, politische Fragen, Frauenfragen, Ehe, Erziehung, Lebensführung. Man vertiefe sich auf Lese- und Ausspracheabenden in das Leben, Streben und Wirken bedeutender Menschen alter und neuer Zeit. Wir müssen ganze Männer werden, die ihren Platz im Leben ausfüllen, und echte Frauen, deren höchstes Ziel ist, Mütter deutscher Kinder zu sein.

Volkserziehung. Wir müssen unser Wesen dauernd weiterwirken lassen, ins Volk hinein. Lichtstreiter und Lichtbringer müssen wir werden. Der größte Teil unserer Arbeitskraft aber wird der Jugend, unserem Nachwuchse und unserer Hoffnung gelten. Darum müssen wir kräftig eingreifen, wenn zum Beispiele in einer Ortsgruppe des jungen Wandervogels Führermangel ist, auch schützen und schirmen, wo es nötig ist und der bedächtige und meist verständnislose Eltern- und Freundesrat versagt. Unsere Lehrer werden in ihren Schulen wirken, es gilt, alle Kreise unserer Volksjugend zu erfassen, besonders die der großen Städte, die schon so früh der Sozialdemokratie und dem Hasse gegen die eigenen Volksgenossen verfällt. Hier gilt es zu retten, was zu retten ist, fast überall sind Lichtkeime vorhanden.«[290]

Das Programm der Jungdeutschen hieß, die »arische Rasse« zu retten oder neu zu schaffen, die »Hohe Deutsche Gemeinschaft« als eine »heilige, gottgewollte und geweihte Blutgemeinschaft« zu verwirklichen, »der wir kraft unserer Geburt angehören«. Oberste Pflicht sei die »Reinhaltung dieses Bluterbes, soweit es noch möglich ist, jedenfalls aber die Verbesserung und Veredelung unserer Art in unseren Kindern und Kindeskindern durch kluge Gattenwahl und einfache, gesunde Lebensart«. Auf der Basis einer von allen »jüdischen Mitläufern« gereinigten Gemeinschaft, getrennt von der »internationalen Weltanschauung der Intellektuellen«, sollte der große völkische Einigungsbund mit den Jungdeutschen endlich entstehen.[291]

Schon der *Greifenbund* konnte auf Angehörige des *Alt-Wandervogels,* des *Bundes der Landsgemeinden*[292], des *Bundes Deutscher Wanderer*[293], des *Wandervogels e. V.* und des *Jung-Wandervogels* zählen. Knud Ahlborn berichtete, etwa ein Drittel der Führer in den Gruppen der Jugendbewegung gehörten zu den Völkischen.[294] Der *Jungdeutsche Bund* veröffentlichte dann eine Liste mit Vertrauensleuten aus allen Bünden außer der *Freideutschen Jugend.*[295]

1916 waren so aus der bürgerlichen Jugendbewegung völkische Gruppen entstanden, denen die »deutsche Nation« oberster Maßstab des Handelns war. Sie wollten keiner »Parteipolitik« dienen, vielmehr suchten sie Bundesgenossen, die wie sie über »Parteiengezänk« hinweg »zum deutschen Volke«[296] strebten. Vor ihnen lag ein breites Betätigungsfeld innerhalb des sich rasch ausbreitenden völkischen Spektrums des Kaiserreichs. Dankwart Gerlach[297] warb in der »Führerzeitung« für die *Vaterlandspartei*[298], da diese außerhalb des politischen Rahmens »apolitisch« für das Vaterland eintrete.[299] Diese »Ausblicke ins deutsche Leben« sollten den vaterländisch Gesinnten unter den älteren Wandervögeln zeigen, wo sie sich für ein »starkes Deutschland«[300] einsetzen könnten, ohne sich einseitig oder gar parteipolitisch festzulegen.[301]

Ebenso wie die Gruppen um Wyneken schätzten die Völkischen sich selbst als »Revolutionäre« ein:

> »Wenn zwei Vertreter über die ›Revolution‹ sich unterhalten, und wissen nicht, wie verschieden sie sind, so sprechen sie in gleichen Worten ganz andre Dinge und reden hoffnungslos aneinander vorbei. Für den Einen wird zerschlagen, was eine fremd beeinflußte Geschichte an Schachteln, Kasten, Jochen, Halsbeugen und allem Chinesentum uns gebracht hat; damit das Deutsche und der Deutsche von Angehängtem, Anerzognem und Aufgedrücktem frei sich klarer und reiner ein

Leben aus seinem Wesen bauen kann, seine ›Erneuerung des Naturge-
fühls‹ hat im Neuerleben von Landschaft und Heimat, von älterer deutscher Kultur, die er sich in Dorf und Stadt erwandert, von Wald, Feld
und Wiese, Wasser und Sonnenschein ein klareres und stärkeres
Deutschtum gefunden und wird als Mann darangehen, es zu gestalten.
Der Andere erlebt die Revolution ganz anders. Für ihn ist sie eine Befreiung von Formen *überlebter menschlicher Gesellschaft.* Da er in
Deutschland lebt, Deutschtum früherer Geschlechter am Aufbau der
Formen mitgewirkt hat, so wird seine Befreiung ihm eine Bewegung
vom Völkischen zum ›Allgemein Menschlichen‹ hin. Sein Auge sieht
gesellschaftliche Vorgänge als wesentliche, sieht die *Volks*zusammenhänge als äußere. Fragen, die die Völker angehn, sind für ihn ohne
Sinn, weil er die Völker nicht als Lebewesen zu fassen vermag, ihm sind
sie nur geschichtlich überkommene *gesellschaftliche* Gebilde, die infolgedessen wert sind, zugrunde zu gehn, wie alle Menschen*satzung,* je
eher, desto besser für das lebendige Menschentum. Dieser Andere ist
darum nicht fähig, unter deutsch einen inneren, seelischen Begriff zu
verstehen. Ein Wesenswort ›deutsch‹ ist ihm eine *gedankliche* Konstruktion, Abstraktion einer bestimmten äußerlich umrissenen Teil-
summe der größeren Summe Menschheit.«[302]
Die völkischen Ansichten der Greifen und der Jungdeutschen waren in der
Tat auch im politischen Spektrum des Kaiserreiches extrem. Ihre Identifika-
tion mit der *Vaterlandspartei* zeigt, daß diese Bünde Teil jener nationalistischen Bewegung waren, die gegen Ende des Krieges für einen unbeschränk-
ten deutschen Machtstaat eintrat, die eine starke, zielbewußte Politik einer
»nationalen Diktatur«[303] ohne Rücksicht auf das Parlament forderte und in
ihrer Radikalität und Absage gegen bestehende Traditionen im Namen der
Macht den Rahmen konservativen Denkens sprengte. Die völkischen Jugendbewegten schlossen sich den imperialistischen Kriegszielen an.[304] Ein
neues »Groß-Deutschland« werde die »arische Volksgemeinschaft« an die
Stelle der wilhelminischen Gesellschaft setzen. Alle Menschen, die das
»deutsche Blutbekenntnis« nicht leisten könnten, würden davon ausgeschlossen.[305] Da alle Menschen dann denselben »völkischen Ursprung« hätten, sei diese Gemeinschaft wirklich homogen.[306] Auch die Menschen, die
außerhalb der Grenzen des deutschen Staatsgebietes wohnten, gehörten
dazu. Ihnen sollte die erforderliche Hilfe im Kampf um ihre »deutsche Lebensweise« gewährt werden.
Damit schnitt Frank Glatzel, seit dem Tod Otger Gräffs 1917 Führer des
Jungdeutschen Bundes, zum ersten Mal ein Thema an, das für die *Bündische
Jugend* der Weimarer Zeit zentral wurde.[307] Die neue Gesellschaft solle organisch wachsen wie einst der *Wandervogel.* Sie solle hervorgehen aus
»Kerngemeinschaften«, die vorbildhaft eine »deutsche Lebensweise« ent-

wickelten. Gesunde Ernährung, Körperpflege, »Rassenzucht«, Einhaltung sittlicher und rechtlicher Vorschriften sowie Beschäftigung mit sozialen und politischen Fragen gehörten dazu.[308] In den »Kerngemeinschaften« müßten sich die »höheren Menschen« finden. Ihre »Selbstkraft« arte nicht in »Selbstsucht« aus, sondern verwandele sich in Altruismus und werde dem Volke dienstbar.[309] Die Gemeinschaften müßten ebenfalls nach einem gegliederten Prinzip aufgebaut sein, in dem der Besonderheit jedes Gliedes Rechnung getragen werde.

Den Gemeinschaftsgedanken vertraten beide jugendradikalen Richtungen. Alfred Kurella schrieb davon in der »Deutschen Volksgemeinschaft«. Frank Glatzel bestätigte ihm, daß die grundsätzlichen Anschauungen der »nationalen« und der »internationalen« Jugendradikalen übereinstimmten. Nur die Verwirklichung sei in ihrer Zielrichtung verschieden.[310]

Die Haltung der Völkischen reichte von Gräffs aggressivem Antisemitismus über Glatzels kompromißbereitere und gemäßigtere Einstellung[311] bis hin zu einem nur »bewußten Deutschtum«, das von der »Rassengleichheit« nicht die Lösung aller Probleme erwartete. Der Freideutsche Georg Stapel schätzte sogar die ökonomisch bedingten Klassengegensätze realistisch ein und forderte als Voraussetzung für eine wirkliche deutsche Volksgemeinschaft eine gerechte Verteilung materieller Güter.[312]

Die Spaltung in Jugendreformer und Jugendradikale

Ende 1917 hatten sich so vier Blöcke innerhalb der bürgerlichen Jugendbewegung gebildet. Sie waren entstanden, weil die älter werdende *Wandervogel*-Generation vor allem durch den gewaltsamen Eingriff des Krieges der Frage nicht mehr ausweichen konnte, wie sie sich ihr Leben als Erwachsene vorstellte. Das bedeutete die Notwendigkeit, den eigenen Standpunkt gegenüber der Gesellschaft zu klären. Die Erwachsenen wiederum förderten diesen Prozeß, indem sie Druck auf die Jugendlichen ausübten, sich ihren Vorstellungen von der Rolle der Jugend anzupassen.

Auf der Suche nach Antworten orientierten sich die heranwachsenden Bündischen an Vorschlägen älterer Freunde der Bewegung, meist Vertretern des gebildeten Bürgertums, die angesichts des drohenden sozialen und materiellen Abstiegs der eigenen Schicht nach Wegen suchten, traditionelle Führungspositionen zurückzuerobern. Die bildungsbürgerliche Jugendbewegung mußte also zwei Probleme bewältigen: Als Vertreter der Jugend kämpfte sie um einen eigenen Standpunkt innerhalb der Erwachsenenwelt; als junge Generation des Bildungsbürgertums übernahm sie die geistigen, wirtschaftlichen und sozialen Dispositionen der Eltern.

Ihre Lösungsangebote bewegten sich innerhalb des von den vorangegangenen Generationen abgesteckten Rahmens. Die freideutsche Mitte zeigte sich kooperationsbereit und kompromißfähig. Sie versuchte, verlorengegangenes Terrain innerhalb der durch die damalige Gesellschaft gezogenen Grenzen zurückzuerobern und ihren Mitgliedern so eine führende soziale Stellung zu verschaffen. Dabei mußte sie sich intensiv mit den Anhängern Nelsons und Wynekens auseinandersetzen, die den Begriff der Jugendlichkeit radikal interpretierten und zu einer internationalen jugendlichen Kampfgemeinschaft gegen die Erwachsenen aufriefen.

Die Gruppen um Nelson und Wyneken überwanden die von der freideutschen Mitte eingenommene elitäre Haltung insofern, als sie auch die Arbeiterjugend in ihre Kampffront einreihen wollten und sich ernsthaft um die »soziale Frage« bemühten. Sie blieben jedoch »Bildungsbürger«, weil auch sie gegenüber der nachdrängenden Arbeiterschaft ihren Führungsanspruch verteidigten. Ihre gesellschaftliche Utopie drängte auf eine Neugestaltung der Gesellschaft durch die Teilhabe der Arbeiter, aber unter Führung der Gebildeten.

Jugendreformer und »zwischenvölkische« Jugendradikale konnten sich intensiv mit solchen Fragen beschäftigen und einander auch annähern, weil sie vor allem aus Männern bestanden, die für längere Zeit in der Heimat verweilten und dadurch nicht dem unmittelbaren Druck des Krieges ausgesetzt waren. So konnten sie auch Fragen nach dem Sinn des Krieges und der für ihn arbeitenden Kriegsgesellschaft stellen. An der Front hätte es übermenschlicher Anstrengungen bedurft, sich etwa zweifelnd mit dem Krieg und der Kriegführung auseinanderzusetzen. Die *Wandervogel*-Soldaten waren entsprechend unreflektiert-national eingestellt. Unter ihnen entwikkelte sich eine Gruppe, die das »Deutschtum« in den Mittelpunkt ihres Denkens stellte. Sie übersteigerte die Anschauung derart, daß sie alles »Fremdländische« aus dem deutschen Volk bannen wollte. Während die Mehrheit der Feldsoldaten den aggressiven Rassismus und Nationalismus ablehnte, begriffen andere Gruppen in primitivem Antisemitismus vor allem »die Juden« als die Feinde einer ungestörten deutschen Entwicklung. So oder so sahen sich die Feldsoldaten als die künftige Führungsgruppe der Jugendbewegung und der Gesellschaft. Mit den Zielen der *Freideutschen Jugend* und der Kreise um Wyneken und Nelson konnten sie sich überhaupt nicht anfreunden – den Daheimgebliebenen standen die »draußen« bald fremd gegenüber.

Auch die Völkischen wollten das Bestehende im Namen der Jugend revolutionieren. Während die »zwischenvölkischen« Jugendradikalen Kontakte mit der *Sozialistischen Arbeiterjugend* aufnahmen und dabei sozialdemokratisches und marxistisches Gedankengut kennenlernten, wandten sich die Völkischen an radikale Konservative, die in ihrer Ideologie noch weit über bestehendes machtstaatliches Denken hinausgingen.

Die Jugendbewegung war seit 1917 gespalten und fand nicht mehr zusammen. Ostern 1918 wurde zwar in Würzburg (bei einer Tagung des *Wandervogels e. V.*) und in Nürnberg (bei einem Treffen der Älteren einschließlich der Freideutschen) unter dem freideutschen Banner der große »Einigungsbund« beschlossen, aber schon bald bekämpften sich Jugendreformer und Jugendradikale wie bisher.[313] In Würzburg und Nürnberg wurde der letzte Versuch gemacht, an ein gemeinsames Erbe anzuknüpfen. Formal bestand der freideutsche Einigungsbund als »Idee«, als »eine Bewegung ohne Programm und Ziel«[314] ein Jahr. Ostern 1919 in Jena erfolgte dann äußerlich jene Spaltung, die 1917 schon Wirklichkeit geworden war.[315]

Perspektivsicherung: Gründung einer Herrschaft der Besten

1. Die neue Volksgemeinschaft

Der Weltkrieg hatte eine Öffnung der in sich abgeschlossenen und selbstgenügsamen *Wandervogel*-Gemeinschaft erzwungen. Er beschleunigte dadurch eine ohnehin notwendige Entwicklung der bürgerlichen Jugendbewegung. Die Jugendlichen im *Wandervogel* und die Heranwachsenden in den studentischen Zusammenschlüssen mußten einmal den Schritt aus der abgesicherten, aber abhängigen Jugendphase tun und als Erwachsene eine Existenzsicherung in der Gesellschaft finden. Das aber hieß, Stellung nehmen zu müssen zu dem, was um sie herum vorging. Mit der Ausübung eines Berufes waren der Rückzug in die Natur und die selbstgewählte gesellschaftliche Isolation nur noch sporadisch möglich.

In der Jugendbewegung entwickelten sich Vorstellungen, aus der typischen Jugendgemeinschaft des *Wandervogels* heraus einen für alle Menschen lebenswerten Ansatz zu einer Neuordnung der Gesellschaft zu schaffen. Man suchte den »wirklichen Menschen«, der in der bürokratisierten und organisierten modernen Gesellschaft unterzugehen drohe. »Kulturelle«, auf den Menschen ausgerichtete Werte sollten die Maßstäbe der objektbezogenen modernen Technik ersetzen. Die in den Bünden Heranwachsenden griffen dabei auf die für die bildungsbürgerliche Schicht selbstverständlichen Axiome des Denkens und Handelns zurück. Die Elterngeneration ging aus vom Vorrang einer allgemeinen Bildung und Kultur gegenüber Politik, Wirtschaft und sozialen Fragen. Sie forderte die Setzung individuell zu befolgender ethischer Prinzipien als Maximen gesellschaftlichen Handelns. Vorrangig für eine Erneuerung der Gesellschaft wurde so die Erziehung als die Kunst, Einsicht in die Notwendigkeit solcher Setzungen für die Ordnung des öffentlichen Lebens zu vermitteln. Die freiwillige Unterwerfung unter eine höhere Instanz, so die Hoffnung, werde die allgemeine Verunsicherung der Menschen, die sich in einem tiefen Kulturpessimismus äußerte, aufheben.[1]

Öffnung der Jugendbewegung für Themen des öffentlichen Lebens hieß also nicht, daß die Jugendlichen die Gesetze und Handlungsmuster der Institutionen und Gruppen wahrnahmen und ihrerseits in diesem Gefüge zu agieren versuchten. Wenn sie von einer notwendigen politischen Auseinandersetzung sprachen, so meinten die Bündischen damit vielmehr einen geistigen Prozeß, der sich nicht unbedingt auf die Realität bezog.[2] Umgekehrt interpretierten sie Tatsachen so, daß die Sachverhalte mit ihren als richtig erkannten Grundsätzen übereinstimmten. Dies geschah bei allen Gruppen der Jugendbewegung, so sehr sie auch sonst in Fragen der Ziele und der Programmatik der Jugendgemeinschaft auseinanderklafften. Konkrete Schritte zu politischen Aktionen hätten einen sehr viel höheren Organisationsgrad vorausgesetzt und die Festlegung auf einen »einseitigen«, also »parteiischen« Zweck. Das aber widersprach dem »ganzheitlichen« Ansatz der jugendlichen Bildungsbürger.

Die »Werte haften doch nicht an den Dingen und Verhältnissen selbst, sondern werden ihnen von uns erst beigelegt. Die Ereignisse hinterlassen um so mehr, je mehr Intensität des Erlebens wir in sie hineingelegt haben. So kann unter Umständen ein Monat des Gemeinschaftslebens etwa der Freischar mehr seelische Unendlichkeit bergen als drei Jahre einer Weltkatastrophe.«[3]

Auch die sogenannten »Linken« in der Jugendbewegung gingen nicht von einer materiellen Umwälzung der Verhältnisse aus. Sie bewegten sich mit ihren Vorstellungen durchaus in bildungsbürgerlichen Schemata:
»Und so ist Kultur Verwirklichung der idealen Welt. Das, was wir am Menschen wirklich *erkennen* können, ist die denkende, wollende, fühlende Seele, nicht die Materie. . . Existent ist . . . das Denken, der Wille, die *Tat an sich*, das *absolute* Ich.«[4]

1917 hatten sich innerhalb der bürgerlichen Jugendbewegung zwei Blöcke mit vier Gruppen herausgebildet, von denen der Nelson-Wyneken-Kreis, die Ahlborn-Gruppe und die Anhänger von Gerlach, Gräff und Glatzel aktiv in Erscheinung traten.[5] Die Frontsoldaten, die zahlenmäßig stärkste Gruppe, äußerten ihre Meinung nur sporadisch und blieben bei dem Kampf um die herrschende Linie in der Jugendbewegung im Hintergrund. Nicht zuletzt auf ihren Druck hin jedoch kam es Ostern 1918 in Nürnberg zu dem ersehnten Einigungsbund der Jugendbewegung. Unter einem Dachverband versammelten sich die freideutschen Splittergruppen und der *Wandervogel e. V.*[6] Noch einmal war es gelungen, sich an das gemeinsame Erbe zu erinnern, dessen Ursprünge so eng mit der Geschichte des preußisch-deutschen Staates verknüpft war.

Einig waren sich alle Gruppen der Jugendbewegung, daß es Zeit sei, das öffentliche Leben zu erneuern. Der »Burgfrieden« hatte sich als äußerst brüchige Verbindung zwischen den Parteiungen der Deutschen erwiesen. Die im August 1914 scheinbar überwundenen Gegensätze brachen nach der Aufhebung des Stillhalteabkommens rasch wieder auf.

»1¹/₂ Jahre sind verbraust, und manches hat sich geändert. Es ist jetzt nicht die Zeit und hier nicht der Ort, im einzelnen über Veränderungen zu sprechen, . . . wer mit aufmerksamen Sinnen in der Front lebt und in die Heimat hinübersieht, der bemerkt sie. Wucher, Übervorteilung, Bedrückung der Kleinen, Parteigezank, sie beginnen wieder ihr Haupt zu heben. Und hat der Krieg es wirklich vermocht, in jedem das feste Gefühl des Zusammenhangs mit der Gesamtheit zu erwecken, nimmt jeder Rücksicht auf die Bedürfnisse des Ganzen?«[7]
Freideutsche und Wandervögel verschlossen nicht die Augen davor, daß »mannigfache gesellschaftliche Mißverhältnisse die freie Entwicklung hemmen«.[8] Aufgabe der Jugend sei es nun, diese Hemmnisse zu beseitigen. Als »der geistig noch nicht in den sozialen Körper eingegliederte Teil der Menschheit« sei sie noch »Bewegung«, »Leben«.[9] Aus dieser Freiheit mache die Jugend »von ihrem Vorrecht, vorurteilsfrei denken zu dürfen, den Gebrauch, der ihr zusteht: weder von bloßen Nützlichkeitsvorstellungen noch von einer recht durchsichtigen Stimmungsmache, die sich berauscht gebärdet, betört, suche sie nüchternen Blicks die Dinge zu erfassen, wie sie sind: Jugend ist Trunkenheit ohne Wein.«[10]

Die Volksgemeinschaft als Lebensform

In den Überlegungen zur Verbesserung des deutschen Staatswesens mit den Mitteln der kulturellen Erneuerung spielte die geschlossene »Volksgemeinschaft« eine große Rolle. Das Erlebnis vom August 1914 wurde zum ideellen Vorbild, das es anzustreben galt.

»Das wird wohl der tiefste Eindruck . . . bleiben: die Einmütigkeit, das Zusammenstehen der Volksgenossen bei Beginn des Krieges. . . Aus diesem *Erlebnis* der Einigkeit – nicht aus der Überlegung, wie nützlich eine solche doch sei – haben sich alle Parteien Deutschlands einen Burgfrieden geschworen, der nach außen hin die Eintracht Deutschlands dartun, im Vaterlande selbst – entgegen sonstigem Brauch – das Verbindende betonen, das Trennende beschwichtigen soll.«[11]
Im Schützengraben erlebten die jugendlichen Soldaten zwar die Aufsplitterung dieses einheitlichen Bewußtseins in unterschiedliche Klassenmentalitäten, sie erfuhren jedoch trotz vieler Mängel einen Rückhalt in der erzwungenen Gemeinschaft mit unterschiedlichen Menschen.[12] Die neue Volksgemeinschaft sollte eine Alternative zu dem ungeordneten Durcheinander der sich herausbildenden Industriegesellschaft bilden. An die Stelle des »anonymen Betriebes«[13], also konkurrierender politischer, ethnischer, sozialer und wirtschaftlicher Interessengruppen und Organisationen, trat in den Entwürfen der heranwachsenden Bildungsbürger die große einheitliche

Idee, unter der sich das Volk organisch gegliedert zusammenfinden sollte. Jedes Mitglied wisse, wie es sich in das gemeinsame Bemühen um den Bestand einreihen könne. Die Unterordnung unter die übergreifende Idee werde verhindern, daß sich die Menschen im »Parteiengezänk« verlören und somit oberflächlich und kleinlich ihre egoistischen Interessen verfolgten.[14] Im zukünftigen Deutschland müsse die Herrschaft des utilitaristischen Prinzips gebrochen und der Mensch wieder Mensch sein in einer nur lose organisierten Volksgemeinschaft:

»Persönlichkeit ist die höchste Vollkommenheit und Vollendung des Individualwillens. Es ist aber nicht der Zweck des Menschen, sich zur Persönlichkeit um ihrer selbst willen auszubilden. Im Begriff, im Wesen der Persönlichkeit liegt nämlich eingeschlossen die engste Einfühlung und Durchdringung mit dem Sozialwillen, mit dem Geist. Daher besteht Persönlichkeit ihrem Wesen nach in Begrenzung und Beschränkung.«[15]

Soziale Tätigkeit gegenüber den weniger Gebildeten führe dann die »Seele« als »besonderen Faktor ins Leben der Menschen untereinander wieder ein«. Das »Recht der Seele« stehe über aller »Vernunft des Materiellen« und diene »unmittelbar der Kultur«; der Kampf gelte »nur dem Organisatorischen«.[16]

»Die Aufgabe des Wandervogels und darüber hinaus der gesamten Freideutschen Jugend ist es, aus ihrem innersten Wesen und Gehalt heraus eine sittlich einwandfreie Kulturpolitik aufzubauen.«[17]

Für die *Freideutsche Jugend* faßte Helmut Tormin im Frühjahr 1917 die Ziele dieser kulturellen Erneuerung zusammen:

»Statt Geldknechtschaft – Geldverachtung, statt Oberfläche – Tiefe, statt Rechthaberei und Gehässigkeit – Menschlichkeit. Mit einem Wort: Beseelung des seelenlosen Betriebs von heute. – Das ist mir die politische Aufgabe der Freideutschen Jugend!«[18]

»›Politik‹ . . . definiere ich als ›die Kunst, soziale [das heißt überindividuelle] Zwecke durchzusetzen‹.«[19]

Folgende Regeln müssen dabei beachtet werden:

»Niemals ist das Menschliche sekundär gegenüber dem Dinglichen! Niemals ist die Veränderung der Welt – ihrer Ordnungen, Gesetze und Einrichtungen – gut, wenn dabei seelische Werte verkümmern oder zertreten werden! Ethik steht niemals unter Politik, Menschengestaltung niemals unter Weltgestaltung.«[20]

Das »Menschliche«, von dem die jungen Autoren so gern sprachen, war nicht das allgemein Menschliche schlechthin. Sie verstanden unter »Menschengestaltung« vor allem die Persönlichkeitsbildung der Männer. Frauen und »Maidlein« trugen zwar während des Krieges die Hauptlast der Organisation der Bünde. Es kam aber bald zu massiven Gegenbewegungen aus Angst davor, daß sich die ursprünglich männlich ausgerichtete »Wandervogelart« grundlegend ändern könnte. Hans Blühers »Führer und Volk in der Jugendbewegung«, in dem die homoerotischen Beziehungen zwischen dem männlichen Führer und seinen männlichen Anhängern als konstituierend für den Aufbau einer wirklichen Gemeinschaft geschildert wurden, bot 1917 den Anlaß zur Diskussion über die Stellung der Frauen in der Bewegung. Zwar vertraten nicht alle Männer das extreme Blühersche Prinzip, nach dem nur Männer Gemeinschaften bilden könnten und somit »kulturfähig« seien; die meisten lehnten jedoch einen Einbruch des »Weiblichen« in die Führungspositionen der *Wandervogel*-Gruppen ab.[21]

Frauen waren bei den wichtigsten Kriegstreffen der Bünde kaum einmal als Rednerinnen vertreten. Der Ton ihnen gegenüber war meist verniedlichend. So überschrieben die süd- und westdeutschen Gaue des *Alt-Wandervogels* die Berichte über die Arbeit der Frauen im Krieg in ihrem Weihnachtsgruß an die Soldaten mit: »Von unsern Mädels«. Die folgenden einleitenden Sätze sind von einem Mann geschrieben:

»Den Maidlein habe ich einen besonderen Abschnitt widmen wollen. Sie haben ja auch im Kriege eine besondere Tätigkeit entfaltet. Wie fein sie voran gekommen sind, zeigt Euch Aenne Kohlmorgens Aufsatz oben. Wir Krieger denken der Mädels ja auch mit besonderer Dankbarkeit. Mit Schmunzeln haben wir aus ihren Feldpostpaketeln den in kalter, nasser Zeit hochwillkommenen Strumpf oder Pulswärmer ausgepackt und obenauf den prächtigen Fahrten- und Heimatbrief gefunden. Im Lazarett suchten sie uns auf und brachten Lieder und Grüße und Gaben. Mit Stolz führten sie uns Urlauber zu ihrem Kriegsacker und Garten. Ja, sie sind tapfer und fleißig, treu hüten sie den anvertrauten Hort unsrer edlen Kultur, Heil ihnen!«[22]

Das Verhältnis der Geschlechter war in den *Wandervogel*-Gruppen nur oberflächlich gesehen locker. Die bürgerliche Erziehung in Schule und Elternhaus hatte die Jugendlichen generell von allem Geschlechtlichen ferngehalten.[23] Die Gruppen waren in der Regel nach Mädchen und Jungen getrennt, so daß auch hier kein zwangloser Umgang miteinander entstehen konnte. So hatte sich ein Bild von der »Kameradschaft« zwischen den Geschlechtern entwickelt, das den sexuellen Bereich völlig ausklammerte.[24] Man reagierte damit nicht zuletzt auf eine argwöhnische Öffentlichkeit, die das Sexuelle tabuisierte.[25] Die prüde Moral verdrängte alles Geschlechtliche aus dem alltäglichen Leben und witterte auch hinter dem harmlosen Umgang zwischen Männern und Frauen schnell unsittliche Regungen. Was in Friedenszeiten nur hinter vorgehaltener Hand geflüstert wurde, das hörten die *Wandervogel*-Soldaten im Schützengraben allzu deutlich. Die aufgezwungene Enthaltsamkeit führte dort zu endlosen Gesprächen über Frauen »im unflätigsten Tone«: »Es mußte . . . eine Art Ersatzbefriedigung darstellen, das Liebesobjekt, wenn es mit Taten nicht ging, wenigstens mit Worten zu brutalisieren.«[26] Es war schwer für sie, die als »hehre Krieger« in die Schlacht gezogen waren, nun die Kehrseite der wilhelminischen Moral kennenzulernen. Die Heeresverwaltung organisierte Kriegsbordelle, um sexuelle Ausschweifungen der Soldaten unter Kontrolle zu halten.[27] Walter Flex schilderte, wie sein Held Ernst Wurche auf Anzüglichkeiten reagierte: »Wenn wir zu acht im Unterstand lagen, suchte auch oft einer dem anderen mit unsaubern Witzen den Vogel abzuschießen. Und ein Weilchen unterhielten sie sich damit ganz prächtig. Aber dann war einer, ein Breslauer Sozialdemokrat, der gute Freundschaft mit mir hielt; der merkte immer zuerst, wenn ich nicht mittat. ›Ernstel, schläfst du auch?‹ fragte er dann jedesmal, und wir wußten alle beide, daß sein Spott auf unsichern Beinen stand. Ich knurrte auch nur, ›Laßt mich zufrieden‹, oder so. Sie wußten recht gut, wenn ich nichts von ihnen wissen wollte, und das paßte ihnen nicht. Es dauerte dann meistens auch gar nicht lange, bis einer eine Schnurre erzählte, über die ich mitlachte. Und dann hatten wir die lustigsten Stunden.«[28]

Diese jungen Soldaten versuchten, dem Ideal »rein bleiben und reif werden«[29] nachzukommen. Es genügte jedoch oft nicht, die »großen Kerls . . . wie die Kinder« zu behandeln[30], um sie von derben Witzen abzuhalten. Die zahlreichen enttäuschten Bemerkungen über den »ungehobelten gemeinen Mann« verraten, daß die naive Art Ernst Wurches sich wohl nur im Roman durchsetzen konnte.

Äußerst selten sprachen die Briefeschreiber Probleme mit der männlichen und weiblichen Sexualität im Krieg an. Sie gehörten nicht zu den Diskussionsthemen der »Rundbriefe«. Nur in zwei »Briefen von der Front« wird Sexualität offen benannt.[31] Die Schreiber äußern sich erschreckt über den Ausbruch der animalischen Seite des menschlichen Charakters: Die »Herrschaft des Trieblebens«[32] dürfe nicht hervorbrechen. Gerade ein Freischärler müsse den Kampf mit dem »Trieb« aufnehmen und nach »Reinheit« streben. Allerdings habe man in der Vergangenheit viele Fehler gemacht.[33] Das aggressive sexuelle Verhalten von Frauen und Männern der Etappe gelte jedoch keinesfalls für die Jugendbewegung. Die beiden Briefeschreiber fanden auch keine Antwort, wie man ein richtiges Verhältnis zu den »Mädels« finden könne, die durch ihre organisatorische Arbeit zu Hause fester Bestandtteil der Bewegung geworden waren. Wie sollte man nach den Erlebnissen an der Front ihre Weiblichkeit einschätzen?

1917 vertiefte sich die publizierte Diskussion über die »Mädels«.[34] Viele männliche Autoren lehnten »die Frau« als eigenständiges geschlechtliches Wesen ab.[35] Die Frau habe die Nähe zur Natur beibehalten und sei deshalb fähig, alles Lebendige um seiner Lebendigkeit willen zu lieben. Sie strebe danach, sich hinzugeben und in ihrer Liebe aufzugehen; dem Mann werde sie deshalb treu und fromm dienen. Der Mann hingegen schaffe sich seine Welt im Geistigen. Sein Prinzip sei Unruhe und Disharmonie. Er verliere sich nicht an das Leben, sondern wolle es in einem schöpferischen Akt nach den ihm eigenen Rhythmen neu gestalten. Der Mann sei also von Natur aus eigenständig. Er sublimiere seine Sexualität in höherwertige Kulturarbeit. Blühers Anhänger, die gleichzeitig Wyneken nahestanden, betonten auf diese Weise stark die männliche »Schöpfungskraft«. In männlichen Gemeinschaften vollziehe sich die eigentliche »weltgeschichtliche Entwicklung«. Frauen hingegen fehle die Gabe zur »Gemeinschaftsbildung«, weil sie nur in der Hingabe an den Mann Erfüllung fänden.[36] Der Platz der Frau sei innerhalb ihrer Familie. Sie stelle den erdverbundenen, sinnlichen Gegenpol zur geistigen Intellektualität des Mannes und werde den Mann zeitlebens mißverstehen, weil sie seinen geistigen Höhenflügen nicht folgen könne. Deshalb brauche der Mann die Gemeinschaft mit anderen Männern.[37]

Mit Recht stellte Hanna Marcuse, die Autorin eines Aufsatzes über diesen »geistigen Antifeminismus in der Jugendbewegung«, damals die Frage, warum denn niemand darüber nachdenke, wie oft der Mann die Frau mißverstehe. Sie könne sich vorstellen, daß die Frau nicht »ungeistig« sei, sondern »andersgeistig«.[38] Wie »zahllose Männer auch« besitze die Frau ein »gefährliches Anpassungs- und Einfühlungsvermögen«, das sie ebenso wie viele ihrer männlichen Geschlechtsgenossen dazu bringe, die schöpferischen Werke von Männern nachzuahmen und somit in ihrer Schöpfungskraft männlichen Charakter anzunehmen. Das besage aber nur, daß es den Frauen bisher verwehrt wurde, eigene – eben weibliche – schöpferische Vorbilder zu haben. Diese seien unter Frauen ebenso selten anzutreffen wie unter Männern; nicht jeder Mann sei der geborene Schöpfer.[39]

Nicht ganz so scharf verteidigte Susanne Köhler, die zum Kreis um die *Centralarbeitsstätte für Jugendbewegung* gehörte, das Recht der Frau auf individuelle Befreiung.[40] Die schöpferische Frau stelle in ihrer Art das gleichberechtigte Gegenstück zum Mann dar. Der geistig hochstehende Mann brauche die geistig hochstehende Frau als Partnerin.

Einige Männer stimmten dieser Autorin zu. Sie wollten eine »Kameradin«, die dem Mann »Geschlechts- und Geistesgenossin« sein könne. Die längst nicht überwundene Verklemmtheit ist aber auch bei solchen eher frauenfreundlichen Meinungen noch zu spüren. Positive Sexualität konnten sich die angesprochenen Männer offensichtlich nur vorstellen, wenn »Geschlecht sich in den Geist sublimiert«.[41] So werden – eine reichlich vergeistigte Angelegenheit – »Kameradschaft und Geschlechtlichkeit vereint, erblüht, erwachsen und erweitert, in die Liebe« münden.[42]

Sexualität blieb für die Jugendbewegung überwiegend eine unbekannte und angsteinflößende Größe. Eine Ausnahme war die Gruppe um Alfred Kurella und Hans Koch, die zwar von dem erotischen Verhältnis zwischen dem männlichen Führer und seiner Gefolgschaft ausging, bald aber selbst ein freies Zusammenleben der Geschlechter praktizierte.[43]

Freideutsche und Wandervögel fanden im Krieg keine Wege zu einem unverkrampften Verhältnis der Geschlechter.[44] Max Hodann, Student der Medizin mit regem Interesse an der Psychologie, brachte schon 1916 die Schwierigkeiten der Bewegung zum Ausdruck:

> »Keiner, der das Leben in diesen Jugendbünden kennt, wird übersehen können, daß sich hier ein Verhältnis zwischen den Geschlechtern angebahnt hat, dessen bloße Möglichkeit vor 30 Jahren glattweg abgeleugnet worden wäre. Es ist heut – was allerdings allerlei Kenntnislose stets zu neuen pikanten Mutmaßungen begeistert – eine Alltäglichkeit, daß Horden von Buben und Mädchen durchs Land wandern, gemeinsam die Schönheiten vergangener Tage schauen, gemeinsam auf den Nestabenden ihre Lieder singen, gemeinsam arbeiten, gemeinsam – leben. Und daß dieses Leben Werte zeitigt, die eine unerhört gründliche Überwindung der Zeit bedeuten, die das Zusammenkommen der Geschlechter auf so verwaschene Formen reduzierte, wie sie das klägliche Niveau der üblichen Tanzstunden‹bekanntschaften‹ auch heute noch darstellt.
>
> Diese Feststellungen scheinen nun meiner Behauptung zu widersprechen, daß auch diese Jugend im Unterbewußtsein zu ihrem überwiegenden Teil noch gebunden ist, wenn die Erotik in ihr Leben tritt. Denn man sollte meinen, daß aus diesem schönen und klaren Beieinandersein von Jungen und Mädchen von den Kindheitsjahren an auch in dieser Hinsicht jene große Selbstverständlichkeit sich geltend macht, die in allem anderen diese Menschen so frei und unzergrübelt in neue Lebensformen, neue Lebensanschauungen hineinwachsen läßt. Und daß aus dieser Selbstverständlichkeit heraus ein freudiges Bekenntnis zum Leben und damit zu seiner gesteigerten Inbrunst, zur Liebe erwächst.«[45]

Doch, so Hodann, unter dem Druck der Erwachsenen hielten sich auch im *Wandervogel* weiterhin die Moralvorstellungen des 19. Jahrhunderts:

> »Dieses Verhängnis führte zu dem Zwiespalt, der so unendlich viel Leid, so unendlich viel psychischen Aufwand unter den Jugendlichen

unsrer Tage verursacht. In seinem persönlichen Leben fühlte wohl jeder die Notwendigkeit, sich zu entscheiden. Ein Bekenntnis abzulegen, daß auch er ein Mensch von Fleisch und Blut sei. Aber aus Rücksicht auf die Bewegung. . . ! Und so entstand die große Selbsttäuschung der Jugend, die ja jetzt allmählich erkannt zu werden scheint. Eine bestimmte Begriffsbildung machte sich geltend, die das leidenschaftliche Aufglühen des Lebens unter jungen Menschen decken mußte; mit den Worten ›Kameradschaft‹ und ›Freundschaft‹ umging man ängstlich das Wort ›Liebe‹.«[46]

So entstand das Ideal einer »Volksgemeinschaft« unter Führung der männlichen Jugend des Bildungsbürgertums, die die Vormacht einer auf ethischen Prinzipien bauenden »männlichen Kultur« über die »Ausgeburten der Moderne« – Verwissenschaftlichung, Technisierung, Industrialisierung, Ökonomisierung und Bürokratisierung des menschlichen Lebens – heben und den »Menschen« wieder in den Mittelpunkt des neu organisierten öffentlichen Lebens stellen würde. Wie aber konnte man diese ethischen Setzungen begründen? 1916 begannen Mitglieder der Jugendbewegung, Antworten auf solche Fragen zu formulieren. Sie fanden je nach ihrem persönlichen Werdegang unterschiedliche Lösungen für die praktische Umsetzung der gemeinsamen Ideen.

Romantizismen und Utopien

Der *Hauptausschuß der Freideutschen Jugend* um Knud Ahlborn wollte sich zwar an den Erklärungsmustern von Erwachsenen orientieren, aber eine eigene jugendliche Weltanschauung entwickeln. Helmut Tormin stützte sich bei der Suche nach Orientierungshilfen auf die »Helden unserer Lieder«: den »Kunden«, den Handwerker, den Denker und Forscher und den Ritter. Als idealisierte Gestalten mittelalterlichen Lebens dienten sie ihm zur Typisierung von Charakteren, in denen sich sein »politisches Ideal« verkörperte.[47] Der Besitz des »Kunden«, der das Wandern in der Natur der Betriebsamkeit menschlicher Zivilisation vorziehe[48], bestehe im Geben und Nehmen von Freundschaft und Liebe. Er verzichte auf die materiellen Genüsse und übe sich in Bescheidenheit. So müsse der Handwerker des Mittelalters gewesen sein, der aus der Fülle seiner liebenden Gefühle Gebilde geschaffen habe, »die an Gerechtigkeit und Harmonie vom deutschen Bürger nie wieder annähernd erreicht worden sind. . .«[49]: die mittelalterliche Stadt und das Zunftwesen. Im Denker und Forscher sah Tormin ein Vorbild für das Ringen mit geistigen Gehalten. »Hier ist strengste Unerbittlichkeit, die keinerlei Oberflächlichkeit, keine Phrase und kleinliche Kannegießerei[50] duldet.«[51] Der dritte Typus war der Ritter. Sein »Adel war ursprünglich

durch Tüchtigkeit erworben, nicht angeboren«. Er bekämpfe den Feind allein mit ehrenhaften Methoden und schlage sich für die eigene Ehre und zum Ruhme Gottes, ohne materielle Wünsche befriedigen zu wollen: »Vor Erscheinungen wie den Kreuzzügen und der Eroberung Preußens durch den Deutschen Orden muß die materialistische Geschichtsschreibung verstummen – das sind Taten des Gottesstreitertums.«[52]
Der Autor hielt sich also an die Wandervogeltradition, die im idealisierten Mittelalter Vorbilder für das eigene Leben suchte. Maßstab war eine vergangene Welt, in die all das hineinprojiziert wurde, was der damaligen Gegenwart fehlte.[53]
Ebenfalls 1917, zum hundertjährigen Jubiläum des Wartburgfestes, verfaßte Wilhelm Hagen[54] eine Studie über den burschenschaftlichen Gedanken. Beispiel für die geistige Erneuerung Deutschlands durch die Jugend waren für ihn, wie für viele, die *Burschenschaften*, die damals auf der Wartburg gegen restaurative Tendenzen und für eine geeinte deutsche Republik eingetreten waren.[55] Hagen betonte, es habe sich hier primär um einen nationalen Idealismus jenseits der politischen Sphäre gehandelt:»Hingebung an den deutschen Glauben, Wille zur Gestaltung, heißt die Forderung.«[56] Er beschwor die Tradition eines jugendlichen Idealismus. Die radikale politische Wendung einzelner Gruppen auf der Wartburg hingegen lehnte er ab wie auch die spätere politische Betätigung eines nach dem Verbot von 1819 weiterbestehenden Kreises.
Für Hagen und Tormin zählte nicht der praktische »Scheinerfolg« in der abstrakten Sphäre politischer Theorien und Praktiken, sondern die innere »Gestaltung«[57] an der Hinwendung zum Menschen. Sie wollten zu »vaterländischer Gesinnung« erziehen, nicht »Sachziele« fordern. Theoretische Begründungen waren ihnen fremd. Jugendliches Denken hieß »offen sein«, offen für die Begegnung mit »dem Menschen«.[58]
Auch die Völkischen, die über Siedlungen mit nichtkapitalistischen Wirtschaftsformen eine »Volksgemeinschaft« aufbauen wollten, verfügten über keine weitreichenden Pläne zur Verwirklichung ihrer Vorstellungen. Ein Vertreter des *Greifenordens* mußte bei einer Aussprache über »Siedlungsfragen« eingestehen, daß sich sein Bund noch keinerlei Gedanken gemacht habe über die Wirtschaftlichkeit eines solchen Projektes.[59]
Max Hodann äußerte, es handele sich beim *»Greifenbund«* um eine Gemeinschaft, die »Schwarmgeisterei« betreibe und eine Rückkehr zur Kulturstufe der Ackerbauvölker anstrebe.[60] Die Greifen selbst betonten, daß es sich bei den Siedlungsplänen durchaus um einen Beitrag zur Kulturentwicklung der Gegenwart handele. Sie konnten aber die Einwände nicht entkräften, da die Lösung des Siedlungsproblems »weniger auf ›wissenschaftlich‹ – d. i. theoretisch – gegründeter als auf praktisch erprobter Basis in Angriff zu nehmen« sei.[61]

Hinter den Siedlungsgedanken stand bei den »Völkischen« die Idee, das deutsche Vaterland müsse vor der verderbten Großstadt gerettet werden. »Zum Siedeln treibt *uns* eine Not, die völkische Not, und diese ergibt eine andere Bewertung der sogenannten Stadt›kultur‹ für den Siedler, als sie für den im Getriebe der Stadt stehenden Menschen Geltung haben mag.«[62] Die abgelehnte Großstadtkultur sei nicht zuletzt eine Schöpfung des »judenliberalen« Geistes[63]: »Ihr wißt doch, daß Presse, Theater, Schriftstellerei, Kunst und Musik mehr und mehr verjudet, wißt doch, daß sie zusammenhängen wie die Kletten und sich stets helfen, bewußt und unbewußt.«[64] So strebten die Greifen eine von »fremden Einflüssen« freie Entwicklung des deutschen Volkes an. In diesem Sinne seien sie »Asemiten«.[65] Sie wollten keine Austreibung der Juden und anderer »fremder Völker«:

> »Auch wird man vielleicht einsehen können, daß nicht ich es bin, der dem Anderen das Deutschtum ›abspricht‹ (unrechtmäßiger Weise!), sondern daß Deutschtum ein für sie unfaßbares, folglich außer ihnen liegendes Wesen bedeutet, was ich nur feststellen kann.«[66]
> »Wir halten es mit Friedrich Ludwig Jahn dafür: ›Uns Deutschen kann nur durch Deutsche geholfen werden. Fremde Helfer bringen uns immer tiefer ins Verderben‹.«[67]

Was aber nun das »Deutschtum« ist, das immer wieder als Maß aller Dinge beschworen wird, läßt sich auch bei eingehender Lektüre der Quellen nicht feststellen. Die Begriffe bleiben verschwommen:

> »Aber eines verlangen wir und sträuben uns mit aller Entschiedenheit gegen alle Versuche, das auch für ›Politik‹ erklären zu lassen, die vor der Jugend fernzuhalten sei, d. i. die Pflege *bewußt deutscher – völkischer Gesinnung*. Die wollen wir mit Liebe und Sorgfalt in die jungen Herzen einpflanzen, weil wir die gute Zuversicht haben, daß das nachkommende Geschlecht – wenn es nur deutsch – *bewußt* zu fühlen und denken gelernt hat, mit Lebensgrundsätzen innerer Wahrhaftigkeit, in jeder Lage den rechten Weg und die rechte Tat finden wird.«[68]

So heißt es 1916 im ersten »Bundesführerrundbrief« der Greifen. Dankwart Gerlach hatte schon 1914 in der »Führerzeitung« angemerkt:

> »So will ich euch sagen: Was ich mir Hohes vorstellen kann an ›menschlichen‹ Eigenschaften, was Ideales vor mir steht an Bildern, denen ich nachstrebe, an denen und zu denen ich wachsen will, das nenne ich ›*Deutsch*‹, weil ich aus deutschem Geblüte bin, mehr: weil ich sehe, daß andere Deutsche, gleichen Geblüts, vom gleichen Streben erfüllt sind, mehr: weil ich sehe, wie größte Menschen meines, des deutschen Volkes eben diesen Idealen näher gestanden haben und stehen als ich.«[69]

»Deutsch sein« kann man demnach nicht »erklären«, es muß »erfühlt« werden. Dann weiß man, »daß das Deutschtum, das uns Religion ist, daß deutsches Gottum nicht mit dem kalten Verstande erfaßt, sondern allein denen bewußt werden kann, die deutschen Blutes sind und damit den arischen Gotteskeim in sich tragen«.[70]

Ganz anders dagegen verhielten sich die »Zwischenvölkischen«. Sie mißtrauten gefühlsmäßigen Aussagen und bemühten sich um rationale Meinungsbildung. Max Hodann charakterisierte 1915 die Völkischen, die Freideutschen und den zu den Wyneken-Anhängern zählenden, nach seiner Zeitschrift »Der Anfang« benannten *Anfang-Kreis*.[71] Er beschrieb diesen Kreis als »eine Kameradschaft, die sich aus der Idee, einer abstrakt logischen Erwägung heraus entwickelt hat und nicht aus einem Leben, einem *Er*leben«.[72]

Auch die »Anfangleute« hätten trotz ihres abstrakten Ideals »die Tiefe des Erlebnisses« verspürt, das auch hier »die treibende Kraft« sei. Man habe »es nicht mit einer Zeitungsoberflächlichkeit zu tun, sondern mit einer zeitnotwendigen Einkehr zu dem Tiefsten, was im deutschen Wesen beschlossen. . . Nur anders geformt, anders formend.« So sei es eben »nicht zu bestreiten, daß der *Wandervogel* sein Leben nicht nach philosophischen Prinzipien formt. Daß es auch die *Freideutsche Jugend*, wenn überhaupt, so nur sekundär tut.«[73]

Den Wandervögeln, den Freideutschen und den Völkischen hielt Hodann vor:

> »Denken und Leben darf nicht *neben*einander hergehen; ich glaube, daß ich der freideutschen Jugend wie dem Wandervogel, zu denen ich mich selbst zähle, den größten Dienst erweise, wenn ich ihnen öffentlich sage, daß sie offenbar Angst davor haben, der Vernunft eine beherrschende Rolle im Leben anzuweisen. Daß sie unkritisch sind. Nicht aus Unvermögen, sondern aus der beinahe schon traditionellen Auffassung heraus, daß sich rationalisierend Rechenschaft fordernde Weltanschauung nicht mit naturerlebendem Gemüt vertragen kann. In dieser Übertreibung des Gemüthaften, was man allerdings vom freideutschen Standpunkt aus als ein Alles von innen, nichts von außen wird hinstellen wollen, liegt der Mißerfolg dieser Jugend in Dingen auch nur ihrer Politik begründet. Wenn sich in der angedeuteten Richtung ein Wechselverhältnis zwischen beiden Extremen anbahnen wollte, so wäre das für beide Teile ein Schritt weiter zum Ziel. Im wesentlichen das, was Wyneken einst – in andrem Zusammenhange – in die Worte faßte: ›Wandervogel Schaft, Freie Schulgemeinde Spitze‹.«[74]

Auch Kurella betonte, es sei wichtig, die eigene Weltanschauung vernünftig zu begründen. Gerade die naturverbundenen Nationalisten machten »aus der naturgegebenen, selbstwirkenden Anlage zur ›deutschen Eigenart‹ . . . ein mit ›deutschen‹ Inhalten aufgebautes Erziehungssystem und die Forderung bewußt-deutsch-völkischen Lebens«. Dabei sei aber unter »bewußt«

nicht nur die »Tatsache der Bewußtmachung«, sondern die »ständige re-
gelnde Anwendung eines inhaltlich vorgefaßten Begriffes ›deutsch‹ gemeint«.[75]
»Die ›Völkischen‹ blieben ganz in der Notwendigkeit der Wirklichkeit
stecken, zogen gar aus ihr – wieder der alte Fehler! – Gesetze des Soll
und kamen so zu einer grundsatzlosen Kriegsbegeisterung, in der der
Krieg als Wert an sich erschien.«[76]
Mit diesen 1918 verfaßten Zeilen setzte sich Alfred Kurella nicht nur gegen
den *Greifenbund* und die »Wandervogelführerzeitung« ab, er machte auch
treffend deutlich, worin sich »Front« und »Heimat« unterschieden. Im
Schützengraben, unter ständiger Bedrohung des Lebens, konnten die jungen Menschen nicht nach den Ursachen ihres Handelns fragen; sie mußten,
wollten sie nicht physisch untergehen, sich in ihre Situation hineinfinden
und sie annehmen und konnten im Idealfall versuchen, daraus sinnvoll erscheinende Ziele abzuleiten. Die Frontsoldaten kamen so zur Wunschvor-
stellung einer »Volksgemeinschaft«, die der idealisierten »Frontgemein-
schaft« entspräche. Über Aussehen und Gestalt dieser »Volksgemeinschaft« schwiegen sie sich aus.

Antikapitalistische Wirtschaftsformen

Feldsoldaten und Greifenbund propagierten die Siedlungsidee. Kolonisation, vor allem im Osten, und Bodenreform sollten die Grundlage für eine
neue Lebensart bilden. Diese führe zu einer Reform der Wohnverhältnisse
und zu einer »Gesundung der allgemeinen Lebensweise«.[77] Auf diesem Gebiet liege für die Jugendbewegung eine große soziale Aufgabe. Sie müsse
Studien betreiben, um das »menschenvergiftende Leben in den großen In-
dustrie- und Handelszentren« anzuprangern. Denn, angesichts der bedau-
ernswerten Gleichgültigkeit der Oberschicht der Besitzenden und »Gebildeten«, »wenn wir's nicht tun, wer soll's dann?«[78] Die Feldsoldaten verspra-
chen sich von einer Bodenreform vor allem die Möglichkeit der Existenz-
gründung. Sie erwarteten, auf unveräußerlichem Grund, der dem markt-
wirtschaftlichen Prozeß entzogen werde, mit staatlicher Hilfe Land be-
bauen zu können. Dies sei zugleich ein Modell für die Neuorganisation des
deutschen Volkes und seiner wirtschaftlichen Verhältnisse.[79] Die immer
wieder aufkommende Diskussion führte in der »Rundbriefaussprache« der
Freischar Heidelberg im Jahr 1916 dazu, die offizielle Teilnahme der *Freischar* an der Kriegerheimstättenbewegung und den Bestrebungen der Bo-
denreformer zu befürworten.[80]
Bei den Völkischen wurden solche Überlegungen gemischt mit rassistischen
Argumenten gegen alles »Fremde«, besonders gegen »die Juden«.

»Überall, wo jüdischer Zusammenhalt, jüdische Dreistigkeit, Deutsches zu stören droht, hat jeder, der es erkennt, die Pflicht, das Judentum zu bekämpfen, sonst ist ihm Deutsch, Vaterland, Mannestum und Idealismus elende Phrase.«[81]

Dem »jüdischen Herrscherwahn«[82] seien auch die kapitalistischen Wirtschaftsverhältnisse mit ihren schlimmen Folgen zuzuschreiben.[83] Die Volkswirtschaft müsse »eine Einheit werden, in die jeder einzelne sich einzugliedern hat. Wir haben Wege zu suchen und zu finden zur Gesundung unserer Wirtschaft.«[84]

Dieses Wirtschaftssystem solle so aufgebaut sein, daß es keine »Nutznießer und Frohnknechte«[85] gebe, daß es Familie und Volk schütze, das Streben nach wirtschaftlichem Eigennutz berücksichtige, aber gemeinschaftliche Interessen immer den Privatangelegenheiten voranstelle.[86] Trotz mancher Absagen an »Schwarmgeisterei« mangelte es den jugendbewegten Wirtschaftskonzeptionen an konkreten Aussagen über die Verbesserung der Lebensumstände.

Es waren höchst unterschiedliche Quellen, aus denen sich die Vorstellungen von einer Wirtschaft speisten, die allen Menschen gerecht werde und Schluß mache mit »egoistischem Eigennutz«.[87] Die Förderung der immateriellen geistigen Werte erwartete man allgemein am ehesten von einer antikapitalistischen Wirtschaft. Hier gab es Vorschläge für Konsumgenossenschaften, die jeden Konsumenten vor Ausbeutung schützen sollten. Während die Völkischen in ihrer Analyse des kapitalistischen Systems schnell auf die Formel »Kapitalismus« gleich »Judenherrschaft«[88] kamen, bemühten sich Anhänger der Zwischenvölkischen und des *Hauptausschusses der Freideutschen Jugend* um eine realistische Betrachtung. Ihre Denkmodelle zeigen, daß sie die Problematik ihrer eigenen bildungsbürgerlichen Schicht unbewußt aufnahmen und als gesamtgesellschaftliches Thema begriffen. Als Schwachstellen des kapitalistischen Systems wurden hier zum einen die Existenz des erwerbslosen Einkommens durch Zinsen und Bodenrente, zum anderen die Anpassung der Sozialdemokratie an die herrschenden Mechanismen beschrieben. Der Sozialismus, »hervorgegangen aus Ideen der Brüderlichkeit und Geldverachtung«, sei »längst eine Bewegung zur Einkommensverbesserung der Industriearbeiterschaft« geworden.[89] Die »Kriegswucherer« wie auch die im Interesse höherer Löhne streikenden Arbeiter seien dem »Mammonismus« verfallen, der jeden Wert nur unter dem käuflichen Aspekt betrachte und nach »arbeitslosem Einkommen« strebe.[90]

Der zunehmende soziale und materielle Abstieg des Bildungsbürgertums machte sich den Jugendlichen dieser Schicht bemerkbar. Sie sahen die starke Stellung wichtiger Unternehmen und deren daraus resultierende Macht, umgekehrt das Gefühl der eigenen Ohnmacht.[91] Unternehmer und Industriearbeiter, so schien es, profitierten vom Weltkrieg und schlugen mit

Hilfe ihrer Standesorganisationen hohe Gewinne und Lohnsteigerungen heraus. Das Bildungsbürgertum, einst Hort idealistischer Gesinnung, habe sich vor dem Krieg ebenfalls der Tendenz zum »Mammonismus« angepaßt, als es Verbindungen mit den besitzenden Schichten durch eine »Geldheirat«[92] akzeptierte. Den Heranwachsenden aus der Jugendbewegung sei es nun überlassen, hier neue Wege zu gehen und die inzwischen von allen Seiten verratenen »geistigen Werte« aus ihrem Siechtum zu befreien und neu zu beleben. Dies könne nur gelingen, wenn man sich von den Erwachsenen abwende: »Bei der Verbreitung unserer Lebensart können wir uns nur an die heranwachsende Jugend wenden. Die ›Alten‹ haben nicht mehr die Fähigkeit der erforderlichen Sinnesumwandlung.«[93]

Die durchdachtesten Konzepte hatten die von Leonard Nelson geschulten Anhänger. Max Hodann veranstaltete 1916 im Rahmen der *Centralarbeitsstätte für Jugendbewegung* eine Aussprache über Siedlungsfragen und ihren wirtschaftlichen Hintergrund, bei der auch Wirtschaftsexperten zu Wort kamen.[94] Der von Karl Bittel, einem ehemaligen Wandervogel und Mitglied der *Deutschen Akademischen Freischar* vertretene Genossenschaftsgedanke, der »für einen neuen Wirtschaftsgeist eine neue Wirtschaftsform«[95] darstelle und sich vor allem in der Siedlungsgenossenschaft vollkommen ausbilden könne, wurde hier in der Diskussion auf seine Schwachstellen geprüft. Es stellte sich heraus, daß zum Siedeln hohes Anfangskapital nötig sei. So könnten nur bestimmte Kreise siedeln, »die im Besitze von Geld sind«. »Gerade diejenigen erfaßt aber diese Wirtschaftsreform nicht, für welche sie dringendes Bedürfnis ist, die untersten Schichten der Bevölkerung. Ferner wird die physische angestrengte Arbeit, die zur Erlangung der Lebensbedürfnisse notwendig ist, die psychischen Kräfte des Arbeitenden ganz aufsaugen und ein Kulturrückschritt dort sein, wo man einen Fortschritt wollte.«[96] Max Hodann faßte das Ergebnis der Zusammenkunft nüchtern zusammen:

> »Eine ideelle Grundlage ist für Siedlungen nicht ausreichend. In der Praxis stellen sich der ländlichen Siedlung Schwierigkeiten entgegen, die nur bei gründlichster Sachkenntnis und besonderer Befähigung überbrückt werden können. Vor allem scheint die Jugend, und hier besonders die intellektuelle, zur Verwirklichung dieses Siedlungsgedankens ungeeignet. Die Jugend kann einzig die Idee der städtischen Siedlung propagieren und bodenreformerische Grundsätze in ihrer Lebensführung durchzusetzen suchen.«[97]

Aber solche Nüchternheit blieb Ausnahme. Trotz der Beschäftigung mit ökonomischen Fragen und aller Erörterungen über den Stellenwert des Geldes, des Geldkreislaufes, der Berechtigung von Zinsen und Bodenrenten stellte auch Eduard Heimann die Forderung nach der Priorität des Menschen vor jeglicher Organisation:

»Die Genossenschaft ist als Endziel einer neuen Jugend gedacht. Der neue Mensch ist das eigentliche Ziel, alles andere ist nur Mittel zum Zweck. Aber der neue Geist wird nicht durch die neuen Formen garantiert.«[98]

So ist es nicht verwunderlich, daß auch bei den stärker vom Intellekt her ansetzenden Jugendradikalen die Beschäftigung mit den Fragen der Ökonomie als lästig empfunden wurde. Sie waren zu trocken und atmeten nicht den Geist lebendiger Selbsterfahrung. Alfred Kurella stellte 1918, als er einen gewissen Abstand zur Jugendbewegung hatte, kritisch fest:

»Der Gedanke der Beherrschung und gemeinschaftlich-völkischen Neuordnung des heutigen, d. h. des kapitalistischen Wirtschaftssystems ist von den Völkischen kaum. . ., von den ›Sozialistischen‹ erst wenig in Angriff genommen worden; bei ihnen handelt es sich zuerst einmal darum, die Beherrschung des umfangreichen Wissensstoffes hiervon zu gewinnen, wobei trotz aller Mängel die marxistisch-sozialdemokratischen Gedankengänge zur Führung benutzt werden können.«[99]

Er selbst entwickelte keinen eigenen wirtschaftspolitischen Ansatz, sondern griff vorhandene Konzepte auf, in die man dann die Jugendgemeinschaften einbringen könne. Aber auch seine Vorstellungen zur deutschen, »marxistisch-sozialdemokratisch« geprägten Volksgemeinschaft waren zu diffus, um einen Beitrag zur Neuordnung der kapitalistischen Wirtschaft leisten zu können.

Der freideutsche *Hauptausschuß* lehnte die Versuche zur Verwirklichung wirtschaftlicher Utopien überhaupt ab. Es genüge, so Helmut Tormin, wenn man die Realität ständig mit den Zielen der kulturellen Erneuerung vergleiche und sie in Frage stelle. Konkrete Taten zur Veränderung wirtschaftlicher und sozialer Verhältnisse seien nicht Aufgabe der Jugendbewegung:

»So ergeben sich Tausende von Aufgaben, die nur darauf warten, daß wir sie in Angriff nehmen. Daß wir aber nicht untergehen im Getriebe der großen politischen Welt, daß wir nie den Blick verlieren für das Eine, das not tut, dazu mögen uns unsere *Gemeinschaften* dienen, als ewig sprudelnde Quellen unmittelbaren, innerlichen, persönlichen Lebens. . .

Kein Zufall ist es, daß in unseren Kreisen so häufig auf die Sache der *Genossenschaften* hingewiesen wird. Der Gedanke, sich durch Zusammenschluß vom kapitalistischen Getriebe unabhängig zu machen, *muß* der Jugendgemeinschaftsbewegung verwandt erscheinen. *Aber ist mit dem Beitritt etwa zu einem Konsumverein etwas erreicht?* Was wäre gewonnen, wenn an die Stelle der kulturwidrigen Tyrannei des Produktionskapitals von heute die Tyrannei eines ebenso kulturwidrigen Kon-

sumtionskapitals träte? Nein – nur als Möglichkeit, auf die *Veredelung des Konsumtionsbedürfnisses* zu wirken, hat der Eintritt eines Freideutschen etwa in einen Konsumverein Sinn.«[100]
Damit sprach Tormin wieder den Bereich an, der bei allen Jugendbewegten am stärksten ausgeprägt war, nämlich die Vorstellung von der persönlichen, erzieherischen Einwirkung auf die Mitmenschen. Während er jedoch klar die Selbstbeschränkung sah, die der freideutschen Position dadurch auferlegt wurde, wollten Kurella und Hodann mit ihren Freunden die kulturell begründeten Ziele verwirklichen und damit der »Herrschaft der Kultur« erst richtig zum Sieg verhelfen. Sie wiederum liefen Gefahr, sich den »realen Mächten« auszuliefern, wenn sie meinten, wirtschaftliche, soziale und politische Konzeptionen übernehmen und beliebig für ihre Zwecke ausnutzen zu können.

2. Die Aufgaben der geistigen Elite

Ihre eigentliche Berufung sah die bürgerliche Jugendbewegung in der künftigen deutschen Führerschaft. Hier meldete sie aufgrund ihrer gesellschaftlichen Stellung Ansprüche an. Erzieher zu sein für die weniger gut gestellten Arbeiter, einen neuen Typus des politischen und sozialen Menschen hervorzubringen, schien ihr vaterländische Pflicht und soziale Aufgabe.[101] Nur ein »kultureller Mensch« könne sich selbst verwirklichen; und nur die Jugend könne noch die anstehende Arbeit der »kulturellen Erneuerung« leisten.
»In der Kultur offenbart sich . . . das ewig Werdende in immer neuen Formen. Kultur ist alles von einem überlegenen Willen Geformte und Gestaltete, wobei die Welt der Stoff ist, aus dem der Wille seiner Tätigkeit Form und Gestalt gibt. So wird sie zum Mittel. Das Individuum aber ist die Bewußtwerdung jenes Willens. Als Wille und Geist verlangt das Individuum von sich die vollständige Unabhängigkeit von allem Gegebenen, um in vollster Freiheit und Herrschaft über das Gegebene die immer neuschaffende Arbeit zu vollbringen.«[102]
Die Angehörigen der Jugendbewegung gewannen während des Krieges zunehmend den Eindruck, die Erwachsenen und die von ihnen getragene Gesellschaft seien starr und verknöchert. Von den Älteren kämen keine Impulse zur Verbesserung des Lebens mehr. Auch die eigene Elterngeneration wurde mit diesem Vorwurf konfrontiert. Sie habe die Verbindung von Bildung und Besitz akzeptiert und sich so den Gesetzen des »Mammons« unterworfen.[103]

Erziehung des »neuen Menschen«

Die Vertreter des Gedankens einer übernationalen Gemeinschaft aller Jugendlichen über Klassenschranken hinweg proklamierten nun den »Klassenkampf der Jugend«. Dieser solle aus »dem Menschen, sei er Proletarier oder Bürger, den Menschen befreien, das ist die Lösung der ›sozialen Frage‹. Hier beginnt die Aufgabe der Jugend.«[104] Solidarität mit dem »Volk« und der »Menschheit« veranlaßten diese Jugendradikalen dazu, sich der »breiten Masse« und ihrer Bildung zuzuwenden. Sie sprachen am deutlichsten aus, was die gesamte bürgerliche Jugendbewegung wollte: die »geistige Führerschaft« über die »ungebildeten Schichten« und dadurch die erneute Festigung der ins Wanken geratenen Vorrangstellung des Bildungsbürgertums. Das bedeutete, in die Öffentlichkeit zu gehen und erzieherische Arbeit zu leisten. Dahinter stand die Überzeugung, daß der Prozeß der Überwindung des Materialismus durch Kultivierung der Menschen eine neue Gemeinschaft zwischen den Gebildeten und den Arbeitern begründen könne.[105] Damit bekämen die Bildungsbürger wieder den Rückhalt, den sie mit der Trennung von Liberalismus und Arbeiterbewegung verloren hatten.

Ihren Führungsanspruch begründeten die bürgerlichen Jugendlichen damit, daß sie besondere soziale Pflichten auf sich nähmen. Eine auf ererbten Privilegien beruhende Vorzugsstellung lehnten sie ab. Grundsätzlich müßten also auch Arbeiter führende Positionen einnehmen können. Sie aber gehörten zur »ungehobelten Masse«, die auf Jahrzehnte hinaus einer solchen Stellung nicht würdig sein werde.[106] In der durch Erziehungsarbeit entstehenden neuen deutschen Volksgemeinschaft würden Machtfragen also von einer sehr elitären Führungsgruppe geregelt.

Auch die Machtinhaber der wilhelminischen Gesellschaft fanden vor den Augen der Jugendradikalen keine Gnade. Offiziere, Unternehmer und die eigenen Eltern wurden verantwortlich gemacht für die offenkundigen Versäumnisse. Die Jugendlichen selbst aber, so die einhellige Meinung unter Wandervögeln und Freideutschen, hatten bewiesen, daß sie nicht nur Jugendführer, sondern im Schützengraben auch den Erwachsenen Vorbilder sein konnten. Ihr Einsatz im Krieg berechtige sie, sich als »Volkserzieher« zu sehen.[107] Kern der neuen Gesellschaft sollten nämlich kleinere Gemeinschaften von Menschen sein, die eine besondere schöpferische Veranlagung und als die Besten natürliche Autorität besäßen. In den Kerngruppen entstände der neue politische Menschentyp der Jugendbewegung, der die gesellschaftliche Zukunft beeinflussen werde.[108] Auswahlkriterium für die Aufnahme von Bewerbern sollten ihre charakterlichen Eigenschaften sein, die denen einer »Auslesejugend« entsprechen müßten.[109] Immerhin fiele ihr eine »aristokratische Führungsaufgabe« zu.[110]

»Wir sehnen uns heute vergebens nach dem großen schöpferischen Menschen, der uns das Zauberwort spräche und dem wir als unserem guten Geist nur eben zu folgen hätten. Der führungsbedürftigen Masse aber darf man keinerlei Schuld beimessen und so auch nichts von ihr erwarten; sondern uns, den Wissenden, ist selber alle Verantwortung aufgebürdet. Da uns das Genie fehlt, so bleibt keine andere Möglichkeit als: die Talente zu sammeln, sie auszurüsten und sie zu erfüllen mit der Liebe zu ihrer Verantwortung, dem Glauben an ihre Verantwortung, auf daß sie mächtige Führer zum Guten werden. Im allerengsten Kreise und in strenger adliger Zucht müssen wir uns heranbilden zu dem Werke, dem diese todestraurige Welt entgegenharrt. Eine heilige Schar müssen wir bilden, wo jeder eines jeden Wächter und Erwecker, jeder eines jeden Brücke zum Übermenschen sei; eine heilige Schar, deren geschlossener Stoßkraft und deren sieghaftem Jubel die Gemeinheit der Schlechten und die hoffnungslose Dumpfheit der Vielen wird weichen müssen.«[111]

Nach Abschluß dieser Erziehung müsse man sich den geschichtlichen und staatsbürgerlichen Erkenntnissen zuwenden, um so »politisches Handeln im Sinne sozial-ethischer Normen« verwirklichen zu können.[112] Dann würden die Jugendlichen in die Gesellschaft gehen, neue Lebens- und Erziehungsgemeinschaften um sich sammeln und schöpferisch im Sinn der Jugendbewegung tätig werden. Das deutsche Vaterland würde sich also nach einiger Zeit aus vielen kleinen Lebensgemeinschaften zusammensetzen, die sich um zentrale Leiter scharten und über ein Netz persönlicher Beziehungen und eine gemeinsame Welt- und Lebensanschauung miteinander verbunden seien. Die »Gesellschaft« würde zur »Volksgemeinschaft«.[113] Sie würde auf diese Weise unbürokratisch organisiert und statt von den »Interessenvertretungen wirtschaftlicher Klassen«[114] vom »Kulturwillen« beherrscht. Dezentralisierte organische Einheiten stünden im persönlichen Austausch und ersetzten die anonyme Kommunikation der Apparate; Kulturpolitik verzichte auf den Umweg über Parteien und Parlament, auf die Zivil- und Militärbehörden und die Presse, die besonders im Dienste der Verbreitung aufgebauschter »unechter« Nachrichten stünde.

»Aber wenn ich die gegenwärtigen politischen Verhältnisse unseres Vaterlandes – ich meine jetzt Parteipolitik und Parlamentarismus – betrachte und zugleich die verantwortungsschweren Aufgaben messe, die in der Politik der deutschen Zukunft harren, dann wünsche ich vor allem, daß in unserer Freideutschen Jugend der Drang nach politischer Selbständigkeit des Einzelnen und der Wille zu politischer Auswirkung unserer Gemeinschaft stärker und stärker werde. Wenn wir unsere jugendliche Individualität zum Einklang mit Volk und Staat gebracht haben, dann erst können wir unsere *eigentliche* Sendung beginnen, die in

Worte zu kleiden uns heute noch versagt ist. Denn wir tragen in unserem Innersten tiefste Wertmaßstäbe, die wir mit Worten noch nicht zu fassen vermögen, die sich meist erst in unseren Handlungen offenbaren. Seit ich weiß, daß sie aus unserer Tiefe emporragen, seit ich weiß, daß sie, gleich Wellen auf dem Grunde des Meeres, unsere Bewegung und deren Wesen bestimmen, glaube ich auch an die *politische* Berufung unserer Freideutschen Jugend.«[115]

Um die notwendige Bildung, vor allem die »Charakterbildung« für den Eintritt in eine solche Gruppe zu erwerben, ist eine Erziehung durch die »geistigen Führer« notwendig. Die Gebenden sind die bürgerlichen Jugendlichen aus der Bewegung, die willig Empfangenden die ihnen gegenüberstehende Mehrzahl des Volkes. Das notwendige Wissen kann nicht mehr durch den Besuch einer Hochschule erlangt werden, es ist »Besitz« der Jugendbewegung. Es handelt sich nicht um eine formale Bildung allgemeiner Art oder den Erwerb spezieller Fachkenntnisse. Das Wesen dieser neuen Form von Bildung zeichnet sich dadurch aus, daß sie sich als Ergebnis der »Menschenbildung« innerhalb der Lebens- und Erziehungsgemeinschaften der Jugendbewegung herauskristallisiert. Das Erziehungsziel bleibt bei diesen Vorstellungen jedoch undefiniert.[116]

Die »kulturelle Erneuerung« des Menschen, wie die hier angedeuteten Pläne sie vorsehen, findet durch die Beschäftigung mit Fragen der Ethik, der Religion und der Philosophie statt. Sie versucht so, dem »tiefsten Innern« des Menschen nahezukommen.[117] Auch die »Beseelung des seelenlosen Betriebs«[118] wird verwirklicht. Dieses Modell setzt voraus, daß letzten Endes das »Volk« in seiner Gesamtheit fähig ist, den »Kulturwillen« in sich aufzunehmen. Spätestens am Ende der Erneuerung des öffentlichen Lebens hat die Jugendbewegung dann ihre Mission erfüllt und tritt zurück in die Reihen aller Volkszugehörigen.

Abgrenzungen

Der *Hauptausschuß der Freideutschen Jugend* stand 1916 vor dem Problem, ob er zahlreiche neu entstandene freideutsche Gemeinschaften in seine Reihen aufnehmen solle. Einerseits wünschte man die Verbreitung der freideutschen Idee, anderseits wußte man nicht im einzelnen, was von diesen unbeeinflußten Zusammenschlüssen zu halten sei.

Zur Göttinger Pfingsttagung 1916 lagen mehrere Aufnahmeanträge vor, die umfangreiche Programmdiskussionen provozierten.[119] Akzeptiert wurden diejenigen Gruppen, die von ihrer Struktur her den Gründungsorganisationen am ähnlichsten waren, also vom Prinzip der »Selbsterziehung« ausgingen und sich von den »Zweckverbänden« distanzierten. Aus diesen Gründen wurden die deutsch-völkisch ausgerichteten *Freien Wanderscharen,* die *Vortruppjugend* und die *Gemeinschaft Kasseler Wanderer* nicht aufgenommen. Sie hatten sich mit ihrer völkischen Einstellung bereits auf einen »Zweck« festgelegt und pflegten zudem, so die *Vortruppjugend* und die *Gemeinschaft Kasseler Wanderer,* Verbindungen zu dem von den Erwachsenen geleiteten *Vortrupp.*

Die von Max Hodann in Zusammenarbeit mit Karl Vetter und Wolfgang Breithaupt ins Leben gerufene *Centralarbeitsstätte für Jugendbewegung* fand schon im Vorfeld der freideutschen Führerbesprechung in Jena keine Zustimmung. Da sie die Verbindung zur Arbeiterbewegung herstellen wollte, vermuteten die Anwesenden einen parteipolitischen Einschlag der Gruppe, die sich als eine Art Informationsbüro der Jugendbewegung verstand.[120] Die Diskussion um die CAS wurde lange und zäh geführt; das Problem löste sich von selbst, als die Gruppe gegen Ende des Jahres 1916 verboten wurde.[121]

Knud Ahlborn blieb den hochgesteckten Zielen der »Erneuerung des Menschseins« gegenüber skeptisch. Er zweifelte, ob alle Deutschen, vor allem die Arbeiter, darauf eingehen würden. Für ihn und seine Wandervogelkameraden an der Front hatte die Menge etwas Bedrohliches. Sie wurde ihnen leicht zur »Masse«, die »dumpf« und von ihren Trieben gelenkt lebte. In den Diskussionen um das Reichsjugendwehrgesetz wiesen die Angehörigen des *Hauptausschusses* und die Feldsoldaten immer wieder auf die Notwendigkeit des »Zwanges« hin, ohne den der größte Teil der jugendlichen Bevölkerung das für sie Gute nicht annehmen werde. Der »geistig mehr differenzierte Teil der Jugend«[122] benötige derartigen Zwang nicht. Nach Ahlborns Meinung »sollten gleiche Rechte nur solchen gewährt werden, die gleiche Pflichten übernehmen können, also nur denen, die auch über Kraft und Einsicht verfügen. Da aber Kraft und Einsicht allen Menschen in verschiedenem Maße gegeben sind, kann folgerecht weder von gleichen Pflichten noch von gleichen Rechten die Rede sein.«[123]

Max Hodann hingegen ging von der grundsätzlichen Gleichstellung aller Menschen aus:

»Jede Vergewaltigung persönlicher Freiheit in irgendeiner Hinsicht, soweit nicht aus Vernunftgründen eine Freiheitsbeschränkung geboten erscheint, ist infolgedessen zu verwerfen, ganz gleich, ob ein Bedürfnis nach dieser Freiheit vorliegt oder nicht. Unsere Lebensauffassung verträgt sich mit keiner Bevormundung, weder von seiten des Staates noch der Gemeinschaft, abgesehen von im juristischen Sinne vormundschaftsbedürftigen Personen.«[124]

Damit sprengte er den in der bürgerlichen Jugendbewegung üblichen Rahmen. Aus dem Respekt vor jedem Menschen leitete Hodann die politische Forderung nach Sicherung des Erwerbs für den einzelnen durch die Gesellschaft und ein Nein zu jeder Dogmatik im Umgang miteinander ab. So wurde er zum politischen Menschen, der mit konkreten Forderungen für die gesellschaftliche Umgestaltung auftrat. Im Frühjahr 1917 gehörte er zu den Gründungsmitgliedern des *Internationalen Studentenbundes,* der sich die politische Veränderung mit den Mitteln der Vernunft auf die Fahnen geschrieben hatte.[125]

Das Selbstbewußtsein, geistige Elite zu sein, verließ die heranwachsenden Bildungsbürger nie. Auch Eduard Heimann, Meinhard Hasselblatt oder seine spätere Frau Martha Ida Paul, die Leonard Nelsons Ideen anhingen, gingen von einer herausragenden Rolle der *Freideutschen Jugend* aus:

»Die Masse ist unproduktiv, unfähig, sich selbst den Weg zu weisen, bereit, alles aufzunehmen, was man ihr im Guten oder Bösen bringt. Die Menschen sind nicht schlecht, im Gegenteil; sie sind jeden Opfermutes und jeder Hingabe fähig, das wissen wir heute. Der schöpferische Mensch aber tritt mit der Wucht seines Wortes, seines Beispiels vor sie hin und reicht ihnen die Idee, die ihrem Leben Sinn und Halt verleihen kann; kraft seiner natürlichen Autorität zwingt er sie, ihm zu folgen. Der demokratische Anschein entsteht dadurch, daß hier der Führer aus irgendwelchem Grunde den Menschen sympathisch und vertrauenswürdig ist, so daß sie ihn formell und gleichsam aus freiem Willen mit einer Macht bekleiden, die er in Wahrheit in sich längst besitzt, da er ihnen ja das ›Vertrauen einflößte‹, das sie ihm nun ›entgegenbringen‹. Sie scheinen die Handelnden und geben ihm doch nur zurück, was er in sie hineinlegte, der aristokratische Vorgang ist durch einen demokratischen Umweg dem ersten Blick entzogen, grundsätzlich aber nicht verändert.«[126]

In diesem Sinne war die in den Bünden übliche Auslese von Bewerbern Herrschaftssicherung gegenüber der »unfähigen Masse«. Es durfte kein Unbefugter in den Kreis der »Führer« gelangen und damit einer »Demokratisierung« Vorschub leisten. Der *Greifenbund* zum Beispiel forderte bei der Neuaufnahme zunächst ein »Deutschbekenntnis« und eine Erklärung zur »Rassenfrage«, das heißt den Nachweis »arischer« Herkunft.[127] Nur in einem langwierigen Aufnahmeverfahren, während dessen der Neuling zunächst als »Gast« an bestimmten Veranstaltungen teilnehmen durfte, konnte er die außergewöhnlichen Charaktereigenschaften eines Greifen beweisen.

Der *Berliner Kreis* forderte von seinen Interessenten offiziell nicht die Erfüllung solcher Kriterien. Er ging aber davon aus, daß die Jugendgemeinschaft von einem speziellen »Eros« zusammengehalten werde. Ein Neuling durfte das Band nicht zerstören; der Gründer und Führer der Gemeinschaft besaß diese erotische Ausstrahlung und bestimmte darüber, wer ihn inspirierte:

»Nie wird Gemeinschaft ›von selbst‹ und mögen noch so viele gleichen Willens beieinander sein. Die Gemeinschaft bedarf zu ihrem Aufbau eines Führers. So will ich hier den Menschen benennen, der aus der Stärke und Weite seiner Liebeskraft heraus immer wieder sich verschenkend, Menschen erfaßt und an sich zieht, die Neugewonnenen, der Arbeit des Künstlers vergleichbar, zusammenführt, überbrückt und verbindet, so daß ein Kreis von Menschen entsteht, der Zusammenhalt gewinnt, zunächst nur durch die allen gemeinsame Einstellung auf den einen hin.«[128]

Wege zur Existenzsicherung

Mit zunehmender Kriegsdauer wurde den Angehörigen der Jugendbewegung der Zerfall ihrer gewohnten gesellschaftlichen Verhältnisse deutlich; sie ahnten, daß ihre Lebensumstände als Kinder des Bildungsbürgertums nach dem Krieg anders sein würden als zuvor. Ihre Existenz schien bedroht, ihre persönliche Zukunft lag im dunkeln. Die jungen Erwachsenen würden sich, da die utopische »Volksgemeinschaft« noch nicht greifbar war, mit den Realitäten arrangieren und sich Berufe für den Lebensunterhalt suchen müssen.

Viele suchten in dieser Situation Auswege, zum Beispiel Halt bei asiatischen Religionen, die von der Nichtigkeit alles Irdischen sprachen.[129] Andere bereiteten die Grundlagen zu Selbsthilfeorganisationen vor. Nach dem Krieg sollten freideutsche Siedlungsgenossenschaften entstehen[130], Hochschulsiedlungen »für Studenten, junge Arbeiter, Schüler oder andere Nichtakademiker«[131], eine eigene Bank zur »Erledigung aller . . . Geldangelegenheiten der Mitglieder der Freideutschen Jugend«[132] und eine besondere Berufsberatung, die Ratschläge geben würde, in welchen Berufen »freideutsche Ideen und Lebensweise«[133] zu verwirklichen seien.

Die Frontsoldaten glaubten, einen Anspruch darauf zu haben, daß ihnen das Vaterland ihren Einsatz honoriere. Sie träumten von Siedlungen in den eroberten Ostgebieten, wo sie ihre Rollen als *Wandervogel*-Führer und Offiziere weiterhin ausfüllen konnten. Mustersiedlungen sollten entstehen als Vorbilder für das »Altreich« und die Bewohner der »kolonisierten« Gebiete. Im »Altreich« müsse es eine Bodenreform und eine Änderung der Wohnverhältnisse geben. Den Studenten stünden dann billige Zimmer zur Verfügung, den Siedlungswilligen könne per Gesetz Land zugewiesen werden. Der Boden solle nicht gegen Bargeld abgegeben werden, sondern gegen eine »mäßige, unkündbare Rente«.[134]

Diese Form der »Kriegerheimstätten« sei nicht nur ein Dank des Staates an seine Soldaten, der Staat würde »mit diesem Geschenk auch unserem ganzen Volk den besten Dienst erweisen«.[135] Von den Stätten der *Wandervogel*-Siedler aus – und eben diese sind vorrangig gemeint, wenn von Belohnungen für die heimgekehrten Soldaten gesprochen wird – könne dann das geistige Niveau der Landbevölkerung gehoben und einer weiteren Landflucht vorgebeugt werden. So könne man als erwachsen gewordener Jugendbewegter innerhalb der gegebenen politischen Ordnung auch seine erzieherische Mission erfüllen. Dank der Änderung der menschlichen Einstellung werde das »Materielle« seinen Anreiz verlieren und müßten die »geistigen Werte« an Bedeutung gewinnen.

»Kolonisation« hieß also das Schlagwort, mit dem man die »kulturelle Erneuerung« Deutschlands einleiten wollte; und die »Kriegshelden« wußten sich als die moralische Instanz, der bei dieser Aufgabe von allen Seiten größtmögliche Unterstützung gewährt werden müsse.[136]

Die Daheimgebliebenen wiesen kein so großes Selbstbewußtsein in bezug auf ihre eigene Zukunft auf. Für sie stellte sich vor allem die Frage, welcher Beruf es ihnen ermögliche, sinnstiftend an der Interpretation gesellschaftlicher Zukunftsentwürfe mitzuarbeiten und sie umzusetzen in erzieherische Arbeit.

Der Lehrer an der Schule oder der Professor an der Universität konnte im Bereich der »Kultur« verbleiben und kraft seiner beruflichen Autorität zur Vermittlung gesellschaftlicher Werte beitragen. Folgerichtig galten viele Anstrengungen Jugendbewegter in der letzten Phase des Krieges und in der ersten Nachkriegszeit dem Bildungswesen. Es wurde jedoch nicht mehr in seiner traditionellen Form akzeptiert. Während sich die *Akademische Freischar* vor dem Krieg als eine Ergänzung zum Universitätsbetrieb angesehen hatte, indem sie der »trockenen Wissensvermittlung« die »lebendige Gemeinschaft« gegenüberstellte, zog sie sich nun auf sich selbst zurück. Für den universitären Bereich strebte sie den »Aufbau einer Wissenschaft der Symbole, des Einfühlens an Stelle der Wissenschaft des Begreifens, des Systematisierens« an.[137]

Viele Angehörige der Jugendbewegung finden sich dann in der Weimarer Zeit folgerichtig an Schulen und Hochschulen als Lehrkräfte wieder. Manche versuchten, von ihrer schriftstellerischen Arbeit zu leben, so Hans Blüher, oder betrieben diese wenigstens nebenberuflich, so Alfred Kurella, Walter Hammer und Hjalmar Kutzleb. Im Verlagswesen, einer dem Markt unterworfenen Industrie, lassen sich kaum ehemalige Wandervögel aufspüren. Zu den Verlegern, die schon in der Kaiserzeit Bücher der Bewegung im Programm hatten – Diederichs, Matthes, Saal, Voggenreiter –, stieß nach dem Ersten Weltkrieg nur Walter Hammer als Vertreter der ersten *Wandervogel*-Generation.[138]

Während die Freideutschen eher vorsichtig die Berufe wählen wollten, die auch Raum für ihre Lebensart ließen[139], forderten die weniger akademi-

Flugblätter des Greifenbundes

Zweites Flugblatt

Siedelungsorganifation

Nachdem in der „Deutschen Siedelungs-Gemeinschaft" der Tatwille lebendig und die Organisation der Kräfte geschaffen wurde, muß nun zur Organisation der Mittel und Arbeit geschritten werden.

Dabei sind selbstverständlich alle vorhandenen Erfahrungen und Vorarbeiten als kraft- und zeitsparend zu nutzen. Alle Zersplitterung und Eigenbrödelei muß ausgeschaltet werden, um möglichst bald an der am besten geeigneten Stelle — das ist dort, wo die geeignetsten, tatbereiten und an Zahl ausreichenden Menschen zusammenstehen, den Anfang mit Gründung einer ländlichen Siedelung zu machen.

Zur Organisation der Mittel bedarf es zum Glück keiner Neugründung; denn eine gemeinnützige, seit zwei Jahrzehnten ihren Zweck bestens erfüllende Siedelungs-Bau- und Sparbank steht uns zur Verfügung in der

Oranienburger Bau- und Kreditgesellschaft m. b. H. zu Eden-Oranienburg. Diese Gesellschaft mit vollbezahlten 100 000 M. Stammkapital ist seinerzeit weiterschauend für Eden und andere ländliche Siedelungsvereinigungen auf ähnlicher wirtschaftlicher Grundlage (des gemeinsamen Bodenbesitzes, Erbbaurechtes usw.) gebildet worden.

Hier wollen wir unsere Mittel organisch sammeln bis zur Verwendung, hier arbeiten sie bis dahin schon lediglich in unserem Sinne: sozial-kapitalistisch!

Jeder von uns gebe seine persönlichen Spargroschen nur in die Siedelungsbank, die ihm 3½ Prozent Zinsen vergütet und wie alle Sparkassen mit Einhaltung üblicher Kündigungsfristen zurückzahlt im Falle des Gebrauches. Man kann auf dem Wege über das Postscheckamt (Konto 1259 Berlin) schnell und kostenlos mit der Bank verkehren. Zahlungen an Dritte bestellt man auf einer Postkarte direkt bei der Bank.

Die jeder Zeit oder mit kurzer Frist wieder zur Verfügung des Einlegers zu haltenden Gelder sind natürlich nicht zu der dauernden Anlage in Siedelungsländereien geeignet, sondern können von der Bank nur als kurzfristig gegebene Betriebsgelder benutzt werden.

Wie aber beschaffen wir das erforderliche Kapital für die langfristige Anlage in Land für unsere Siedelungen?

Wir siedeln nur auf Gemeinschaftsboden und beschaffen auch das Erwerbskapital des Bodens gemeinschaftlich!

Wir werden die ersten deutschen Siedelungen auf wirklichem Freiland begründen und grundsätzlich nur auf solchem, von Hypotheken und privatem Besitz freiem Lande siedeln!

I

Abbildung 16:
Flugblatt, 1916 (Titelseite)

schen *Landsgemeinden*, ins »wirkliche Volksleben« einzutreten. Zu einer Volksgemeinschaft, deren Selbstverständnis auf dem Vorrang »geistiger Werke« beruhe, gehörten auch die nicht rein geistigen Berufe, denn »gerade die Geistigen sollen nicht vergessen, daß es nur die mühsame Kleinarbeit von Millionen ist, die ihnen das Schaffen ermöglicht«.[140] Deshalb lehnte der Bund diejenigen ab, »die den Schritt vom Erfassen des Lebens zum Formen des Lebens nicht gemacht haben«. Am Arbeitsplatz, gleich welcher Art, müsse der einzelne im Sinne der Jugendbewegung wirken. Er werde sich »dabei wohl seine Wirkungsgrenzen weiter ziehen, als man gemeinhin die Aufgaben seines Berufes zu umschreiben gewohnt ist«.[141] Vorbild für die tägliche Auseinandersetzung mit der rauhen Arbeitswelt sei die Arbeiterjugend, die eben besser wisse, worauf es ankomme. Zur geistigen Erfrischung unter Gleichgesinnten müßten außerhalb des Berufes Treffen mit einer Gemeinschaft von Menschen aus der Jugendbewegung möglich sein. Diesen pragmatischen Weg vertraten auch die Nelson-Anhänger. Vor allem Eduard Heimann betonte den Wert der Arbeit im Alltag.[142]

Auszug aus der Gesellschaft

Selbstverständlich hatten die beiden jugendradikalen Blöcke andere Vorstellungen von einer Existenz in der sie umgebenden Welt. Sie versuchten, die Komplexität der modernen Industriegesellschaft mit gegensätzlichen Interessen »ohne Rücksicht auf das, was ist«[143], zu überwinden. Deshalb lehnten sie grundsätzlich alles ab, was mit der damaligen Gesellschaft zu tun hatte.

Hinaus aus der Gesellschaft hieß bei den Völkischen: Siedeln. Man wollte sich absondern und für sich den Kern einer neuen Welt schaffen. Diese Vorstellungen waren im einzelnen sehr ungenau und entsprachen inhaltlich denen der Feldsoldaten, in ihrer Absicht jedoch zeigten sie sich radikaler. Voraussetzungen für einen wirklichen Neuanfang seien die »arische Herkunft« der Siedler, ihr »guter Charakter« und »reiner Wille« sowie absolute Enthaltsamkeit gegenüber Alkohol und anderen Rauschmitteln.

Auch der *Berliner Kreis* baute auf dem Zusammenleben in einer Siedlungsgemeinschaft auf, um dem heimtückischen Zwangsinstrument Staat, »von dem viele Dummköpfe als von einer Gemeinschaft reden«[144], zu entfliehen. Konsequenterweise dürfe die Frage nach dem Beruf keine Lösung innerhalb der bestehenden gesellschaftlichen Verhältnisse finden. »Nicht die Frage: dient und wie dient das Erzeugnis unserer Art der Gesellschaft? darf unsere Wahl bestimmen. . .«[145] Die neue Gemeinschaft, die »Leben« und »Menschsein« als oberste Werte ansehe, sprenge die Koordinaten, in denen sich Gesellschaft bisher abspielte, das Gestern, Heute, Morgen:

»Zukunft schließt all das ein, was uns hemmt und bedenklich macht, in der Zukunft liegt das Alter, die Sünde, der Tod. Und das gibt es für uns ebenso wenig mehr wie die Vergangenheit mit Entwicklung, Erfahrung und Gesetz. Es gibt nur Gegenwart. In ihr leben wir – wer lebt denn heute? In ihr sind wir Menschen – wer wagt es denn heute, Mensch zu sein?«[146]

Die Menschheit müsse einen Neuanfang machen und sich wieder auf sich selbst und ihre »eigentliche Gesinnung« besinnen: wieder »Mensch sein«, ohne durch die heterogenen Kräfte des Alltags zu einem Erfüllungsinstrument degradiert zu werden. Kurella hat in seinem Aufsatz über den Beruf ausgesprochen, was die Jugendradikalen wollten: Aussteigen aus dem geschichtlich Gewordenen und wieder völlig neu anfangen.

Die Völkischen benutzten Vokabeln aus dem angeblich schlichten bäuerlichen Leben und wähnten sich allein durch die Abwendung von jeglicher Theorie hin zum »Volkhaft-Sinnlichen« schon auf dem richtigen Weg. Die Internationalen wiederum fanden zu einem Aktivismus des »Geistes«, der die Herrschaft der »Kultur« über das »Materielle« forderte und sich gegen die bestehende Gesellschaft wandte. Folgerichtig konnte es ein Ja zum Beruf als Möglichkeit der Existenzerhaltung und der Verwirklichung des Ichs innerhalb der Gesellschaft nicht mehr geben. Nicht einmal mehr die geistigen Berufe wiesen einen Ausweg, da auch sie mit dem Erwerb als Lebensunterhalt vermengt und somit korrumpiert waren.[147]

Das Prinzip des Neuanfangs war dasselbe wie bei allen bildungsbürgerlichen Jugendlichen: die Idee, aus Kerngruppen heraus die Veränderung der Gesellschaft einzuleiten. Kurellas Vorstellungen gingen aber von der revolutionären Tat aus, die den antibürgerlichen Geist in der irdischen Welt heimisch machen sollte. Der Geistaktivismus der Phase zwischen 1916 und 1917, in dessen Zeichen auch noch »Absage und Beginn«[148] stand, hatte sich inzwischen mit einer undogmatischen Anschauung der marxistischen Lehre verquickt. Kurella sah in der Lehre des Sozialismus dieselben Ziele wie im Aktivismus, nämlich den Menschen wieder als Mittelpunkt seines Menschseins zu setzen und damit dem »Geistigen« zum Siege zu verhelfen. Aber der Sozialismus gehe von einer nur materiellen Basis aus und müsse deshalb überwunden werden durch die »wirkliche Menschwerdung des Menschen« als Folge seiner »Vergeistigung«. Die sich aus der marxistischen Lehre ableitende Aktivität der Arbeiterbewegung zog Alfred Kurella hin zum Flügel der Arbeiterjugend um Karl Liebknecht. Arbeiterjugend und bürgerliche Jugend, so seine Hoffnung, könnten endlich gemeinsam aufbrechen zum Kampf um die Wiedereinführung ethischer Werte in das politische Leben – unter Leitung der Bürgerlichen.[149] So würden sie die Synthese zwischen Arbeitern und Gebildeten wiederherstellen, die mit dem Beginn der parteimäßigen Organisation der Arbeiterbewegung zerbrochen sei:

Die Annäherung an den »praktischen Sozialismus« im oben beschriebenen Sinn wird erfolgen, »indem wir, im schärfsten Gegensatz zum doktrinären Marxismus, unseren Ansatzpunkt nicht in der Kulmination der kapitalistischen Arbeitszentralisation suchen, sondern, unter Durchbrechung des errechneten historischen und wirtschaftlichen Zusammenhangs, im Neuanfang, in der Sezession aller Gutgesinnten, in einer Tat jugendlichen Geistes.«[150]
In dieser angestrebten Zukunft würden die Menschen alle Dinge des menschlichen Lebens, auch den Beruf, »nur aus innerer Notwendigkeit tun, um ihrer selbst willen«. Das aber bedeute Aufgabe von »Spezialistentum und Gelehrsamkeit« und die Bereitschaft, offen zu bleiben, »geistig« zu bleiben und somit der »wahren Berufung« des Menschen nachzukommen. »Wir müssen neue Formen, neue Bahnen finden für unsere Kräfte des Geistes und der Liebe.« Das aber hieß: »Sezession und Neuanfang.«[151]
Die Lösung der anstehenden Berufsfrage sollte laut Kurella in einer vorläufigen Zweiteilung liegen. So lange, bis es gelungen sei, Lebensgemeinschaften aufzubauen, in denen »die Arbeit den Gliedern nicht nur das Geld, das der Verkauf ihrer Erzeugnisse einbringt, sondern auch durch die Erzeugnisse selbst wesentlich zugute kommt. . ., solange müssen wir darauf verzichten, die Erwerbstätigkeit nach irgendwelchen höheren sozialen Gesichtspunkten auszuwählen«.[152] Körper und Geist müßten getrennt werden und die existenzsichernde Tätigkeit so ausgerichtet sein, daß sie genügend Zeit lasse für geistige Arbeit. Geistige Berufe fielen weg, weil sie sich an ungeistige Bindungen ketteten. Auch könne man den Geist nicht aufteilen. Wer geistig unwürdigen Beschäftigungen nachgehe – wie etwa Nachhilfestunden geben –, werde vom mechanischen Rhythmus der Arbeit ergriffen und zu Geistigem nicht mehr fähig sein. Das gelte auch für Künstler, Kunstgewerbler, Journalisten und Kinomusiker, da sie Gefahr liefen, sich zu sehr dem kapitalistischen Betrieb auszuliefern. Sie träumten zwar nicht den unaufrichtigen Traum von der sogenannten Freiheit des geistigen und künstlerischen Schaffens, ihr Blick auf die Realitäten führe sie aber auch dazu, der bürgerlichen Gesellschaft zu verfallen.
Industriearbeit und Tätigkeiten im Angestelltenverhältnis schieden als Zukunftsperspektiven ebenfalls aus, weil eine Arbeitszeit von zehn Stunden täglich zu lang sei. Mögliche Beschäftigungen, so Kurella, blieben im Landbau und im Handwerk. Beim Landbau könne man sich bei »fast völliger Ausschaltung aller Zwischenglieder, auch des Geldes . . . Lebensmittel beschaffen«. Allerdings fehle die Verbindung zu den Stadtmenschen, an denen geistige Aufbauarbeit geleistet werden müsse. Aus diesem Grunde sei das Siedeln letzten Endes doch zu verwerfen. Wer nicht die vollkommen ungebundene Lebensart des Gelegenheitsarbeiters wähle, der solle eher ein Handwerk ergreifen. Hier würden die Heranwachsenden finden, was sie

brauchen: »eine Tätigkeit, die bei beliebig und nach Bedarf eingeteilter Arbeitszeit die zum Leben nötigen Mittel einträgt«.[153] Der richtige Anfang für den Neubeginn der Gesellschaft werde dann aus dem jugendlichen Geist geschaffen werden.

>»Gemeinschaften solcher Gestalt tätiger Menschen können allmählich alle Erwerbsarten, die wir vorhin für den Anfang ablehnen mußten, einbeziehen und den so eroberten Betätigungsarten ihren wahren Charakter wiedergeben.«[154]

Unter dem Vorzeichen, im Sozialismus eine Theorie gefunden zu haben, die ebenfalls, nur unter verkürztem Ansatz, die Ziele der »Geistrevolution« vertrat, tendierte Kurella seit dem Sommer 1917 zur linken Arbeiterjugendbewegung; ein Weg, der ihn bei Kriegsende endgültig den Anschluß an die neugegründete *Kommunistische Partei* finden ließ. Er lebte fortan in Berlin, Paris und Moskau, weit weg von den ehemaligen Freunden. Innerlich blieb er in seinen Ansichten dem bildungsbürgerlichen Gedankengut immer nahe.[155]

Zwei weitere Mitglieder des *Berliner Kreises* hingegen versuchten, die Utopie von der Versöhnung zwischen Bürgertum und Arbeiterschaft innerhalb der von den jugendlichen Bildungsbürgern gesteckten Grenzen ohne tatkräftige Verbündete zu verwirklichen. Hans Koch befürwortete im Gegensatz zu Kurella das Siedeln als Möglichkeit, Utopien zu verwirklichen. Neue Sozialformen und Verhaltensweisen sollten im Miteinander von Kopf- und Handarbeitern entstehen. Aus dem Berliner Freundeskreis heraus, der bereits mit Angehörigen des linken Flügels der proletarischen Jugend Kontakte geknüpft hatte[156], entwickelten sich erste Ansätze zur Gründung einer Landkommune. Darin sollten sich *Wandervogel*-Gemeinschaft, Wynekens Gedanken einer *Jugendburg* und die soziale Tätigkeit in einer gemischtgeschlechtlichen Wohngemeinschaft auf dem Lande treffen und in gemeinsamer Arbeit den »Neuen Menschen« und die »Neue Gemeinschaft« formen. Als das Leben in Berlin zu gefährlich zu werden drohte – ihre pazifistische Propaganda hatte die Militärbehörden aufmerksam werden lassen –, floh die Gruppe nach Bayern und gründete in Berg am Starnberger See eine neue Wohngemeinschaft. Im Januar 1919 gelang es Hans Koch, in Blankenburg bei Donauwörth einen Bauernhof zu kaufen und die Realisierung seiner Utopie zu beginnen. »Dort siedelten dann ungefähr zwanzig männliche und weibliche Jugendliche aus Bürgertum und Arbeiterschaft und suchten sich durch Gartenbau, Tierhaltung und Handwerk (Schlosserei und Schreinerei) über Wasser zu halten, ohne daß aber je die Selbstversorgung erreicht wurde (Koch finanzierte die Siedlung über Mäzene).«[157]

Die Siedlung wurde im Sommer 1919 von der Polizei durchsucht und ihre Bewohner verhaftet. Im Zuge der revolutionären Wirren in München hatten politische Flüchtlinge Blankenburg als kurzzeitigen Unterschlupf be-

nutzt. Die Polizei befürchtete zudem, hier sei eine »Hochburg des Sparta-
kismus« und ein Zentrum weiterer revolutionärer Unruhen.[158] Hans Koch
selbst versuchte, den Gedanken des gemeinschaftlichen Siedelns an anderen Orten zu verwirklichen. Doch keines der Projekte des später erfolgrei-
chen Fabrikanten erwies sich auf Dauer als lebensfähig.[159]

Nach dem Krieg:
Der Zwang zum Handeln

1. Ethische Prinzipien als Maximen gesellschaftlichen Handelns

Während des Krieges verschärfte sich in der deutschen Gesellschaft der Konflikt zwischen den Generationen. Vor allem die jüngeren Jahrgänge kämpften als Soldaten an der Front und trugen im Hinterland erheblich zur Aufrechterhaltung der Waffenproduktion bei. Entsprechend wuchs die Angst der Erwachsenen vor möglichen Ansprüchen der Jugend auf gesellschaftliche Partizipation. Der staatliche Machtapparat dehnte während des Krieges seine Disziplinierungsmaßnahmen auf alle Jugendlichen aus. Das angestrebte Reichsjugendwehrgesetz sollte für die Zukunft oppositionelle Strömungen der jungen Generation im Interesse einer Sicherung des »status quo« kanalisieren.

Unter den Angehörigen der bürgerlichen Jugendbewegung wuchs generell die Enttäuschung über das Verhalten der Erwachsenen, auch der eigenen Elterngeneration, angesichts der Aufgaben einer neuen Zeit. Auch die Eltern, so meinten viele Wandervögel, hätten sich kaufen lassen und dafür ihre eigentliche Aufgabe, die kulturelle Erneuerung Deutschlands, verraten.

Der gesellschaftliche Druck zwang die Heranwachsenden, nach eigenen Standpunkten zu suchen und angesichts der zerfallenden Ordnung um sie herum Vorstellungen für die eigene Zukunftssicherung zu entwerfen. Sie suchten Vorbilder bei der bildungsbürgerlichen Avantgarde; anknüpfend an die in den *Wandervogel*-Gruppen erlebte Jugendgemeinschaft, entwarfen Wandervögel und Freideutsche Bilder einer besseren Gesellschaft, in der die Beziehungen zwischen den Menschen im Mittelpunkt stünden.

Wesentliches Moment der erträumten neuen »Volksgemeinschaft« werde die »Bildung« sein. Die Jugendlichen forderten eine »lebendige Bildung«, die sich auf den Charakter auswirke. Die »unwissende Masse« könne zu einer solchen Persönlichkeitsbildung gelangen, wenn sie in Gemeinschaften von dazu berufenen »geistigen Führern« geformt werde. Wandervögel und Freideutsche seien durch das Erlebnis der Jugendgemeinschaft im *Wandervogel* vor allen anderen geeignet, solche »Volkserzieher« zu werden. Aus den damaligen Kerngruppen der Jugendbewegung – dem *Wandervogel*, der *Freideutschen Jugend*, dem *Greifenbund* und den Wyneken-Anhängern – würden dann um diese Erzieher neue Gruppen entstehen. In der neuen Volksgemeinschaft aller Deutschen, die sich aus vielen kleinen Gemeinschaften zusammensetzen werde, sahen sich die Jugendlichen aus dem Bildungsbürgertum als »Aristokraten«, die an den entscheidenden Stellen die Geschicke nach ethischen Gesichtspunkten lenkten.

Die Jugendbewegung entwickelte so sehr abstrakte Vorstellungen über die Veränderung der Gesellschaft aus dem von ihr erlebten Gemeinschaftsgeist heraus. Da sie von der Durchsetzungskraft der Idee ausging, beschäftigte sie sich kaum mit konkreten Fragen nach den sozialen, wirtschaftlichen und politischen Bedingungen des zukünftigen Deutschlands. Sie stellte ethische Maximen als Handlungsanweisungen für den politischen Alltag auf, die allgemein grundsätzlichen Charakter hatten und sich mit den Einschränkungen der Realität nicht auseinanderzusetzen brauchten. Dadurch gab es keine Bindungen an ein bestimmtes politisches System: Jedes Gesellschaftssystem war denkbar, sofern es nur versprach, die von der Jugendbewegung geforderten Prinzipien anzustreben. Trotz aller Betonung ihrer Bindungslosigkeit war so die bürgerliche Jugendbewegung gefährdet, sich für eine politische Richtung zu entscheiden, deren Konsequenzen sie nicht abschätzen konnte.

Fronten innerhalb der Jugendbewegung

Mit dem Zerfall der politischen Ordnung des Kaiserreiches in den letzten beiden Kriegsjahren sahen sich die Angehörigen der Jugendbewegung am Scheideweg. Es bildeten sich Gruppen, die an Stelle der alten Strukturen nun die absolute Herrschaft ethischer Prinzipien forderten. Am Grade der Radikalität, mit der die kulturelle Erneuerung der Gesellschaft diskutiert wurde, lassen sich zwei Blöcke und vier Gruppen innerhalb der Bewegung ausmachen:

Die »Jugendreformer« – also die *Freideutsche Jugend* um Knud Ahlborn, die Göttinger Gruppe, der *Bund der Landsgemeinden* und andererseits die Feldsoldaten – waren zur Kooperation mit den damaligen Führungsschichten der Gesellschaft bereit und siedelten ihr »Jugendreich« im kulturellen Teilbereich der noch existierenden Ordnung an.

Die »Jugendradikalen« forderten die Herrschaft der »Kultur« über alle Teilbereiche der Gesellschaft. Der alten Ordnung müsse ein Ende bereitet werden. Dieser Block teilte sich unversöhnbar auf in die Gruppen der »Völkischen«, die sich vor allem auf den »Instinkt« verließen – *Greifenbund* und *Jungdeutscher Bund* –, und die »Zwischenvölkischen«, die der »Theorie«

den Vorrang gaben – *Centralarbeitsstätte für Jugendbewegung, Westend-Gruppe*, Koch-Kurella-Kreis.
Quer zu dieser Gruppierung verlief die Grenze zwischen »Heimat« und »Front«. Die jugendbewegten Soldaten an der Front tendierten eher zu den Völkischen, ohne deren Radikalität zu teilen. Die akademisch beeinflußten freideutschen Kreise ließen sich leichter auf die Zwischenvölkischen ein. Keine Gruppe gab jedoch eine Antwort auf die konkrete politische Krise des Kaiserreiches von 1917/18. Die Jugendbewegung meinte generell, sie habe dem »Politischen« übergeordnete Lösungsvorschläge aus dem ideellen Bereich gefunden. Ideen aber seien die wirklichen gestaltenden Kräfte; deshalb brauche man sich um konkrete Einzelheiten nicht zu bemühen. Es genüge, prinzipielle Schwächen der Kriegsgesellschaft herauszuarbeiten. Die Jugendreformer lehnten sich an die bestehende Politik des Kaiserreiches an; die Jugendradikalen suchten sich politische Gruppen, die ebenso wie sie die bestehende Ordnung verneinten: Die Völkischen ließen sich von den Alldeutschen und der *Vaterlandspartei* mitreißen, die Zwischenvölkischen suchten Anschluß an die linke Arbeiterjugend, später an die KPD.
Die Jugendbewegung im Krieg entwickelte keine Muster für die Behandlung konkreter gesellschaftlicher Fragen. Sie verfiel dabei derselben Schwäche wie die vorangegangenen Generationen des deutschen Bildungsbürgertums, das sich bis Ende des 19. Jahrhunderts aus dem politischen Leben zurückgezogen hatte, weil es die Veränderungen im politischen, sozialen und wirtschaftlichen Bereich nicht verkraftete. Der Rückzug in eine ideelle Welt führte zum Verlust des Bezuges zur gesellschaftlichen Entwicklung. Während des Weltkrieges beurteilten das Bürgertum und seine Jugend die Lage zumeist von einem ideellen Wunschdenken aus, das mit den wirklichen Verhältnissen nichts mehr zu tun hatte.[1]
Zu den wenigen Bildungsbürgern, denen der Krieg Anlaß bot, mit dem Instrumentarium der Wissenschaft eine Analyse der Realität vorzunehmen, gehörte der Soziologe Max Weber. Er erkannte die Schwächen der Gesellschaft und der eigenen Schicht und beschrieb deren politische Einstellung als »gesinnungsethisch«: Entscheidungen würden von absolut gesetzten ethischen Maximen her getroffen werden, ohne an die realen Folgen zu denken.

»Wenn die Folgen einer aus reiner Gesinnung fließenden Handlung üble sind, so gilt . . . nicht der Handelnde, sondern die Welt dafür verantwortlich, die Dummheit der anderen Menschen, oder – der Wille des Gottes, der sie so schuf.«[2]

Dem »Gesinnungsethiker« stellte Weber den »Verantwortungsethiker« gegenüber, der »mit eben jenen durchschnittlichen Defekten der Menschen« rechnet.[3] In diesem Sinne läßt sich, die Kategorien Webers verwendend, das Politikverständnis der Jugendbewegung als »gesinnungsethisch« bezeichnen. Politik, so Weber, müsse man mit Herz (Gesinnung) *und* Kopf (Verantwortung) machen, das heißt, sich der Realität schonungslos stellen und gleichzeitig mit brennendem Herzen Idealist sein.[4]

Die bürgerliche Jugendbewegung hat die innere Zerrissenheit zwischen Ideal und Wirklichkeit während der Kriegszeit häufig zum Ausdruck gebracht, aber nie den Sprung vom Ideal zum ideell ausgerichteten, verantwortungsbewußten politischen Handeln geschafft.

Gab es in der unruhigen Nachkriegsphase überhaupt Möglichkeiten, die angestrebten menschlichen Verhältnisse der »Volksgemeinschaft« politisch durchzusetzen, oder zog sich die Jugendbewegung auf den kulturellen Teilbereich zurück, wie es Helmut Tormin gefordert hatte? Immerhin verlangten alle Angehörigen der Bünde mehr und mehr »Taten« statt »Reden«. Dafür aber müßte es ihnen gelingen, über die ideellen Konzepte hinaus konkrete politische Programme und Strategien zu entwerfen.

2. Aufbruch in der Heimat

Das Kriegsende selbst wurde in den Zeitschriften der bürgerlichen Jugendbewegung kaum einmal vermerkt. Schon vorher hatten Entwicklungen eingesetzt, die die Strukturen der Gruppen in der Zukunft bestimmen würden. Die Polarisierung der Kriegsgesellschaft, die langsame Auflösung der alten Ordnungsmächte und dann vor allem die Revolution in Rußland erregten 1917 und 1918 die Gemüter und bestärkten die Jugendlichen in der Annahme, die alte, von den Erwachsenen geschaffene Welt dämmere ihrem Ende entgegen. In der zweiten Kriegshälfte mehrte sich der Unmut über die »Philister« im deutschen Staate. Die Gesellschaft sehe mit Recht einer Katastrophe entgegen, hieß es in einigen Kommentaren.[5] Die Ereignisse vom November 1918 schienen dann nur die äußere Seite eines längst in Gang gesetzten inneren Zerstörungsprozesses wiederzugeben.

Die parteipolitische Phase

Die jungen Wandervögel und die Mitglieder der Älterengruppen begrüßten nahezu einhellig den Zusammenbruch der wilhelminischen Ordnung. Endlich schien die Zeit gekommen, in der die Jugend die ihr gebührende öffentliche Rolle spielen würde. Sowohl das Rätesystem als auch die Demokratie forderten die Beteiligung des einzelnen an politischen Entscheidungen.

»Es ist nicht die Frage: Aristokratie oder Demokratie? Wir haben eingesehen, daß die Herrschaft der Besten nicht zuverlässiger gewährleistet werden kann als durch die denkbar weiteste und vorurteilsloseste

Auslese aus den breitesten Schichten des Volkes. So sind heute alle Parteien demokratisch.«[6]

Nun war man auch bereit, parteipolitische Richtungen zu unterstützen. Viele Wyneken-Anhänger tendierten zu den Parteien der Arbeiterbewegung (Kurella, Bittel, Bergmann, Vogeler).[7] Frank Glatzel sympathisierte kurzfristig mit der *Deutschnationalen Volkspartei*.[8] Die Freideutschen um Ahlborn und die ehemaligen Nelsonianer hatten sich im Krieg für einen Verzicht auf politische Aussagen entschieden und strebten eine Kooperation mit den staatlichen Instanzen an. Deshalb ist es nicht verwunderlich, daß im Januar 1919, als die Idee der Rätedemokratie noch nicht vollends untergegangen war, ein gemeinsamer Aufruf der Jugendreformer und der zwischenvölkischen Jugendradikalen erschien, sich »für die revolutionäre Regierung zur Mitarbeit am Neuaufbau zur Verfügung [zu] stellen«[9] und demokratisch-sozialistische Gruppen aus der Jugendbewegung zu gründen. Knud Ahlborn gab im Dezember 1918 in dem von Karl Bittel herausgegebenen »Politischen Rundbrief« seinen Eintritt in die *Unabhängige Sozialdemokratische Partei* bekannt.

»Sie ist die radikale, die geistige Partei, die sich auf den üblichen politischen Schacher nicht einlassen und keine Kompromisse schließen wollte. . . Ich bin der Partei aus folgenden Gründen beigetreten: Ich billige rückhaltlos ihr Programm als Voraussetzung für die Gestaltung eines höheren Lebens, auf dessen Verwirklichung es der U. S. P. tatsächlich in erster Linie ankommt. Ich billige ferner die Klarheit, Entschlossenheit und Unbedingtheit, mit der die Partei darüber wacht, daß das Volk nicht um die Früchte der Revolution betrogen wird. Vor allem fühle ich mich auch den Führern der U. S. P., die ich bisher kennen lernte, menschlich verwandt und innerlich verbunden. Es sind tüchtige und ihrer Sache unbedingt treue Menschen . . .«[10]

Die Enttäuschung über den Verrat des alten kapitalistisch-monarchistischen Systems, das die Menschen unter Vorspiegelung eines Verteidigungskampfes in den Krieg gelockt habe, war so groß, daß Ahlborn und mit ihm viele andere Freideutsche das Heil in der proletarischen Räteregierung suchten. Denn die Arbeiter trachteten »mit heißer leidenschaftlicher Sehnsucht, von der das satte philisterhafte Bürgertum keinen Hauch verspürt, nach einem neuen höheren, von Geist und Liebe erfüllten Leben«.[11]

»In diesen Kreisen schlägt noch das warme Herz des Volkes. Und sie sehnen sich, daß sich der Kopf und Arm findet, der ihr dumpfes Ahnen in waches Bewußtsein hebt und ihr Träumen in die Welt der Wirklichkeit hineingestaltet. Ich glaube, daß diese Kreise uns nötig haben wie wir sie; denn besonders von ihren Führern können wir alle, deren Denken schon verbildet, kapitalistisch angekränkelt ist, noch viel und Grundsätzliches lernen.«[12]

Enttäuscht von der Kriegsgesellschaft und existentiell verunsichert durch die hoffnungslose Beschäftigungslage in der Nachkriegszeit, erhofften sich die Jugendreformer und die zwischenvölkischen Jugendradikalen neue soziale und ökonomische Perspektiven durch die Mitarbeit in der Erwachsenenbildung oder in den Parteien der Arbeiterbewegung. Der »Bruder Arbeiter«[13] wurde stark umworben. Die Völkischen hingegen entschieden sich für die nationalen Parteien:

> ». . . wir hoffen, daß es nur eine Frage der Zeit sein wird, daß diese Parteien das sie Einigende erkennen werden: die idealistische Anschauungsweise! Dann wird aus ihrem Parteiprogramm ein echtes Programm der Lebensreform werden können. Arbeiten *wir* daran mit, dann haben wir die Hoffnung, daß diese Wandlung sich in *unserem* Sinne vollzieht und daß dann wir Jungen einst die Träger einer einheitlichen großen, auf der idealistischen Geschichts- und Lebensauffassung aufbauenden Partei werden in ehrlichem Kampfe mit ehrlichen Gegnern.
> Deswegen treten wir in diesem Wahlkampfe [zur Nationalversammlung] für die deutsch-nationale Volkspartei in Listengemeinschaft mit der deutschen Volkspartei und der nationaldemokratischen Partei ein.«[14]

Die Gemeinsamkeit der Motive für die Zuwendung zu einer der Parteien ist verblüffend. Alle Gruppen versuchten, über die Träger politischer Meinungsbildung doch noch ihrem Traum von einer idealistischen Volksgemeinschaft näherzukommen. Die Völkischen sahen sie als national ausgerichtete wehrhafte Gemeinschaft; Jugendreformer und zwischenvölkische Jugendradikale wollten eine unkriegerische Gesellschaft auf der Basis der internationalen Arbeiterbewegung. Ahlborn und die Unterzeichner des Aufrufes für die Bildung demokratisch-sozialistischer Gemeinschaften sahen im vergangenen Krieg eine Katastrophe; die Völkischen kritisierten nur die hierarchische Ordnung des kaiserlichen Heeres, wollten aber weiterhin zur Wehrhaftigkeit erziehen.[15]

Das Ende der Freideutschen Jugend

Die Phase der Zuwendung der Jugendbewegung zur Parteipolitik verging jedoch schnell wieder. Es gab keine politische Partei, die auf Dauer große Teile der Bewegung an sich binden konnte. Die zitierten Aufrufe gingen von einzelnen aus und wandten sich an einzelne. Nicht *eine* Gruppe der bürgerlichen Jugendbewegung rief als solche zum Eintritt in eine bestimmte Partei auf. Dankwart Gerlach sprach sich bereits im März 1919 gegen politische Stellungnahmen überhaupt aus und warnte davor, »Politik in die Ju-

gendbewegung hineinzutragen«.[16] Besorgt verfolgte auch die Basis der
Bünde die Hinwendung ihrer Führer zu den Parteien. Im Märzheft 1919 der
»Wandervogelführerzeitung« warnten Daheimgebliebene aus dem *Wan-
dervogel*, darunter viele Frauen, aus den *Landsgemeinden* und aus dem
Greifenbund die *Freideutsche Jugend* vor einer Entwicklung zur politischen
Partei. Sie antworteten damit auf ein Flugblatt der Völkischen und einen
Aufruf der Führer der freideutschen Mitte und zwischenvölkischen Jugend-
radikalen:

> »Die Freideutsche Jugend als Ganzes hat nur *eine* politische Aufgabe,
> die im höchsten Sinne völkisch und sozialistisch zugleich ist: Sie soll un-
> serm Volke sein ein Pfeil und eine Sehnsucht nach dem höheren Men-
> schen.«[17]

Grundlage der Freideutschen sei »Jugend und Jugendlichkeit. Sie wurde geboren im trotzigen Sichauflehnen gegen Formen und Formeln, die ihr von
außen aufgedrängt wurden. . . So muß sie immer von neuem geboren werden: ihr Wesen ist ewige Problematik, ist ständige Spannung zwischen Innen und Außen.«[18] Sie dürfe deshalb nicht von der »Problematik« zur »Tat«
schreiten. Martin Deckart, Wandervogel aus Schlesien, meldete ebenfalls
Bedenken gegen den Versuch an, die »Durchsetzung des Geistes in der Politik« mit parteipolitischen Mitteln zu erreichen. Parteien würden letzten
Endes doch nur »für irgendwelche Klassen- oder Standes- oder Berufsinter-
essen«[19] kämpfen. Walter Hammer, Kriegsteilnehmer bis 1918, Mitglied
des *Jung-Wandervogels* und des *Vortruppbundes*, sah die Aufgaben der
Freideutschen in der parteiübergreifenden »Kulturpolitik«.[20]
Es zeigte sich nun, wie groß der Graben zwischen den aktiven Restgruppen
in der Heimat und den Frontsoldaten geworden war. Das tägliche Leben
der Kämpfenden hatte sich in militärisch reglementierten Bahnen abgespielt; die Jugendlichen daheim hatten sich hingegen innerhalb des Rahmens, der ihnen durch eine im Existenzkampf befindliche Gesellschaft gesetzt wurde, frei bewegen können. Ihnen standen, vor allem in der zweiten
Kriegshälfte, wesentlich mehr Informationen über politische und gesellschaftliche Vorgänge zur Verfügung als den Soldaten.
Ein relativ kleiner, hauptsächlich durch unabhängige Studenten geprägter
Kreis hatte in den vier Kriegsjahren das Leben der Jugendbewegung aktiv
und auf sehr akademische Weise gestaltet, wobei die *Freideutsche Jugend*
die Hauptrolle gespielt hatte. Dieser Kreis setzte sich von der jüngeren Basis zu Hause und den Soldaten an der Front ab. Die Masse der Jugendbewegten hingegen verstand nicht mehr, was die Führer des *Wandervogels*, die
Mitglieder der *Freideutschen Jugend*, die Anhänger Wynekens oder die Mitglieder des *Greifenbundes* wollten.
Während die Wandervögel aus dem Feld zurückkehrten und teilweise die
Jugendarbeit wieder aufnahmen, kam es Ostern 1919 in Jena zu einer letz-

ten großen Auseinandersetzung zwischen Jugendreformern und Jugendradikalen.[21] Die ein Jahr zuvor so benannte *Freideutsche Bewegung* spaltete sich endgültig in die seit 1917 existierenden Richtungen auf. Die eigentliche Fortsetzung des Bündnisses vom Hohen Meißner stellte die *Arbeitsgemeinschaft der Freideutschen Jugend* dar.[22] Ihr gehörten nur ältere Wandervögel an, die sich auf eine »freideutsche Gesinnung« beriefen. Die meisten *Wandervogel*-Soldaten schienen ihnen zu opportunistisch: »denn die Erfahrung lehrt, daß mancher, der im Wandervogel war, als er ins Leben hinaustrat, klein beigegeben, sich abgefunden hat«.[23] Die Grundlage der *Arbeitsgemeinschaft* bildete das Meißner-Bekenntnis von 1913, das aus einer anderen Welt in diese Nachkriegszeit hineinragte und immer noch »innere Freiheit«[24] forderte, statt die bedrohte äußere zu verteidigen.

Die *Freideutsche Arbeitsgemeinschaft* verstand sich noch als Vertreterin aller Gruppen der *Freideutschen Bewegung*. Als sich abzeichnete, daß die Trennung von 1919 endgültig war, riefen Knud Ahlborn und Ferdinand Goebel im Januar 1921 zur Gründung des *Freideutschen Bundes* als Zusammenschluß nur noch von Einzelmitgliedern auf. Die *Freideutsche Jugend* fand damit zwei Jahre später ihr Ende.[25]

Kampf um die Nachfolge

Ältere und im Krieg herangewachsene zwischenvölkische Jugendradikale fanden sich in der *Entschiedenen Jugend* zusammen.[26] Sie kamen aus der *Freideutschen Jugend*, aber auch aus freistudentischen Kreisen, die schon vor dem Krieg den herrschenden Verhältnissen gegenüber wesentlich kritischer eingestellt waren und sich aktiv um eine Erneuerung des Schulsystems als Hebel zur Veränderung der Gesellschaft aus jugendlichem Geist eingesetzt hatten. Sie versuchten, die im Krieg von der Sozialdemokratie abgespaltene *Freie Sozialistische Jugend* mit diesem Programm auf ihre Seite zu ziehen. Die Arbeiterjugend lehnte jedoch jegliche Zusammenarbeit mit dieser bürgerlichen Jugend ab. In der *Entschiedenen Jugend* wuchs die Unsicherheit über den einzuschlagenden politischen Weg. Waren die Proletarier nicht bereit, ihr zu folgen, so konnte man doch einer jugendlichen Einheitsfront Vorschub leisten, indem man sich staatlichen Stellen als Verhandlungspartner vor allem in Fragen des Schulwesens anbot und so versuchte, Einfluß im Sinne einer Jugendkultur zu nehmen.

Doch zu diesem Zeitpunkt konnte sich die sozialdemokratische Regierungspartei gegen das bürgerliche Lager, aus dem ihre Koalitionsparteien kamen, schon nicht mehr durchsetzen. Innerhalb der damaligen deutschen Gesellschaft schien den Plänen der *Entschiedenen Jugend* kein Erfolg beschieden. Viele Mitglieder zogen dieselben Konsequenzen wie Kurella 1919 und traten 1920/21 in die KPD ein: In der kommunistischen Gesellschaft sollten ihre Ziele Wirklichkeit werden. 1921 löste sich dann die gesamte Gruppe selbst auf und trat in die *Kommunistische Partei Deutschlands* ein.

Auch der auf Burg Lauenstein im August 1919 gegründete *Jungdeutsche Bund* beanspruchte für sich, alleiniger legitimer Nachfolger des *Wandervogels* zu sein. Frank Glatzel, alter und neuer Führer der Jungdeutschen, betonte in einer Ansprache das »ursprünglich Völkische«, das im *Wandervogel* gesteckt habe.[27] Doch dies sei dem *Wandervogel* noch nicht bewußt gewesen, als er als erstes Glied die Jugendbewegung ins Leben gerufen habe. Die *Freideutsche Jugend*, die auf der ersten Stufe aufbaute, habe zum ersten Mal die Einheit aller Bestrebungen der Jugendbewegungen erkannt und sich um eine Einigung bemüht. Um zu einer einheitlichen Stellung zu kommen, hätten sich erst die vielen unterschiedlichen Ansätze klären müssen. Die freideutsche Zeit der Jugendbewegung sei deshalb eine problembeladene Zeit der Unklarheiten und des Suchens gewesen. Der *Jungdeutsche Bund* nehme die dritte Stufe ein. Für ihn sei die Frage des »Wohin« geklärt. Er habe ein bewußtes Ziel – das der deutschen Volksgemeinschaft unter völkischem Vorzeichen. Die nunmehr entstehende Tatgemeinschaft ordne sich diesem Zweck unter.

Glatzel brachte die verschwommenen völkischen Vorstellungen der Jugendbewegung in ein erstes klares Konzept. Er betonte die Notwendigkeit einer Organisation, da die Jungdeutschen im politischen Bereich mitreden wollten.[28] Die meisten Jungdeutschen aber mißtrauten jeder organisatorischen Maßnahme. Glatzel scheiterte mit seinen Plänen und trat 1924 zurück; der *Jungdeutsche Bund* verzichtete auf politische Aktivitäten.[29]

Mit dem Scheitern der politischen Zielrichtung wandten sich die Jungdeutschen wieder der Jugendarbeit zu. Viele Mitglieder des Bundes gingen zusammen mit den unorganisierten Feldsoldaten in die wenigen noch vorhandenen Gruppen der Jugendbewegung. Der locker organisierte *Wandervogel* der Vorkriegszeit bekam festere Formen und bewegte sich auf die Pfadfinder und die Jugendgruppen der konservativen und nationalen Richtung zu. Dadurch erschloß sich ein weites Feld der Zusammenarbeit, das letzten Endes in die straff geführte *Bündische Jugend* führte.

Die Konzepte aller Gruppen, die in der Frühphase der Weimarer Republik die Nachfolge der jugendreformerischen und jugendradikalen Kreise antraten, verfolgten antiliberale und antidemokratische Ziele. Sie stellten der Differenzierung des Lebens in der modernen Demokratie, die »Funktionseliten« benötigt, die Einheit aller Werte gegenüber, vertreten durch eine entsprechende »Werteelite«.[30] So fand diese Jugendbewegung auch nach dem Krieg keinen Zugang zu den Strukturen der modernen Industriegesellschaft. Die Utopien von 1917 galten in den Jahren nach 1918 unverändert, obwohl der Wille zu politischer Einflußnahme deutlich bekundet wurde.[31]

Alle Gruppen scheiterten an dieser Diskrepanz. Frank Glatzels Vorstellungen, die er in seinem Programm aufgestellt hatte, können mit Differenzierungen auf alle besprochenen Gruppen ausgedehnt werden: Für die zukünftige Verfassung des deutschen Volkes wie für die eigene Gruppe gelte das »aristokratische Prinzip«. Der »zahlenmäßige Beschluß einer Mehrheit« könne unmöglich anerkannt werden. »Geschicklichkeit«, »Demagogie« oder »Zungenfertigkeit« dürften nicht über die Wahl der Führer entscheiden.[32] Prinzip des *Jungdeutschen Bundes* sei ein organisches »Sich-Gliedern zu einem immer höher gefügten Bau, und so kommt zu den Aufgaben der Erziehung und der sozialen Aufgabe, die vorhin gezeichnet sind, die Aufgabe der Aristokratie, die Aufgabe zu gliedern, Brennpunkte zu bilden, zu formen und zu führen, Führer zu entwickeln und die Fähigkeit, den rechten Führern zu folgen«.[33]

3. Die Feldsoldaten nach dem Krieg

Die Gruppen der Jugendbewegung, die sich während des Krieges herausgebildet hatten, wurden von den heimkehrenden Feldsoldaten, aber auch von der nachgewachsenen Kriegsjugend nicht angenommen. Die *Landsgemeinde*, 1916 als Bund der Feldwandervögel gegründet, löste sich 1919 auf, weil der erhoffte Zustrom der ehemaligen Soldaten als Mitglieder ausblieb.[34] Die *Freideutsche Jugend* sah von sich aus ein, daß die *Wandervogel*-Soldaten nicht mehr zu ihr paßten. Die traditionellen *Wandervogel*-Bünde selbst begrüßten zwar ihre Ehemaligen[35], aber der Zusammenhalt konnte nach der langen Trennungszeit nicht wiederhergestellt werden. Im Durcheinander der Nachkriegszeit lösten sich auch noch viele Gruppen auf. Bei vielen gärte es, weil die Jungen Aufstand gegen die alten Bundesleitungen machten.
Schwierig genug war es ohnehin, wieder Anschluß in der Heimat zu finden.[36] Bei ihrer Ankunft in Deutschland fanden die Soldaten ein verändertes Land vor, das ein Kriegsteilnehmer 1920 beschrieb:
»Das liegt weit zurück – und wir haben die Heimat wieder. Aber es ist nicht die Heimat, wie sie war, bevor ein wahnwitziger Krieg ihre Söhne auf die Schlachtfelder zwang.
Noch grüßen die Tore der Städte, noch läuten Glocken von den Türmen, noch sprießen Blumen auf sonnigen Wiesen, und wie zuvor stehen weite Wälder in schweigender Dämmerung.
Aber die *Menschen* sind nicht mehr dieselben. Die auf dem Lande ebensowenig wie die in der Stadt. Das vielgepriesene ›Stahlbad‹ war keine Heilquelle; es war eine Flut aus verpesteten Schlünden.
Nie kann Egoismus in diesem Maße triumphiert haben, nie streckten

so viele raffgierige Hände sich nach fremdem Eigentum. Die Menschen haben harte Herzen bekommen und verbitterte Gesichter. Sie verschränken ihre Arme und sehen stumm und teilnahmslos die Not und Angst, die überall emporsteigt. Voll Mißtrauen stehen sie selbst dem Freunde gegenüber. Hilf dir selbst, ich habe genug mit mir zu tun. In den Städten sind die Menschen immer mitleidsloser und bitterer gewesen. Das war auch vor dem Kriege schon so. Aber es scheinen die fünf Jahre der Not alle Untugenden ins Land getragen zu haben. Wie die schauderhaften Grammophone in die Dorfkneipen und der Schiebetanz auf den ländlichen Tanzboden gekommen, überhaupt aller Schund aus den Städten ins Land verpflanzt worden ist, so muß die *Gesinnung*, aus der diese Erzeugnisse wachsen, dort Wurzel fassen. Der Boden ist aufnahmebereit, er versagt sich nicht. Geht in die Dörfer und macht die Augen auf! Ihr werdet erkennen, daß es auch hier zu kämpfen gilt, wie überall, wo das Schlechte grellfarbige Fahnen heraussteckt.«[37]

Wie einschneidend selbst eine relativ kurze Zeit des Militärdienstes und des Kriegserlebnisses gewesen sein muß, zeigt eine Bemerkung Hermann Küglers, der zu denen gehörte, die 1918 noch eingezogen wurden. Bei seiner Rückkehr fand er den *Wandervogel* völlig verändert vor:

»Der Wandervogel war damals, nach dem Kriege, im großen und ganzen in einer schlechten Verfassung. Die gemischten Gruppen überwogen zumindest in Sachsen. Aber die Mädchen waren verburscht, die Jungen waren verweichlicht mädchenhaft, viele liefen in Tanzkitteln und langen Haaren umher. Manche Gruppen drohten sich in Paare aufzulösen. Mit solchen Gruppen konnte man keinen Bund neu aufbauen.«[38]

Kügler bemängelte eben das im *Wandervogel*, was nicht der Lebenswelt entsprach, die er in den vergangenen Monaten kennengelernt hatte. Ihm schwebte bereits der straffe Bund vor, in dem die Mädchen nichts zu suchen hätten: Wandervogelart sei Jungenart.[39]

Die Wandervogel-Hundertschaft als soziale Utopie

Einige der Feldsoldaten gingen, kaum heimgekommen, 1919 wieder in den Kampf. Sie ließen sich für die Verteidigung der deutschen Ostgrenze gegen Polen anwerben. Die polnische Regierung versuchte damals, die Unsicherheit in der Grenzfrage bei den Verhandlungen um einen Friedensvertrag mit Deutschland zu ihren Gunsten auszunutzen und die Siegermächte vor vollendete Tatsachen zu stellen. In die östlichen Gebiete Deutschlands drangen polnische Einheiten ein. Mit inoffizieller Billigung der Reichsregierung wurden *Freikorps* als militärische Verbände zur Verteidigung aufgestellt.

Zu diesen zählte eine *Wandervogel-Hundertschaft*, in der Angehörige der Jugendbewegung dienten.[40] In einer Mischung aus wenigen älteren, kriegserfahrenen Wandervögeln und jüngeren Jahrgängen, die nur für kurze Zeit oder überhaupt nicht zum Kriegsdienst herangezogen worden waren, lebten hier junge Männer für einige Monate in ihrer sozialen Utopie:

»Wir stellen eine Hundertschaft der schlesischen Wandervögel aller Bünde auf. Diese wird bestehen aus:

1. Altgedienten Feldwandervögeln aller Waffengattungen und Dienstgrade. Felddienstfähigkeit und Vertrautheit mit Gewehr 98, Karabiner, Maschinengewehr, Handgranaten oder Pistole erforderlich. Sie bilden den Kern der Hundertschaft.

2. Altgedienten kriegsverletzten Feldwandervögeln als Schreiber, Köche, Fahrer usw.

3. Ungedienten Wandervögeln bis Jahrgang 1901 einschließlich, deren Ausbildung mit Gewehr 98 in einer Zeit von etwa 6 Wochen erfolgen wird.

Die Führerstellenbesetzung der Hundertschaft regelt sich, sobald ein Überblick vorhanden ist, wie folgt:

1. Hundertschaftsführer: der älteste Offizier;

2. Zugführer: Offizier, dem Dienstalter nach;

3. Gruppenführer: Offiziere, soweit diese ausreichen, dann Vizefeldwebel usw.

4. Alle überzähligen Dienstgrade treten als Mannschaften ein. Ein Kündigungsrecht gibt es bei uns auch nicht. Unsere Hundertschaft löst sich erst mit dem Erlöschen jeder Gefahr für unsere Heimat auf.

Unser Vertrauensrat ist unsere Führerschaft. Besoldung, Bekleidung und Beköstigung usw. wie üblich. Wir enthalten uns für die Dauer der Dienstzeit in der Hundertschaft der Rausch- und Rauchgifte.

Auf dieser Grundlage wollen wir sofort mit einem der in Bildung begriffenen Freikorps über unsere Aufnahme in dessen Verband verhandeln.«[41]

Hans Burkhart berichtete in einem »Tagebuch der Wandervogel-Hundertschaft« der Schlesier[42], wie sehr sich die militärische Auffassung dieser Gruppe von der eingefahrenen starren Disziplin des deutschen Heeres unterschied. Entscheidungen wurden innerhalb der Großgruppe besprochen, so wie sie es von ihrem Wandervogelleben her gewohnt war. Da jedes Mitglied sich freiwillig gemeldet hatte, herrschte kein Kasernenhofton vor. Der Drill war nach der Beschreibung Burkharts härter als bei den anderen Einheiten, wurde aber freudig absolviert. Die schlesische Truppe wurde bald »zur besonderen Verwendung« ausgewählt. Daneben blieb genügend Zeit

Abbildung 17:
Einsegnung der Wandervogel-Hundertschaft in Rogau, 23. März 1919

für Sing- und Leseabende. Wichtige Dinge versuchte die Gruppe im »Thing« zu klären. Dort legte sie vor allem Rechenschaft ab über ihr Tun: »Wir setzten uns noch einmal mit den besonderen Verpflichtungen des Aufrufs auseinander, auf den hin wir doch alle zur Hundertschaft gekommen waren. ›Rein bleiben und reif werden.‹ Diese Worte Flexens wurden als unser Richtzeichen aufgestellt sowie die gegenseitige und Selbsterziehung zur Reinheit, Wahrheit und Liebe. Wir als Hundertschaft wollen uns nicht auf die Seite einer Partei schlagen. Mag jeder einzelne seine eigne politische Anschauung haben. Die Hundertschaft will sich gegen alle wenden, die mit den Waffen, mit Mord, Raub und Plünderung unsere Heimat bedrohen, seien es nun Feinde von jenseits der Volksgrenzen oder seien es Feinde aus den Reihen unsrer eignen Volksgenossen. Wir erkennen Mord und Totschlag, M.-G. und Handgranaten nicht als Waffen des politischen Kampfes an. Wer sie anwendet, den bekämpfen wir als Gegner unserer Heimat. Für den Kampf: Wir stehen ein füreinander, Alle für Einen und Jeder für Alle. Unbedingte Gefolgschaft unsern Führern, denen wir uns freiwillig zu Gehorsam verpflichtet haben. Unsere Stellung zum anderen Geschlecht: Nach dem Worte Flexens vom ›Rein bleiben und reif werden‹, zu den Rausch- und Rauchgiften: in dem Sinne, wie es Dehmel in dem Aufruf meinte, nämlich vollständige Enthaltsamkeit während der Zugehörigkeit zur Hundertschaft, also auch auf Urlaub und Kommando. Wir fordern dann dazu auf, frei zurückzutreten, wer sich in diesem Sinne nicht zu uns gehörig fühle.«[43]

In der *Hundertschaft* gelang es, ältere und jüngere Wandervögel unter einem konkreten Ziel, der Sicherung nationaler und staatlicher Existenz, zu einen. Das hier praktizierte Modell einer Gemeinschaft – straffe Ordnung ohne »Kadavergehorsam« – unter Männern sollte konstitutiv werden für die neue Ausrichtung der bündischen Jugendbewegung der zwanziger Jahre.

Der Kronacher Bund als Idylle

Die meisten der ehemaligen Feldsoldaten hatten inzwischen ihre eigenen beruflichen Wege eingeschlagen. Sie verband nichts mehr mit den Gruppen der *Freideutschen Jugend* oder den *Landsgemeinden*. Ihnen fehlte auch jeglicher Kontakt zu der im Krieg nachgewachsenen Basis des *Wandervogels*. Was sie wollten, war, dort wieder anzuknüpfen, wo sie 1914 aufgehört hatten. So entstand ein eigener Älterenbund, gegründet 1920 in Kronach (Oberfranken) bei einem Treffen der ehemaligen Feldwandervögel. Dessen Ziele entsprachen der alten *Wandervogel*-Mentalität: Man wollte kein Programm und keine feste Organisation; die Gemeinschaft sollte aus sich heraus wachsen.

Die Kronacher stellten der männlich-homogenen Elitejugend unter einem »Führer«, wie sie sich in der beginnenden Bündischen Jugend darstellte, den gemischten Bund von berufstätigen Männern und Frauen im Alter von etwa 20 bis 30 Jahren gegenüber. Sie wählten den Weg, den im Krieg die Angehörigen der *Landsgemeinden* propagiert hatten: die Auseinandersetzung mit der Zeit und dem »Volk« durch kontinuierliche Berufsarbeit.[44]
Einen wesentlichen Teil des Bundes bildeten deshalb die »Berufsgilden«, in denen sich jeweils die Berufstätigen einer Sparte zusammenschlossen, so die Ingenieure, Chemiker und Physiker in der *Technikergilde* oder die zahlreichen Lehrer in der *Lehrergilde*. Die *Gilden* hatten für ihre Sparten eine Sonderbeilage in der Zeitschrift »Der Zwiespruch«. Hier versuchten die älteren Wandervögel, ihre Erlebnisse im Berufsalltag zu überdenken und eine lebensreformerische Haltung zu erarbeiten. Damit wollten sie in den Alltag zurückkehren und Vorbilder für die Gesellschaft sein. Mit fortschreitender Geldentwertung und steigender Arbeitslosigkeit erwiesen sich dann die Verbindungen der einzelnen Mitglieder über »Berufskammern« als durchaus hilfreich bei der Beschaffung von Stellen.[45]
In den Quellen des *Kronacher Bundes* lassen sich nur schwer Nachwirkungen des Krieges nachweisen. Die Gruppenstruktur spiegelte eher Bedürfnisse und Wünsche des Vorkriegs-*Wandervogels* wider. Fast schien es, als versuchten die Kronacher, allein mit den Kriegsereignissen fertigzuwerden, ohne sich mitzuteilen. Wie wenig jedoch gerade diese Gruppierung der bürgerlichen Jugendbewegung sich mit dem Krieg auseinandersetzte, zeigen die Vorgänge beim Gründungsbundestag in Kronach. Im Rahmen dieses ersten Treffens der ehemaligen Soldaten fand ein »Kriegsspiel« statt, wie es früher zu vielen Treffen der Wandervögel gehört hatte und dem Abenteuerdrang der Jungen Rechnung trug. Das Kriegsspiel der Älteren jedoch hatte nun einen anderen Hintergrund – ohne nachzudenken, spielten hier junge Männer, die vier Jahre einen mörderischen Krieg ausgehalten hatten, naiv ihr Soldatsein nach und taten, als handele es sich um das Treiben ihrer Jugend:

»Pfingstmontag: der Soldatentag. 6 Uhr militärisches Wecken. Um 7 Uhr Kirchgang der Soldaten. In der Kirche fanden sich etwa 600 W.V. ein, große sonngebräunte Gestalten, denen man die Lust anmerkte, sich nach 5 Jahren hier wieder gesund finden zu können, und die nun beisammen waren, um derer zu gedenken, die in ihren Reihen fehlten. Um den Altar waren alle Fahnen aufgestellt. Musik füllte den größten Teil der Feier. ›Es ist ein Schnitter, heißt der Tod‹ als gemeinsamer Gesang zur Orgel. Ein Geigenkonzert von Bach mit Orgel. Ein Choral für Mädchenchor, ein Lied für eine Buben- und zwei Mädelstimmen mit Geige und Laute. Der Engelhardt, ein W.V.-Pfarrer, las den 90. Psalm und hielt die Ansprache. Er stand im W.V.-Festkleid auf der Kanzel. Jedes Dogma fehlte, vielleicht war grade deshalb die Feier so voll inneren religiösen Gefühls. E. ging davon aus, daß auch im Feld bei Beerdigungen die Musik auf dem Weg zum Friedhof einen Trauermarsch spielte und auf dem Rückweg mit lustigen Marschliedern ins Leben zurückführte. So wollten auch wir jetzt der Gefallenen gedenken, nicht in Leid oder Trauer, sondern um die Verantwortung und Pflicht ganz zu fühlen, die ihr Tod uns auferlegt. Der Tag selbst aber solle der Lebensbejahung und tiefinnerlicher Freude gehören.

Um 11 Uhr Antreten zur Parade . . .

Und nun in endlosem Zug die Horden, um ihre Fähnlein geschart. Zu ›Gewehr über‹ wurde in die Hände geklatscht, das klappte, wie wenn ein Bataillon einen zackigen Griff macht. Die Exzellenz krähte nur mit hoher überschnappender Stimme im richtigen Offizierston.

In schneidigem Marsch ging's durch die Straßen unter alten hallenden Torbogen durch zum Markt. Den hatten die Mädchen schon in weitem Kreis abgesteckt. Die Kronacher standen dicht gedrängt dahinter. Aus allen Fenstern schauten lachende Gesichter auf das bunte Bild. Die Musik schwenkt ab, die Generale klettern auf einen Wagen. Die Musik schmettert den Parademarsch, und eine Horde nach der anderen zieht in strammem Schritt vorbei. Zuerst die Infanterie, dann Stoßtrupp mit Gasmaske. Die Minenwerfer mit einem alten Ofenrohr auf einem Wagen. Ein unförmig verhängtes Ding, das immer knallte, der Tank. Ein Flugzeug mit einem 5-Zylinder-Motor. Die Reiterei auf Steckenpferden, ihr Führer auf einem richtigen winzigen Ponny, so daß der lange Kerl mit seinen Beinen nebenherlaufen konnte. Die Marine mit einem Waschzuber auf einem Wägele. Im Vorbeifahren wurden immer die kreischenden Zuschauer angefeuchtet. Dahinter der Kriecherverein Hessen. Mit einer Vereinsfahne, mit roten baumwollenen Sonnenschirmen, die sie wie Gewehre geschultert hatten, und mit Frack und zerbeultem Zylinder. Dann die P.o.W. und P.G. Zum Schluß ein Wagen mit den Verwundeten, den Krankenschwestern und dem Herrn Pfarrer . . .

Plötzlich der Ruf: Fliegeralarm! ! – Mit einem Ruck lag alles auf dem Bauch. Der Tank schoß mit Leuchtraketen, die Maschinengewehre knatterten, auf jedem Blechgegenstand wurde getrommelt, und die Hessen spannten ihre Regenschirme auf. So wurde der Angriff mit vereinten Kräften abgeschlagen, zumal sich herausstellte, daß der Flieger ein Deutscher gewesen sei. – Nun kam die große Ordensverleihung. Für alle möglichen und unmöglichen Verdienste gab es Auszeichnungen. Mitten in diese feierliche Handlung platzte auf einmal eine Horde wüst aussehender Kerle mit Knüppeln und Stangen. Die rote Armee! Der Stoßtrupp wurde ausgesandt, es gab ein Handgemenge, die rote

172

Abbildung 18:
Kriegsspiel der Wandervogel-Feldsoldaten in Kronach, 24. Mai 1920

Armee wurde entwaffnet. Die Ordensverleihung ging ruhig weiter. Nur der Soldatenrat mit der roten Armbinde hatte immer was zu maulen. – Mit einem allgemeinen Lied wurde dann die Parade geschlossen.«[46]

Dieses Kriegsspiel stellte keine Parodie dar. Es war wohl eher ein unbewußtes Ausleben des unfaßbaren Geschehens, das man überlebt hatte. Die weiterhin recht naive Einstellung zu den Ereignissen zeigt aber auch, wie wenig die Feldsoldaten von den Diskussionen der heimatlichen Gruppen über Deutungen des Krieges mitbekommen oder begriffen hatten. In der Idylle des *Kronacher Bundes* gab es auch in den folgenden Jahren der Programm- und Zieldiskussionen keinerlei Aussprechen über das Kriegserlebnis.

»Nie wieder Krieg!«

Einzig in der Zeitschrift »Junge Menschen« fand eine realistische Auseinandersetzung mit dem Kriegserlebnis statt. Walter Hammer als Herausgeber schlug eine radikal-pazifistische Linie ein, an der sich diejenigen Soldaten beteiligten, die von der Brutalität des Krieges entsetzt waren. Hammer wurde innerhalb der Bewegung bald isoliert.[47] Seine Zeitung sprach notwendigerweise über die Jugendbewegung hinaus republikanische und pazifistische Kreise an. Schon in den ersten Nummern erschien eine Rubrik »Der Krieg«.[48] Die darin veröffentlichten Berichte zeigten den Krieg in seiner grausamen Unmenschlichkeit. Walter Hammer begründete die Notwendigkeit einer solchen Spalte:

»Vom Kriege, wie er *wirklich* war.

Der Weltkrieg ist vorbei. Aber immer noch folgen sogar Teile der Jugend – im Banne von Schule, Elternhaus, Presse und Parteijugendpflege stehend – den alten Gedankengängen, die zu ihm geführt haben. Zumal in fast allen höheren Schulen wird noch heute der Krieg als solcher verherrlicht, wird Rache gepredigt, Haß gesät, gieriger Imperialismus gezüchtet und völkischer Hochmut in die jungen Soldaten gepflanzt . . .

Trotz der allgemeinen Erschöpfung, in der sich die Welt heute nach dem großen Aderlaß der 4¹/₂ Kriegsjahre befindet, haben sich – nicht zuletzt wegen des wahnwitzigen Friedens von Versailles – überall so viel neue Zündstoffe angehäuft, daß die internationale Lage kritischer denn je ist, so daß heute schon wieder Kräfte mit verhängnisvollem Werbeerfolg am Werke sind, das eiserne Würfelspiel von neuem in Gang zu bringen. Ja, es gibt sogar Jugend, die, im guten Glauben, einer großen, rettenden Idee zu dienen, solcher Aufwiegelei Vorschub leistet, willig sich ins Schlepptau nehmen läßt von den kriegstreiberischen Gewalten . . .

Wir Frontsoldaten, die wir für Volk und Heimat gekämpft und entbehrt, geblutet und gelitten haben, dürfen solchem Unheilstiften nicht mit verschränkten Armen schweigend zusehen. Wir, die wir es zum Teil in einem siegreichen Deutschland nicht hätten aushalten können, halten heute mit doppelter Liebe zur neuen, notleidenden deutschen Volksgemeinschaft. Durch eigenes Erlebnis sind wir zu der Überzeugung gekommen, daß es für das neue Deutschland nichts Verhängnisvolleres geben kann als den Ausbruch eines Revanchekrieges. Aller Aufbau ist unnütz, wenn nicht die internationale Anarchie beseitigt wird. Wir haben den Glauben an die Überwindung des Krieges, wir schaffen dem verflossenen Weltkriege nur *dadurch* einen Sinn, daß wir uns geloben: ›*Nie wieder Krieg!*‹ Kampf dem Kriege – das verträgt sich durchaus mit der parteipolitischen Neutralität unseres Blattes, an der auch weiterhin festgehalten wird.«[49]

4. Neubeginn und Wandlung der Jugendbewegung

Die Älterengruppen der Jugendbewegung aus der Kriegs- und Vorkriegszeit waren spätestens 1920 innerhalb der Bewegung völlig isoliert. Sie hatten keine Verbindungen mehr zu den nachkommenden Jüngeren, die ihrerseits mit dem Recht der Jugend die Erfahrungen anderer ablehnten. *Freideutsche Jugend*, *Landsgemeinden* und *Kronacher Bund* scheiterten bei ihren Versuchen, sich eine jugendliche Basis zu schaffen, weil ihre Vorstellungen von Leben und Aufgaben einer bündischen Gruppe inzwischen anachronistisch geworden waren. Die Freideutschen und die Landsgemeinden konnten die Kluft zwischen Heimat und Front im Krieg nicht überwinden; deshalb gelang es ihnen auch nicht, zumindest eine geschlossene Älterenbewegung in Gang zu bringen. Den zwischenvölkischen Jugendradikalen gelang es zwar, jugendliche Nachfolger zu finden und mit ihnen zusammen die *Entschiedene Jugend* zu formen; sie fanden jedoch weder Anklang in der Gesellschaft noch bei einer nennenswerten Zahl der jüngeren Wandervögel. Die Jungdeutschen scheiterten bei ihrem Versuch, einen völkischen jugendbewegten Beitrag zur Politik zu leisten; die Mehrzahl der Mitglieder wollte eher den alten Wandervogelweg gehen, sich also aus der Politik heraushalten.

Vier Jahre Krieg hatten im Inland wie an der Front Lebensgewohnheiten und -bedürfnisse geformt, die in der bürgerlichen Jugendbewegung ein Verlangen nach hierarchischen, organisierten und zielgerichteten Mustern von bündischen Gemeinschaften hervorriefen. Die Älteren hatten als Soldaten solche Lebensformen kennengelernt; die Jüngeren brauchten diese festen Ordnungsvorstellungen, weil sie in einer Zeit groß geworden waren, in der sich gesellschaftliche und soziale Bindungen aufzulösen begannen.

Die Umstrukturierung von den lockeren *Wandervogel*-Gruppen zu den Bünden fand zuerst dort statt, wo sich den Krieg über Gruppen halten konnten, die von zurückgekehrten Feldsoldaten oder Älteren, die nicht eingezogen waren, geleitet wurden. So findet sich in Breslau Martin Deckart, 1915 aus dem Krieg zurück, wieder als aktives Mitglied der *Landsgemeinde* und als einer der Initiatoren der schlesischen *Wandervogel-Hundertschaft*.[50] Nach dem Krieg baute er 1922 zusammen mit dem gerade entlassenen Soldaten Hans Dehmel die *Schlesische Jungmannschaft* auf.[51]

In Sachsen schlossen sich an einen starken Gau des *Wandervogels e. V.*, der den Krieg relativ unbeschadet überstanden hatte, Entwicklungen zu einer neuen Form des *Wandervogels* an: zum Jugendbund. Der dabei mitwirkende Hermann Kügler war erst 1918 eingezogen worden und konnte dadurch den Krieg über bei seinen Gruppen bleiben.[52] Der wesentlich an der Umgestaltung beteiligte Rudolf Mehnert war wegen starker Kurzsichtigkeit trotz seiner Bemühungen nicht Soldat geworden; statt dessen wurde er 1915 zum Grenzschutzkommando ins Erzgebirge berufen, verlor also nie den Kontakt zu den *Wandervogel*-Gruppen.[53] Werner Kindt, Kriegsteilnehmer von 1917 bis 1918, formte nach der Auflösung des *Wandervogels e. V.* 1922 den eigenständigen *Wandervogelgau Nordmark*. Im Krieg existierte ein *Landsgemeindegau Nordmark*.[54] Ernst Buske, der wegen des fehlenden linken Armes nicht Soldat wurde und den Krieg über in der Jugendarbeit blieb, gestaltete den Kern seines Jungenbundes aus Teilen des Thüringer *Alt-Wandervogels*.[55] Die unmittelbare Arbeit mit den Jugendlichen bewahrte so viele davor, sich zu sehr von der Basis zu entfernen.

Das Geschehen der Jugendbewegung in der Vorkriegs- und Kriegszeit hatte sich vor allem in Hamburg (dem Entstehungsort des *Bundes Deutscher Wanderer*), in Wien (mit dem *Anfang-Kreis*) und in Berlin (dem Entstehungsort des *Wandervogels*) sowie in den Universitätsstädten Göttingen, Jena, München, Heidelberg und Marburg abgespielt. Die Bewegung konzentrierte sich also auf Orte im Herzen Deutschlands. Der Schwerpunkt verlagerte sich nach dem Krieg. Die Grenzen des Deutschen Reiches wurden im Westen und Osten von Frankreich und Polen in Frage gestellt. Das

Abbildung 19:
Zimmer eines Wandervogel-Soldaten und Freikorps-Kämpfers, 1919

Augenmerk der Jugendbewegung richtete sich auf die zuvor wenig beachtete Peripherie. Regionale Zentren in den Grenzgebieten sorgten nun für neue Impulse.

In aller Stille geschah in Sachsen, Thüringen und Schlesien eine im eigenen Sprachgebrauch als »Revolution« bezeichnete Wandlung des *Wandervogels*, als sich Jugendreformer und Jugendradikale längst isoliert hatten und abgehobene Scheingefechte führten.[56]

> »Nicht ›politische Tätigkeit‹, wie man sie landläufig versteht im Treiben nach rechts oder links, in Demokratie und Kommunismus und sonstwas, sondern immer Erneuerung, diese Aufgabe allein ist *unser* Erlebnis der Revolution.«[57]

Älter gewordene Feldsoldaten, denen nach kurzer Zeit im Krieg die Ordnung der *Wandervogel*-Gruppen zu »lasch« erschien, rebellierten im Namen der Jugend gegen die Bundesleitung des *Wandervogels e. V.*, aber auch gegen ihre eigene Generation, die nicht mehr in die Gruppen gegangen war. Der immerhin schon 27 Jahre alte Rudolf Mehnert schrieb 1920 im »Sachsenspiegel«:

> »Alle die unzulänglichen früheren Wandervögel . . . gehören nicht zu uns: die jetzt als Pauker in dem alten leidigen Ton regieren, die die endlosen, toten Spalten des Zwiespruches mit ihrer Unfähigkeit füllen, die in Gilden und Gemeinschaften ihre sterilen Gefühlchen weiterspinnen. Trotzdem: unsre Fahrten sind wild und Romantik. Aber über sie hinaus haben wir den Mut, alle Fragen uns restlos zu beantworten, die nur im Gesichtskreis unserer Jugend liegen können. Und wir haben den festen Glauben, daß mit uns jetzt im Wandervogel eine Jugend reift mit einem völlig neuen Weltgefühl und unbeirrbarem Lebenswillen.«[58]

Der Sieg der jungenschaftlichen Idee

Es folgte von 1920 bis 1922 eine Zeit der Umstrukturierung der *Wandervogel*-Bünde. Nun entstanden Gruppierungen, die von der Idee des rein männlichen Bundes ausgingen und die Frauen in eigene Organisationen verwiesen: die *Jungenschaft* Ernst Buskes im *Alt-Wandervogel* (1920), der *Wandervogel-Jungenbund* (Sachsen, Harz-Elbe, Baden 1921), der *Schlesische Wandervogel-Jungenbund* (1922) und der *Nerother Wandervogel*. Auf der anderen Seite bildeten sich Bünde, die von der Mannigfaltigkeit des Lebens im *Wandervogel* ausgingen und auch Mädchen und Frauen aufnahmen: ein Rest des *Alt-Wandervogels*, der mit dem Jungenbund nicht einverstanden war, im *Deutsch-Wandervogel* (1921); das *Bündnis freier Wander-*

vogelgaue (1923) als Vereinigung der nordwestdeutschen Gaue des 1922 aufgelösten *Wandervogels e. V.*[59]
Von der jungenschaftlichen Richtung trafen sich Ostern 1922 der *Alt-Wandervogel*, der *Wandervogel e. V.* (kurz vor seiner Auflösung) und der *Wandervogel-Jungenbund* mit einigen Pfadfinderverbänden und dem christlich eingestellten *Bund der Köngener* zu gemeinsamen Beratungen auf der thüringischen Wartburg. Damit ergab sich zum ersten Mal eine Gruppenkonstellation, die künftig das Gesicht der bürgerlichen Jugendbewegung bestimmte.
Nach diesem Treffen beschrieb Martin Voelkel, führender Neupfadfinder, das Wesen einer bündischen Jugend:
>»In einem rasch besorgten Saal trafen sich dann die Bundesleiter zur Fortsetzung des Gesprächs am Nachmittage. Hier entrollte Martin Voelkel den Plan zur umfassenden Gesamtgestaltung des deutschen Jugendlebens. Die autonomen Jugendbünde sollten vorangehen und sich zur deutschen Jungmannschaft zusammenschließen, zu diesem Zweck gemeinsame Verpflichtungen auf sich nehmen und ein gemeinsames Bekenntnis ablegen. Von jedem einzelnen ihrer Glieder sollten sie ein Mindestmaß körperlicher Leistungsfähigkeit fordern, sollten die Treue als Grundlage, Führertum und Gefolgschaft als die Formen ihres Gemeinschaftslebens schärfer herausbilden, sollten gauweise jährlich gemeinsam ein Jugendfest veranstalten und sollten die Verpflichtung zu einem freiwilligen Dienstjahre der Jugend auf sich nehmen und vertreten und die zu seiner Verwirklichung führenden Schritte gemeinsam tun, insbesondere für Arbeitsplätze in der lebensnotwendigen Industrie und für die Beschaffung von Jugendland in größerem Maßstabe sorgen, auch den Gedanken der Jungmannschaft literarisch vertreten und verbreiten.«[60]

Vom Wartburgfest nahmen die noch unverbundenen Gruppen die Idee gemeinsamer Grenz- und Auslandsfahrten unter den gleichen Farben – einem weißen Wimpel mit schwarzem Balkenkreuz – mit nach Hause.[61] Die Grenzgaue Sachsen, Thüringen und Schlesien suchten 1922 in den angrenzenden Ländern neue Fahrtenerlebnisse, vor allem in Südosteuropa. Zielgruppen waren die Deutschen im Ausland, in Pommern, Siebenbürgen und Böhmen. Die west- und norddeutschen Gruppen reisten bevorzugt nach Frankreich, England und Skandinavien.[62]
Wie auf der Wartburg schon beschlossen, fand am 3. und 4. August 1923 das »Fichtelgebirgstreffen« der neuen Bünde statt. Bündisch-jungenschaftliches Gruppenleben und Fahrten ins Ausland hatten sich inzwischen eingebürgert.
Die Gruppen konnten sich auf einen gemeinsamen Inhalt einigen, das erste Bekenntnis der neuen Jugendbewegung der zwanziger Jahre, zugleich ein

Muster für das Vokabular und den Stil, der sich jetzt durchsetzen sollte: »Nicht Politik der hohen Bundesleitungen oder Diplomatie einzelner Menschen hat uns hier zusammengeführt. Vergessen wir es nicht: am *Grenzfeuer* stehen wir vereint. Das deutsche Schicksal und die deutsche Not: sie schmieden uns zusammen. Ihre lodernden Flammen lassen klein und nichtig erscheinen, was deutsche Menschen heute noch zu trennen sucht. Sie sind Fanal, das alle Treuen und Bereiten sammelt und zum Aufbruch mahnt. Sind Fackel, die den künftgen Weg durch Nacht und Kampf uns grell erleuchtet. Nicht zufällig haben sich die Bünde in der Grenzlandarbeit gefunden und schon im vorigen Jahre auf der Wartburg vereint. Da haben sie in gleicher Arbeit ihren inneren Wert erkannt; an dem gleichen Ziel ihre Einheit lebendig gespürt; auf den großen Grenzlandfahrten ihre gleichen Kräfte erprobt. Aber tiefer noch liegt der Sinn: Grenzland – das heißt: kämpfendes, bewußtes Volkstum; und heißt: bedrohte, darum doppelt liebe Heimat. Der gleiche Lebensstrom erfüllt das ringende Volk an der Grenze und das werdende Volk im Kerne trotz aller Grenzen, die ihm Willkür und Gewalt gesetzt.

Aber verhehlen wir auch dies nicht: die Schicksalsnot ist nur der äußere Anlaß, der uns zusammenführt. Wie Rauch sinnlos verweht, wenn die Flamme herabgebrannt, so würden auch wir wieder zerstreut werden, wenn uns nicht – abgesehen von allem Äußeren – tiefer und innerlich Gemeinsames bände. Es ist die längstgehegte Sehnsucht aller jungen Menschen nach engerem Zusammenschluß; es ist der hohe Glaube an die Einheit alles jungen deutschen Blutes: *die* wagen heut den ersten Schritt zur Erfüllung und Verwirklichung. Und wir dürfen ihn wagen; wir haben das stolze Recht dazu. Denn wir sind gezeichnet von jenem reinen Menschheitsereignis, das uns traf und dem wir standhielten: Uns ward der *Bund*. Der Bund, in dem das Bild des jungen Deutschen morgenschön erstand, in zwingender Gewalt zur Herrschaft kam und Gefolgschaft fand. Der Bund, in dem es wieder Heimat für brüderliche Liebe, heldisches Leben und Treue bis zum Tode gibt. Der Bund, in dem sich – wie im Tautropfen die Sonne – das *Reich* abspiegelt, das über uns allen steht. . .

Und wie das Fest aus unserem Leben geboren ist, so wird es auch wieder für unser Leben fruchtbar werden und uns zeigen, was wir für unseren künftigen Weg gemeinsam besitzen und brauchen: Brüder, wir wollen *ein* Lager bleiben, dem eignen Gesetz uns beugen, unseren Führern folgen, einen heiligen Bezirk ehren und wie hier bei unserem Malstein so bei jedem guten Werk gemeinsam Hand anlegen. Das andere steht nicht mehr in unserer Macht, sondern in dessen Hand, der uns den Sonnenaufgang schenkt oder versagt.

Und wenn auch unser Feuer niederbrennt – die ewigen Sterne leuchten
über uns. Zu ihnen heben wir den Blick empor:

Ihr Sterne seid uns Zeugen,
Die schweigend niederschaun:
Wenn alle Menschen schweigen
Und falschen Götzen traun,

Wir woll'n das Wort nicht brechen,
Nicht Buben werden gleich,
Woll'n predigen und sprechen
Vom heilgen deutschen Reich!«[63]

Als »Die vereinigten deutschen Jugendbünde« unterschrieben diesen Text,
schon in ihren Namen zumeist Programme andeutend: *Akademische Frei-*
schar, Alt-Wandervogel, Bund der Ringpfadfinder, Bund der Wandervögel
in Polen, Bund Deutscher Neupfadfinder, Deutscher Pfadfinderbund,
Deutsch-Nationaler Jugendbund, Deutsch-Wandervogel, Die Fahrenden
Gesellen, Jungdeutscher Bund, Jungdeutsche Landfahrer, Jungnationaler
Bund, Jungscharen des Bundes der Köngener, Nerother Wandervogel,
Österreichischer Wandervogel, Schweizer Wandervogel, Sturmvolk, Wan-
dervogel Jungenbund, Wandervogel Wehrbund.[64]

Das Ende der Nachkriegszeit

Freilich gelang es nicht, wirklich alle Bünde der Jugendbewegung zusammenzuschließen. Die Gegensätze zwischen Pfadfindern und Wandervögeln, zwischen Jugendbund und Jungenbund waren zu groß. Martin Voel-
kels Idee eines »Hochbundes«, der alle Jüngeren – und die am Treffen beteiligten Älterenbünde *Jungdeutscher Bund* und *Akademische Freischaren* –
umfassen sollte, zerschlug sich nicht zuletzt durch Frank Glatzels Gegenvor-
stellungen bei einem »Führertreffen« in Hameln am 9. und 10. Februar
1924.[65] Glatzels Programm eines »Großdeutschen Wehrbundes«, der die in-
nen- und außenpolitische »Verteidigung der deutschen Volksgemeinschaft«
zum Ziel hatte, war für die sich neu formierenden Jüngerenverbände zu »re-
alpolitisch«.[66] (Auslöser für diesen Vorschlag war die Furcht vor unkontrol-
lierten Aktivitäten der älteren Jugendbewegten durch Teilnahme an militärischen Abenteuern in der Folge des Hitler-Putsches.) Erst Jahre später, gegen Ende der Weimarer Republik, folgte die *Deutsche Freischar* einer ähnlichen Konzeption, als sie erkannte, wie notwendig die Auseinandersetzung
mit der »Realpolitik« war.[67]

Mit dem »Fichtelgebirgstreffen« ging für die bürgerliche Jugendbewegung die Nachkriegsphase zu Ende. Die Jungenbünde schlossen sich 1923 zu einem *Wandervogel/Deutsche Jungenschaft* zusammen.[68] Die gemäßigteren Bünde, die (getrennte) Mädchengruppen zuließen, vereinigten sich im *Bündnis freier Wandervogelgaue*; sie bekamen 1925 Verstärkung durch weitere Gaue des ehemaligen *Wandervogels e. V.* und nannten sich *Wandervogel/Deutscher Jugendbund e. V.* Im März 1926 vereinigten sich beide Richtungen mit deutschen Pfadfindern unter Einbeziehung der Mädchen zum *Bund der Wandervögel und Pfadfinder*, der im folgenden Jahr zur *Deutschen Freischar* wurde.[69]

Fieber ohne Heil

1. Krisen der Gesellschaft und Utopien der Jugend

Mit der Modernisierung geht eine zunehmende Differenzierung der Gesellschaft einher, die das Entstehen von Jugend als sozialer Gruppe begünstigt. Denn die Industrialisierung fordert erhöhte und spezifizierte berufliche Qualifikationen und eine Verlängerung der Ausbildungsphase. Für die Jugendlichen erfolgt die Eingliederung in den Arbeitsprozeß und die soziale Integration in die Gesellschaft verspätet. In dem so geschaffenen Freiraum wird es ihnen aber auch ermöglicht, eigene Lebensformen zu entwickeln und tradierten Normen und Verhaltensweisen ihre Utopien gegenüberzustellen. Dabei haben Jugendliche, weil sie noch nicht in die Gesellschaft eingebunden sind, durch ihre Distanz die besten Voraussetzungen, latente Grundprobleme einer Gesellschaft zu erkennen oder zumindest zu spiegeln, erkennbar zu machen.

Das Auftreten einer ersten eigenständigen Jugendbewegung erfolgte in Deutschland zu einer Zeit, als der wilhelminische Staat sich zu einer Industrienation entwickelte. Der Anschluß an den Hochkapitalismus vollzog sich in einem Kaiserreich, das weitgehend noch feudalen Charakter hatte. Während Landwirtschaft und Industrie moderne technisch-ökonomische Methoden übernahmen und sich tiefgreifende soziale Veränderungen ergaben, blieb die vorindustrielle Macht- und Wertehierarchie erhalten. Dies führte zu tiefgreifenden Konflikten zwischen den innovativen und den beharrenden Kräften in der Politik. Die Probleme der Modernisierung traten in Deutschland zu einer Zeit auf, als das erst kurz zuvor gegründete Deutsche Reich noch zahlreiche Risse und Spannungen aufwies.

So fehlte es nicht an Stimmen, die diese Entwicklung Deutschlands beklagten und nach einer einigenden, starken deutschen Kultur verlangten. Die Kritik kam hauptsächlich aus dem Bildungsbürgertum, das im 19. Jahrhundert vor allem in den protestantischen Regionen die Interpretation gesellschaftlicher Realität geleistet hatte. Dem Bürgertum drohte durch den Modernisierungsprozeß der soziale und wirtschaftliche Abstieg. Die sich durchsetzenden Maßstäbe der Rationalität und des Profits, die den Menschen nur in seiner fachbezogenen Leistung anerkannten, traten in Konkurrenz zu der bildungsbürgerlichen Vorstellung von der Notwendigkeit umfassender Persönlichkeitsbildung.

Die bürgerliche Jugendbewegung suchte nach Lösungsmöglichkeiten für die Krise ihrer Schicht. Die hinzukommende jugendspezifische Verunsicherung wurde dabei zur übergroßen Last: Weder die Elternhäuser noch die Gesellschaft konnten überzeugende Identifikationsmuster anbieten. In einer solchen Situation flüchteten die Wandervögel in die Natur und die studentischen Freideutschen in philosophisch-religiöse Betrachtungen über letzte Dinge. Der verwirrenden Gegenwart stellten sie die Utopie eines alle Lösungen in sich bergenden Jugendreiches entgegen.

Diese Jugendbewegung trug folglich einen ambivalenten Charakter. Zum einen sah sie sich als jugendliche Protestbewegung, die als »Jugend« gegen die »Alten« kämpfte, zum anderen verteidigte sie als junge Generation des Bildungsbürgertums traditionelle bildungsbürgerliche Normen und Verhaltensweisen. So wollte sie im doppelten Sinne »Führer« stellen: jugendliche Führer, weil sich die Erwachsenen in einer Krise befanden, und Führer des Bildungsbürgertums, um weiterhin den Anspruch auf Interpretation gesellschaftlicher Zielsetzungen zu sichern.

Der Erste Weltkrieg als Katalysator sozialen Wandels verstärkte die Modernisierungstendenzen. Im ersten modernen Massenkrieg zeigte sich das Ausmaß, in dem Technik, Organisation und Bürokratie die Gesellschaft ergriffen hatten. Wandervögel und Freideutsche waren auf ein solches Phänomen ebensowenig vorbereitet wie die deutsche Gesellschaft im ganzen.

Der Krieg bot der Jugendbewegung die Möglichkeit, ihr Selbstbewußtsein anzumelden, Führungselite zu sein. Denn Jugendliche und Heranwachsende trugen die Hauptlast des Krieges und leiteten daraus ihren Anspruch auf gesellschaftliche Partizipation ab. Voller Enthusiasmus und mit konkreten Vorstellungen von ihrer Aufgabe zogen die Angehörigen der Bewegung ins »Feld«. Sie wollten im Krieg ihre Kraft dem Vaterland zur Verfügung stellen, bei diesem »Dienst am Vaterland« den anderen Soldaten Vorbilder sein und sich unter extremen Bedingungen »bewähren«. Ihnen kam es nicht darauf an, das äußere Funktionieren eines Massenkrieges zu verstehen, sondern sie suchten das »innere Erleben« in einer menschlichen Ausnahmesituation. Dadurch, so meinten sie, könnten sie die Stärke der eigenen Persönlichkeit prüfen und Antworten auf grundlegende Seinsfragen finden. Deshalb verstanden sie unter einer Auseinandersetzung mit den Kriegsereignissen deren religiöse und philosophische Durchdringung, die Probleme des Individuums in den Vordergrund stellte. Soziale, wirtschaftliche oder politische Analysen lagen jenseits ihrer Interessen.

Die Besonderheit der Soldaten aus der Jugendbewegung lag deshalb in ihrem persönlichen, oft recht unkonventionellen Umgang mit anderen Menschen. Ihr moralisch ambitionierter Lebenswandel verschaffte ihnen vereinzelt persönlichen Respekt, ohne daß es ihnen gelang, von den Rekruten aus dem »gemeinen Volk« und den Offizieren aus den »höheren Schichten« allgemein anerkannt zu werden. Sobald jedoch die Grenzen der überschaubaren Gemeinschaft gesprengt wurden, verlor sich die Sicherheit dieser jungen Soldaten. Langemarck ist ein Symbol dafür, wie ohnmächtig sie den Realitäten des modernen Krieges begegneten. Wandervögel und Freideutsche, die sich frei von »Sachzwängen« wähnten, wurden zu Werkzeugen eben der Mechanismen, denen sie durch »innere Autonomie« zu entfliehen glaubten.

Wie die Soldaten im Schützengraben mußten sich auch die Daheimgebliebenen mit der Veränderung der realen Verhältnisse auseinandersetzen. Was der reglementierte Militärdienst noch überdecken konnte, zeigte sich in der Heimat ganz offensichtlich: Die Heranwachsenden übernahmen zwar als Soldaten im Krieg oder als Helfer im Lande Pflichten der Erwachsenen, ihnen wurden dafür aber keine Rechte zugestanden. Die Kriegsgesellschaft war im Gegenteil bestrebt, die kriegstragenden jüngeren Jahrgänge möglichst reibungslos zu integrieren. Um alle nachfolgenden Generationen im Sinne der Stabilisierung des »status quo« disziplinieren zu können, bereiteten militärische und zivile Behörden ein Gesetz zur Einführung der militärischen Jugendpflege vor, das über die Kriegszeit hinaus Gültigkeit haben sollte.

Die Erfassung aller Jugendlichen bis 18 Jahren unter paramilitärischen Bedingungen hätte den Bestand der *Wandervogel*-Bünde gefährdet, aus denen die Älterengruppen ihren Nachwuchs erhielten. Die Freizeit auch der Wandervögel würde mit Übungsstunden der Jugendpflege ausgefüllt sein, für das eigene Gruppenleben keine Zeit mehr bleiben. Die Heimatgruppen und die Feldwandervögel reagierten auf diese äußere Bedrohung ihrer Freiheit mit einer intensiven Diskussion über Inhalt und Auswirkungen dieses Reichsjugendwehrgesetzes. Dabei kristallisierten sich zwei Richtungen heraus. Die »Jugendreformer« verstanden sich als neue gesellschaftliche Kraft, die über Reformen und Kompromisse das angestrebte Reich der Jugend erreichen wollte. Die »Jugendradikalen« suchten in der Betonung der »heilbringenden« Jugendlichkeit den Ausweg; sie lehnten eine pragmatische Kooperation mit der wilhelminischen Gesellschaft weitgehend ab.

Die Feldwandervögel und die Wandervogelgruppen in der Heimat bejahten eine gesetzliche Regelung, weil sie über führende Stellungen in der Jugendpflege ihrem Ziel, moralische Führer der Gesellschaft zu werden, näherzukommen meinten. Ihr Interesse galt weniger den Ausführungsbestimmungen des Gesetzes; die zivilen und militärischen Stellen würden schon Bedingungen schaffen, die dem *Wandervogel* entgegen kämen, da man ja gemeinsam nach Lösungen suchte, die dem Allgemeinwohl dienten.

Die reformerische *Freideutsche Jugend* nahm insgesamt eine distanziertere Haltung zum Reichsjugendwehrgesetz ein. Vor allem vom freideutschen *Hauptausschuß* gingen Initiativen aus, sich als Gruppe gegen dieses Gesetz zu wehren: Hier würden die Erfordernisse des kriegerischen Ausnahmezustandes auf die Verhältnisse im Frieden übertragen.

Aus solchen Kontroversen entstanden die Pläne, alle Gruppen der Jugendbewegung organisatorisch zusammenzuschließen. Damit sollte politische Einflußnahme erreicht und zugleich der Freiraum für die Bildung einer zweckfreien Erziehungsgemeinschaft erhalten bleiben. Doch die ersten Schritte, sich in der herausbildenden pluralistischen Gesellschaft als Interessengemeinschaft zu organisieren, konnten sich in der *Freideutschen Jugend* nicht durchsetzen. Ihr »Programm der Programmlosigkeit« verurteilte die Freideutschen weitgehend zur Wirkungslosigkeit.

Die Gegenposition nahmen Vertreter der »jugendradikalen« Richtung in der bürgerlichen Jugendbewegung ein. Sie setzten sich von der in ihren Augen moralisch untragbar gewordenen Erwachsenengesellschaft ab und betonten den absoluten Vorrang der heilenden Kraft der Jugend. Von einer gemeinsamen Aktion der Jugend aller Länder erhofften die »Zwischenvölkischen«, vom Zusammenschluß der Jugend aller Schichten in Deutschland die »Völkischen« den Durchbruch zum »Jugendreich«. Die radikale Absage an die Erwachsenen und deren traditionelle Zwänge führte auch zur völligen Ablehnung des Reichsjugendwehrgesetzes als Disziplinierung des jugendlichen Erlebens.

Vergleicht man Feldsoldaten und Heimatgruppen der Jugendbewegung, so läßt sich feststellen, daß die letzteren eher erkannten, daß sie sich mit den Realitäten der Zeit befassen mußten. So griffen sie das in der Gesellschaft dafür übliche Schlagwort von der »Politisierung« auf. Sie wollten sich mit dem »öffentlichen Leben« beschäftigen und Wege suchen, jugendliche Lebensauffassung für die Allgemeinheit fruchtbar zu machen. »Politisierung« bedeutete dabei nicht, die Gesetze und Handlungsmuster der Institutionen und Gruppen der Gesellschaft wahrzunehmen und in diesem Gefüge zu agieren. Diese Jugendlichen verstanden darunter vielmehr einen »inneren Prozeß«, die Wahrnehmung der äußeren Erscheinungen und die Durchdringung ihres »eigentlichen Wesens« durch die »seelische« Auseinandersetzung mit Hilfe der Philosophie und Religion. Faktische Ereignisse waren ihnen nur bedeutsam unter dem Aspekt der Intensität des Erlebens.

Minderheiten innerhalb der bürgerlichen Jugendbewegung versuchten, ein jugendliches Programm zu formulieren und »Kampfbünde« zu gründen, die realitätsnah in der bestehenden Gesellschaft agieren sollten. Sie scheiterten an der Abneigung der Mehrheiten gegen Programmatik und Organisation nach innen und außen, an der Ablehnung also über den Rahmen der Jugendbewegung hinausgreifender Aktivitäten.

Die von allen Gruppen an der Front und in der Heimat gemeinsam entwikkelte Utopie der »Volksgemeinschaft« verdeutlicht noch einmal, daß die
bürgerliche Jugendbewegung zwar den Anspruch erhob, Einfluß auf die
Gesellschaft zu nehmen, damit aber nicht die Umsetzung ihrer Ideen in die
Realität verband. Sie wollte keine »äußerliche Macht«, sondern »gewach-
sene Autorität«. Ihr Führungsanspruch war ethisch begründet und verwies
auf die allgemeine »menschliche« Problematik und nicht auf die von überindividuellen Strukturen mehr und mehr geprägte Gesellschaft. So erklärt
sich der charakteristische Glaube dieser Jugendbewegung, sich mit der wirtschaftlichen, sozialen und politischen Ordnung konkret nicht auseinandersetzen zu müssen. Die eigene Aufgabe war definiert in der Rolle der »Erzieher« für die »Masse«, die ohne »Bildung« den Weg zur Erkenntnis nicht finden könne. »Bildung« wurde zum Religionsersatz, die exklusive Elite bildungsbürgerlicher Jugend die neue Priesterkaste, die Sinn stiften und damit
die Krise der Gesellschaft, der eigenen Schicht und ihr eigenes jugendspezi-
fisches Problem zu lösen gedachte. Die neue »Volksgemeinschaft« brauchte
demnach keine äußeren Ordnungsstrukturen, weil in ihr jeder seinen Platz
erhalte, je nachdem, wie nah oder weit er von der Erkenntnis der Wahrheit
entfernt sei. Die moderne Zersplitterung des Lebens werde aufgehoben in
der neuen, alle Menschen einbindenden, pseudoreligiösen Funktion der
Bildung, die von auserwählten schöpferischen Menschen weitergetragen
werde.

2. Widersprüche der modernen Gesellschaft

Diese Spannung der Jugend zwischen Bindungslosigkeit und der Suche nach
gültigen Maßstäben für eine tragfähige Lebensperspektive vertiefte sich mit
dem Zusammenbruch des Kaiserreiches und mit der formalen Demokratisierung der politischen Stukturen. Die Demokratie forderte nun den anpassungsfähigen, vielen Rollen gewachsenen mündigen Staatsbürger; sie beantwortete aber keine übergreifenden Sinnfragen.
Die modernistischen Tendenzen verstärkten sich seit 1918 auch auf wirtschaftlichem und sozialem Gebiet. Der politische Umschwung trat in einer
Phase ein, in der die Heranwachsenden aus der Jugendbewegung ihre Exi-
stenzen gründen und sich mit der Forderung nach Integration in die Gesellschaft auseinandersetzen mußten. Die traditionellen Berufe des Bildungsbürgertums hatten ihre Attraktivität verloren, weil der Zugang zu ihnen wegen der hohen Akademikerarbeitslosigkeit erschwert wurde und sie auch
nicht mehr den traditionellen wirtschaftlichen und sozialen Status garantier-
ten. Die Angehörigen der Jugendbewegung sahen wie ihre Eltern ihre si-
chere wirtschaftliche Existenz gefährdet, wodurch die Studienmöglichkei-

ten in hohem Maß eingeschränkt wurden. Dadurch potenzierte sich die Krise dieser Jugend.

Die Reaktionen auf solche neuen Lebensumstände waren unterschiedlich. Zu Beginn der Weimarer Zeit waren viele Gruppen der bürgerlichen Jugendbewegung durchaus bereit, im neuen System mitzuarbeiten und sich im Rahmen der demokratischen Verhältnisse für ihr Modell einer »Volksgemeinschaft« einzusetzen. Mehr denn je sprachen sie von der Notwendigkeit individueller politischer Betätigung, ohne jedoch die Strukturen der Wirklichkeit zu erfassen – in ihren Analysen verwandten sie wiederum die alten Kategorien des »Erlebens«. Der *Entschiedenen Jugend* und dem *Jungdeutschen Bund* gelang es nicht, sich als Interessengruppen zu organisieren, um Einfluß zu nehmen und gleichzeitig die Unbeschränktheit jugendlichen Wollens zu behaupten. Sie scheiterten an der prinzipiellen Unmöglichkeit der rationalen Auslegung irrationaler Positionen.[1] So konnten sie sich nicht in die demokratische Gesellschaft einbringen. Und die heimkehrenden Feldsoldaten lehnten von vornherein aus Enttäuschung über das Scheitern ihrer idealistischen Ziele jede Auseinandersetzung mit der Realität der Parteiendemokratie ab. Sie suchten das alte, isolierte Gemeinschaftserlebnis, gründeten Älterengruppen, zogen sich auf die Arbeit mit jüngeren Wandervögeln zurück oder verließen die Bewegung.

Die weitere Entwicklung der bürgerlichen Jugendbewegung in der Nachkriegszeit verdeutlicht, wie verständnislos sie der neuen gesellschaftlichen Ordnung begegnete. Charakteristisch ist die Ansicht, die auf Beteiligung aller Bürger abgestellte Demokratie sei die beste Staatsform für die Institutionalisierung einer abgeschlossenen Führerelite der Jugendbewegung. Das Modell einer Herrschaft der Besten in einer organisch gegliederten Volksgemeinschaft blieb für die im Krieg entstandenen Richtungen der Jugendbewegung auch nach 1918 gültig.

Diese gesinnungsethisch verstandene Form der »Politisierung« zielte letzten Endes auf die Aufhebung rationaler gesellschaftlicher Strukturen und die Einführung einer pseudoreligiösen Priesterherrschaft. Das Einwirken auf die Realität werde sich durch die Manifestierung des Willens im Individuum vollziehen. Damit bildeten sich während der Kriegs- und Nachkriegszeit in der Jugend Tendenzen aus, die subjektivistisch die Struktur der Moderne unterlaufen wollten. Die bildungsbürgerliche Jugendbewegung ist so zugleich ein Beispiel dafür, wie sehr Heranwachsende von schichtenspezifischen Normen und Weltanschauungen geprägt werden. Es ist ihr zwar gelungen, Ansprüche der Jugend in die öffentliche Diskussion einzubringen. Es mißlang ihr jedoch, einen eigenen jugendspezifischen Beitrag zu entwikkeln, weil sie sich von den Denkmustern der Elterngeneration letztlich nicht emanzipieren konnte.

In der Weimarer Republik verlor diese Jugendbewegung den für die Sozialisation entscheidenden, von Eltern und Gesellschaft gesteckten Rahmen, der ihr in der Zeit vor dem Ersten Weltkrieg die Nischen für ihr Gruppenleben gesichert hatte. Die jungen Bildungsbürger erlebten nun eine mehrfache Erschütterung ihrer ohnehin labilen Identität. Sie fanden keinen Halt bei den Werten der eigenen Schicht, die mit dem Ende des Krieges offenkundig ihren ehemaligen wirtschaftlichen und sozialen Status und damit auch die Geschlossenheit ihres Weltbildes einbüßte. Die deutsche Gesellschaft war durch die Niederlage von 1918, die allzu formale Übernahme der demokratischen Staatsform und das Auseinanderklaffen von modernen und traditionellen Strukturen in eine tiefe Krise geraten. Die junge Parteiendemokratie hatte jedoch noch keine Wurzeln gefaßt und besaß deshalb nicht genügend Anziehungskraft, um Orientierungshilfen anbieten zu können. Nach einer Zeit der Rückbesinnung auf das eigene Gemeinschaftsleben begann die *Bündische Jugend* gegen Ende der zwanziger Jahre, sich mit dem gesellschaftlichen und politischen Leben um sie herum zu beschäftigen. Sie bekundete unablässig den Willen zur »Tat« – ohne zu wissen, wozu. Gegen Ende der Weimarer Zeit fehlte ihr der Grundkonsens über gesellschaftlich anzustrebende Ziele und Werte. Also suchten die »Bündischen« die Lösung für die Probleme ihrer Gegenwart erneut im eigenen Gruppenleben und standen damit wieder vor dem Dilemma, sich in die rationale Ordnung nicht einbringen zu können, ohne die Fülle der Erlebnismöglichkeiten zu beschneiden. Das Festhalten an nicht mehr zu verwirklichenden vor-aufklärerischen Positionen führte zu einer Verstärkung des grundlegenden Widerspruches dieser Jugendbewegung: Sie »ist zugleich Flucht vor der Entscheidung« aus Angst vor der Begrenzung durch rationale Kriterien und »Suche nach ihr«, weil Jugendliche und Heranwachsende nicht immer in einer »von allen konkreten Zwecken und Zielen abgeschnittenen ›Gemeinschaft an sich‹« leben können.[2] Dieser Widerspruch kann nicht aufgehoben werden, weil die Struktur der modernen Gesellschaft eine *rationale* Auslegung von Interessen und Positionen fordert.

Die *Bündische Jugend* näherte sich mehr noch als die Kriegsjugendbewegung einem Bewußtsein, das »eine Verdrängung der materialen, konkreten Entscheidung durch die formale, abstrakte Entschiedenheit« anstrebte. Ein solcher »Dezisionismus«[3] verneint jede anthropologische und soziale Abhängigkeit und betont den allein ausschlaggebenden menschlichen Willen. Er stand am Ende einer ausweglosen konservativ-bildungsbürgerlichen Kulturkritik, die in der Weimarer Republik mit aller Schärfe ihre Gegnerschaft gegen die Moderne formulierte. Ernst Jünger, Carl Schmitt, Martin Heidegger und andere betonten die Bedeutung von »Kampf« und »Opfer«, ohne Ziele zu nennen.[4] Sie offenbarten »ein nihilistisches Verzweiflungskapital«[5], das leicht dem Glauben an einen »Führer« verfällt, der verspricht, die Entscheidung zugunsten des individuellen menschlichen Spielraums zu treffen, dabei seine Gefolgschaft von den Sachzwängen der modernen Gesellschaft zu befreien und aus ihrer hoffnungslosen Situation zu erlösen. Kulturkritische Protestbewegungen wie die bürgerliche deutsche Jugendbewegung, die das »Menschsein« radikal in den Mittelpunkt ihrer Forderungen stellen, können so Indikatoren für eine allgemeine Verunsicherung der Individuen sein, die sich in der Komplexität der Gesellschaft nicht mehr zurechtfinden und sich mit den herrschenden Leitbildern nicht identifizieren können. Sie geben damit Aufschluß über den Zustand einer gesellschaftlichen Ordnung. Zur Überwindung von Krisen der modernen Gesellschaft freilich können sie nicht beitragen. So war auch die hier untersuchte Jugendbewegung »Fieber ohne Heil«.[6]

»Die einzig echte Möglichkeit scheint in einer Nüchternheit zu liegen, die den Strukturgegensatz als solchen hinnimmt und in ihm Chancen der Bewährung und Bewältigung sucht. Eine solche Hinnahme mag als Resignation interpretiert und muß als Verzicht auf ›ganzheitlich‹ gestaltendes soziales Handeln gedeutet werden. Aber die Alternative heißt eben entweder ideologische Realitätsflucht oder totalitärer Terror« im Faschismus.[7]

Anhang

1. Richtlinien für die militärische Vorbildung, 1914/15

I. Richtlinien für die militärische Vorbildung der älteren Jahrgänge der Jugend-Abteilungen während des Kriegszustandes

(Kriegsministerium Nr. 869/8. 14. C 1.)

Bei den Altersklassen vom 16. Lebensjahre aufwärts, denen sich die vielen Tausende von jungen Männern anschließen werden, die sich schon freiwillig zum Kriegsdienst gemeldet haben, aber zurückgewiesen werden mußten, tritt die Vorbereitung für den Kriegsdienst in den Vordergrund, soweit es *ohne Ausbildung mit der Waffe* möglich ist.

Vor allen Dingen ist ihre Vaterlandsliebe, ihr Mut und ihre Entschlossenheit anzufeuern; ihre Hingabe für das Vaterland, für Kaiser und Reich zu entflammen durch den Gedanken an die ungeheure Gefahr, in der diese sich befinden.

Es ist ihnen klarzumachen, daß Deutschland untergehen würde, wenn wir nicht siegen, so daß wir siegen *müssen* und jeder einzelne Vaterlandsverteidiger bis zum jüngsten hinab den festen Willen dazu im Herzen trägt.

Die mit ihnen vorzunehmenden Übungen werden folgende sein:

1. Schnelles lautloses Antreten in den einfachsten Aufstellungsformen: der Linie, der Gruppenkolonne. Sammeln in denselben Formen im Stehen und in der Bewegung nach bestimmten durch den Führer angegebenen Richtungen.
   Die Einteilung der Abteilungen in Züge und Gruppen ist dabei wie bei einer Infanterie-Kompagnie.
2. Das Zerstreuen aus diesen Formen und das schnelle lautlose Wiederzusammenschließen. Die Jungmannschaft ist dabei anzuhalten, Richtung und Fühlung selbsttätig einzunehmen.
3. Einige einfache Bewegungen in der Gruppenkolonne ohne Tritt mit Richtungsveränderungen auf Zuruf und Wink.

191

4. Marschübungen mit Unterweisung in den Marschregeln namentlich hygienischer Natur. Regelung des Schrittmaßes und der Geschwindigkeit. Ein langer freier Schritt ist zu erzielen. Der Anmarsch und Rückmarsch zum Übungsplatz kann hierzu ausgenutzt werden, die allmähliche Verlängerung, die Marschfähigkeit steigern.
5. Lehre vom Gelände ist damit zu verbinden.
6. Bildung einer Schützenlinie, Bewegung von Gruppen, Zügen im Gelände, stets mit überraschenden Übungen im Sammeln verbunden, um die Aufmerksamkeit zu wecken.
7. Jede Bewegung der Jugendabteilungen soll den Eindruck von Frische und Munterkeit machen, ohne daß auf exerziermäßige Genauigkeit gehalten wird. Unbedingt ist aber auf pünktlichste Folgsamkeit gegenüber Zurufen und Befehlen der Führer zu halten. Schnelles Antworten und Vortreten Aufgerufener ist zu erziehen.
8. Einfache Lehre vom Gelände, seine Bedeutung und seine Benutzung für den Kampf mit kurzer Angabe über die heutige Waffenwirkung verbunden.
9. Geländebeschreibungen mit Angabe auch der kleinsten Gegenstände als Vorbereitung zum Zielerkennen.
10. Augenübungen aller Art.
11. Entfernungsschätzen.
12. Schnelles Schätzen und Abzählen gleichartiger Gegenstände.
13. Gedächtnisübungen als Vorübung für Meldungen über angestellte Beobachtungen.
14. Horchübungen.
15. Spurenlesen, d. h. Ziehen richtiger Schlüsse aus den im Gelände gemachten Beobachtungen.
16. Genaues und unbedingt zuverlässiges Wiedergeben von angestellten Beobachtungen.
17. Richtiges Weitergeben von kurzen Anordnungen.
18. Genaues Zurechtweisen anderer im Gelände.
19. Gebrauch von Uhr, Kompaß, Fernsprecher, Kenntnis der Morseschrift.
20. Benutzung der Karte.
21. Winkerdienst.
22. Mauer- und Baumersteigen.
23. Kleine Behelfsarbeiten: Knotenbinden, Herstellen von Schwimmkörpern, Flößen, Behelfsbooten, Brückenstegen, Beobachtungswarten, Übergängen aller Art.
Ferner: Zeltbau, Hüttenbau, Kochlöchergraben, Feueranmachen und Abkochen, Lager-Einrichtungen aller Art.
24. Tragbahrenbau. Erste Hilfeleistungen bei Verwundeten.
25. Benutzung des Geländes als Deckung und zur Annäherung an den Feind.
26. Einnisten von Schützenlinien, Anlage von Schützengräben.

27. Vorgehen aus einer Deckung; Zurückgehen in eine solche.
28. Lösung ganz einfacher kleiner Aufgaben zweier Abteilungen gegeneinander.
29. Erklärung des Vorpostendienstes; Aufstellung von Vorposten usw.
30. Bei allen diesen Übungen ist jede Gelegenheit zu benutzen, um die Jungmannschaft mit selbständigen Aufträgen in Ordonnanz-, Verbindungs-, Relais-, Erkundungsdienst zu versehen, damit sie sich an Selbständigkeit, Verantwortlichkeit, Zuverlässigkeit gewöhnt.
31. Alle Mittel sind zu benutzen, um Ausdauer und Willen der Jungmannschaft zu stählen. Kein Auftrag, den sie einmal übernommen hat, darf von ihr im Stiche gelassen werden. Jedermann hat seine Pflicht bis zum Äußersten zu erfüllen.
32. Die rein körperliche Ausbildung durch Freiübungen, Gymnastik, Laufübungen, einfache Sportspiele usw. ist in die bisher abgehandelten Jungdeutschland-Übungen hineinzulegen und besser öfter, als jedesmal lang andauernd zu betreiben.
33. In den Abendstunden hat einfacher theoretischer Unterricht über Feld-, Wach- und Lagerdienst stattzufinden. Vor allen Dingen aber ist auf die Herzen der Jugend durch Erzählung von den Großtaten der Väter einzuwirken, durch Mitteilung von Kriegsnachrichten der Zorn gegen den Feind zu entfachen, der, zumal im Osten, wo er deutschen Boden betritt, alle Dörfer in Flammen aufgehen läßt und die Einwohner vertreibt oder tötet.

II. Erläuterungen und Ergänzungen

(Kriegsministerium Nr. 1001. 10. 15. C 1.)

Allgemeines.

Die dem Kriegsministerium zugegangenen Berichte lassen erkennen, daß die gegebenen »Richtlinien« mit Erfolg als Grundlage benutzt sind.

Auf Grund dieser Berichte und der Kriegserfahrungen sieht sich das Kriegsministerium veranlaßt, auf einige allgemeine Gesichtspunkte hinzuweisen.

Der Verlauf des Krieges hat gelehrt: Die größere Leistungsfähigkeit und bessere Ausbildung des einzelnen Mannes kann die Zahl nicht nur ersetzen, sondern ist die sicherste Bürgschaft für jeden Erfolg.

Höchstgesteigerte Vervollkommnung der Wehrtüchtigkeit des einzelnen Soldaten in moralischer und körperlicher Beziehung muß daher mit allen Mitteln erstrebt werden.

Dieses Ziel kann in einer zweijährigen Dienstzeit – besonders aber in einer erheblich kürzer bemessenen Ausbildungszeit während eines Krieges – in gewünschter Weise nur erreicht werden, wenn dem Heer ein Rekrutenersatz zugeführt wird, der die Hauptgrundlage für jede militärische Ausbildung mitbringt: einen gesunden, in jeder Beziehung durchgebildeten und gestählten Körper. Hierzu ist eine planmäßige Schulung des Gesamtkörpers von Jugend an bis zum Eintritt in das Heer erforderlich.

Die Schule bietet in ihrem Turnunterricht eine bewährte Grundlage.

Es ergibt sich die Aufgabe für die militärische Vorbereitung der Jugend, auf dieser Grundlage planmäßig weiterzubauen und als Hauptziel der Vorbildung für den Wehrdienst sorgfältigste Durchbildung aller Kräfte des Körpers und damit zugleich Stählung des Willens zu erstreben.

Erst in zweiter Linie ist eine Vorbildung in den besonders militärisch einschlägigen Ausbildungszweigen erforderlich.

Hierbei ist das Hauptgewicht auf Übungen zur Vorbereitung in den militärischen Dienstzweigen zu legen, die der Natur der Sache nach in zwei Jahren bei regster Förderung nicht die gewünschte Vervollkommnung erreichen lassen.

Zu diesen Dienstzweigen sind zu rechnen: Fernsehen, Entfernungsschätzen, Geländebeurteilung und -benutzung, Marschfähigkeit u. a.

Gerade die Vorbildung auf diesen Gebieten eignet sich ihrem Wesen nach ganz besonders zur Vornahme von Übungen für die zum Wehrdienst heranstehende Jugend, da sie gewissenhafte Einzelausbildung ohne jeden Drill verlangt, geringe Übungsmittel beansprucht, Lust und Liebe zur Natur und zum Militärdienst erweckt.

Auf keinen Fall darf die militärische Vorbildung der Jugend der eigentlichen Rekrutenausbildung des Heeres vorgreifen. Stets ist zu beachten, daß dem Jungmann eine möglichst gute Vorbildung für den Wehrdienst gegeben werden soll, nicht aber eine fertige Ausbildung in irgendeinem Dienstzweig, zumal in einer mehr äußerlichen militärischen Fertigkeit.

Dem Interesse des Heeres würde mehr geschadet als gedient sein, einen Rekrutenersatz zu erhalten, der die Überzeugung mitbringt, daß er in einigen Dienstzweigen der Rekrutenausbildung vollständig fertig sei, ganz abgesehen davon, daß diese irrtümliche Annahme den jungen Rekruten zu Überhebung und schwerer Selbsttäuschung führt.

Bei Abhaltung aller Übungen, die es ihrer Natur nach verlangen, ist gründlichste Einzelausbildung erforderlich.

Es wäre falsch, bei etwaigem Mangel an Lehrkräften auf die Einzelausbildung zu verzichten. Vorteilhafter ist es, in solchen Fällen den Lehrstoff zu beschränken.

Bei Übungen, die ihrem Wesen nach nur in Abteilungen geübt werden können (Übungen in geschlossener oder geöffneter Ordnung), ist grundsätzlich von den kleinsten Abteilungen beginnend zum Zusammenschluß zu größeren Abteilungen überzugehen (Rotte, Gruppe, Zug).

Über die Einheit des Zuges hinauszugehen, erscheint nicht ratsam.

Die Eigenart der Vorbildung der Jugend zum Wehrdienst verbietet von selbst auch in den einschlägigen militärischen Lehrfächern das rein exerziermäßige Einüben.

Ohne in diesen Fehler zu verfallen, kann dennoch auf strengste Zucht und Straffheit bei allen Übungen gehalten werden, die besonders bei Übungen in Abteilungen hervortritt: in unbedingter Lautlosigkeit (kein Sprechen oder Flüstern), in der Vermeidung des Bestrebens: »Helfen zu wollen« (kein gegenseitiges Anfassen), in der aufrechten, straffen Haltung des einzelnen, in wirklicher Unbeweglichkeit beim Stillstehen (kein Bewegen der Augen), in dem selbständigen Aufnehmen von »Fühlung«, »Richtung« und »Vordermann« nach dem Rühren.

Das Einnehmen der im E. R.* unter »Stellung« verlangten Haltung, sowie die exerziermäßige Ausführung des militärischen Grußes, sind nicht zu fordern.

Durch das Bestreben, recht »soldatisch« erscheinen zu wollen, spannt der Jungmann leicht falsche Muskelpartien an.

In einer guten, aufrechten Haltung, in bescheidenem und zuvorkommendem Wesen kann der Jungmann sehr wohl seine Aufmerksamkeit und Ehrerbietung zum Ausdruck bringen.

Der Zusammenschluß zu größeren Verbänden ist nur für Marschübungen geboten.

Bei Übungen im Gefechts- und Patrouillendienst mit einem Gegner genügt es, sich auf das Üben zweier Züge gegeneinander zu beschränken.

Besonderes.
Für die militärische Vorbildung in den praktischen Dienstzweigen wird in Ergänzung der bereits unter Nr. 869/8. 14. C 1 vom Kriegsministerium erlassenen »Richtlinien« folgende Anleitung gegeben:

I. Turnerische Übungen.
Die völlige Durchbildung und Stählung aller Kräfte des Körpers ist das Hauptziel der militärischen Vorbildung.

Der Pflege der Leibesübungen auf der durch den Turnunterricht der Schule gegebenen Grundlage ist die Hälfte der verfügbaren Zeit einzuräumen.

Neben Frei-, Handgerät- und Gerätübungen sind Turnspiele (Barlauf, Eilbotenlauf u. a.), Übungen im Laufen (Dauer-, Schnell-, Hürden-, Wettlauf), im Überwinden von Geländehindernissen (Gräben, Zäunen, Hecken, Mauern usw.), ferner Übungen im Kriechen (Robben), Klettern (Stange, Tau, an Bäumen), im Hangeln, im schnellen Niederwerfen und Wiederaufspringen, Steigen auf Leitern, Übungen im Werfen, Schleudern und Stoßen, Gleichgewichtsübungen zu betreiben.

---

* E. R. = Exerzier-Reglement für die Infanterie.

Übungen zur Stärkung der Rückenmuskulatur (Haltung, Gepäckbelastung), für Erstarkung der Beinmuskeln (Marsch), der Handgelenke und der Finger (Zielen), der Arme und der Schultern (Handgranatenwurf), schnelles Niederwerfen, Wiederaufspringen, Lauf (Vorübungen für den Sprung) bereiten unmittelbar für einzelne militärische Ausbildungszweige vor.

Durch Abhaltung von Wettkämpfen auf allen Gebieten des angewandten Turnens ist Lust und Liebe zur Sache, gesunder Ehrgeiz, frischer Mut, entschlossenes Handeln, Gemeinschaftsbewußtsein, Unterwerfung unter die Anordnung des Parteiführers zu wecken und zu erziehen.

II. Marschübungen.

Den Marschübungen ist besondere Aufmerksamkeit und Sorgfalt zu widmen. Der Marsch ist eine der Haupttätigkeiten des Soldaten im Felde. Der bestausgebildete Soldat nützt nichts, wenn er auf dem Marsch zum Gefecht zurückbleibt.

Marschübungen sind nicht nur eine Leibesübung von höchstem gesundheitlichen Wert, sondern erwecken auch Lust und Liebe zur Natur, frohen Sinn und Verständnis für Kameradschaft. Eine allmähliche Steigerung der Marschleistungen ist geboten, ohne dabei in den Fehler zu verfallen, auf Kosten der Gesundheit eine Höchstleistung erzielen zu wollen.

Gelegentliche ärztliche Untersuchung vor und nach dem Marsch ist geboten.

Übungen im Einhalten der Marschordnung:

Geräumiger Schritt; aufrechter Gang mit erhobenem Kopf. Gleichmäßiges Vorwärtskommen durch geregeltes Schrittmaß. Genaues Einhalten des Vordermannes – die vordersten Rotten sind für die Wahl des Weges verantwortlich –.

Freihalten einer Straßenseite oder der Mitte der Straße während des Marsches; beim Halt: Freimachen einer Straßenseite oder der ganzen Straßenbreite.

Schnelles Verlassen der Straße und Deckungnehmen neben der Straße.

Geordnetes Trinken auf dem Marsch: Die Rotten gehen geteilt an beiden Seiten der aufgestellten Wassergefäße vorbei. Jeder schöpft Wasser, ohne stehenzubleiben. Unmittelbar nach dem Schöpfen ist die Marschordnung wieder genau herzustellen.

Des weiteren sind Übungen im Marschsicherungsdienst unter gründlichster Ausbildung in dem Dienst der Verbindungsleute, Fernsehübungen, Übungen im Zurechtfinden und im Kartenlesen, im Wegeerkunden, im Überwinden von Geländehindernissen, im Durchschreiten eines offenen Geländeabschnitts oder eines Waldes in breiten Schützenlinien unter genauem Einhalten des Richtungspunkts gelegentlich der Märsche vorzunehmen.

Ein geordneter Marschgesang ist zu pflegen.

Es wäre fehlerhaft, durch allzu reiches Üben der strengen Marschregeln die natürliche Freude der Jugend am Wandern und an der Natur zu kürzen.

Unterricht über Gesundheitsregeln für den Marschdienst hat stattzufinden.

III. Ausbildung im Sehen und Hören.
Schulung des Auges.
A. Übungen im Betrachten, Erkennen, Unterscheiden, Aufzählen, Beschreiben.
Der Jungmann betrachtet und beschreibt Geländepunkte, Gegenstände, Menschen, Tiere usw.,
1. die er von seinem Standpunkt aus in der Richtung nach einem bestimmten Geländepunkt;
2. die er längs einer Eisenbahnlinie, eines Flusses, eines Weges, Waldrandes usw.;
3. die er innerhalb eines begrenzten Geländeabschnittes sieht.
   Bei dem Beschreiben eines Geländeabschnitts werden zunächst die Bodenformen (Wellen, Hügel, Berge, Kuppen, Einsenkungen, Flußläufe, Teiche usw.), darauf die Bodenbedeckung (Wiese, Buschwerk, Wald, Kornfeld, einzelne Bäume usw.), danach die auf dem Geländeabschnitt befindlichen Kunstbauten (Häuser, Fabriken, Ortschaften, Gartenanlagen, Eisenbahnen, Brücken usw.) aufgeführt.
   Menschen und Tiere sind nach ihrer Anzahl, Größe, Farbe, Beschäftigung, Bewegung usw. anzugeben.
   In entsprechender Weise sind Eisenbahnzüge, Fahrzeuge usw. zu beschreiben.
   Auch scheinbar unbedeutendere Beobachtungen in der Geländeform oder -bedeckung, wie Gräben, Ackerfurchen, dunkle Streifen oder Flekken, und selbst kleinste Gegenstände, wie Feldsteine, kleine Sträucher, sind bei der Beschreibung aufzuführen.
B. Fernsehübungen.
   a) Feststellung der Sehschärfe.
   Der Lehrer läßt die Jungmannen an einen entfernt liegenden, schwer zu erkennenden Gegenstand im Gelände so nahe herangehen, bis jeder einzelne den Gegenstand erkannt hat und genau beschreiben kann.
   Hierbei durch Schließenlassen des einen Auges auch Ungleichheit in der Sehkraft der Augen feststellen. (Abhilfe durch eine Brille nach ärztlicher Untersuchung.)
   b) Erkennen und Beschreiben eines entfernten Zieles:
   Geländepunkte, Gegenstände, Menschen, Tiere usw., – einzelne Jungmannen in verschiedener Körperlage.
   c) Erkennen und Bezeichnen militärischer Ziele.
   1. Feststehende Scheibenziele:
   Ein einzelner Schütze, eine Rotte, eine Gruppe (stehend, knieend, liegend).
   Eine Schützenlinie. (Hierbei ungleiche Zwischenräume, Lücken, Staffelung).

Zwei Geschütze. (Geschützzwischenraum 20 Schritt. – Geschützbreite 1,50 m).
Zwei Maschinengewehre. (20 Schritt Zwischenraum).
Eine oder mehrere Reiterscheiben.
Der Lehrer bezeichnet und beschreibt die Ziele unter Angabe der Waffengattung, Anzahl, Begrenzung, der besonderen Eigentümlichkeiten usw. – und läßt die Jungmannen wiederholen.
Bei weiteren Übungen haben die Jungmannen die Ziele selbständig zu erkennen und zu bezeichnen.
  2. Bewegliche Ziele: (Durch Jungmannen darzustellen und durch Zeichen zu leiten).
Infanterie-Gruppe (Spitze), die sich im Gelände vorbewegt: geht, läuft, springt, kniet, kriecht, sich hinlegt, Deckung nimmt, verschwindet, an anderer Stelle wieder auftaucht usw.
Schützenlinie, die erscheint, verschwindet, verschiedene Zwischenräume, Lücken, Staffelung zeigt, vorspringt, zurückgeht, volle Deckung nimmt, sich verringert, sich verstärkt, rechts oder links verlängert usw.
Geschütze (durch 3 Jungmannen darzustellen, einen knienden zwischen zwei stehenden).
Maschinengewehre (durch 3 Jungmannen darzustellen, einen knieenden zwischen zwei liegenden), die erscheinen, verschwinden, in Schützenlinien einschieben usw.
Darstellung einer Marschkolonne mit Sicherungen, die auf die Beobachter zu oder seitwärts marschiert.
Ein oder mehrere Radfahrer, die erscheinen, fahren, absitzen, Deckung suchen, in Stellung gehen, aufsitzen, verschwinden usw.
Der Lehrer bezeichnet einen begrenzten Geländeabschnitt, der unter Beobachtung genommen werden soll.
Die Jungmannen geben durch Zuruf ihre Beobachtungen an, oder legen sie schriftlich nieder.
d) Erkennen eines schwer zu erfassenden Zieles im Gelände durch Hinlenken des Auges.
Der Lehrer führt den Blick unter Hilfe leicht erkennbarer Punkte auf ein schwer zu erfassendes Ziel. Hierzu wird zunächst ein Punkt angegeben, der sich weit hinter dem zu erfassenden Ziel deutlich im Gelände abhebt. Darauf ist der Blick kletternd von leichter erkennbaren Gegenständen zu dem schwerer zu erfassenden Ziel hinzuleiten.
e) Bezeichnen eines schwer zu erfassenden Zieles durch Hinlenken des Auges.
Der Jungmann führt den Blick wie unter d) zu einem schwer zu erfassenden Ziel.
f) Schnellsehen und Beschreiben aus dem Gedächtnis.

Der Jungmann betrachtet eine kurze Zeit einen bestimmten Geländeabschnitt und beschreibt ihn aus dem Gedächtnis.

C. Entfernungsschätzen.

Schätzen ist eine Fertigkeit, die auf Erfahrung beruht und daher nur durch häufiges Üben zu gewinnen ist.

Das Schätzen wird ausgeführt, indem eine Strecke am Erdboden mit den Augen abgemessen wird.

Die genaue Feststellung der Entfernung wird häufig erleichtert durch den Grad der Deutlichkeit des Zieles.

1. Vorübungen:

Abschreiten (wieviel Doppelschritte auf 100 m) und Einprägen abgesteckter Entfernungen (100, 200, 300, 400 m) in verschiedenartigem Gelände als Maßeinheiten. Einprägen der Erkennbarkeit eines Menschen auf verschiedenen Entfernungen. – Unter normalen Verhältnissen hebt sich auf 200 m noch das Gesicht eines Menschen, auf 400 m noch der Kopf, auf 600 m der obere Umriß eines Mannes ab. – Belehrung, daß gleich große Strecken um so kürzer erscheinen, je weiter sie vom Auge entfernt sind.

2. Hauptübungen:

Schätzen durch Eintragen bekannter Maßeinheiten (100 bis 400 m) in die zu schätzende Strecke.

Schätzen durch Teilen der Entfernung in zwei Hälften. Darauf Schätzen der vorderen Hälfte und Verdoppeln der gewonnenen Schätzung.

Teilung der Entfernung nach hervortretenden Geländepunkten. Darauf Schätzen der Teilstrecken durch Eintragen bekannter Maßeinheiten und Zusammenzählen der gewonnenen Teilschätzungen.

Eingabeln der Entfernung durch Schätzen, wie groß die Entfernung bis zum Ziel höchstens sein kann, und wie groß sie mindestens sein muß. Darauf wird aus den gewonnenen Schätzungen das Mittel gezogen.

Schätzen über uneinsehbares Gelände durch Übertragen der zu schätzenden Entfernung auf eine gradlinige Strecke, z. B. auf eine Straße, eine Baumreihe, einen Waldrand usw.

Schätzen von quer oder schräg vorliegenden Entfernungen.

Schätzen nach der Zeit, die man brauchen würde, um zu dem Schätzungspunkt zu gelangen.

Höhenschätzungen (Schornstein, Kirchturm, Flugzeug, Drachen).

Belehrung über Einfluß

der Geländegestaltung: Ebene; ansteigendes und abfallendes, welliges, hügeliges Gelände; Wasserfläche;

der Beleuchtung: Sonne von vorn oder im Rücken, Tageszeit, Witterung, Wald usw.;

des Hinter- und Untergrundes: Himmel, Wald bzw. helle Straße, Sandflecken usw.

Erfahrungsgemäß wird zu kurz geschätzt über gleichmäßige Flächen (Ebene, Wasser), bei abfallendem, bei welligem, hügeligem Gelände, namentlich sobald einzelne Strecken nicht einzusehen sind; ferner bei reiner Luft, bei grellem Sonnenschein, zumal wenn die Sonne im Rücken steht; ferner bei hellem Hinter- und Untergrund.

Zu weit wird meist geschätzt bei ansteigendem Gelände, bei flimmernder Luft, gegen die Sonne, bei trübem, nebeligem Wetter, in der Dämmerung, im Walde, bei dunklem Hinter- und Untergrund und gegen nur teilweise sichtbaren Gegner.

Entfernungsschätzbücher zum Eintragen der Entfernungen und Bleistifte sind zu den Übungen stets mitzubringen.

Es ist Vorsorge zu treffen, daß sich die Jungmannen bei dem Schätzen und dem Eintragen der Schätzungen nicht gegenseitig beeinflussen. Jedes Sprechen ist unbedingt zu verbieten.

D. Fernglas-Übungen
1. Suchen eines bestimmten Geländegegenstandes, den man mit dem Glas beobachten will.
Man hält das Glas so vor die Augen, daß man darüber hinweg sehen kann, und richtet die beiden Rohre auf den Punkt, den man beobachten will. Darauf bringt man es unter genauem Festhalten der Lage vor die Augen.
2. Der Jungmann meldet mündlich oder schriftlich alles, was er auf einer entfernt liegenden Straße mit dem Glas beobachtet.
3. Der Jungmann bezeichnet einen für das bloße Auge schwer zu erkennenden Gegenstand im Gelände, nachdem er ihn durch das Glas festgestellt und das Glas von den Augen abgesetzt hat.
4. Weitergeben des Glases. Hierbei ist auf schnelles Einstellen des Glases und auf schnelles Erfassen des zu erkennenden Gegenstandes Wert zu legen.
Das Fernglas nicht fest an die Augen drücken, da die Gläser sonst, zumal bei kühlem Wetter, anlaufen und die Augen tränen.

Anweisung für die Ausführung zu A bis D.
1. Übungen im Fernsehen und Entfernungschätzen sind nicht lange auszudehnen, dafür häufiger an demselben Diensttage abzuhalten. Sie können auch während der anderen Dienstzweige bei jeder Gelegenheit vorgenommen werden.
Bei den Übungen die Augen weit öffnen, nicht die Augen mit dem Finger reiben. Das Erkennen nicht erzwingen wollen, sonst verschwimmt alles. Dem Auge des öfteren durch Sehen auf ein nicht von der Sonne beschienenes Stück des Erdbodens, am besten auf einen grünen Busch, auf eine Rasenfläche, Ruhe gönnen. Beim Sehen gegen die Sonne oder bei greller Be-

leuchtung durch die gekrümmte Hand sehen, wie durch ein Fernrohr, oder die flache Hand wie einen Schirm über die Augen halten.

2. Möglichste Abwechselung in verschiedenem Gelände ist anzustreben.

3. Die Übungen sind zunächst im Stehen, bei vorgeschrittener Übung hauptsächlich im Knieen und Liegen vorzunehmen, auch unter der Berücksichtigung, daß der Beobachter sich in Deckung oder auf einem erhöhten Ausblick (Baum, Mühle) befindet.

4. Auf schnelles und genaues Erfassen des Zieles (Angabe der Anzahl der Schützen, Geschütze usw.; der Zielgrenzen und der besonderen Eigenschaften des Zieles), auf ein klares, deutliches Bezeichnen der Ziele, das bei möglichster Kürze jeden Zweifel ausschließen muß, ist ganz besonders Wert zu legen.

5. Grundsätzlich sind die Gegenstände so anzusprechen, wie sie sich dem Beobachter darstellen: z. B. »Baum, rechts von der Mühle«. Bei dem Bezeichnen militärischer Ziele ist nicht von »linkem (rechtem) Flügel« des Zieles zu sprechen, sondern von »Schütze, Geschütz am weitesten rechts (links)«.
Bei Beschreibung eines Ziel- oder Geländeabschnittes beginnt man vorteilhaft von rechts.

6. Die Anforderungen im Zielerkennen sind allmählich zu steigern bis zum Erkennen kleiner, feldmäßiger, auch feldmäßig gedeckter, schwer erkennbarer Ziele. Die Entfernungen, auf denen niedrige Ziele erscheinen, sind, von den »nahen« Entfernungen (bis 800 m) ausgehend, auf die »mittleren« (800 bis 1200 m) und darüber hinaus allmählich zu vergrößern.

7. Bei dem Bezeichnen von Entfernungen in oder bei einem Ziel empfiehlt sich die Angabe von Maßeinheiten, die das Ziel selbst darbietet. Beispiel: Eine Zugbreite (Gruppenbreite) links, ein Geschützzwischenraum rechts usw.

8. Das Herausschälen des Teiles eines breiten Zieles, der dem einzelnen Beobachter oder einer Abteilung gerade gegenüber liegt, ist zum Gegenstand der Übung zu machen.

9. Es empfiehlt sich, daß zwei Züge sich gegenseitig die lebenden Ziele stellen.

10. Die von den Jungmannen gemachten Beobachtungen sind durch den Lehrer genau nachzuprüfen unter Gebrauch eines Stabes, der die Richtung durch Hinweisen auf das Ziel angibt, und unter Zuhilfenahme des Fernglases.
Die wirklichen Entfernungen bei Übungen im Entfernungsschätzen und Zielerkennen sind stets durch Messungen (Band, Abschreiten, Karte, Schrittmesser, Fahrrad mit Entfernungsmesser) genauestens festzustellen.

11. Um die Übungen anregend zu gestalten, sind Wettbewerbe in schnellem und genauem Erfassen von Zielen und im Entfernungsschätzen zu veran-

stalten. Die gemachten Beobachtungen und gewonnenen Schätzungen sind schriftlich von den Jungmannen aufzuzeichnen. Die genauesten Angaben im Zielerkennen, die geringsten Fehlerprozente in den Schätzungen geben die Anwartschaft auf Anerkennung.

E. Sehübungen bei Dunkelheit.
a) Gewöhnung des Auges an die Unterschiede in der Erscheinung der Geländeformen, Menschen, Tiere usw. bei Tage, in der Dämmerung und bei Nacht.

In einem bekannten Gelände erklärt zuerst der Lehrer und läßt dann die Jungmannen beschreiben die sich bei beginnender Dämmerung bis zum Eintritt der Dunkelheit im Gegensatz zur Tagesbeleuchtung ergebenden Unterschiede betreffend:

1. Geländeformen verschwimmen bei abnehmender Beleuchtung mehr und mehr und verschwinden bei zunehmender Dunkelheit fast ganz. Größere Bodenwellen, Hügel, Kuppen heben sich gegen den Himmel ab. Geringere Unterschiede in den Geländeformen kennzeichnen sich durch hellere oder dunklere Streifen. (Hell erscheinende Kunststraße im Gegensatz zu einem als dunkler Streifen erscheinenden Graben.)

2. Bodenbedeckung, Gegenstände, Menschen, Tiere erscheinen nicht mehr als körperliche Gestalten, sondern als Schatten und dunkle Streifen, wie z. B. Wald.

3. Farben verschwinden. Nur der Unterschied zwischen hell und dunkel bleibt bestehen.

4. Die Möglichkeit, Entfernungen zu schätzen, oder Größenverhältnisse zu beurteilen, wird stark beeinträchtigt. Dunkel erscheinende Gegenstände werden zu weit, helle Gegenstände (Kunststraße, Kalkboden, Sandstellen, Licht) oder dunkle Gegenstände vor hellem Hintergrund werden zu nahe geschätzt.

b) Heben des Erkennungsvermögens bei Dunkelheit.
Auf einer Wanderung durch wenig bekanntes oder unbekanntes Gelände bei Dämmerung und später bei Dunkelheit läßt der Lehrer die Jungmannen Geländeformen, Bodenbedeckung, Gegenstände, Menschen, Tiere usw. betrachten, erkennen, unterscheiden und beschreiben.
Hierbei hat Belehrung darüber stattzufinden, daß das Erscheinen aller Gegenstände und Lebewesen als Schatten leicht zu Täuschungen nicht nur im Erkennen, sondern auch in den Größenverhältnissen und in den geschätzten Entfernungen führt.

c) Auf das Unterscheiden- und Kennenlernen der Umrisse eines gehenden oder schleichenden Feindes ist besonders Wert zu legen.

Anweisung für die Ausführung zu E.
1. Die Übungen werden möglichst bald mit Übungen im Hören und mit Späherübungen verbunden. Fällt der Schluß von Übungen in anderen Dienstzweigen in die Dämmerung, so sind diese Gelegenheiten für Sehübungen bei Dunkelheit wahrzunehmen.
   Auch bei unsichtigem Wetter bei Tage (Nebel, Schneefall) lassen sich die Übungen mit Erfolg abhalten.
2. Die Übungen haben zuerst in bekanntem Gelände und bei Dämmerung, später in unbekanntem Gelände und bei mondhellen Nächten, schließlich bei voller Dunkelheit stattzufinden.
3. Der leichten Erregbarkeit eines jungen Menschen, die erfahrungsgemäß durch die Eindrücke bei Dunkelheit erheblich gesteigert wird, ist mit aller Strenge entgegenzuarbeiten.
   Ruhe und Besonnenheit hält das Auge kritischer. Nicht alles Mögliche erkennen wollen.
4. Wenn man bei Dunkelheit gut beobachten und erkennen will, legt man sich vorteilhaft auf den Erdboden, da sich dann der zu erfassende Gegenstand gegen den Himmel abhebt.

Schulung des Ohres.
Auge und Ohr ergänzen sich in ihrem Dienst. In der Dunkelheit läßt das Auge im Stich, um so mehr muß das Ohr den Dienst übernehmen.
Das Gehör ist Täuschungen leichter unterworfen als das Auge. Um so eifriger ist das Ohr zu schulen.
Allmähliche Steigerung in den Anforderungen ist geboten.

Übungen zur Schulung des Gehörs.
a) Kennen- und Unterscheidenlernen von Geräuschen, die:
  1. Naturlaute sind und von nicht lebenden Wesen hervorgerufen werden: Rauschen der Bäume; Rascheln des Laubes; Fallen von Blättern, Tannenzapfen; Knarren der Stämme; Knacken dürrer Äste; Regen auf einen befestigten Weg, auf Laub; Säuseln oder Heulen des Windes; Murmeln und Gurgeln eines Wiesenbaches; Rauschen eines Waldbaches, eines Wasserfalls, eines Stromwehres; Ruderschlag eines Bootes; Knacken und Knarren einer Eisfläche; Summen der Telegraphendrähte; Geräusche in der Nähe von Gebäuden: knarrende Tore, Türen, Fenster; klappernde Fensterläden; Regen auf Dächer; Glockenschlag;
  2. von Tieren, Fahrzeugen, Menschen herrühren: Bellen von Hunden; Schreien von Katzen; das Streichen eines Nachtvogels durch die Baumkronen; der Ruf der Eule, des Käuzchens; das Eilen von Wild; der Hufschlag eines gerittenen oder geführten Pferdes; die Geräusche eines schwer beladenen Fuhrwerks, eines leichten Wagens im Schritt oder im

Trab, eines Kraftwagens, eines Eisenbahnzuges; die Geräusche des Trittes eines einzelnen oder mehrerer Menschen auf festem oder weichem Boden, Sprechen, Gesang usw.;

3. besonders durch einen anschleichenden, marschierenden Gegner oder durch eine andere Tätigkeit des Feindes verursacht werden. Unterscheidung, ob sich der Feind auf einem befestigten Weg, auf sandigem oder nassem Feldweg, im Acker, in hohem Grase, auf kurzem Rasen, im Waldlaub und über dürres Astwerk bewegt; ob er mit oder ohne Gepäck, ob er langsam oder schnell geht; wann er halt macht oder wieder antritt; ob sich ein Pferd im Schritt, Trab oder Galopp bewegt.
Feststellung der Zahl der Feinde.
Kennenlernen des Geräusches von Axtschlägen zum Fällen von Bäumen, von nächtlicher Schanzarbeit usw.

b) Bestimmenlernen, aus welcher Richtung ein Geräusch kommt, in welcher Richtung sich ein Mensch, Tier oder Fahrzeug bewegt.

c) Abschätzen der Entfernung aus dem Stärkegrad der Laute, besonders ob sich ein Mensch, Tier, Fahrzeug nähert oder entfernt.

Mittel, um das Horchen zu erleichtern.
Anhalten des Atems, Anlegen der flachen Hand an die Ohrmuschel, Abgewinnen der Windseite (hierbei leicht Täuschung in der Entfernung des Lautes).
Auflegen des Ohres auf trockenen, festen Boden, auf Eisenbahnschienen.
Einstecken einer Klinge eines Taschenmessers in den Erdboden, während eine andere Klinge zwischen die Zähne geklemmt wird.
Horchen an einer auf den Boden gelegten Trommel oder an einem in den Erdboden gesteckten Stock.

Anweisung für die Ausführung.
1. Die Anfangsgründe für Schulung des Gehörs sind bei Tage zu erlernen. Später sind Horchübungen bei unsichtigem Wetter und bei Dunkelheit abzuhalten.
2. In der Dunkelheit empfiehlt es sich, in verschiedenem Gelände einen erhöhten Standpunkt einzunehmen: in der Nähe einer Ortschaft, einer belebten Straße, im Walde, in einem Busch, auf freiem Felde usw.
3. Die von Menschen, besonders von einem anschleichenden, marschierenden Feind herrührenden Geräusche, ferner Laute von Axtschlägen von nächtlicher Schanzarbeit sind von Jungmannen hervorzurufen.
4. Nicht zu viel hören wollen. Die natürliche Erregbarkeit bei den Eindrücken der Dunkelheit ist zu überwinden. Ruhe und Überlegung bewahrt vor Täuschungen.
5. Die Übungen sind mit Sehübungen bei Dunkelheit und möglichst bald mit Übungen im Späherdienst zu verbinden.

IV. Geländekenntnis und -benutzung.

Bei dem großen Einfluß, den das Gelände auf jede kriegerische Unternehmung ausübt, ist die Geländekenntnis und -benutzung als einer der wichtigsten Dienstzweige anzusehen. Übungen auf diesem Ausbildungsgebiet stellen hohe Anforderungen an die Aufmerksamkeit, die Findigkeit und das Beurteilungsvermögen der Jungmannen.

Gesichtspunkte für die Ausbildung.

a) Erklärung der militärischen Bedeutung des Geländes.

Beschreibung der Geländeformen.

Beschreibung der Bedeckung des Geländes.

Beurteilung der Gangbarkeit des Geländes.

Beurteilung des Geländes für Schußfeld.

Beurteilung des Geländes als Deckung (gegen Sicht und gegen Geschoß):

1. für Anmarschwege (für Abteilungen der verschiedenen Waffengattungen, für Patrouillen),

2. für das Gefecht (für alle Waffen),

3. gegen Flugzeuge,

4. Stärke feldmäßiger Deckungen.

b) Zurechtfinden und -weisen im Gelände:

1. Zurechtfinden nach der Karte; Aufsuchen des eigenen Standpunktes, von Wegen, von Flußläufen, Ortschaften usw.

2. Feststellen der Himmelsgegenden vermittels der Karte, des Kompasses, der Sonne, der Taschenuhr, des Polarsternes, der Lage der Kirchen usw.

3. Führen auf Wegen, auch querfeldein, nach einem bestimmten Geländepunkt ohne Karte nach Orientierung auf der Karte vor dem Abmarsch. Hierbei Vorausberechnung der Marschzeit und Vorausbeurteilung der auf der Karte ersichtlichen Wegeverhältnisse. Nachprüfen und Vergleich mit den im Gelände vorgefundenen Verhältnissen.

c) Hinweis auf die Wichtigkeit und auf die Schwierigkeit der Verständigung und Aufrechterhaltung der Verbindung im Gelände.

Welche Mittel stehen zur Verfügung in übersichtlichem Gelände, wie kann man sich in bedecktem Gelände helfen. (Winker, Zwischenposten usw.)

Das Übermitteln von kurzen Meldungen und Befehlen ist zu üben.

d) Eingehende Belehrung über Anpassen des einzelnen Jungmannes sowie von Schützenlinien an das Gelände.

Niemals sich auf die Deckung legen, sondern in die Deckung hineinkriechen; ebenso sich kriechend aus einer Deckung zurückziehen.

Stets den Grundsatz lehren: »Schußfeld geht vor Deckung«.

e) Belehrung über die verschiedenen Arten der Besetzung an einem Waldrand.

V. Erkundungs- und Meldewesen.

Erkunden und Melden heißt: Beobachtungen und Ermittelungen über Beschaffenheit des Geländes und über Verhältnisse bei dem Gegner klar, schnell und sicher der eigenen Abteilung übermitteln.

Die Übungen im Erkundungs- und Meldedienst setzen bei den Jungmannen die Beherrschung sämtlicher Ausbildungszweige voraus.

Aufmerksamkeit und schnelle Entschlußfähigkeit, Gewandtheit und Findigkeit, Ehrgeiz und Pflichtgefühl, fester Wille und Ausdauer, Überlegung und Beurteilungsvermögen können in diesem Ausbildungszweig ganz besonders zum Ausdruck kommen.

A.Erkundung.

Die Übungen im Erkundungsdienst beschränken sich für die Jungmannschaft in der Hauptsache auf Geländeerkundungen.

Im wesentlichen ist zu üben das Erkunden:

1. eines Weges auf Länge, Breite, Gangbarkeit, Steigungsverhältnisse, Gräben am Rand, Hindernisse, die er überschreitet;

2. einer Ortschaft auf allgemeine Lage; umliegendes Gelände; Länge der Seiten; Ein- und Ausgänge, Hauptstraßen und freie Plätze; ungefähre Anzahl der Häuser, der Scheunen, der Ställe; größere Gebäude; Bauart der Häuser; Beschaffenheit der Ortsränder; Wasserverhältnisse usw.;

3. eines Waldes auf allgemeine Lage und Ausdehnung; Geländegestaltung; vorspringende Ecken; Länge der Seiten; Baumbestand; Unterholz; Wege; Schneisen; Lichtungen usw.;

4. eines Gewässers auf Stromrichtung; Stromgeschwindigkeit; Schiffbarbeit; durchschnittliche Tiefe, Breite; Beschaffenheit des Flußbettes, der Ufer; Übergangsstellen: Brücke, Furt, Zugänge; Vorhandensein von Übersetzmitteln: Kähnen, Fähren, Flößen; Fundorte für Behelfsmaterial: zur Herstellung von Übersetz- oder Übungsmitteln;

5. eines Geländeabschnittes auf Gangbarkeit; Übersehbarkeit; Verteidigungsfähigkeit: Schußfeld, Anlage von Schützengräben; Ermittelung der Möglichkeit eines gedeckten An- und Aufmarsches; der Geeignetheit für den Angriff.

6. Das Erkunden der Verhältnisse beim Feinde hat nur bei Übungen mit einem wirklichen Gegner (ein oder mehrere Züge gegeneinander) stattzufinden.

   Hierbei ist zu ermitteln:

   a) die Stärke,

   b) die Tätigkeit des Feindes.

   Die Tätigkeit des Gegners kann sein:

   Ein Vor- oder Rückmarsch (hierbei das Wichtigste: Feststellen der An- oder Abmarschstraßen); Ruhe unter Ausstellen von Sicherungen; Ein-

nehmen einer Stellung (hierbei Hauptsache: Erkunden der Ausdehnung, Feststellung der Flügel, Ermitteln von Schanzarbeiten).

Die Erkundungen werden durch Erkundungsabteilungen (Patrouillen) ausgeführt.

Jeder Auftrag an eine Patrouille muß klar und deutlich, örtlich und zeitlich begrenzt sein.

Die Patrouille muß erfahren, zu welcher Zeit sie zurückgekehrt sein soll, ob sie an einem bestimmten Punkt zu verbleiben hat (stehende Patrouille), ob sie durch eine andere Patrouille abgelöst wird, wohin sie Meldungen zu schicken hat.

Von den Jungmannen werden für dieses Lehrfach an besonderen Vorkenntnissen verlangt:

1. Die im Abschnitt »Besondere Fertigkeiten« angeführten »allgemeinen Fertigkeiten«.
2. Zurechtfinden im Gelände mit und ohne Karte.
3. Ausgiebige Geländeausnutzung und Überwinden von Geländehindernissen jeder Art.
4. Schulung des Auges und Ohres.
5. Beherrschung des Meldedienstes.
6. Ziehen richtiger Schlüsse aus den gemachten Beobachtungen.
   Kirchturm hinter Höhe . . . Ortschaft.
   Brücke in Wiese . . . Bach oder Graben.
   Fuhrwerk in Kornfeld . . . Weg.
   Hoher Schornstein . . . Fabrik.
   Heftiges Anschlagen der Hunde in einer Ortschaft . . . Durchmarsch einer Truppe.
   Niedrige Staubwolken . . . Infanteriekolonnen.
   Hohe Staubwolken . . . Kavallerie.
   Dichte und hohe Staubwolken . . . Artillerie.
   Führen von zwei Seiten Fahrwege an einen Fluß heran . . . Furt oder Fähre.
   Dampfwolken . . . Eisenbahn.
   Segel . . . Fluß oder See usw.
   Feststellen der Windrichtung . . . Rauchender Schornstein.
7. Spurenlesen: von Wagen, Kraftwagen, Fahrrad; von Tieren: Pferd im Schritt, im Trab, im Galopp; Menschen: mit oder ohne Schuhwerk, mit benagelten Schuhen; Bestimmen der Fußlänge, des Schrittmaßes, des Aufsetzens der Füße usw., Verfolgen der Spuren.

Zusammensetzung und Verhalten der Patrouillen.

1. Die Anzahl der zu einer Patrouille zusammenzustellenden Jungmannen richtet sich nach dem Auftrag. Für jede Patrouille ist ein Führer zu bestimmen.

2. Jeder Auftrag ist vom Führer unaufgefordert zu wiederholen. Fragen bei Unklarheit.

   Der Führer muß den Auftrag stets vor Augen haben und ihn mit allen verfügbaren Kräften und Mitteln ausführen.

3. Vorbereitungen vor dem Abmarsch: Mitteilung des Auftrages durch den Führer an die Patrouille; Klarwerden über den Weg; Stellen der Uhr; Mitnahme von Karte, Kompaß, Fernglas, Meldekarten, Bleistift; Bekanntgabe des Losungswortes; Verabredung von Zeichen usw.

4. Hauptgrundsatz: viel sehen, nicht gesehen werden. Daher feindlichen Patrouillen ausweichen.

5. Form des Vorgehens wird bedingt durch: das Gelände; die Forderung möglichst ausgiebiger Beobachtung; die Möglichkeit, eine Meldung zurückzuschicken.

   Sprungweises Vorgehen: ein Teil springt, ein Teil beobachtet. Ein Meldemann folgt vorteilhaft in einiger Entfernung.

6. Art des Vorgehens: vorsichtig und geräuschlos. Die Patrouille macht öfter Halt, um zu sehen und zu hören; sie wählt einen geeigneten Beobachtungspunkt: Anhöhe, Baum, Strohschober, Mühle, einzelne Häuser usw.

   Gründlichste Ausnutzung des Geländes: der geringsten Bodenunebenheit; jeden Erdhaufens, Grabens, Strauches, Baumes, Zaunes, jeder Hecke, Mauer usw. Nicht über Hecken, sondern durch Hecken sehen; nicht über einen Baumstumpf, sondern dicht neben einem Baumstumpf beobachten usw. Vermeiden von hellem Unter- oder Hintergrund.

   Unterlassen jeden Geräusches, jeden Sprechens (Zeichensprache), Flüsterns, Hustens.

   Vermeiden von Kieswegen, Waldpfaden mit dürrem Laub, des Gehens oder Laufens auf hartem Boden.

   Unterlassen plötzlicher Bewegungen: Unbeweglich liegen bleiben, wenn der Feind aufmerksam geworden ist.

7. Nicht durch Ortschaften den Weg wählen, auch nicht durch Wald, wenn dies nicht der besondere Auftrag; Beobachtungsziele sind die vom Feind heranführenden Wege, sodann Waldsäume oder Ortsausgänge, zuletzt Geländefalten und Buschwerk.

8. Anwendung von künstlichen Deckungen: Vorwärtskriechen hinter einer Garbe, einem Buschzweig, die man als Deckung vor sich herschiebt; Gehen hinter einem Wagen usw.

9. Stete Augenverbindung innerhalb der Patrouille – Beobachtung ringsum, auch nach hinten.

10. Übermittelung von Meldungen: Meldemann, Radfahrer, Postenkette, Rufposten.

   Der zum Melden zurückgeschickte Mann geht nicht wieder zur Patrouille zurück.

11. Gegenseitiger Austausch der Aufträge, der Absichten und der gemachten Erkundungen zwischen sich begegnenden Patrouillen.
12. Wahl des Rückweges: Nicht auf demselben Weg zurückkehren (Gefahr der Gefangennahme).
Nicht geraden Wegs auf die eigenen Abteilungen zurückkehren, um nicht deren Stellung zu verraten.
13. Übergabe der schriftlichen Meldung oder Erstattung der mündlichen Meldung an den Vorgesetzten mit der Front nach dem Gegner und in voller Deckung (Flüsterton).

B. Meldewesen.
  a) Inhalt der Meldung:
  1. Genaues Erfassen des Auftrages, Hineindenken in die Absicht des Auftraggebers verbürgen allein eine gute Meldung.
  2. Die Meldung muß richtig sein, d. h. genau und wahrheitsgetreu die gemachten Beobachtungen wiedergeben. Nicht der Phantasie Spielraum geben.
  3. Hervorheben des Kernpunktes, dann erst Einzelheiten.
  4. Unterscheiden und im Ausdruck kenntlich machen, was tatsächlich beobachtet ist, was gefolgert, was vermutet wird, was man von anderen erfahren hat.
  b) Abfassung der Meldung:
  1. Nicht viele, aber gute Meldungen schicken. Meldungen möglichst schriftlich machen. – Sicherung gegen die Gefahr der Ungenauigkeit.
  2. Rechtzeitig melden. – Eine zu spät eintreffende Meldung hat ihren Zweck verfehlt.
  3. Eine schriftliche Meldung (auf Meldekarte oder Zettel) verlangt:
  Im allgemeinen:
  Deutliche Schrift (auch bei schlechter Beleuchtung leserlich).
  Größte Klarheit bei möglichster Kürze (Telegrammstil); Klarheit geht vor Knappheit.
  Im einzelnen:
  Angabe der absendenden Stelle; des Abgangsortes; der Abgangszeit; genaues Angeben der Stelle, an die die Meldung gerichtet ist.
  Bei Meldungen über Gelände: die verlangten Angaben.
  Bei Meldungen über einen Gegner: Anzahl, Tätigkeit des Feindes.
  Ferner: die weitere eigene Absicht.
  Zum Schluß: deutliche Namensunterschrift.
  Der Überbringer einer schriftlichen Meldung muß den Inhalt auch mündlich erstatten können.
  4. Eine mündliche Meldung verlangt:
  Deutliches Sprechen.

Klare, einfache Ausdrucksweise.
Der Überbringer muß die Meldung wiederholen, bis er den Inhalt wirklich erfaßt hat.

5. Jeder Meldung ist möglichst eine Skizze beizufügen. Die Skizze erspart Worte, erhöht die Deutlichkeit und den Überblick.

VI. Ordnungsübungen.

Unter Ordnungsübungen sollen die Übungen verstanden werden, die sich auf das Erlernen der Formen der geschlossenen und der geöffneten Ordnung erstrecken.

Sie sind auf das Notwendigste zu beschränken. Die Benennung »Ordnungsübungen« soll bedeuten, daß diese Vorübungen ohne Exerzierdrill zu erlernen sind.

Sie sind in der Art und Weise vorzunehmen, wie sie in den Schulen und Turnvereinen geübt werden, und im »Gleichschritt« und »ohne Tritt« auszuführen. Größte Aufmerksamkeit, unbedingte Lautlosigkeit und aufgerichtete Haltung des einzelnen sind strengstens zu verlangen. Antreteübungen sind häufig vorzunehmen.

Die Übungen in der geschlossenen Ordnung sollen nicht über den Rahmen eines Zuges hinausgehen und erstrecken sich auf:

1. Erklärung der Begriffe: Glieder, Rotte, Gruppe, Zug (sinngemäß E. R.* 80/81).
2. Aufstellung in Linie zu einem und zu zwei Gliedern (sinngemäß E. R. 82).
3. Einteilung in Gruppen und Halbzüge (sinngemäß E. R. 83/84).
4. Erklärung des Begriffes Gruppenführer. Sein Platz im Zuge (sinngemäß E. R. 86).
5. Allgemeine Erklärung der Begriffe: Richtung, Fühlung, Vordermann (sinngemäß E. R. 93/94 1. Abs., ferner c und e und 96).
6. Antreten und Halten. Marschieren auf Marschrichtungspunkte. Marsch halbseitwärts (sinngemäß E. R. 112/113/114/117).
7. Knien. Hinlegen. Aufstehen (sinngemäß E. R. 31/33, 115).
8. Abbrechen in die Gruppen und Reihenkolonne aus der Linie sowie Aufmärsche aus den Gruppen und Reihenkolonnen in die Linie (sinngemäß E. R. 123, 127, 135, 129, 130, 133, 131 c).
9. Schwenkungen in Linie, mit Gruppen, und Hakenschwenkungen (sinngemäß E. R. 136, 137, 138).

Übungen in der geöffneten Ordnung.

1. Erklärung des Begriffes Schützenlinie (sinngemäß E. R. 142, 143, 144).
2. Tätigkeit des Gruppenführers (sinngemäß E. R. 162, 163 1. Satz).
3. Bilden einer Schützenlinie mit verschiedenen Zwischenräumen (sinngemäß E. R. 174, 176, 177, 178, 179).

* E. R. = Exerzier-Reglement für die Infanterie.

4. Bewegungen der Schützenlinien (sinngemäß E. R. 181, 182, 183, 184, 185).
5. Halten einer Schützenlinie und Stellung (sinngemäß E.R. 186, 187).
6. Vorübung zum Sprung und Beendigung des Sprunges (sinngemäß E. R. 188, 189).
7. Üben im Weitersagen von Befehlen und Meldungen in der Schützenlinie (sinngemäß E. R. 201).
8. Sammeln (sinngemäß E. R. 213).

Anweisung für die Ausführung.

a) Geschlossene Ordnung. Die Übungen in der geschlossenen Ordnung, die besonders der Gewöhnung an Manneszucht dienen, sind in Ruhe und Ordnung, kurz und straff auszuführen und müssen Frische und Munterkeit zeigen.

Ein gutes scharfes Kommando unterstützt die Ausführung.

Unaufmerksamkeit, Umdrehen im Gliede, gegenseitiges Anfassen oder Stoßen, Sprechen, Antworten aus dem Gliede darf nicht geduldet werden.

Auf »Stillgestanden« darf nicht mehr die geringste Bewegung stattfinden. Auch die Augen sind festzuhalten. Auf »Rührt Euch« ist selbständig und lautlos Richtung, Fühlung, Vordermann aufzunehmen.

b) Geöffnete Ordnung. Ein besonderes Gewicht ist auf geordnete Bewegungen der Schützenlinien (auch mit weiten Zwischenräumen) über lange Strecken und in schwierigem Gelände unter peinlichstem Festhalten der Richtung zu legen.

Hierzu ist erforderlich:

Der für die Richtung verantwortliche Teil wählt zum genauesten Einhalten der Richtung Zwischenpunkte im Gelände.

Die Gruppenführer müssen dauernd darauf bedacht sein, den richtigen Zwischenraum von der Richtungsgruppe zu halten und danach den eigenen Richtungspunkt zu wählen.

Der Richtungsmann der Gruppe muß seinem Gruppenführer unbedingt folgen.

Die einzelnen Leute der Gruppe halten, ohne ängstlich in die Richtung zu sehen, den befohlenen Zwischenraum von dem Richtungsmann der Gruppe.

Wenn bei diesen Übungen Lücken in der Schützenlinie entstehen, so dürfen sich diese nur zwischen den einzelnen Gruppen zeigen und sind durch die Gruppenführer ganz allmählich durch Verkürzen ihrer Zwischenräume von der Richtungsgruppe auszugleichen.

Dem »Abflattern« und »Zurückbleiben« der Flügelgruppen einer Schützenlinie ist mit aller Strenge entgegenzuarbeiten.

Auf gute Haltung, geräumigen, beweglichen Schritt und Lebendigkeit des einzelnen Jungmannes ist hoher Wert zu legen.

c) Das Führen nach Winken (E. R. 11) ist zu üben.

VII. Übungen bei Dunkelheit.

Die Übungen bei Dunkelheit haben sich nur auf die Kenntnis und die Überwindung der Schwierigkeiten zu erstrecken, die durch die Dunkelheit an und für sich bedingt werden.

Sie sollen der jungen Mannschaft nicht den Schlaf kürzen und sind daher auf die Dämmerungs- und Abendstunden zu beschränken. Sie können auch mit Erfolg bei unsichtigem Wetter abgehalten werden. (Nebel, Schneefall.)

Sie sind nur so oft vorzunehmen, als unbedingt nötig. Die Vorübungen für diesen Dienstzweig sind im wesentlichen bei Tage zu erlernen und bedürfen der Dunkelheit nur als Probe auf das Exempel.

Der leicht erregbaren Phantasie eines jungen Menschen, die erfahrungsgemäß durch die Eindrücke bei Dunkelheit erheblich in ihren Auswüchsen gesteigert wird, ist mit aller Strenge entgegenzuarbeiten.

Die Übungen bei Dunkelheit haben den erzieherischen Wert, daß sie den Jungmann häufig in die Lage bringen, vollständig auf sich selbst angewiesen zu sein.

Grundsätzlich sind die Jungmannen zur unbedingten Lautlosigkeit (kein Sprechen) zu erziehen.

Ein wirklich nützliches Betreiben der Übungen bei Dunkelheit kann erst stattfinden, wenn die aus den Übungen in Geländekenntnis und -benutzung, Erkundungs- und Meldedienst, Marschdienst, Ordnungsübungen gewonnenen Kenntnisse völlig beherrscht werden und vor allem die Schulung des Auges und des Ohres bei Dunkelheit abgeschlossen ist (s. die betr. Abschnitte).

Die besondere Ausbildung hat sich zu erstrecken auf:

a) die Erziehung des einzelnen Jungmanns:

1. Vermeiden jeden Klapperns der eigenen Ausrüstung.
2. Lautloses Gehen: Kleine Schritte; die Füße höher heben als beim Marsch am Tage; kein Schlürfen, um das Stolpern zu vermeiden.
3. Geräuschloses Hinlegen, Knien, Wiederaufstehen.
4. Lautloses und sicheres Überwinden von Hindernissen. Alle Gräben werden durchklettert – kein Springen.
5. Erkennenlernen eigener Truppen an Abzeichen oder durch Losungswort.
6. Verhalten beim Anschleichen an den Feind und feindlichen Patrouillen gegenüber (vgl. Abschnitt V).
7. Das Zurechtfinden und Zurechtweisen. Gebrauch des Leuchtkompasses, der abgeblendeten Taschenlaterne. Benutzung der Uhr, die erkennen läßt, wann ein bestimmter Geländepunkt erreicht sein muß. Ausnutzung des Polarsternes oder des Standes des Mondes zum Zurechtfinden. Gebrauch des Tastsinns, um aus Spuren einen Weg zu erkennen. Kenntnis und Anwendung der Mittel, um einen bei Tage erkundeten Weg bei Dunkelheit wiederzufinden.

b) Übungen in der geschlossenen Ordnung:
(Marsch- und Gruppenkolonne.)

1. Vermeiden jeden Sprechens auch im Flüsterton, jeden Lichtmachens, Streichholzanzündens.
2. Genaues Einhalten des Vordermannes, des Abstandes mit scharfer Fühlung rechts. Niemals auf den Boden sehen.
3. Beim Stocken in der Marschkolonne nicht stillstehen, sondern so lange auf der Stelle treten, bis die Stockung überwunden ist.
4. Bei jedem Halt ist die Marschordnung wieder peinlich herzustellen und nachzuprüfen.
5. Kommandos sind nur im Flüsterton und nur an die vorderste Gruppe abzugeben. Alle übrigen machen nach, was vorn ausgeführt wird.
6. Geräuschloses Hinlegen und Knien bedarf besonderen Einübens. Es empfiehlt sich, bei jedem Halt in der Nähe des Feindes knien zu lassen.
7. Das Überwinden von Hindernissen erfolgt gliederweise. Darauf wird gehalten und aufgeschlossen.
8. Für das gleichmäßige Vorwärtskommen auf der Straße hat eine Erkundung des Weges durch eine kleine Abteilung, die reichlich früh vorausgeschickt wird, stattzufinden.
   Alle von der Marschstraße abzweigenden Wege, besonders in Ortschaften, sind zu sperren (Strohseile) oder mit Wegweiserposten zu besetzen.
9. Für das Festhalten der Marschrichtung querfeldein wird vorteilhaft ein Trupp so weit vorausgeschickt , daß er noch erkennbar bleibt. Kenntlichmachung durch eine weiße Binde am Arm, durch eine Blendlaterne oder Herstellung der Verbindung durch Verbindungsleute oder mittels einer Schnur.
   Dieser Trupp weist der nachfolgenden Abteilung den Weg gemäß a, 7 dieses Abschnittes.

VIII. Kenntnisse im Pionierdienst.
Für Übungen im Pionierdienst ist bei den Jungmannen große Lust und Liebe vorauszusetzen.
Es erscheint nötig, hier oft den Ernst solcher Arbeiten zu betonen, daß sie nicht in Spielerei ausarten.
Der Findigkeit bietet sich hier eine reiche Betätigung.
Die Jungmannen, die in diesen Dienstzweig einschlägige Kenntnisse durch ihren Beruf mitbringen, sind als Lehrer anzustellen.
Gelände für Pionierarbeiten findet sich überall. Die Feldpioniervorschrift gibt zu den Ausführungen in diesem Lehrfach nähere Anweisungen.
Als Übungsdienste sind aufzustellen:
a) an einem seichten Wasserlauf, Teich oder trockenem Graben:
   Herstellen eines Brückensteges.

Herstellen und Rudern verschiedener Übersetzmittel: Behelfsboote, Flöße aus Holz oder Zeltbahnen hergestellt, der sogenannte Wasserfloh usw.
Rudern von Booten, Betrieb von Fähren.
b) auf dem Lande:
Schaffen einer Erddeckung im Liegen.
Ausheben von Schützengräben, Herstellen von Unterständen.
Eingraben eines Horchpostens.
Herstellen eines Ausguckpostens.
Bau von Zelten, Anlage von Windschirmen.
Bau einer Erdhütte.
Feueranmachen, Abkochen im Kochgeschirr.
Herstellen von Lagereinrichtungen allerArt.
Herstellen von Tragen zum Transport von Verwundeten.
Das erforderliche Material wird zu leihen sein.
Die Arbeiten sind mit Vorteil auf solchem Gelände anzulegen, wo sie stehenbleiben und von den Jungmannen in ihrer Freizeit nach Anleitung des Lehrers weiter ausgebaut und vielseitiger gestaltet werden können.

IX. *Besondere Fertigkeiten.*
Es ist nicht zu verlangen, daß sich ein Jungmann sämtliche für den militärischen Beruf wünschenswerten Fertigkeiten aneignet.
Besser ist, in einigen Meister sein, als von allen nur etwas wissen.
Es ist dem Jungmann daher die Wahl zu überlassen, sich für Aneignen einer oder zweier Fertigkeiten nach seinen Neigungen zu entscheiden.
Die militärische Vorbereitung ist nicht in der Lage, die Fertigkeiten während der angesetzten Übungszeiten beizubringen.
Zur Aneignung der meisten Fertigkeiten gehört tägliches Üben und oft viel Zeit.
Wohl aber kann die militärische Vorbereitung das Bestreben, sich derartige Fertigkeiten zu eigen zu machen, unterstützen. Sie kann den Wettstreit in völligem Beherrschen solcher Fertigkeiten anregen. Sie kann den Jungmannen den Zutritt zu Vereinen ebnen, die solche besonderen Fertigkeiten zu ihrem Zweck haben, z. B. Stenographenvereine.
Stete Fühlungnahme mit der Jugendpflege ist deshalb in beiderseitigem Interesse geboten.
Gewisse Fertigkeiten soll jeder Jungmann bei seinem Eintritt in das Heer besitzen. Diese wären in das Arbeitsfeld der militärischen Vorbereitung aufzunehmen.
Diese allgemeinen Fertigkeiten sind im wesentlichen:
a) Kenntnis des Kompasses und anderer Orientierungsmittel,
b) Benutzung des Telephons,
c) Gebrauch des Fernglases,
d) Lesen der Generalstabskarte,

214

e) Kenntnis der unter Ziffer 12 des E. R. aufgeführten Winkerzeichen:
Die Zeichen werden mit Signalflaggen, mit den Armen, mit der Mütze usw.
gegeben.

a v = · − · · · −»Vorgehen« (Avancieren).

g v = − − · · · · − aus der vorderen Gefechtslinie nach hinten gegeben: »Eigenes Geschützfeuer weiter vor verlegen«.

h l = · · · · · − · ·»Halt«.

m u = − − · · − aus der vorderen Gefechtslinie nach hinten gegeben: »Munition erforderlich«; von hinten nach vorn gegeben: »Munition kommt«.

s m = · · · − − aus der vorderen Gefechtslinie nach hinten gegeben: »Wir wollen zum Sturm antreten«; von hinten nach vorn gegeben: »Sturm steht bevor«.

Ist das Zeichen verstanden, so wird dies seitens des Empfängers durch Schlagen eines großes Kreises vor dem Körper (Zeichen für »Verstanden«) bestätigt.

Die nach Wahl und Neigung anzueignenden erwünschten Fertigkeiten sind:

Schnellschrift,

Winken nach der Signalvorschrift,

Radfahren,

Schwimmen,

Kenntnis für erste Hilfeleistung usw.

Die »Richtlinien« wurden am 19. August 1914 erlassen, die »Erläuterungen und Ergänzungen« im Oktober 1915 (vgl. W. Deist, Militär und Innenpolitik im Weltkrieg 1914–1918, Düsseldorf 1970, S. 210; und R. Höhn, Sozialismus und Heer, Bd. III, Bad Harzburg 1969, S. 648 ff, 665 ff).
Wiedergabe nach: Richtlinien für die militärische Vorbildung der älteren Jahrgänge der Jugendabteilungen während des Kriegszustandes nebst Erläuterungen und Ergänzungen, hrsg. vom Königlichen Kriegsministerium, Berlin 1916. Die zahlreichen (zum Teil willkürlichen) Hervorhebungen im Text des Originals blieben in der Wiedergabe unberücksichtigt.

2. Richtlinien für die Wettkämpfe im Wehrturnen, 1917

Kriegsministerium.
Nr. 1801/5. 17. C 1 a.
Berlin W. 66, den 22. 5. 1917.
Leipziger Str. 5.

An sämtliche Jugendpflegeverbände.
Für die Wettkämpfe im Wehrturnen der militärischen Vorbildung der Jugend 1917 wird in Ergänzung der Verfügung vom 15. 3. 1917 Nr. 1801/2. 17. C 1 a angeordnet:

Allgemeine Bestimmungen:
1. Ziffer 12 Abs. 2 der Verfügung vom 15. 3. 1917 erhält folgende Fassung:
   Die besten Leistungen im Entfernungschätzen und bei der Schnellseh- und Meldeübung werden durch besondere Ehrenurkunden ausgezeichnet. Als beste Leistung gilt die, die durch Zusammenzählen der Punktzahlen in beiden Übungen die größte Anzahl der Punkte erzielt.
   Für die Übungen unter Ziffer 7 B *und* C der Verfügung vom 15. 3. 1917 zusammen ist demnach nur *eine* Ehrenurkunde bestimmt.
2. Zur Herstellung einer völligen Gleichmäßigkeit in der Bewertung der einzelnen Wettübungen werden als Pflichtleistungen im Sinne von Ziffer 10 der Verfügung vom 15. 3. 1917 bestimmt:
   a) beim Handgranatenwerfen, Zielwurf aus einem Schützengraben (Ziff. A 2 b der Wertungstafel, Anlage 1 zur Verfügung vom 15. 3. 1917): 3 Punkte,
   b) beim Turnen am Barren (Ziffer A 5 a der Wertungstafel),
   c) beim Turnen am Reck (Ziffer A 5 b der Wertungstafel) je 2 Punkte bei der Pflicht- und Kürübung.
3. Bei der Abhaltung der Wettkämpfe ist den Sicherheitsmaßnahmen gegen Unfälle, insbesondere beim Handgranatenwerfen, besondere Beachtung zu schenken.
4. Die Wettkämpfe sind in breitester Öffentlichkeit abzuhalten. Eintrittsgeld darf nicht erhoben werden.
5. Die Preisverteilung geschieht im allgemeinen durch den Vertrauensmann oder die Hilfsoffiziere. Die erforderlichen Auszeichnungen werden den Vertrauensmännern von hier aus rechtzeitig auf Grund der Meldungen zu Ziffer 14 der Verfügung vom 15. 3. 1917 auf unmittelbarem Wege zugehen.

Wirtschaftliche Maßnahmen:
6. Eisenbahnfahrten:
   Für den Tag der Endkämpfe wird das Verbot der Ausstellung von Militärfahr-

scheinen (Verfügung vom 29. 12. 1916 Nr. 1672/12. 16. C 1 a Ziff. II D) aufgehoben.

Zum einzelnen wird angeordnet:

a) Die Fahrten der Führer, Kampfrichter und Jungmannen auf den deutschen Staats- und den in Preußen gelegenen Privatbahnen zu den Orten, an denen die Endkämpfe stattfinden, sind als Fahrten zu gemeinschaftlichen militärischen Übungen im Gelände im Sinne des Erlasses vom 24. 11. 1915 Nr. 1663/11. 15. C1 anzusehen.

b) Abweichend von Ziffer 1 Absatz 2 und Ziffer 10 des Erlasses vom 24. 11. 1915 können bei Fahrten zu den Endkämpfen auf den oben genannten Bahnen (ausgenommen in Bayern) auch Gruppen unter 10 Jungmannen oder einzelne Teilnehmer zwischen ihren Wohnorten und den Sammelorten zum Militärfahrpreis für Rechnung der Heeresverwaltung befördert werden.

Unter »Sammelorten« sind Eisenbahnpunkte zu verstehen, an denen einzelne Jungmannen oder Gruppen unter 10 Teilnehmern zu Abteilungen von 10 oder mehr Köpfen für gemeinsame Eisenbahntransporte zu vereinigen sind, ohne daß hierdurch Zeitverlust oder Umwege eintreten. In allen anderen Fällen gelten als Sammelorte die Orte, an denen die Endkämpfe ausgetragen werden.

c) Sämtliche Jungmannen derselben Ortschaft müssen gesammelt und unter Aufsicht fahren.

d) Schnell- und Eilzüge dürfen nicht benutzt werden.

e) Auf Beachtung der Ziffern 1 Abs. 2, 5 und 10 des Erlasses vom 24. 11. 1915 wird hingewiesen.

f) Für Jungmannen, die nicht zu den Endkämpfen zugelassen sind, dürfen Militärfahrscheine nicht ausgestellt werden.

7. Geldmittel.

Jeder Vertrauensmann erhält eine Geldsumme, die mit 25 Pf. für den Kopf der zur Teilnahme an den weiteren Ausscheidungskämpfen angemeldeten Jungmannen seines Bezirks berechnet wird.

Die überwiesenen Mittel sollen in erster Linie zur Schaffung bleibender Einrichtungen für die Wettkämpfe verwendet werden. Ferner sind aus ihnen die Eichenbrüche für die Sieger in den Gruppenwettkämpfen (Ziffer 12 Abs. 3 der Verfügung vom 15. 3. 1917) zu bestreiten.

In besonderen Fällen können die Mittel auch für Aufwendungen zur Verpflegung der Jungmannen herangezogen werden.

Für Unterkunft von Jungmannen sind Mittel nicht vorgesehen, da die Einteilung der Wettkämpfe eine Unterbringung der Jungmannen nicht erforderlich macht.

Etwaige Anträge auf besondere Bewilligungen bei Überschreitungen der zugewiesenen Beträge können nicht berücksichtigt werden.

Mit welchem Betrage aus der dem Vertrauensmann zugewiesenen Summe Aufwendungen der einzelnen Jugendabteilungen für die Wettkämpfe erstattet werden, bestimmt der Vertrauensmann unter Berücksichtigung der Bedürfnisse und örtlichen Verhältnisse.

Die stellvertretenden Generalkommandos erhalten demnächst eine Übersicht über die zugewiesenen Beträge. Sie wollen die stellvertretenden Intendanturen anweisen, dementsprechend den Vertrauensmännern die bewilligten Beträge baldmöglichst zugehen zu lassen.

Meldungen:

8. Die Vertrauensmänner werden ersucht, zum 1. 10. 1917 über den Verlauf der Wettkämpfe und über die dabei gewonnenen Erfahrungen und etwa zu Tage getretenen Wünsche auf Abänderung der erlassenen Bestimmungen zu berichten.

   Zum gleichen Tage ist unter Benutzung umseitigen Formulars über die bei den Wettkämpfen erreichten Leistungen Mitteilung zu machen.

v. Stein.

Drucksache. Anhang (Muster zu den Meldungen nach Ziffer 8 Abs. 2) hier nicht mit abgedruckt.
Quelle: AdJb Akten Jugendbewegung und Erster Weltkrieg.

3. Bescheid des Kriegsministeriums an den Deutschen Pfadfinderbund, 1916

Ein Bescheid des Kriegsministeriums an den D. P. B.

Folgende Anfrage hatten wir an das *Königliche Kriegsministerium* gerichtet: Der Deutsche Pfadfinderbund hat sich auch während des Krieges stetig und gut entwickelt. Die Zahl unserer Ortsgruppen und die der Pfadfinder steigt ständig. Mit allen anderen Jugendorganisationen stehen wir in friedlichsten und besten Beziehungen, weil wir von jeher bedacht darauf waren, alles zu vermeiden, was zu unnötigen Reibungen führen und vom eigentlichen Ziele ablenken könnte. Seit dem Entstehen des Deutschen Pfadfinderbundes sind annähernd 450 000 Jugendliche nach unserem Pfadfindersystem von uns erzogen worden. Die meisten davon stehen wohl als Soldaten vor dem Feinde. Haben wir doch allein während des Krieges über 20 000 Jugendliche unmittelbar aus den Reihen der Pfadfinder als Kriegsfreiwillige an die Front geschickt. Nach den uns vorliegenden Zeugnissen haben sich die nach unserem System ausgebildeten jungen Leute den Anforderungen des Krieges ganz besonders gewachsen gezeigt.

Daraus schöpfen wir die Hoffnung, daß unser Pfadfindersystem berufen sei, auch künftig eine tüchtige Schulung für gesunde und selbständig handelnde Staatsbürger und Soldaten zu sein, die das Herz auf dem rechten Fleck haben und die für Kaiser und Vaterland stets ihre Schuldigkeit tun.

Jedenfalls hat das Pfadfindersystem jetzt im Kriege die Probe voll bestanden, und der starke Zustrom von Jungen in der letzten Zeit beweist, daß auch die Jugend gern und freiwillig unserer Leitung sich anvertraute.

Wie wir wissen, plant das Königliche Kriegsministerium, nach dem Kriege mit einer militärischen Vorbereitung bei demjenigen Teil der Jugend zu beginnen, der das 17. Lebensjahr erreicht hat. Wir gestatten uns ergebenst, unser volles Einverständnis mit diesem Plane und seiner Begründung hiermit auszusprechen. Wir hatten schon Gelegenheit, dafür einzutreten, und hoffen auf Erfolg zum Nutzen des Vaterlandes.

Die Jugendlichen des Deutschen Pfadfinderbundes stehen zumeist unter dem 17. Lebensjahre. Die Pläne des Königlichen Kriegsministeriums beschränken unsere Tätigkeit daher nur ganz wenig, wie wir ja überhaupt wissen, daß keine Beschränkung, sondern eine Förderung der freiwillig arbeitenden Jugendorganisationen auch künftig beabsichtigt sein wird.

Hiernach will es uns scheinen, als könne der Deutsche Pfadfinderbund in besonderem Maße dazu dienen, eine Vorschule zu sein für die vom Königlichen Kriegsministerium geplante militärische Vorbereitung. Damit dies beurteilt werden kann, fügen wir nachstehend die wichtigsten Punkte unserer Pfadfinderausbildung bei und halten uns dabei an die vom Deutschen Pfadfinderbunde herausgegebenen Bücher und Schriften, insbesondere an das Pfadfinderbuch, an unsere Führerordnung und an die gedruckten Leitsätze und Satzungen.

Zunächst die Grundsätze kurz zusammengefaßt:

Erziehung einer kaisertreuen, vaterlandsliebenden, wehrhaften, stark und sittlich denkenden Jugend, die imstande ist, den rechten Lebenspfad zu suchen.

Dauernder Burgfrieden mit den anderen Organisationen der Jugendpflege.

Die Pfadfindervereine befassen sich unter keinen Umständen mit Politik.

Stand und Glaubensbekenntnis sind bei der Aufnahme von Pfadfindern nicht maßgebend.

Vorstand und Führerschaft sollen sich aus allen Berufszweigen zusammensetzen.

Der Bund arbeitet Hand in Hand mit Eltern, Schule, Haus und Kirche.

Jeder Junge wird angehalten, der Religion nachzuleben, der er angehört.

Die Pfadfindertracht ist nicht pflichtmäßig eingeführt, sie ist aber billig, schlicht und haltbar und deshalb zweckmäßig.

Die Abzeichen auf der Pfadfindertracht bleiben auf das Notwendigste beschränkt; Tressen und Medaillen sind verboten.

Unsere Ausbildung umfaßt:

Beobachtung.

Hörübungen.

Sehübungen.

Erkundungsmärsche.

Erkundung bei Nacht.

Wassersport.

Bergsport.

Schneeschuhlaufen.

Späherdienst.

Anschleichen (wird z. B. geübt, indem sich der Pfadfinder mit einer Kamera im Freien lebenden Tieren nähern muß, um sie zu photographieren).

Höhen- und Entfernungsschätzen.

Orientieren nach Karte, Kompaß, Uhr und dem Himmelsgestirn.

Kartenlesen.

Anfertigung von Ansichtsskizzen.

Signaldienst mit Spiegel, Lampen, Winkerflaggen mit Telegraphen-, Telephon- und Funkenapparaten.

Kenntnis der Morsezeichen.

Radfahren.

Sangespflege.

Auf die Psyche der Jugendlichen sind ferner zugeschnitten:

Pfeifsignale.

Geheimschriften, Geheimzeichen.

Ferner:

Anfertigung von Krankentragen.

Verwundetentransport.

Ein besonderer Abschnitt in unserem Pfadfinderbuche ist der *Liebe zu Kaiser und Reich* gewidmet. Unsere Pfadfinder haben im Weltkriege gezeigt, daß sie diese Mahnung mit dem Herzen begriffen haben.

Unsere Pfadfinderausbildung ist auf Grund von Erfahrungen immer mehr vervollkommnet worden. Der Weltkrieg hat uns darauf hingewiesen, daß der Nahkampf besondere Fertigkeiten erfordert, die man sich am besten schon in der Jugend zulegt. Deswegen werden wir Stabfechten und Werfen mit nachgebildeten Handgranaten noch in unser Ausbildungssystem aufnehmen. Mit Stäben sind unsere Jungen schon längst ausgerüstet, um befähigt zu sein, Brücken, Tragen und Behelfsgerät aller Art zu bauen, so daß die Neueinführung der Stabübungen für die Pfadfinder sehr leicht ist.

Den Schießdienst haben wir bisher nicht gepflegt, weil wir das Waffentragen bei Jugendlichen für verfehlt halten und weil ein Reich mit einem Volksheere länger der Jugendausbildung mit der Waffe entraten kann, als ein solches, das nur ein Milizheer mit kurzer Ausbildung besitzt.

Zum Schluß sei noch erwähnt, daß wir eine lange Liste von Pfadfindern besitzen, die den Heldentod fürs Vaterland starben, oder für tapferes Verhalten vor dem Feinde mit dem Eisernen Kreuze oder anderen Kriegsdekorationen ausgezeichnet worden sind.

Das Königliche Kriegsministerium bitten wir ergebenst um Äußerung, ob es mit den Leitsätzen und mit dem Ausbildungssystem, wie wir es oben entwickelt haben, einverstanden ist, und ob es daher im Deutschen Pfadfinderbunde eine gute Vorbereitung für die geplante militärische Vorbildung unserer Jugend sieht.

Die Bundesleitung des Deutschen Pfadfinderbundes

gez. Konsul G. Baschwitz	gez. Major M. Bayer
1. Vorsitzender	2. Vorsitzender
gez. Generalleutn. v. Mülmann	gez. Schnell, Oberleut. D. L. K. a. D.
1. Schriftführer	1. Schatzmeister
gez. Freiherr von Seckendorff	gez. Dr. Reinshagen
Bundesfeldmeister für »West«	Syndikus

Das Kriegsministerium antwortete:

Kriegsministerium   Berlin W. 66, den 27. Mai 16
Nr. 4590/4. 16. C 1b.   Leipzigerstr. 5

Das Kriegsministerium bestätigt dankend den Empfang des gefälligen Schreibens vom 18. April 1916.
Die auf die Heranbildung eines körperlich und sittlich tüchtigen Heeresnachwuchses gerichteten Bestrebungen des Deutschen Pfadfinderbundes verdienen ebenso wie die hierbei gezeitigten Erfolge volle Anerkennung.
Mit besonderem Interesse ist davon Kenntnis genommen worden, daß eine so staatliche Zahl (über 20 000) Jugendlicher unmittelbar aus den Reihen der Pfadfinder als Kriegsfreiwillige eingestellt ist.
Die mitgeteilten Grundsätze und Ausbildungszweige – das Kriegsministerium betont ganz besonders die Wichtigkeit der Leibesübungen – und die bisher gewonnenen Erfahrungen über die Betätigung der Deutschen Pfadfinder bei ihren mannigfachen Übungen lassen darauf schließen, daß der Deutsche Pfadfinderbund eine gute Vorschule für die eigentliche militärische Vorbildung der Jugend bildet.

In Vertretung
gez. *von Wandel*. [1526]

An
den Deutschen Pfadfinderbund,
z. H. des 1. Vorsitzenden und Kommissars beim Generalkommissariat zur militärischen Vorbereitung der Jugend, Herrn Konsul *Baschwitz,*
Hochwohlgeboren,
Charlottenburg 2.

Wiedergabe nach: Der Pfadfinder – Jugendzeitschrift des Deutschen Pfadfinderbundes Nr. 7, Juli 1916, S. 98–100.

4. Schreiben der Freideutschen Jugend an 30 Reichstagsabgeordnete, 1916

Freideutsche Jugend

Hochverehrter Herr Reichstagsabgeordneter!
Nach den ministeriellen Erklärungen, die vor kurzem im bayerischen Landtage und in der württembergischen Kammer erfolgt sind, steht die reichsgesetzliche Regelung der Jugendwehrfrage bevor.
Wir möchten Sie darum bitten, sich freundlich unserer nachfolgend behandelten Sache anzunehmen.
Wir *vermuten,* daß es sich zunächst darum handelt, *auf Kriegsdauer* die nach 1–2 Jahren dienstpflichtig werdenden Jahrgänge durch geeignete Jugendwehrübungen auf den Kriegsdienst vorzubereiten. Eine darauf – also auf Kriegsdauer – bezogene Gesetzgebung würde unsere rückhaltlose Anerkennung finden.
Die Erklärung der Vertreter des preußischen Kriegsministeriums (auf der Konferenz für militärische Jugenderziehung am 23. März im Preußischen Abgeordnetenhause): die Freiwilligkeit der Teilnahme an der militärischen Vorbereitung soll beibehalten werden . . . Die Heeresverwaltung rechnet, wie bisher, auf die hingebungsvolle Mitarbeit der Jugendvereine und Sportsverbände . . . deuten wir so, daß der einzelne Junge seiner Jugendwehr*pflicht* genügen *muß,* sich aber irgendeiner der weiterhin fortbestehenden Jugendwehrgruppen, Wehrkraftvereine, Pfadfinderbünde usw. im Sinne des militärischen Freiwilligenbegriffes anschließen kann.
Wir befürchten, daß die unserem Verbande angehörenden Jugendgruppen sowie die uns nahestehenden, aber nicht mit uns offiziell verbundenen Wandervogelgruppen *nicht* mit zu jenen Vereinen gezählt werden, auf deren Mitarbeit die Heeresverwaltung rechnet, weil das Ziel dieser Gruppen nicht ausgesprochen die Wehrhaftmachung der ihnen angehörenden Jugendlichen, sondern deren Erziehung zu körperlich gesunden, geistig frischen und selbständigen Menschen und Staatsbürgern ist.
Da aber ebenfalls (am 23. März 16) von den Vertretern des preußischen Kriegsministeriums als Ziel der Jugendwehrerziehung bezeichnet wurde: »keine Soldatenspielerei, nicht Ausbildung in großen Verbänden oder spezielle militärische Unterweisungen in bestimmten Dienstzweigen«, so können wir auch unsere Jugendgruppen als durchaus geeignete Erziehungsgemeinschaften für die Vorbereitung zum Heeresdienste bezeichnen. Während die Jugend in den Jugendbünden mit militärischem Einschlag vorwiegend an *äußere Zucht* gewöhnt wird, an *Ordnung, Pünktlichkeit* und *Sauberkeit –* lauter Dinge, die für den Soldaten unbedingt nötig sind, und die für die große Menge der häuslich nicht hinreichend erzogenen Jungen erst anerzogen werden müssen –, kön-

nen unsere Jugendgruppen, die sich ziemlich einheitlich aus jungen Menschen mit guter Schul- und Familienerziehung zusammensetzen, diese Eigenschaften *voraussetzen,* in Ausnahmefällen aber auf dem Wege persönlicher Einwirkung entsprechende Mängel beseitigen. Auch auf dem Gebiete der *äußeren* Einzelausbildung zur Wehrhaftigkeit werden gerade in unseren Jugendgruppen gute Ergebnisse erzielt, wie die Erfahrungen unserer zahlreichen Kriegsfreiwilligen, die schon zum großen Teile zu Offizieren befördert sind, beweisen. Unsere Jungen lernen sich auf ihren Fahrten mit wenigem behelfen, sich selbständig mit der Karte in der Landschaft zurechtzufinden, Quartier zu machen – einschließlich in Zelten oder im Freien zu nächtigen –, selbst ihr Essen zu kochen, ihren Führern zu gehorchen, sowie selbst als Führer für ihre Gruppen zu sorgen. Sie lernen dadurch kameradschaftliches Verantwortungsgefühl. Die Initiative des Einzelnen, das »behelfsmäßige« Handeln wird durch unsere Art des Wanderns besonders entwickelt, vielleicht in höherem Maße, als es in Gruppen geschehen könnte, die ihre bis ins Kleinste vorbereiteten Fahrten vorschriftsmäßig durchführen, und die in ihren Anforderungen auf einen mittleren Durchschnitt eingestellt sind. Neben dieser *äußeren* Erziehung zu selbständig verantwortlichem Handeln besteht nun bei unseren Gruppen noch eine *innere,* die für die zukünftigen *Führer* ebenfalls von großer Bedeutung ist: die Erziehung zu *selbständigem Denken* und zum *Eintreten für das als gut erkannte.* Unsere Jungen sind in der Regel Alkoholgegner, rauchen nicht und sind allen oberflächlichen und gesundheitsschädlichen Vergnügungen abgeneigt. Sie sind im besten Sinne *unverdorben* und stehen in jeder Lage für ihre Überzeugung ein. Vor allem diesen Eigenschaften, durch die sie stets ein gutes Beispiel geben, ist wohl die auffällig schnelle Beförderung so vieler Freideutscher zu verdanken und die Achtung, die ihnen von ihren Kameraden und ihren Vorgesetzten erwiesen wird. Ein *typisches* Urteil spricht ein Major der Landwehr aus (vergl. Märzheft des Altwandervogels 1915):»Die Wandervögel sind unter meinen Kriegsfreiwilligen tonangebend und stiften dort einen unbeschreiblich herrlichen Geist. Ich war immer ganz gerührt, wenn ich von Geländeübungen zurückkam. Wir haben uns gegenseitig angestrahlt vor Freude.« Ähnliche herzliche Anerkennungen gingen uns häufig von Vorgesetzten und Kameraden unserer Gefallenen zu. (Schon über 1200 Freideutsche sind gefallen).

Was will es angesichts solcher Zeugnisse über den Geist, der in unseren Gemeinschaften herrscht, und in ihnen immer aufs neue erwächst, besagen, daß andere Jugendgruppen vielleicht besser klappende Geländespiele abhalten oder in Schützenketten schwärmen usw. Diese Dinge haben noch alle Freideutschen ohne besondere Mühe erlernt, als es nötig wurde. Diese Dinge aber sind es auch *nicht,* die nach den Worten der Vertreter des preußischen Kriegsministers durch die Jugendwehrerziehung gewünscht werden (keine Soldatenspielerei, nicht Ausbildung in großen Verbänden oder spezielle militärische

Unterweisungen in bestimmten Dienstzweigen). Die freideutschen Jugendgruppen machen also in einer Weise wehrhaft, wie sie der Forderung des preußischen Kriegsministeriums entspricht.

Wenn darum die Jugendvereine tatsächlich im Rahmen der großen deutschen
Jugendwehr fortbestehen sollen, so erheben auch die freideutschen Jugend-
verbände Anspruch darauf, zur Mitarbeit an der Ertüchtigung der Jugend herangezogen zu werden. Wenn diesem Anspruche nicht Rechnung getragen
wird, wenn also die Freideutschen in andere uniformierte Jugendwehrgruppen
eintreten müssen, um ihrer Jugendwehrpflicht zu genügen, so würde das vor-
aussichtlich bedeuten, daß das freideutsche Gemeinschaftsleben – zunächst
auf Kriegsdauer – aufgehoben wird. Woher sollten unsere Jungen die Zeit nehmen zur Teilnahme an den Veranstaltungen, die zur Erreichung des Zieles *auf
unserem Wege* geschaffen wurden? Werden Schule und Elternhaus außer den
von der Jugendwehr geforderten Nachmittagen noch Zeit lassen für das freideutsche Gemeinschaftsleben? Werden sie die von der Jugendwehr noch frei-
bleibenden zwei Sonntage im Monat noch für unsere Wanderungen hergeben?
Müßten die Freideutschen auf die Hauptquelle ihrer Kraft und ihres Erlebens,
die beste und oft einzige Möglichkeit des Gedankenaustausches, der Einwirkung von Mensch zu Mensch, und der eigenen inneren Sammlung verzichten?
Ohne Frage wäre es ein großer Gewinn, wenn die *gesamte* deutsche Jugend
aus dem oft aufreibenden Leben ihrer Berufe und Vergnügungen in die Natur
hinausgeführt und körperlich betätigt würde – wie dies ja durch die Jugendwehr
geschieht. Aber muß darum der geistig mehr differenzierte Teil der Jugend –
wie ihn die freideutsche Jugend darstellt –, der zur Führung in der Zukunft mit-
berufen sein wird, sein besonderes und ohne Frage auch für die Gesamtheit
wertvolles Gemeinschaftsleben aufgeben?
Dennoch würde, wenn die Not der Zeit es erforderte, wenn man also eine ausgesprochen militärische Vorbildung der Jugend für nötig hält, die freideutsche
Jugend gerne jedes Opfer bringen, und begeistert ihre Pflicht tun und ohne Zögern dem Vaterland geben, wessen es bedarf.
Aber *eine* Gewißheit müßte uns das Jugendwehrpflichtgesetz geben – und dafür einzutreten, daß diese Gewißheit gegeben werde, bitten wir herzlich Sie,
hochverehrter Herr Reichstagsabgeordneter –: daß *nach* dem Kriege unserer
Jugend wieder uneingeschränkt ihr Recht werde auf ein Leben nach ihrem
eigenen Sinne, vor eigener Verantwortung in der für sie organisch gewachsenen Form. Volle Anerkennung – wenigstens im Frieden dann – unserer Jugendgruppen neben denen der Jugendwehr.

Entwurf (Typoskript) von Knud Ahlborn, Abfassung um den 20. April 1916.
Quelle: AdJb Akten Jugendbewegung und Erster Weltkrieg.

Anmerkungen

Anmerkungen zu Kapitel 1

1 Vgl. die Literaturhinweise zu Kapitel 2.

2 In den folgenden Literaturhinweisen werden in der Regel nur die Verfasser und Erscheinungsjahre aufgeführt; die Titel lassen sich im Literaturverzeichnis nachweisen.
Aus dem Bereich der Jugendsoziologie sind zur Einführung benutzt worden: L. Rosenmayr (1972, 1976), W. Hornstein (1976), S. N. Eisenstadt (1966), F. H. Tenbruck (1965). Eine inhaltliche Zusammenfassung zum Wandervogel bietet U. Aufmuth (1979). Für eine Betrachtung unter jugendpsychologischen Gesichtspunkten wurden herangezogen: F. J. Moenks/J. P. Hill (1979), J. Garbarino (1979), H. Nickel (1976), M. Bornewasser u. a. (1969). Hinweise zum Thema Jugendaktivitäten um die Jahrhundertwende sind bei Th. Nipperdey (1976) zu finden. Zur Entstehung einer selbständigen Arbeiterjugendbewegung vgl. E. Eberts (1981).
Die nachfolgenden Autoren befassen sich mit dem Bildungsbürgertum. Eine der ersten Arbeiten zur gesonderten Stellung des Bildungsbürgertums ist die von Th. Geiger (1932/67). Der Autor stellt besonders heraus, daß neben dem Einkommen auch die Mentalität für die subjektive Zuteilung zu einer Schicht eine Rolle spielt. So kann er die Gruppe des Bildungsbürgertums herauskristallisieren, die ja von den Einkünften her durchaus unterschiedlich einzustufen ist, aber eine gemeinsame Geisteshaltung besitzt.
Dieser Ansatz wird wieder aufgegriffen im Sinne einer Mentalitätsgeschichte des Bildungsbürgertums, die sozialhistorisch verankert wird, bei K. Vondung (1976). H. Henning (1972) legt dieser Problemstellung eine umfangreiche sozialhistorische Analyse zugrunde. Vgl. dazu auch R. Dahrendorf (1968), H. Holborn (1975), H. H. Gerth (1935/76).
Die bildungsbürgerliche Weltanschauung wird angesprochen bei K. H. Jarausch (1982), J. Habermas (1982), U. Haltern (1979), R. Vierhaus (1972), W. Struve (1973), F. K. Ringer (1969, 1983), L. O'Boyle (1968), R. Koselleck (1968). Darüber hinaus gibt es folgende Literatur zu den bildungsbürgerlichen Berufen: T. Parsons (1939/73), O. Hintze (1964).

3 Vgl. vor allem die Datensammlungen bei D. Petzina (1981), Tabellen 1, 2 und 6, und G. Hohorst u. a. (1975), Tabellen 1, 4a, 4b, 9, 10a, 10b, 10c, 12.

4 »Sozialer Wandel« hat sich eingebürgert als neutraler Begriff anstelle der problematischen Ausdrücke »Fortschritt«, »Entwicklung«, »Evolution«. Dieser Wandlungsprozeß kann sich auf einen oder mehrere Teilbereiche der Gesellschaft beziehen. Wandel in einem Bereich fordert Wandel in einem anderen heraus. Es kann zu

227

Diskontinuitäten zwischen den Teilbereichen kommen, woraus sich Spannungen ergeben, die wiederum gesamtgesellschaftliche Wandlungsprozesse einleiten können. Problematisch ist der Maßstab, welche Veränderung in einem sozialen Teilsystem zur Veränderung dieses Teilsystems selber führt. Wann kommt ein Wandel *im* System vor, wann ein Wandel *des* Systems? Mögliche Inhalte und Bereiche sozialen Wandels sind nach G. Wiswede/Th. Kutsch (1978), S. 1–7:

1. die kulturelle Struktur (Wandel der Wertorientierungen, Weltperspektiven, Glaubens- und Wissensinhalte, der Symbole usw.),
2. die soziale Struktur (Wandel von Schichtungsstrukturen von familiären Strukturen . . .),
3. die ökonomische Struktur (Wandel der Produktions- und Konsumtionsverhältnisse der betrieblichen Organisationsformen . . .),
4. die personale Struktur (Wandel der Sozialisationsformen, Verhaltensveränderungen, Änderungen in der Leistungsmotivation, in den Zielvorstellungen . . .).

5 Vgl. dazu K. Vondung (1976), S. 5–19. Vondung weist anhand der Schwächen bisheriger Forschung über die Lage des Bildungsbürgertums nach, daß die Forderung nach einer Sozialgeschichte der Ideen begründet ist. Vor allem der Mittelstand und besonders die sogenannte Intelligenz fallen aus den ökonomisch argumentierenden Schichtenmodellen heraus und machen eine intensivere Beachtung ihrer Bewußtseinslage erforderlich.

6 K. Vondung (1976), S. 14.

7 Untertitel von K. Vondung (1976).

8 U. Linse (1980), S. 91. Die Forderung nach einer »Mentalitäts- oder Bewußtseinsgeschichte« ist demnach zu unklar. Sie könnte sowohl eine »Sozialgeschichte der Ideen« als auch eine von psychologischen Kriterien ausgehende Geschichtsbetrachtung umfassen. Der erste Schritt muß jedoch eine sozialgeschichtlich fundierte Absicherung sein, ohne die Geschichtsschreibung leicht auf geistesgeschichtliche Interpretation hinausläuft.

9 D. Rüschemeyer, Modernisierung (1972), S. 515. Die Untersuchung sollte ergänzt werden »durch die Verarbeitung von Autobiographien und Briefsammlungen, von Monographien zur Entwicklung der Literatur, speziell der Romanliteratur, sowie der vorliegenden Arbeiten über das Zeitschriftenwesen der Periode und über die Entwicklung der ›Zeit‹ und ›Kulturkritik‹« (ebenda).

10 Vgl. auch die Forschungsüberblicke von P. Lundgreen zur Bildungsforschung (1977), S. 96–125, und von K. H. Jarausch über den »sozialpolitischen« Ansatz der anglo-amerikanischen Forschung (1983), S. 268 ff.

11 H. H. Gerth (1935/76); vgl. H. Holborn (1975).

12 Nach T. Parsons (1969), S. 72, braucht eine moderne Gesellschaft vier Ausgangsbedingungen: »Formen bürokratischer Organisation zur Realisierung kollektiver Ziele, Geld- und Marktsysteme zur Produktion ökonomischer Mittel, ein allgemeingültiges Rechtssystem zur gesellschaftlichen Verfahrens- und Verhaltensregulierung sowie ein politisches System zur Gewinnung und Sicherung von Partizipation und Konsens«. Vgl. dazu G. Wiswede/Th. Kutsch (1978), S. 97: Die Modernisierungsforschung ist eine der vielen Ansätze zur Erklärung der Veränderungen in der Geschichte der jüngsten 200 Jahre. Die Frage nach der Modernisierung der Gesellschaft wird als besonders fruchtbar für eine moderne Sozialgeschichte angesehen. Vgl. dazu den Forschungsüberblick bei U. Haltern (1979), S. 274–292.

13 Als Übersicht über die Grundlagen der Modernisierungstheorie s. H. Resasade
    (1984). Diese sozialwissenschaftliche Arbeit verweist auf die Problematik einer mo-
    dernisierungstheoretischen Fragestellung, die sich nicht auf ein abgeschlossenes
    Konzept berufen kann und mit einer unübersehbaren Vielfalt von unterschiedlich-
    sten Ansätzen kämpfen muß. Angesprochen wird ebenfalls die ahistorische Anlage
    der aus der Sozialwissenschaft kommenden Modernisierungs»theorie«: eine Tat-
    sache, die dem Historiker bei der Anwendung große Schwierigkeiten bereitet. Da
    Resasade systematisch vorgeht, um den Kern der modernisierungstheoretischen
    Ansätze einer kritischen Analyse zu unterziehen, hat der Leser eine Anleitung, mit
    der er dem Gewirr der Veröffentlichungen auf diesem Gebiet nicht mehr ganz hilflos
    gegenübersteht. Er darf allerdings die sehr theoretische Sprache nicht scheuen.
14 Vgl. U. Haltern (1979) und H. Kaelble, Mobilitätsforschung (1978).
15 Neben U. Haltern (1979), S. 276, s. auch K. Mannheim (1929/52), S. 156 f, und D.
    Gessner (1981), S. 281 ff.
16 Nach G. Wiswede/Th. Kutsch (1978), S. 7, betreffen die Inhalte und Bereich sozia-
    len Wandels folgende Bereiche der Gesellschaft: die kulturelle Struktur, die ökono-
    mische, die soziale und die personale.
17 D. Rüschemeyer (1969), S. 382, 388.
18 Wertorientierungen und die »mit ihnen zusammenhängenden Normen, Organisa-
    tionen und Rollen« weisen eine relative Stabilität gegenüber Veränderungsprozes-
    sen auf und verändern sich nur schrittweise. D. Rüschemeyer (1969), S. 384; vgl.
    auch G. Wiswede/Th. Kutsch (1978), S. 1 ff.
19 H. U. Wehler (1980), S. 12.
20 H. U. Wehler (1980), S. 12.
21 L. Rosenmayr (1976), S. 52.
22 Neben den im folgenden genannten Titeln ist vor allem die Edition Archiv der deut-
    schen Jugendbewegung hervorzuheben, deren Bände für die vorliegende Arbeit
    nicht mehr ausgewertet werden konnten: Winfried Mogge, Bilder aus dem Wander-
    vogel-Leben – Die bürgerliche Jugendbewegung in Fotos von Julius Groß 1913–
    1933, Köln 1986; Irmtraud Götz von Olenhusen, Jugendreich, Gottesreich, Deut-
    sches Reich – Junge Generation, Religion und Politik 1928–1933, Köln 1987; Mat-
    thias von Hellfeld, Bündische Jugend und Hitlerjugend – Zur Geschichte von An-
    passung und Widerstand 1930–1939, Köln 1987; Sigrid Bias-Engels, Zwischen
    Wandervogel und Wissenschaft – Zur Geschichte von Jugendbewegung und Stu-
    dentenschaft 1896–1920, Köln 1988; Winfried Mogge/Jürgen Reulecke, Hoher
    Meißner 1913 – Der Erste Freideutsche Jugendtag in Dokumenten, Deutungen und
    Bildern, Köln 1988.
23 Vgl. die Rezension von Wilhelm Zilius in: Jahrbuch des Archivs der deutschen Ju-
    gendbewegung, Bd. 12/1980, S. 201 ff, wo auf ähnliche Ansätze hingewiesen wird.
24 Vgl. die Rezension von Arno Klönne in: Jahrbuch des Archivs der deutschen Ju-
    gendbewegung, Bd. 14/1982–1983, S. 345 ff.
25 Vgl. die fortlaufende Bibliographie und die Rezensionen in: Jahrbuch des Archivs
    der deutschen Jugendbewegung (bes. Bd. 10/1978 ff). Dazu auch J. Müller (1971),
    S. 383. Mit der Frühphase der Bewegung beschäftigten sich W. Gerber (1957) und
    S. Copalle/H. Ahrens (1954).
26 So K. O. Paetel (1963). Dazu auch A. Messer (1924), der sich ebenso wie W. La-
    queur (1962/78) hauptsächlich mit organisatorischen Problemen beschäftigt.

27 Vorhanden im Archiv der deutschen Jugendbewegung, Burg Ludwigstein; erscheint 1989 in der Edition Archiv der deutschen Jugendbewegung. Die auf die Jugendbewegung eingeengte Fragestellung gilt auch für die ungedruckte Magisterarbeit von Th. Fenske (1982).

28 Beispielsweise ist bei W. Kindt die Centralarbeitsstätte für Jugendbewegung nicht aufgeführt, und für deren Mitarbeiter Max Hodann fehlt jegliche biographische Angabe. Die umfangreiche Sammlung von Kurzbiographien in dem Kindtschen Quellenwerk läßt zum Beispiel auch Namen von Mitgliedern des völkisch eingestellten Greifenbundes und des Bundes der Landsgemeinden vermissen: Otger Gräff und Frank Glatzel werden zwar genannt, aber es fehlen Angaben über den Leiter der Landsgemeinden und den Herausgeber ihrer Zeitschrift, Hellmuth Vogel und Wilhelm Hagen. Die für beide Bünde wichtige Else Hiebsch wird nicht aufgeführt; auch Lebensdaten anderer aktiver Frauen der Jugendbewegung, etwa Martha Ida Schröter-Paul und Alice Cordua, werden nicht nachgewiesen.

Anmerkungen zu Kapitel 2

1 Folgende Gesamtdarstellungen sind für einen Überblick über die politische, soziale und wirtschaftliche Struktur des Kaiserreiches zu nennen: M. Stürmer (1983), H. U. Wehler (1980), Th. Nipperdey (1983).

Zur innenpolitischen Lage im Kaiserreich: L. Gall (Liberalismus, 1980), M. Stürmer (1974), D. Stegmann (1970), J. C. G. Röhl (1969), H. Rosenberg (1968), A. Rosenberg (1961).

Zu den Parteien und Interessenverbänden: A. Bergsträsser/W. Mommsen (1965), Th. Nipperdey (1965), G. A. Ritter (1976), D. Fricke (1976), D. Stegmann (1970), J. J. Sheehan (1983), H. J. Puhle (1975), Th. Nipperdey (1965), G. Schulz (1961).

Zur nationalen Bewegung: P. Hampe (1976) in Kontroverse gegen F. Stern (1972); W. J. Mommsen und L. Gall bei K. Holl/G. List (1975); dazu auch die unterschiedliche Bewertung bei M. Stürmer (1983) und H. U. Wehler (1980). Während Wehler davon ausgeht, daß die nationale Stimmung bewußt von der Regierung angeheizt und gelenkt wurde, um von inneren Schwierigkeiten abzulenken, stellt Stürmer fest, daß eine Massenstimmung nicht »erzeugt« werden kann. Sie kann vielmehr nur geweckt werden, wenn gewisse Prädispositionen vorhanden sind.

Zur Frage des Verhältnisses von bürgerlicher Gesellschaft und Industrialisierung: D. Gessner (1981), S. 281 ff, U. Aufmuth (1979), S. 115, Ch. v. Krockow (1958), S. 28 ff, K. Mannheim (1929/59), S. 156 f.

Zur Wirtschaft im Kaiserreich: D. Petzina (1981), P. Flora (1975), G. Hohorst u. a. (1975), F. W. Henning (1972), H. Böhme (1981), H. Aubin/W. Zorn (1976), H. Rosenberg (1967; Wirtschaftskonjunktur, 1968), H. Böhme (1966). Zur sozialen Problematik: H. Kaelble (Mobilitätsforschung, 1978), H. Matzerath (1978). Zu Fragen der Chancengleichheit und der sozialen Stabilität: H. Kaelble (1978, 1983). Die Definition der einzelnen Schichten ist innerhalb der Mobilitätsforschung mehr als schwammig. Selbst Kaelble unterläßt es in seinen Übersichten, hierzu ein klärendes Wort zu schreiben. Trotz der Problematisierung dieses Aspektes verwendet auch er in seinen Aufsätzen die unterschiedlichsten Schichteinteilungen. Die Aussagen über Mobilität und soziale Ungleichheit sollte der Leser mit Vorsicht zur

Kenntnis nehmen. Sie weisen methodisch und von den Möglichkeiten quellenmäßiger Aufarbeitung her starke Lücken auf. Inhaltlich sind bei weitem nicht alle Fragestellungen abgedeckt, wie es für solide Schlußfolgerungen wünschenswert wäre. Zu speziellen Fragen: K. Saul u. a. (1982), D. Fricke (1976), W. Abendroth (1973), H. Rosenberg (Pseudodemokratisierung, 1968; 1978), F. Zunkel (1968), J. Kocka (1978, 1981).
»Mittelstand« ist ein sehr vager Begriff, der Ende des 19. Jhs. zum politischen Kampfbegriff wurde (J. Kocka 1973, S. 70). Die quantitative Erfassung des »Mittelstandes« ist schwer, weil sich rein wirtschaftliche Momente mit dem Selbstverständnis jedes einzelnen bzw. der Gruppen mischen. Gustav Schmoller (1897, S. 29–31) prägte vier Kategorien des »Mittelstandes« nach Betriebsmerkmalen, Vermögen, Einkommen und sozialer Stellung:
1. Oberschicht: Betriebsleiter mit 50 ha oder über 11 Hilfspersonen, Rentner, Künstler, Ärzte, höhere Beamte, die ein größeres Einkommen haben (über 100 000 Mark), ebenso größere Kaufleute und Bankiers, höhere Aristokratie.
2. Höherer Mittelstand (6000 bis 100 000 Mark): Betriebsleiter mit 5 bis 50 ha oder mit 2 bis 10 abhängigen Personen, höheres Verwaltungspersonal und Freiberufler (2700 bis 8000 Mark Einkommen).
3. Eine Gruppe, die meist ein mäßiges Vermögen besitzt, die noch zu den Besitzenden und oft zu den Gebildeten gehört und ihren Kindern eine bessere Schulbildung geben kann.
4. Unterer Mittelstand (kein Vermögen, nur Einkommen 1800 bis 2700 Mark): Kleinbauern, Kleinhandwerker, hausindustrielle Betriebsleiter und Kleinhändler, höheres Verwaltungspersonal, Freiberufler und besser bezahlte Arbeiter.
Jürgen Kocka teilt den Mittelstand ein in »alten« (Handwerker, Kleingewerbetreibende, höhere Beamte) und »neuen Mittelstand« (Angestellte, mittlere und untere Beamtenschicht). Dieses Einteilungskriterium »abhängig bzw. unabhängig beschäftigt« kann jedoch für die Beamten nicht genügen. Die aus diesem Kriterium abzuleitende gemeinsame Klassenlage der höheren Beamten (die leitende Funktionen innehaben) mit den Unternehmern, der mittleren und unteren Beamten (als Befehlsempfängern) mit den Arbeitern übergeht die Spannungen zwischen dem modernen kapitalistischen Produktionsprozeß und dem wirtschaftlichen Bedingungen nicht unterworfenen staatlichen Bereich. Kocka macht seine Einteilung zu sehr abhängig von seinem für die Nachkriegszeit geltenden Ergebnis, daß sich die höheren Beamten dem Unternehmerlager anschließen, der Rest eher zur Sozialdemokratie tendiert. Es ist fraglich, ob beide »Allianzen mit Gruppen [akzeptierten], deren Klasseninteresse sie zwar teilten [also auch vor dem Krieg], gegen die sie aber ursprünglich angetreten waren« (Kocka 1978, S. 39). Organisationsformen und vorübergehend gemeinsame politische Ansichten sagen noch nichts über die Klassenlage aus. Kockas Kriterien scheitern dort, wo für politische Reaktionen nicht eindeutig die definierenden Fakten (Einkommen, Beschäftigungsart usw.) eine Rolle spielen, sondern Mentalitäten und Traditionen, die durchaus großen Einfluß haben können. Wesentlich wichtiger für die Reaktion der Mittelschicht ist das Vordringen des kapitalistischen Sektors und seiner Organisation, da der Industrialisierungsprozeß in Deutschland sehr spät einsetzte und auf feste Strukturen mit Kleingewerbetreibenden, Bauern und einer führenden Beamtenschicht stieß. Besser wäre eine Aufteilung in: Angestellte (kapitalistischer Produktionsbereich), Kleinhändler und

Handwerker (vorkapitalistische Produktion/Gewerbe), Beamte (nichtgewerblicher Bereich).

Informationen zu Veränderungen von Arbeitsabläufen, Lebensgewohnheiten und mentalen Einstellungen während des 19. Jahrhunderts finden sich bei: Th. Nipperdey (1983), J. J. Sheehan (1983), M. Stürmer (1983), J. Habermas (1982), T. Parsons (1973), R. Koselleck (1968).

2 J. Habermas (1982), S. 215.
3 H. Rosenberg (1978), S. 103. H. U. Wehler (1980) sieht das Kaiserreich auf eine unausweichliche Konfrontation der Klassen zutreiben. Die Spannung zwischen Arbeitern und Herrschenden konnte erst mit der Katastrophe des Ersten Weltkriegs aufgelöst werden. Er führt als Beweis für die These von der Klassengesellschaft die ungleiche Steuer- und Finanzpolitik an, die die Besitzenden ungeschoren läßt, ungleiche Bildungschancen und eine ungleichmäßige Verteilung des Volksvermögens eindeutig zugunsten der Besitzenden. H. Kaelbles Zusammenstellung (1983) über die ungleiche Verteilung von Gütern (soziale Ungerechtigkeit) ist wesentlich differenzierter und umfaßt neben der Einkommens- und Vermögensverteilung und der Bildung die Wohnverhältnisse, die unterschiedlichen Möglichkeiten bei Krankheit und Tod, die Verhältnisse am Arbeitsplatz usw. Der Autor kommt zu einem weniger krassen Bild der Gesellschaft im Kaiserreich. M. Stürmer (1983) versucht die Wirklichkeit des deutschen Kaiserreiches aufgrund der subjektiven Stimmung der Bevölkerung zum sozialen Aufstieg zu umschreiben: eine Nation in Bewegung. Auch er legt ein sehr einseitiges Kriterium an. H. Kaelble zeigt in dem Überblick über »Historische Mobilitätsforschung« (1978), daß soziale Mobilität nicht nur Aufstieg im beruflichen Sektor bedeuten sollte, sondern auch Untersuchungen zur Mobilität der Vermögen und Einkommen, zur Bildungs- und Prestigemobilität einbeziehen muß.
4 Abg. Wallbaum (WV), Beratung des Kultusetats im preußischen Abgeordnetenhaus 4.–13. 5. 1914, in: Schultheß' Europäischer Geschichtskalender, N. F. 1914 (1917), S. 257; vgl. auch F. H. Tenbruck (1965), S. 11.
5 Zum Stichwort »Zivilisationskritik« wurden vor allem herangezogen: H.-J. Lieber (1974), H. Lübbe (1974), Th. W. Adorno (1976), F. K. Ringer (1969, 1983), J. Knobloch u. a. (1967), F. Stern (1963).
Im allgemeinen wird statt »Zivilisationskritik« der Begriff »Kulturkritik« bzw. »Kulturpessimismus« gebraucht. Stern (1963) definiert »Kulturpessimismus« als Komparation zu »Kulturkritik«, wobei er »Kultur« gleichsetzt mit der »modernen Gesellschaft«. Da »Kulturkrise« nicht eine Krise der Kultur ist und somit Kritik herausfordert, vielmehr eine Krise derjenigen Schicht, die überhaupt den Begriff der Kultur und deren Erscheinungen geschaffen hat und deren Stellenwert gefährdet erscheint, führen die Begriffe »Kulturkritik« und »Kulturpessimismus« in die Irre. Es handelte sich zu diesem Zeitpunkt nicht um eine Sinnkrise moderner gesellschaftlicher Erscheinungen. »Zivilisationskritik« drückt das Verhältnis der kulturtragenden Schicht zur technisch-kapitalistischen Entwicklung besser aus, da in der Sprache schon der Gegensatz »Kultur«-»Zivilisation« besteht. Dazu auch H. Lübbe (1974), der ebenfalls »Zivilisationskritik« gebraucht.
Die meisten Untersuchungen, die sich mit dem gebildeten Bürgertum und seiner »Kulturkritik« befassen, werden von dem Erkenntnisinteresse geleitet, die Mentalitäten und Verhaltensweisen zu erklären, die die Herrschaft des Nationalsozialismus

erleichterten oder gar ermöglichten. Vor allem amerikanische Autoren deutscher Abstammung (Jarausch, Ringer, Struve, Stern) befassen sich intensiv mit dem »Sonderweg« der Deutschen auf dem Gebiet der Bildung und der Erziehung sowie den Vorstellungen deutscher Professoren und Schriftsteller zu Politik und Gesellschaft. Die kulturkritische Stimmung des Bürgertums und seine Skepsis gegenüber den Erscheinungen der Industrialisierung und des modernen Kapitalismus werden wohl auch vor dem Hintergrund amerikanischer Verhältnisse und ihrer ungebrochen positiven Bewertung der Kommerzialisierung und der kapitalistischen Produktionsweise durchweg negativ betrachtet. Die Autorin stellt sich hier auch in Gegensatz zu H.-J. Lieber (1974), S. 3 und 5, der davon ausgeht, daß die Kulturkritik nicht primär auf die gesellschaftliche Realität abzielt, sondern nur auf deren Kultur, in der sich die Formen gesellschaftlicher Verhältnisse ablagern. Bei Dilthey, Burckhardt und Simmel, die Lieber untersucht, mögen keine direkten Bezüge vorhanden sein. Aber auch sie reihen sich ein in den Versuch, die sich kapitalisierende Gesellschaft über eine »Kulturrevolte« wieder zu den »wahren« und »idealen« Werten zu führen und die herausgehobene Position der Bildungsbürger als Interpretatoren gesellschaftlichen Selbstverständnisses zu restaurieren. Vgl. dazu auch Th. W. Adorno (1969), S. 7–31, und F. K. Ringer (1983), S. 242 f, allerdings nur für den universitären Bereich. W. Strüve (1973), S. 19, stellt heraus, daß sich Max Weber, Walther Rathenau und Leonard Nelson nicht nur als theoretische Denker verstanden, vielmehr durchaus gestaltend auf die Realität einwirken wollten.

Einführende Primärliteratur zur Zivilisationskritik: J. Langbehn (1980), dazu K. Schwedhelm (1969); P. de Lagarde (1903). Weniger volkstümlich formulierte Friedrich Nietzsche die Ängste der Bildungsbürger vor der Moderne; dazu J. Knobloch u. a. (1967). Zu Lagarde, Langbehn und Nietzsche: A. Chatellier (1982), Y. Guenau (1982), J. Favrat (1982); vgl. auch F. Stern (1963), S. 143 ff und 149 ff.

Einen Überblick über die Themen »Bildungswesen im Kaiserreich«, »Universitäten und Technische Hochschulen« und »Akademikerarbeitslosigkeit« geben: H. Titze (1984), Th. Nipperdey (1983), K. H. Jarausch (1982), N. Schafferdt (1982), F. K. Ringer (1979), P. Lundgreen (1973), K. H. Manegold (1970). Hinweise zur »Lebensreformbewegung« sind zu finden bei: F. K. Ringer (1983), U. Linse (1983), G. Selle (1978), J. Frecot (1976), R. Hamann/J. Hermand (1975), W. R. Krabbe (1974), J. Hermand (1972), W. Scheibe (1972), K. Bergmann (1970).

6 Ch. Lütkens (1925), S. 69 ff.
7 Ch. Lütkens (1925), S. 64 f.
8 Ch. Lütkens (1925), S. 55. Beachtenswert ist, daß die erste Gruppe in Steglitz entstand, also am Rande der stark expandierenden Großstadt Berlin; vgl. auch J. Müller (1971), S. 93–98.
9 Zum »Bildungsphilister« s. K. Gründer (1971).
10 F. K. Ringer (1983), S. 123.
11 U. Linse (1983), S. 33.
12 W. Gerber (1957), S. 20.
13 Eine detaillierte Einführung in die Anfänge der Jugendbewegung und in ihre Geschichte bis 1914 bieten: S. Copalle/H. Ahrens (1954), W. Gerber (1957).
14 Hermann Hoffmann-Völkersamb (1875–1955) studierte orientalische Sprachen und Rechtswissenschaften in Berlin, wo er 1899 sein Referendarexamen ablegte

und das Dolmetscherdiplom für Türkisch erwarb. Er ging 1900 an die Deutsche Botschaft nach Konstantinopel und war als Konsul und Generalkonsul bis zu seiner Versetzung in den Ruhestand (1943) überwiegend in der Türkei tätig. W. Kindt (1968), S. 1057.

15 Karl Fischer (1881–1941) studierte in Berlin und Halle, war 1906/07 beim Seebataillon in Tsingtau, dann Redakteur in Shanghai. Er geriet im Ersten Weltkrieg in japanische Gefangenschaft und kehrte 1920 nach Deutschland zurück. W. Kindt (1968), S. 1052 f.

16 Vgl. W. Kindt (1968), S. 42.

17 Vgl. dazu C. Schmid (1979), S. 36.

18 Vgl. Heinrich Emil Schomburg, Werden und Wesen des Wandervogels (1917), in: W. Kindt (1963), S. 71–78.

19 Vgl. S. Copalle/H. Ahrens (1954), S. 33.

20 Wie Anm. 18, S. 77.

21 Dazu W. Stählin (1921), S. 38 ff, und K. Seidelmann (1970), S. 85 ff.

22 Wie Anm. 18, S. 77.

23 Nach dieser Phase der Zersplitterung schlossen sich die Bünde bis auf Reste des Alt-Wandervogels zum Jahreswechsel 1912/13 im Wandervogel, eingetragener Verein, Bund für deutsches Jugendwandern zusammen.

24 WV H. 4/ 1911, S. 108; vgl. S. Copalle/H. Ahrens (1954), S. 35.

25 S. Copalle/H. Ahrens (1954), S. 34.

26 Wie Anm. 25, S. 33.

27 Wie Anm. 18, S. 74–78. Nähere Einzelheiten über die Fahrt und ihre Organisation bei W. Fischer (1922).

28 Zu den Vorläufern der Freideutschen Jugend gehörte neben dem Wandervogel der Hamburger Wanderverein (1905 gegründet), dessen Mitglieder 1906 die Göttinger Akademische Freischar und 1912 die Akademische Vereinigung Marburg gründeten. Dazu O. Piper (1961) und A. Messer (1924), S. 11–57.

29 Vgl. A. Messer (1924), S. 13–15.

30 W. Mogge (1985), S. 195.

31 K. Ahlborn (1923), S. 2.

32 G. Mittelstraß/Ch. Schneehagen (1919), S. 22–28. Vgl. die Kommentare zum Meißnerfest, u. a. Lutz Hammerschlag, Vom Freideutschen Jugendtag, in: Das freie Wort, Frankfurt 1913, S. 552–555; Karl Ploch, Der Kampf um die akademische Jugend, in: Allgemeine Rundschau, München 1914, Nr. 13, S. 224 f; Der erste Freideutsche Jugendtag, in: Der alte Glaube, Jg. 15/1914, Nr. 52.

33 Knud Ahlborn, Das Meißnerfest der Freideutschen Jugend 1913, in: W. Kindt (1963), S. 109.

34 Vgl. J. Müller (1971), S. 282.

35 Hans Breuer, Herbstschau 1913 – Plus ultra, in: H. Speiser (1977), S. 81.

36 Zur Frage der Assoziierung vgl. Hans König, Wandervogel und Freideutsche Jugend, in: FJ 3/1915, S. 59–62.
    Zu den Angriffen in Bayern vgl. A. Messer (1924). Der Zentrumsabgeordnete S. Schlittenbauer griff im Bayerischen Landtag die Freideutsche Jugend und den ihr verbundenen Vertreter einer autonomen Jugendkultur, G. Wyneken, als »destruktive Kräfte« innerhalb der bestehenden Ordnung an. – Gustav Wyneken (1875–1964), Pädagoge und Schulreformer, war Mitgründer der Freien Schulgemeinde

Wickersdorf und beteiligte sich maßgeblich an der Meißner-Tagung. Vgl. W. Kindt (1963), S. 581 f; dazu auch AdJb N Wyneken 1688.
37 Ausschuß der Freideutschen Jugend (1914), S. 36.
38 Knud und Annali Ahlborn, Die Entwicklung der Freideutschen Jugendbewegung, in: FJ 5/1915, S. 86.
39 Hierzu Bruno Lemke, Eröffnungsrede am 7. 3. 1914 in Marburg, in: Ausschuß der Freideutschen Jugend (1914), S. 3–5; und A. Messer (1921), S. 2–7.
40 Knud Ahlborn (1888–1977) gründete 1905 den Hamburger Wanderverein, war 1906–1914 Medizinstudent in Göttingen und München, gründete 1906 die Akademische Freischar Göttingen, war 1909–1914 Vorsitzender der Deutschen Akademischen Freischar, 1913–1918 Vorsitzender des Hauptausschusses der Freideutschen Jugend. Vgl. W. Kindt (1963), S. 557.
41 S. Bernfeld (1928), S. 21; dazu auch S. 20–28.
42 Abgekürzt A.C.S. Es bestand von Herbst 1912 bis März 1914 in Wien und Berlin und hatte die organisatorische Führung der Jugendkulturbewegung. Siegfried Bernfeld gründete das A.C.S. und war für einige Zeit sein Leiter. Vgl. S. Bernfeld (1928).
43 Die Sprechsäle waren für die Schüler eingerichtet mit Jugendheimen, Beratungsstellen, Hauszeitungen und schulpolitischen Aktionsgruppen in Wien und Berlin. Vgl. S. Bernfeld (1928), S. 18 f, Anm. 1.
44 Erste Ausgabe 5/1913, letzte 7/1914.
45 Zusammen mit Paul Geheeb (1870–1961).
46 Ausschuß der Freideutschen Jugend (1914).
47 Vgl. W. Kindt (1963), S. 381.
48 Ausschuß der Freideutschen Jugend (1914), S. 25 und 36; vgl. auch das Programm ebd., S. 28 ff.
49 Wie Anm. 48, S. 33: Entwurf des Hauptausschusses für den Marburger Vertretertag: »Zweck und Wesen«, S. 33.
50 Vgl. die Stellungnahme Knud Ahlborns in: Ausschuß der Freideutschen Jugend (1914), S. 10 und 16 f.
51 Vgl. J. Müller (1971), S. 168.
52 Wie Anm. 51, S. 282.
53 Vgl. dazu S. 76 ff.
54 F. J. Moenks/J. P. Hill (1979), S. 349. Die psychologische Bestimmung der jugendlichen Entwicklung geht von den Veränderungen im Individuum aus und ergänzt somit notwendig die auf die gesellschaftliche Totalität ausgerichtete soziologische Definition (s. Anm. 55).
55 L. Rosenmayr (1976), S. 52, schlägt vor, bei der Untersuchung jugendlicher Aktivitäten
   1. das Alter zu ermitteln (Auswirkungen des Alterseffektes, hier die Vorrangigkeit von prinzipiellen Fragen des Lebens),
   2. das Datum der Geburt festzustellen (Generationseffekt: Einflüsse gesellschaftlicher Art bis zum Zeitpunkt der Untersuchung: hier die Krise der bildungsbürgerlichen Elterngeneration und ihre in dieser Krise vertretenen Werte und Normen),
   3. den (historischen) Zeitpunkt der Untersuchung aufzugreifen (Periodeneffekt, hier die Auseinandersetzung der bürgerlichen Jugend mit Krieg und Kriegsgesellschaft).
56 L. Rosenmayr (1976), S. 26; J. Garbarino (1979), S. 300–312.
57 L. Rosenmayr (1972), S. 203–228.

235

Anmerkungen zu Kapitel 3

1 K. Ahlborn, Das Meißnerfest der Freideutschen Jugend 1913, in: W. Kindt (1963), S. 111.
2 Wie Anm. 1, S. 112.
3 M. Christadler (1978), S. 64. Zur Kriegsverherrlichung und zum Heldenkult in Jugendbüchern ebd., Kapitel III, 1–3 und V, 2.
4 M. Christadler (1978), S. 11. Zur Kriegserziehung in der Schule und in der Schulmusik s. auch H. Lemmermann (1984) und H. Schallenberger (1964).
5 H. Lemmermann (1984), Bd. 1, Kap. 2.1 und 2.2.3, und Bd. 2, Dokumente Nr. 1–4. Zu ähnlichen Tendenzen in Frankreich s. M. Christadler (1978), Kap. II, 4.
6 G. Mittelstrass/Ch. Schneehagen (1919), S. 22–28.
7 Wie Anm. 6, S. 33–41; dazu G. Wyneken (1915), S. 16 f.
8 Dazu vor allem H. Hafkesbrink (1948), S. 1–27. Zum Expressionismus s. H. Korte (1981). Zum Verhältnis von Theater und Krieg s. R. Flatz (1976).
9 Dazu auch H. Lemmermann (1984), Bd. I, Kap. 2. I und 2.2 und die entsprechenden Dokumente in Bd. 2, sowie Bd. 1, Kap. 3.1.1.
10 Die Deutsche Akademische Freischar, Dachorganisation aller Freischaren, war Mitglied der Freideutschen Jugend. Vgl. A. Messer (1924), S. 15.
11 K. Ahlborn (1923), S. 3 f. Da das Telegramm selbst verschwunden ist, kann hier nur die bei Ahlborn zitierte Stelle angegeben werden. Der Inhalt kann als glaubwürdig angesehen werden. Der Bericht ist 1923 geschrieben und weist noch nicht die verklärende Sicht auf, die bei späteren Schriften von Jugendbewegten zu finden ist.
12 Pazifistische Motive konnten sich im Vorkriegsdeutschland nicht durchsetzen, so daß die Kriegserziehung, die vor allem auf die Arbeiterjugend in den Volksschulen abzielte, dominierend blieb. Dazu M. Christadler (1978), S. 1 f und 316–318; H. Lemmermann (1984), S. 257–271. Als Beispiel für die Begeisterung von Arbeiterjugendlichen s. W. Eildermann (1972), S. 80. Zur allgemeinen Stimmung s. H. Hafkesbrink (1948), S. 28–50.
13 Vom Wandervogel wurden vor allem die älteren Gruppenführer eingezogen. Vgl. dazu die Kriegsausgaben der Gau- und Ortsblätter des Wandervogels e. V., des Alt-Wandervogels und des Jung-Wandervogels. Zitat aus G. v. Rohden (1916), Bd. 1, S. 2.
14 Wie Anm. 13, S. 2.
15 Wie Anm. 13, S. 2.
16 Erich Assmann, Julibrief aus der Rundbriefaktion des Sachsengaues des Wandervogels e. V. vom 18. 7. 1915 (AdJb Akten Feldwandervogel, Bund der Landsgemeinden, Greifenbund, Wandervogelgau Sachsen e. V.).
Die Initiatoren dieser Rundbriefaktion, die fast ein Jahr nach Kriegsbeginn die Wandervögel des Gaues an der Front und in der Heimat einander näherbringen sollte, hatten vorgeschlagen, zunächst einen Überblick über die Erlebnisse im Krieg zu geben. Die Antworten der Soldaten ähneln sich sehr; sie entsprechen meist dem oben angegebenen Zitat. Dabei fällt die lakonische Kürze auf, mit der der Entschluß mitgeteilt wird, sich sofort der Armee zur Verfügung zu stellen, wobei häufig betont wird, daß der Krieg sehr überraschend gekommen sei. – Diese Schilderung ist repräsentativ für die Darstellung der Mobilmachung und der Kriegstage, wie sie in Briefen aus dem Feld gegeben werden. Sie erfolgte meist aus dem Abstand von

neun bis zehn Monaten. Da die Kämpfe im Herbst 1914 und Frühjahr 1915 überraschend hart waren und erst ab 1915 allgemein mit einem längeren Krieg gerechnet wurde, kam der Briefwechsel zwischen Heimatorganisation und Front erst ab Juni/Juli 1915 in Gang: 1. Rundbrief der Akademischen Freischar Heidelberg, Juli/August 1915 (AdJb A 2–101/38), in Straßburg im Juli 1915 (AdJb A 2–101/49), ebenso in Freiburg (AdJb A 2–101/33). Die Darmstädter Gruppe des Bundes der Wanderer organisierte erst 1916 eine solche Rundbriefaktion (AdJb A 2–16). Vgl. auch die vereinzelten Rundbriefe in den übrigen Wandervogel-Gauen und -Ortsgruppen.
Die Zeitschriften der Bünde enthielten schon früher Briefe mit Schilderungen der Kriegsereignisse. Hier jedoch fehlte der direkte Austausch zwischen Heimat und Front. Außerdem könnten die veröffentlichten Briefstücke ein falsches Bild ergeben, da kein Einblick in die Originale mehr möglich ist. Die Wandervogel-Führerzeitung erschien nur mit einer kleinen Verzögerung bei Kriegsbeginn weiter, der Wandervogel, Monatsschrift für deutsches Jugendwandern (e. V.), erschien im September 1914 wieder, der Monatsbericht der Deutschen Akademischen Freischar erst Mitte 1915, die Freideutsche Jugend erschien mit dem ersten Heft im Dezember 1914. Der Jung-Wandervogel erschien ohne Unterbrechung durch den Kriegsbeginn.

17 Grete Schnabel, Julibrief der Rundbriefaktion, Alsfeld (Hessen), 14. 7. 1915. – Die Ereignisse der ersten Augusttage werden im folgenden nach dem Rundbrief aus dem Sachsengau geschildert, weil dies der zweitgrößte Gau des Wandervogels e. V. war. In Dresden und Leipzig gelang es, über Jahre hinweg den Briefaustausch aufrechtzuerhalten. Diese Rundbriefaktion bot außerdem die Möglichkeit, die Schreibenden über die reinen Fakten hinaus »kennenlernen« und daher die Briefinhalte besser zuordnen zu können. – In den eher vertraulichen Briefen wird sicher ein wirklichkeitsnäheres Bild vermittelt als durch die unter Kriegszensur stehenden Zeitschriften. Sie werden durch bemerkenswerte Mitteilungen aus anderen Gauen und Gruppen unterstützt. Als Kontrast zu den Wandervögeln wurde die Deutsche Akademische Freischar herangezogen, die intellektueller ausgerichtet war.
Beim zahlenmäßig kleinen AWV und JWV sowie bei den kleinen Gauen des WV e. V. gab es, wenn überhaupt, nur vereinzelt Aktive, die keinen Kontakt zu Soldaten oder Daheimgebliebenen hatten. Bei den Freideutschen waren ebenfalls so viele Männer eingezogen, daß auch bei ihnen kaum Zeit für die Organisation der Rundbriefe blieb. Die Freideutsche Jugend hatte wesentlich weniger Mitglieder als die Wandervogelbünde, da sie erst 1913 entstanden war und noch keine feste Organisation gebildet hatte. Die Deutsche Akademische Freischar, die sich aus Studenten zusammensetzte und in verschiedenen Universitätsstädten beheimatet war, konnte den Zusammenhalt zwischen Soldaten und Daheimgebliebenen besser gewährleisten, weil zwischen den wenigen Mitgliedern ohnehin sehr enger persönlicher Kontakt gepflegt wurde. Ebenso gute Voraussetzungen scheinen in Leipzig und Dresden gewesen zu sein.
Zu den organisatorischen und personellen Schwierigkeiten s. die Zeitschriften Jung-Wandervogel, Alt-Wandervogel und Wandervogel (e. V.). Zu den Gauen s. für den AWV die Akten AdJb A 2–04, für den JWV A 2–06, für den WV e. V. A 2–08. Zu den Ortsgruppen exemplarisch die Zeitschriften Wandervogel – Gau Niedersachsen und Wandervogel Sachsengau (ab 1916 Sachsenspiegel).

18 Hanns-Gerd Rabe veröffentlichte um 1964 in der Osnabrücker Zeitung seine Erinnerungen an den Kriegsbeginn und seine Erfahrungen als Kriegsfreiwilliger unter dem Titel: 1914: Osnabrück zieht in den Krieg. Er stützte sich dabei auf eigene Tagebuchaufzeichnungen und Briefe sowie auf Tages- und Regimentszeitungen aus dieser Zeit. Der Bericht kann also als Quellenmaterial herangezogen werden. Eine undatierte, vom Autor angefertigte Zusammenstellung befindet sich im AdJb; Zitat S. 4 f.

19 Wie Anm. 18, S. 5.

20 Rudolf Kneip, Der Feldwandervogel 1914/18, Typoskript 1963, S. 2 (AdJb A 2–11). Kneip war Mitglied des WV e. V. (Gau Sachsen, Ortsgruppe Mittweida) und führte ein Gauarchiv über den Zweiten Weltkrieg hinweg. Da ihm bei der Abfassung des Typoskriptes Originalmaterial zur Verfügung stand, kann die Zahl als einigermaßen gesichert gelten. Vgl. H. Jantzen, Bd. 2 (1974), S. 189 ff.

21 Gespräch mit Martha Ida Schröter-Paul am 22. 10. 1983 auf Burg Ludwigstein. Martha Ida Paul studierte zu Beginn des Krieges in Göttingen, war in erster Ehe mit Meinhard Hasselblatt, ab 1924 mit Richard Schroter verheiratet; in den Quellen finden sich deshalb unterschiedliche Versionen ihres Doppelnamens.

22 W. Fischer (1916), S. 125 f. Walter Fischer war »Soldatenwart« aller Soldaten aus der Jugendbewegung. Er versuchte, die verstreuten Wandervogel-Soldaten über »Vermittlungsstellen« zu ermitteln, damit sie miteinander Kontakt aufnehmen konnten. So entstand der »Feldwandervogel«. – Da sich bei Fischer nicht alle Soldaten aus dem Wandervogel gemeldet hatten (aus Unlust oder weil es ihnen an ihrem Frontabschnitt nicht möglich war), sind die Zahlen nur ungefähre Richtwerte und meist eher zu niedrig als zu hoch angesetzt. Vgl. dazu die Bundeszeitschrift Wandervogel (e. V.) 4/1919, S. 111 f. Zu W. Fischer s. außer den Angaben im Typoskript von R. Kneip (Anm. 20) auch H. Jantzen, Bd. 1 (1972), S. 55–60.

23 Wie Anm. 18, S. 5; vgl. P. v. Kielmansegg (1980), S. 65. Dazu auch die durchaus nicht seltene Bemerkung von Ernst Köhler, Gefreiter, im Augustbrief des Sachsengaues: »Ich wollte gerne bei den Lübbener Jägern dienen, kam aber wegen Überfüllung des Bataillons nicht an und meldete mich in Cottbus bei den Zweiundfünfzigern, wo ich am 11. August 1914 eingestellt und bis Weihnachten ausgebildet wurde. Beim Rgt. 52 wurde anfangs wenig Nachschub gebraucht, ich hatte keine Gelegenheit, schnell ins Feld zu kommen. Darum meldete ich mich zum Inf. Rgt. 20, das am 3. Weihnachtsfeiertag einen großen Ersatz ins Feld schickte.«

24 Wie Anm. 18, S. 9. Die Rückschau in den Briefen aus dem Wandervogel-Sachsengau ist zu kurz, um solche ausführlichen Bemerkungen zu machen. Auch in den Briefen aus den anderen Gauen überwiegen Ortsangaben, Datum des Heereseintritts, Tag des Aufbruchs in die Kämpfe. Das sind für die Briefschreiber wohl wesentlich wichtigere Daten gewesen als die Beobachtung, welche Stellung sie als Freiwillige einnahmen. Hanns-Gerd Rabe schreibt, daß ihm erst später das Erstaunen über diese jungen Leute auffiel. Sein Bericht ist dennoch als richtig anzusehen, weil es eine Bestätigung dieser Aussage bei Fritz Klatt gibt, der in den »Betrachtungen vom Frühherbst des Jahres 1914« beschreibt, daß die Bereitwilligkeit der Freiwilligen Aufmerksamkeit erregte. F. Klatt (1970), S. 14–24, hier S. 21.

25 M. Christadler (1978), S. 2 und 74 ff, vermutet hinter den heroischen Gesten der Jugendlichen mit Recht ein »Verschweigen von zweifellos auch vorhandenen, aber weniger leicht eingestehbaren Gründen für die Kriegsbegeisterung wie Konformis-

mus, Abenteuerlust, Verlangen danach, dem Erziehungsdruck zu entkommen, die Genugtuung darüber, endlich ernst genommen zu werden, erwachsen zu sein«.

26 In Analogie zur »großen Fahrt«, die in jedem Jahr stattfand. »Kriegsfahrt« ist der Titel einer Reihe mit Wandervogel-Feldbriefen. Das zweite Heft erschien in Leipzig 1915; das Erscheinungsdatum des ersten Heftes war nicht festzustellen. Vgl. Hanns-Gerd Rabe, Wir ziehen auf »große Fahrt« in den Orlog, in: G. Ziemer/H. Wolf (1961), S. 519; dazu auch J. H. Mitgau, Der Feldwandervogel, in: W. Vesper (1934), S. 63–83, hier S. 64.

Die für einen modernen Krieg wenig passenden, recht vereinfachten Vorstellungen vom Leben als Soldat gehen auf die Kriegserziehung im Kaiserreich zurück. M. Christadler (1978) weist durch eine Analyse von Jugendbuch-Artikeln nach, daß der Krieg dort als ein wesentliches Erlebnis im Reifungsprozeß des jungen Mannes dargestellt wird. Die grauenvollen Seiten werden dabei eher zurückgedrängt. Der Krieg wird als rauschhaftes Erlebnis vermittelt, als Jagd und Abenteuer, durchsetzt mit Momenten höchster persönlicher Bewährung. Dadurch erscheint die Mühsal und die Anonymität lang andauernder Feldzüge weniger qualvoll. Auffallend ist die »anachronistische Metaphorik« (a. a. O., S. 95). Für den Bereich der Geschichtsbücher s. H. Schallenberger (1964), S. 69 ff.

27 Im Verlauf des Krieges argumentierten Wandervogel-Führer in den Bundeszeitschriften stolz, daß sich die »Wandervogelart« bewährt habe, weil sie »gute Soldaten« hervorbringe; so auch W. Fischer (1916). Die Freideutsche Jugend und ihre Kreise verhielten sich distanzierter und äußerten sich nur selten zu diesem Thema.

28 Typisch für eine solche Einstellung zum Krieg als Abenteuer ist die Bemerkung Hans Lißners in einem Brief vom 17. 8. 1914: »In diese Gegend habe ich schon immer mal gewollt, wo sie liegt, muß ich verschweigen« (WVFZ 8/1914, S. 176). Solche saloppen Äußerungen wurden gern in den Zeitschriften der Jugendbewegung veröffentlicht, vor allem in denen der Wandervogel-Gruppen. Besonders auffallend nimmt sich die Wandervogel-Führerzeitung dieses Tones an; die seit Dezember 1914 erscheinende Freideutsche Jugend hielt sich zurück. Vgl. auch R. Kneip (wie Anm. 20), S. 1; H. G. Rabe (wie Anm. 18), S. 31; J. H. Mitgau (wie Anm. 26), S. 63–83.

29 O. Braun (1914), S. 3.

30 O. Braun (1914), S. 9.

31 »Es kann nichts Größeres und Schöneres für mich geben als das, daß ich mich einsetzen darf, mit allem. Und wenn ich nicht wiederkomme, dann sollst du wissen, daß ich das Beste habe tun dürfen, was ich auf dieser Welt ausrichten konnte.« Hans Wix, Feldpostbrief 1914, in: G. Ziemer/H. Wolf (1961), S. 523.

32 Paul Natorp, Hoffnungen und Gefahren unserer Jugendbewegung, in: W. Kindt 1963), S. 134.

33 Otto Weniger, Feldbrief, in: MDAF 11/1915, S. 41.

34 Wie Anm. 33. Vgl. auch J. H. Mitgau (1934), S. 81 f, der berichtet, wie sehr der Kriegsbeginn Erlösung vom ständigen Kreisen um sich selbst bedeutete. Der Krieg lehrte laut Mitgau, im Augenblick zu leben; die militärische Disziplin enthob den Soldaten vom selbstbestimmten Handeln.

35 Dazu H. Lemmermann (1984), S. 11 ff, 16 ff. Kaiser Wilhelm II. forderte auf der Schulkonferenz vom Dezember 1890 für die Absolventen der höheren Schulen: »Bedenken Sie, was uns für ein Nachwuchs für die Landesverteidigung erwächst.

Ich suche nach Soldaten, wir wollen eine kräftigere Generation haben, die auch als geistige Führer und Beamte dem Vaterlande dienen« (a. a. O., S. 19).

36 Vgl. die Reden von G. Traub, G. Wyneken und F. Avenarius auf dem Hohen Meißner 1913, in: G. Mittelstraß/Ch. Schneehagen (1919), S. 22–28, 33–41, 42–46.

37 Heinz v. Rohden, Brief vom 12. 8. 1914, in: G. v. Rohden (1916), Bd. 2, S. 14 f.

38 Wie Anm. 37, S. 15.

39 Vgl. S. 71 ff.

40 Carl Boesch, in: WVFZ 11/1914, S. 203.

41 Wie Anm. 40.

42 Gotthold v. Rohden, Brief an den Vater vom 8. 7. 1915, in: G. v. Rohden (1916), Bd. 1, S. 41. Vgl. dazu auch den Brief Gottholds an seinen Vater vom 19. 4. 1915: ». . . jetzt [nachdem die Gemeinschaft der ersten Kriegstage sich bewähren muß] wird der entscheidende Zeitpunkt kommen, wo es sich zeigt, ob wirklich ein neuer, besserer Geist der Sittlichkeit in unserem Deutschland herrschen soll oder ob die alte, unselige, träge Flachheit und Hohlheit in ihrer gewohnten Stumpfsinnigkeit dahintrotten soll« (a. a. O., S. 34).

43 Vgl. S. 64 ff.

44 Wie Anm. 18, S. 10.

45 J. H. Mitgau (1934), S. 64. Dazu auch das August/September-Heft 1914 der Wandervogel-Führerzeitung.

46 H. G. Rabe (1961), S. 521; s. auch W. Fischer (1916), S. 126. – Fritz Axt begründete im Septemberrundbrief des Sachsengaues, warum er noch kein Offizier sei: »Verschiedentlich las ich, zwischen den Zeilen: Und Du noch immer Unteroffizier??« Es folgt eine Erklärung, daß er als »Einjähriger« vor dem Krieg nicht sofort als Offiziers-Aspirant ausgelost wurde. Er sei zurückgestellt worden und hätte nach zwei zusätzlichen Reserveübungen erst Aspirant werden können. Das habe er nicht getan und so »für ewige Zeiten verspielt«. – In den Wandervogel-Zeitschriften wurden die Auszeichnungen, soweit bekannt, veröffentlicht; s. auch die Rundbriefe der Ortsgruppen des Wandervogels e. V. an die Soldaten (AdJb A 2–08). K. Ahlborn (1923), S. 5, hingegen, daß die Freideutschen oft auf die Achselstücke verzichteten, weil sie die Nähe zum Volk nicht verlieren wollten und die »Herrenallüren« ablehnten. In der Freideutschen Jugend wurden zwar keine Listen mit Auszeichnungen veröffentlicht, der Führungsanspruch der Freideutschen gegenüber allen Nicht-Jugendbewegten ist jedoch unverkennbar. Ahlborns Kommentar ist unter dem Aspekt einer relativen Demokratisierung des öffentlichen Lebens im Deutschland der Nachkriegszeit zu sehen, in die ein elitärer Führungsanspruch schlecht paßte.

47 W. Flex (1936), S. 194. Walter Flex gehörte selbst nicht der Jugendbewegung an. Er beschrieb jedoch seine Erlebnisse mit dem Wandervogel-Soldaten Ernst Wurche so, daß die Erzählung unter Wandervögeln und Freideutschen begeistert aufgenommen wurde. Sie übernahmen kritiklos das darin enthaltene Heldenideal: »Der dies schrieb, war kein Wandervogel, wenn auch nur einer von unserem Geist so von uns schreiben konnte« (W. Hagen, in: WV 12/1916, S. 230). Zum Ideal eines Helden gehörte: »ein ganzer Kerl sein«, von den Untergebenen geliebt werden, »die Anmut des Knaben mit der Würde des Mannes vereinen«, alle »Verdrießlichkeiten und Kleinlichkeiten« fröhlich ertragen, nie die Ruhe verlieren, immer als erster in den Kampf gehen, sich um seine Leute kümmern, über sich selbst hinauswachsen (W. Flex, a. a. O.).

48 Wie Anm. 47.

49 Die meisten Soldaten stellte der Gau Mark Brandenburg des Wandervogels e. V.
   (1250), gefolgt vom Gau Sachsen (750). Aus Niedersachsen (200) und Schwaben
   (100) kamen die wenigsten. Diese Zählung stammt vom 1. 12. 1918. Die Zahlen
   sind zu diesem Zeitpunkt nach eigenen Angaben eher zu niedrig als zu hoch gegriffen. Die Verlustquote des Gesamtheeres wird mit 12,5 % angegeben (WV 4/1919,
   S. 111 f). J. H. Mitgau (1934), S. 83, übernimmt diese Zahlen. E. Frobenius (1927),
   S. 141, spricht von 12 000 Soldaten, nennt aber keine Organisation und keine
   Quelle. Die Zeitschrift des Wandervogel-Gaus Niedersachsen (6/1918, S. 71) berichtet von 106 Soldaten aus dem Wandervogel (e. V.), die bis zu diesem Zeitpunkt
   aus Braunschweig kamen.

50 Zum Kriegsverlauf s. K. D. Erdmann (1980) und P. v. Kielmansegg (1980). Außer
   den Hauptkriegsschauplätzen im Osten und Westen entstanden durch die Kriegserklärung der Alliierten (Frankreich, England, Rußland) an die mit den Mittelmächten
   befreundete Türkei 1914, den Kriegseintritt Italiens auf seiten der Alliierten 1915
   und die Kriegserklärungen Rumäniens und Griechenlands 1916 gegen die Mittelmächte Nebenkriegsschauplätze auf dem Balkan, in Italien und der Türkei. Zur Entwicklung der Massenheere s. P. Meyer (1977), S. 76 ff.
   Über die gesamteuropäischen Ursachen des ersten weltumspannenden Krieges
   herrscht in der historischen Forschung keine Einigkeit. Fritz Fischer (1961) löste mit
   seinen Thesen eine heftige Kontroverse aus. Während die »Fischer-Schule« davon
   ausgeht, daß Politiker und Militärs in Deutschland bewußt langfristig auf eine kriegerische Auseinandersetzung hingearbeitet haben, vertreten die meisten anderen Historiker eher gemäßigte Ansichten, die man auf den gemeinsamen Nenner bringen
   könnte: Kein europäischer Staatsmann wollte den Krieg, aber niemand tat etwas aktiv für den Frieden, wobei die Beurteilung deutscher Politik zwischen defensiv und
   kalkuliert risikofreudig (Präventivkriegstheorie) schwankt; oder sie wird beschrieben als Flucht nach vorn, um innenpolitische Reformen zu ersetzen. Kurze Zusam-
   menfassungen der Auseinandersetzungen geben E. Zechlin (1984) und K. Hildebrand (1975). Eine Zusammenstellung mit Aufsätzen kontroverser Autoren bietet
   W. Schieder (1969).

51 Generaloberst H. von Seeckt (1935), S. 68 f, kommentierte den Massenkrieg: »Man
   darf und wird das Heldentum in diesem Kampf nicht verkennen; aber er bietet dem
   Taktiker keine bessere Aussicht als dem Strategen. Massenwirkung zu schaffen
   und auszuhalten, das ist alles.«

52 Zu den Strukturwandlungen im Waffenkrieg vgl. W. Schmidt-Richberg (1968), S.
   152 ff, zur Innen- und Außenpolitik sowie zu militärischen und wirtschaftlichen Fragen im Ersten Weltkrieg a. a. O., S. 123 ff, zur Gliederung des Heeres und zu seiner
   Stellung in der Gesellschaft a. a. O., S. 61 ff und 83 ff. Zu den Änderungen des Füh-
   rungsstils, der funktionalen Struktur und der Strategie durch die Technisierung des
   Militärs s. R. Mayntz/K. Roghmann/R. Ziegler (1977), S. 156 ff. Zur Einschätzung
   kurz nach Beendigung des Ersten Weltkrieges s. D. Balck (1920), S. 17–66. Trotz
   der Erkenntnis, daß die technischen Waffen die Kriegführung beeinflußt haben,
   geht Balck davon aus, daß der unbeugsame Mensch weiterhin entscheidend für den
   Kriegsausgang sei. Die anderen Aufsätze dieses von M. Schwarte (1920) herausgegebenen Bandes vermitteln denselben Eindruck. Vgl. dazu H. v. Seeckt (1935),
   S. 51–61, der in seinem 1928 geschriebenen Aufsatz »Moderne Heere«

wesentlich distanzierter urteilte: Der Fehler des Ersten Weltkrieges bestände darin, »daß man eine unbewegliche, fast wehrlose Menschenmasse einer brutalen Materialwirkung gegenüberstellte«. Das Material werde immer über die bloße Masse siegen. Nicht der Wille des Menschen, standzuhalten, sei entscheidend, sondern die gute technische Ausbildung des Soldaten (a. a. O., S. 56).

53 Zur Neuorganisation des Heeres durch veränderte Kriegführung und die Wichtigkeit moderner Waffen s. E. v. Wrisberg, Heer und Heimat (1922), Wehr und Waffen (1922).

54 Hierzu und im folgenden s. vor allem H. Delbrück (1936), S. 565 ff; W. Schmidt-Richberg (1968), S. 152; H. v. Seeckt (1928), S. 52 f; M. Schwarte (1920), S. 211 bis 267.

55 J. L. Wallach (1972), S. 89 ff; M. Schwarte (1920), S. 252 f.

56 P. v. Kielmansegg (1980), S. 45 f.

57 Aus der Denkschrift über die Erweiterung der Wehrpflicht, die die Oberste Heeresleitung am 2. 11. 1916 an den Reichskanzler richtete (Chef des Generalstabes des Feldbereichs II Nr. 773 geh. Op., Gr. H. Qu., den 2. 11. 1916), nach: Schultheß' Europäischer Geschichtskalender, N. F. 1916 (1921), S. 505. Dazu auch die Ausbildungsvorschrift für Fußtruppen I vom Januar 1917, aufgeführt bei D. Balck (1920), S. 41–43, die die Notwendigkeit des Umgangs mit den neuen Waffen betont.

58 Dazu hier und im folgenden P. v. Kielmansegg (1980), S. 33 ff und 62 ff; und: Die Marne-Schlacht, bearbeitet vom Reichsarchiv, Reihe: Der Weltkrieg 1914 bis 1918, Bde. 3 und 4, Berlin 1926; Der Herbst-Feldzug 1914, Bde. 5 und 6, Berlin 1929.

59 Alliierte = Frankreich, England, Rußland (Entente cordiale); Mittelmächte = Deutschland, Österreich-Ungarn.

60 Erich von Falkenhayn (1861–1922), seit 1913 preußischer Kriegsminister, wurde am 14. 9. 1914 Chef des Generalstabes des Feldheeres, Ende August 1916 von seinem Posten enthoben, anschließend Führer von Teilverbänden des Heeres im Osten. Helmuth von Moltke (1848–1916), Nachfolger des Grafen Schlieffen als Chef des Generalstabes der Armee, trat September 1914 zurück und wurde 1915 Chef des Stellvertretenden Generalstabes in Berlin.

61 Reichsarchiv, Bd. 5 (1929), S. 273. Zur Flandernschlacht ebenda, S. 272 ff, 565 ff und Bd. 6 (1926), S. 395 ff.

62 Reichsarchiv, Bd. 5 (1929), S. 274. Zum letzten Abschnitt s. auch P. v. Kielmansegg (1980), S. 66: Besonders die Kriegsfreiwilligenregimenter wurden von ihren Offizieren dazu angehalten, in dichter Menge vorzugehen. Sie waren mit den neuesten Erfahrungen nicht vertraut.

63 Reichsarchiv, Bd. 5 (1929), S. 275 f.

64 C. von der Goltz (1904), nach H. Lemmermann (1984), S. 37.

65 Bis zum Beginn der Flandernschlacht hatten die Engländer drei Expeditionskorps auf den Kontinent gebracht, das I. Korps erst unmittelbar vor der Schlacht. Reichsarchiv, Bd. 5 (1929), S. 280 f, 289 und 366 f.

66 Reichsarchiv, Bd. 5 (1929), S. 322 f.

67 Wie Anm. 66, S. 305.

68 Wie Anm. 66, S. 401.

69 Wie Anm. 66, S. 401.

70 Reichsarchiv, Bd. 6 (1926), S. 25.

71 General der Infanterie; ihm war das XV. Armeekorps der 4. Armee zugeteilt. Reichsarchiv, Bd. 6 (1926), Anlage 1.
72 H. G. Rabe (wie Anm. 18), S. 31–34.
73 Reichsarchiv, Bd. 5 (1929), Kap. II B (II) und Bd. 6 (1929), Kap. II.
74 So E. Frobenius (1927), S. 142 f; W. Paul (1978), S. 80–87.
75 Hans Koch (geb. 1897) überlebte die Flandernschlacht, wurde nach einem Laza-
rettaufenthalt Offiziersaspirant, machte im Frühjahr 1915 das Notabitur, kam jung
nach Galizien und wurde dort Vizefeldwebel und Offizier. Im Osten erlitt er erneut
schwere Verletzungen. Angaben und Zitat aus einem Gespräch mit Hans Koch am
19. 10. 1983. Weitere Angaben zum Lebenslauf s. U. Linse (1973), S. 69 ff.
76 Verhandlung des Preußischen Abgeordnetenhauses. Stenographischer Bericht,
22. Leg., III. Sess. 1916/17, 27. Sitzung, 16. 3. 1916, Sp. 1831.
77 FJ 1/1914, S. 37.
78 Julius Fürst, Feldbrief 1916 (an einen jungen Wandervogel, der kurz vor seiner Re-
krutierung stand), in: WV (e. V.) 2/1916, S. 33–37, hier S. 35; dgl. in: MDAF 10/
1916, S. 4–7. Weiter heißt es dort (mit einem Zitat von Gustav Frenssen):»Das
Schicksal ruht nicht eher, als bis es Dich schuldig gemacht hat. Darauf kommt es an,
daß Du trotz der Schuld den Glauben an das Gute festhältst und Liebe und Treue
nicht aufgibst.«
Nach dem ersten Kriegsjahr machte sich Ernüchterung breit. Zu den Erfahrungen
an der Front s. über die angeführten Texte hinaus die Kriegsjahrgänge der Zeitschriften Freideutsche Jugend, Wandervogel-Führerzeitung, Monatsbericht der
Deutschen Akademischen Freischar, Wandervogel (e. V.), Der Wanderer, Jung-
Wandervogel, Der Wandervogel (AWV). In den Zeitschriften werden auch forsche
Kriegsbeschreibungen abgedruckt. Sehr kurz kommen die dunklen Seiten des
Krieges, vor allem bei der WVFZ. FJ und MDAF hielten sich mit Veröffentlichungen
von Berichten zurück, die das Kriegsgeschehen allzu ungestüm und hemdsärme-
lig beschrieben. Resignative Äußerungen finden sich eher in den Briefen. Hier ist
es jedoch trotz der intimeren Adressatengruppe anscheinend immer noch schwer
genug, über Grausamkeiten des Krieges (Verletzungen, Verstümmelungen,
Angst, Verlust der Kameraden) zu schreiben. Es traut sich wohl niemand, gegenüber seiner Gruppe zuzugeben, daß er selbst nicht dem gängigen Heldenideal im
Stile von Walter Flex entspricht. – Zu den persönlicheren Briefen s. die Akten
AdJb A 2–04, A 2–06, A 2–08, A 2–11 (Ortsgruppen), A 2–12, A 2–16, A 2–18,
A 2–101.
79 Heinz v. Rohden an die Marburger Studiengenossen, 21. 4. 1915, in: G. v. Rohden
(1916), Bd. 2, S. 59.
80 Wie Anm. 79, S. 81.
81 Erich Assmann in: Juli-Brief des Sachsengaues (e. V.), 18. 7. 1915 (AdJb).
82 Hierzu und im folgenden A. E. Ashworth (1968), S. 407–423. Zur Ruhestellung findet sich ein Bericht von W. Warkwitz in: August-Brief des Sachsengaues, 9. 8. 1915
(AdJb).
83 Fritz Niebergall in: Erster Rundbrief der Freischar Heidelberg, 10. 8. 1915, S. 314
(AdJb).
84 W. Warkwitz (wie Anm. 82).
85 Erich Assmann in: Juni-Brief des Sachsengaues (e. V.), 10. 7. 1915 (AdJb).

86 F. Axt in: Juni-Brief des Sachsengaues (e. V.), 26. 6. 1915 (AdJb).
87 Vgl. S. Anm. 52.
88 Heinz v. Rohden, Feldbrief vom 13. 4. 1915, in: G. v. Rohden (1916), Bd. 2, S. 56. Der Stellungskampf aus den Schützengräben heraus ist vor allem für die Westfront typisch. Von Rohden berichtet über den Krieg im Westen; vgl. dazu K. D. Erdmann (1980), Kapitel 11 und 12. Die Berichte aus dem Osten sind weniger zahlreich; die großen Materialschlachten fanden eher im Westen statt. Walter Fischer beschreibt den »Kleinkrieg in Polen« und meint damit seine Begegnungen mit russischen Flöhen (WV 11–12/1914, S. 287). In den Wandervogel-Zeitschriften werden aber auch Berichte wie der von Hans Günther von Kämpfen an der Ostfront veröffentlicht: ». . . mit fünf anderen wurde ich versprengt, und wir liegen in einem feindlichen Schützengraben nicht weit von einem mit Russen besetzten Hause. Daraus mahlen – 12 Meter entfernt – diese unheimlichen Dinger – Maschinengewehre« (WV 11–12/1914, S. 288).
89 A. Mendelssohn-Bartholdy (1937), S. 19 ff, beschreibt als gefühlsmäßige Reaktion auf die Anonymität des Krieges, allgemein gehe der Glauben an die Gerechtigkeit verloren.
90 Fritz Niebergall in: Dritter Rundbrief der Freischar Heidelberg, 9. 9. 1915 (AdJb).
91 Adolf Allwohn, Krieg und Freideutschtum, in: MDAF 3/1916, S. 7.
92 Heinz v. Rohden, Brief vom 13. 4. 1915, in: G. v. Rohden (1916), Bd. 2, S. 56.
93 Wie Anm. 92, S. 81 f. Feldbrief vom 20. 5. 1915; Fred Fricke, Feldbrief vom 25. 8. 1914, in: WVFZ 10/1914, S. 194; Hans Fricke, Feldbrief vom 25. 8. 1914, in: WVFZ 9/1914, S. 177. – Typisch für Stellen, an denen Gefühle geäußert werden, ist die gleichzeitige Versicherung, man sei seinen Vorstellungen vom vorbildhaften Handeln treu geblieben: »Wenn es so wäre, daß man ein inneres Gesicht hätte, wollte ich sagen, es liefen mir an ihm immerfort die dicken Tränen über die Backen . . . Eins aber noch zur Aufhellung des dunklen Grundes. Es waren wieder ein paar Tage, in denen ich meinen äußeren Menschen mit den anderen vergleichen konnte, als Soldat, als Mann, wie Du willst, und ich bin beruhigt, vor mir selber legitimiert. Ich bin ruhig geblieben und am Posten wie alle und glaube sogar, ein wenig mit genützt zu haben; es ist auch die alte Macht über die Menschen, die ich oft gespürt habe, wenn ich nur mich selber einsetzen mußte. Von denen, die ich angehalten habe, ist keiner mehr zurückgegangen, und es war Ordnung in den Leuten, die ich so unerwartet führen mußte.« Rudolf Sievers, Feldpostbrief vom 26./27. 7. 1917, in: G. Ziemer/H. Wolf (1961), S. 528.
94 Walter Groothoff, Feldbrief vom 24. 10. 1914, in: WVFZ 11/1914, S. 210.
95 Rudolf Götze, Feldbrief vom 11. 9. 1914, in: WVFZ 10/1914, S. 195.
96 Heinz v. Rohden an die Jenaer Freunde, Brief vom 18. 12. 1914, in: G. v. Rohden (1916), Bd. 2, S. 20.
97 Gotthold v. Rohden an seine Eltern, Brief vom 8. 7. 1915, in: G. v. Rohden (1916), Bd. 1, S. 41.
98 Erich Matthes, Feldbrief Ende Juli 1915 aus Frankreich, in: WVFZ 8/1915, S. 94.
99 Max Sidow in: K. Ahlborn (1919), S. 27.
100 Carl Manitz, Feldbrief aus der Champagne 1918, in: G. Ziemer/H. Wolf (1961), S. 525. – Nicht jeder war in der Lage, im Geschoßhagel besinnliche Schilderungen über sein Verhältnis zur Natur zu verfassen. Ein literarisches Vorbild lieferte Walter Flex (1922), S. 33, 46 f, 48: »Weißt du noch, wie das faule Holz im Walde um unsre

dunklen Gräben leuchtete? Und wie Myriaden von Junikäfern die Sumpfwiese zwischen uns und dem Feinde nächtlicherweise zum Märchenland machten? Und wie aus dem Drahthindernis die blauen Funken ins nasse Gras hinüber- und hinunterzuckten wie die schillernden Schuppen einer glitzernden Schlange, die unermüdlich kreisend durch das graue Verhau lief, immer bereit zum tödlichen Bisse? ... Aber ehe uns der wachsende Strom des großen Kampfes erfaßte und in seinen Strudeln fortriß, wurden uns noch ein paar klare, glückliche Tage geschenkt ... Wir warfen die Kleider am Nettaufer ab und badeten. Mit dem Strome trieben wir in langen Stößen hinab, schwammen gegen den Strom zurück, daß sich uns das Wasser in frischem Anprall über die Schultern warf, und stürzten uns immer aufs neue von der sonnenheißen Holzbrücke, die gegen die Sohlen brannte, kopfüber in weitem Sprung in den Fluß ... Im buntwuchernden Wiesenkraut ließen wir uns von Sonne und Wind trocknen, und die leisen, zitternden Sonnenwellen rannen gleichmäßig durch Luft und Sand und Menschenleib und durchgluteten alles Lebendige mit trunkener Kraft und erschlaffender Freude ... Geschützdonner grollte von fern herüber, aber die Welt des Kampfes, dem wir auf Stunden entrückt waren, schien traumhaft fern und unwahr.«

101 U. Linse (1980), S. 108.
102 Heinz v. Rohden, Feldbrief vom 4. 7. 1915, in: G. v. Rohden (1916), Bd. 2, S. 104 f.
103 Vgl. den Brief Gotthold v. Rohdens vom 20. 7. 1915, in: G. v. Rohden (1916), Bd. 1, S. 43.
104 Franz Christ, Feldbrief, in: FJ 8–9/1916, S. 232.
105 Robert Schäfer in: MDAF 1/1916, S. 16. – Der Cherubinische Wandersmann von Angelus Silesius (1624–1677) ist eine Aphorismensammlung, die das Verhältnis des Menschen zu Gott in mystischer Religionsauffassung, zum Teil pantheistisch geprägt, zum Thema hat: Gott und Mensch sind eng aufeinander angewiesen; Gott ist überall; in ihm sind alle irdischen Unterschiede aufgehoben. Der Mensch will zu ihm zurückkehren, um zur Ruhe zu kommen; dafür muß er sein Wollen aufgeben und seinen Willen unterdrücken.»Etwas Sinnigeres konnte uns nicht werden als die Erinnerung an jenes Kind des 30jährigen Krieges« (R. Schäfer, a. a. O., S. 17). Vgl. Kindlers Literaturlexikon (1974), Bd. 5, S. 1923.
106 Robert Schäfer in: MDAF 1/1916, S. 16 f.
107 Heinz v. Rohden, Brief vom 21. 3. 1915, in: G. v. Rohden (1916), Bd. 2, S. 42 f.
108 Heinz v. Rohden nach W. Kroug (1955), S. 19.
109 Vgl. Gotthold v. Rohden, Tagebuchnotiz vom 22. 9. 1915, in: G. v. Rohden (1916), Bd. 2, S. 56; Robert Schäfer in: MDAF 1/1916, S. 17. – Agnes Günther (1863–1911) starb vor Vollendung des Buches. Ihr Mann schrieb den Schluß und ließ es 1913/14 erscheinen. Es erzählt die Geschichte einer sensiblen jungen Frau, die von der Schwiegermutter mit Mißgunst verfolgt und schließlich lebensgefährlich mit einem Schuß verletzt wird. In »Verklärung« lebt sie noch reinige Monate und stirbt dann in den Armen ihres Mannes. Vgl. Kindlers Literaturlexikon (1974), Bd. 10, S. 4332.
110 H. J. Ch. Grimmelshausen (1927); vgl. Kindlers Literaturlexikon (1974), Bd. 3, S. 717 f.
111 F. M. Dostojewski (1958), Bd. 3; vgl. Kindlers Literaturlexikon (1974), Bd. 11, S. 4732 f.
112 Otto Neumann, Feldpostbrief 1917, in: G. Ziemer/H. Wolf (1961), S. 530: »Dem,

der den Tod in der Hand trägt als Spielzeug, dem, der selber ein Teil länderzertre-
tender, völkervernichtender Kraft ist, dem steht Demut und demütiges Neigen vor
der Gotteskraft über allem Geschehen wohl an.« – Die Möglichkeiten zu lesen waren im Schützengraben sehr begrenzt. Dennoch bemühten sich Wandervögel und
Freideutsche, so oft wie möglich zu lesen; Bücher wurden von zu Hause geschickt
(s. die Kriegsausgaben der Zeitschriften der Jugendbewegung).

113 Adolf Allwohn in: MDAF 3/1916, S. 6.

114 Heinz v. Rohden, Brief vom 21. 3. 1915, in: G. v. Rohden (1916), Bd. 2, S. 43.

115 Wie Anm. 112, S. 530.

116 K. Jaspers (1950), S. 427. Dazu auch F. Nietzsche (1904), Bd. 6, S. 123 f: »Gott ist
eine Muthmaassung; aber ich will, dass euer schaffender Wille . . . ich will dass
euer Muthmaassen begrenzt sei in der Denkbarkeit . . . Weder in's Unbegreifliche
dürft ihr eingeboren sein, noch in's Unvernünftige.« – Zur Nietzsche-Rezeption in
den Zeitschriften der Jugendbewegung vgl. MDAF 4–5/1916, S. 4; FJ 9/1917, S.
303 f; und W. Flex (1922), S. 36 f. Weitere Stellen werden im Verlauf dieser Arbeit
angegeben.

117 Wie Anm. 116.

118 Vgl. I. Frenzel (1979), S. 97–115.

119 K. Jaspers (1950), S. 373.

120 Dieses Nietzsche-Zitat erschien in: MDAF 12/1915, S. 5. Es bildet den kommen-
tierenden Abschluß zu einer Reihe von Feldbriefen, die sich mit dem Widerspruch
zwischen Ideal und Wirklichkeit befassen. – An dieser Stelle kann keine Nietz-
sche-Interpretation geleistet, sondern nur auf den Stellenwert verwiesen werden,
den seine Bücher für die Jugendlichen in der Ausnahmesituation des Krieges hatten.

121 Vgl. K. Jaspers (1950), S. 261.

122 Da die Zeitschriften nach Möglichkeit auch an die Front geschickt wurden, konnten
sich die Soldaten an der Diskussion beteiligen. S. dazu die Stellungnahmen der
Feldsoldaten zu internen Problemen der Freideutschen Jugend oder zu wichtigen
geistigen Problemen in den Kriegsjahrgängen der FJ.

123 Ewald König in: MDAF 12/1915, S. 13 f. Das behandelte Kapitel steht in Zarathustra (F. Nietzsche, 1904, Teil 1, S. 66–68: Vom Krieg und Kriegsvolke).

124 J. G. Fichte (1962), Bd. 5; vgl. Kindlers Literaturlexikon (1974), Bd. 19, S. 8058.
Dazu auch: FJ 11/1914, S. 234; 1/1915, S. 6 und 21 f; 3–4/1915, S. 74; 6/1915,
S. 117; 10–11/1916, S. 397; 2/1918, S. 68 f. – »In seinem Willen zur Konkretheit
hatte Fichte das in der Zeit sich regende Nationalbewußtsein in einer Weise benutzt und philosophisch überhöht, die später einen unheilvollen Mißbrauch er-
möglichte. Die neben hochmütiger Deutschheit ausgesprochene Einladung an andere Nationen zur Beteiligung wurde in militärisches Vormachtstreben umgedeu-
tet, republikanisch-demokratische Tendenzen in Totalitarismus verkehrt.« Kindlers Literaturlexikon (1974), Bd. 19, S. 8059.

125 Heinz v. Rohden an die Marburger Studiengenossen, 5. 5. 1915, in: G. v. Rohden
(1916), Bd. 2, S. 67 f; W. Kroug (1955), S. 68–70.

126 Dazu H.-U. Wehler (1980), S. 211 f: Antisemitismus, Englandhaß und Germanisie-
rungstendenzen sollten die Eigenständigkeit deutscher Kultur bestätigen. Vgl.
dazu auch H. Lübbe (1974), S. 171 ff, bes. S. 182–185, zur »Deutschtumsmetaphysik«. – In diesem Zusammenhang gehören z. B. die »Professoreneingabe«,

unterzeichnet von vielen Persönlichkeiten aus Industrie, Wissenschaft und Kunst, und die Kriegsziele des Alldeutschen Verbandes; vgl. J. Ernst (1973), S. 123 f und 278 ff.

127 Die Organisationen des Wandervogels hatten eher Mitglieder, die emotional und instinktiv reagierten, während die Freideutschen Probleme intellektueller und kritischer angingen. Dies machte sich in den Beiträgen für die Zeitschriften WV und WVFZ auf der einen, FJ und MDAF auf der anderen Seite bemerkbar. Während in der Führerzeitung durchaus einer Deutschtümelei das Wort geredet wurde – ihr Motto hieß (nach Jahn): Den Deutschen kann nur durch Deutsche geholfen werden, fremde Helfer bringen uns immer weiter ins Verderben –, äußerte sich das Verbandsorgan der Freideutschen in bezug auf die Zeitströmungen wesentlich kritischer und eigenständiger. Der Monatsbericht der DAF vor allem zeichnete sich durch niveauvolle Beiträge aus.

128 Joseph Arthur Graf von Gobineau (1816–1882), Schriftsteller und Diplomat, stellte die Theorie auf, daß man bestimmten Rassen bestimmte Eigenschaften unveränderlich zuordnen kann, wobei er die germanischen Arier als die »Eliterasse« bezeichnete.

129 Heinz v. Rohden, Brief vom 16. 5. 1916, in: G. v. Rohden (1916), Bd. 2, S. 175.

130 Heinz v. Rohden, Brief vom 2. 7. 1915, wie Anm. 129, S. 100 f.

131 Heinz v. Rohden, Brief vom 5. 5. 1915, wie Anm. 129, S. 72.

132 Rudolf Brauer, Feldbrief vom 16. 11. 1915, in: MDAF 1/1916, S. 18.

133 Toni Tasché in: MDAF 5/1915, S. 44.

134 Der Autor des »Wanderers zwischen beiden Welten«, Walter Flex, stellte den Weltkrieg dar, »als handle es sich noch um den Freiheitskrieg gegen Napoleon, der deutsche Studenten und Professoren aus den Hörsälen in das Feldlager der Lützower Jäger zog« (W. Klose, 1984, S. 5). Flex war Sohn eines Gymnasialprofessors und selbst in der Tradition der deutschen Klassik erzogen.

135 J. Georgi, Unsere Stellung zum Kriege, in: FJ 6/1915, S. 114–117.

136 W. Klose (1984), S. 178. Zu Ernst Jünger s. auch W. Kaempfer (1981), Kap. 1.

137 Helmut Tormin in: MDAF 3/1918, S. 262.

138 Prof. v. D. über Heinz v. Rohden in einem Kondolenzbrief an die Eltern vom 10. 7. 1916, in: G. v. Rohden (1916), Bd. 2, S. 209.

139 Hagen Wiegand, Beitrag aus dem Feld, in: FJ 8–9/1916, S. 230. Solche über das unmittelbare Kriegserlebnis hinausgehenden Betrachtungen wurden meist in den gedruckten Kriegsrundschreiben der Gaue, in den Wandervogel-Zeitschriften und vor allem in der FJ angestellt. Die handschriftlichen Mitteilungen und Briefe an die Heimat behandeln oft sehr persönliche Themen. Viele davon wurden in den regionalen und überregionalen Zeitschriften abgedruckt, um Diskussionen anzuregen. Die Diskussion um das Verhalten der Soldaten im Feld setzte allgemein Mitte 1915 ein, als man sich auf einen längeren Krieg einrichtete und sich die Heimattruppen so weit erholt hatten, daß sie kontinuierlich Druckerzeugnisse herausgeben konnten. In diesem Kapitel wird vor allem auf die FJ und die MDAF zurückgegriffen, weil die Freideutschen mit ihrer einflußreichsten Gruppe, den Freischaren, die theoretische Diskussion vorantrieben. Die relativ kleine Gruppe, die vor allem studentische Mitglieder hatte, beeinflußte auch die Masse der Jugendbewegten, die in den Wandervogel-Bünden organisiert waren. Während die Freideutschen eine tatsächlich selbständige Gruppe von Heranwachsenden bildeten, waren die Wander-

vogel-Bünde stark durchsetzt mit etablierten Erwachsenen (Oberlehrern), die sich meist um die Organisationen kümmerten.

140 Zitat einer Zusammenfassung von Kriegsbriefen der Freiburger Freischärler von Gertrud Blunck, 29. 1. 1916, in: MDAF 2/1916, S. 12.

141 So Heinz v. Rohden über das deutsche Offizierskorps im Ersten Weltkrieg, in: G. v. Rohden (1916), Bd. 1, S. 90. – Zum deutschen Offizierskorps vgl. das Standardwerk von K. Demeter (1962), S. 108 ff, 111 f (Ehre), 146 ff, 147 (Verhältnis zum Staat), 211 (Verhältnis zur Gesellschaft).

142 Aufzeichnungen Heinz v. Rohdens über seinen Bruder Gotthold, in: G. v. Rohden (1916), Bd. 1, S. 92.

143 Wie Anm. 142, S. 90.

144 Wie Anm. 142, S. 91.

145 Albert Moltzahn in: MDAF 12/1915, S. 4.

146 Vgl. Georg Schmidt, Feldbrief, in: FJ 12/1916, S. 385.

147 Vgl. auch W. Flitner (1927), S. 294.

148 Bernhard Gastvogel, Zur Alkoholfrage im Felde, in: MDAF 1/1916, S. 11.

149 Wie Anm. 148.

150 Gotthold v. Rohdens Bericht an seine Eltern über die Reaktion seines Hauptmanns auf seine Ideen, 19. 2. 1915, in: G. v. Rohden (1916), Bd. 1, S. 29.

151 Wie Anm. 141. Zum Ehrbegriff s. K. Demeter (1962), S. 109 ff.

152 Ernst Wurche in einem Gespräch über die Behandlung von Untergebenen, in: W. Flex (1922), S. 11.

153 Gotthold v. Rohden, Brief an seine Eltern, 22. 6. 1915, in: G. v. Rohden (1916), Bd. 1, S. 42. Dieses Verhalten entsprach durchaus dem Bild des Offiziers, wie es seit Entstehung der Volksheere zu Beginn des 19. Jhs. gefordert, aber nicht immer eingehalten wurde. Vgl. K. Demeter (1962), S. 166 ff.

154 Dazu Rudolf Sievers, Feldpostbrief vom 26./27. 7. 1917, in: G. Ziemer/H. Wolf (1961), S. 528.

155 Der »Führer im Wandervogel . . . bleibt der Kamerad, er muß sich alle Kritik gefallen lassen und sich durch seine tiefere Persönlichkeit behaupten. Er ist Autorität, soweit er auctoritas, d. h. innere Machtvollkommenheit besitzt (. . . Wenn jeder, der Autorität beansprucht, sich doch darauf besinnen wollte, daß er sie nicht beanspruchen soll, sondern vielmehr verpflichtet ist, sie entstehen zu lassen durch edlere, tiefere, gründlichere Arbeit am andern, also durch Arbeit an sich).« Friedrich Schlünz, Jugendpflege und Jugendbewegung, in: WVFZ 8–9/1917, S. 120. – Zur Absicht, über den Offiziersrang den Einfluß der Wandervogel-Bewegung zu vergrößern: »Ich sage es noch einmal: Je größer der Einfluß ist, den einer der Unsern auf andere hat, um so besser für die Gesamtheit, um so ehrenvoller aber auch schwerer für ihn. Ein Wandervogel-Offizier nützt unserer Bewegung mehr als zehn ›Spieße‹. Freilich jeder kann nicht Offizier sein und es ist auch nicht nötig. Es genügt, wenn jeder in seinem Kreise nach besten Kräften schafft.« Erstes Kriegsrundschreiben des Sachsengaues (e. V.), Leipzig (1915).

156 Robert Schäfer in: MDAF 11/1915, S. 44.

157 Max Sidow in: K. Ahlborn (1919), S. 27 (Herkunft des Gedichtes unbekannt).

158 Vgl. Karl Völkers, Freischarziele nach dem Krieg, in: MDAF 2/1916, S. 6.

159 Vgl. Ch. Lütkens (1925), S. 80 f.

160 Wie Anm. 148, S. 10.

161 Wie Anm. 148, S. 10.
162 Adolf Allwohn in: MDAF 3/1916, S. 7.
163 Vgl. Gustav Kloppenburg, Krieg und Freideutschtum, in: MDAF 3/1916, S. 9:
»Und der Menge, der Masse, der wollen wir unsern Stempel aufdrücken. Herren
sein, wenn wir es wirklich sind, die Geburt macht uns nicht dazu, sie legt uns allerdings die Verpflichtung auf, es zu werden.«
164 Luise Merten, Pharisäertum, in: MDAF 3/1916, S. 10–12; Rudolf Genschel, Gefahren!, in: MDAF 4–5/1916, S. 8–10.
165 »Einsam und verlassen, täglich verfolgt von Unverständnis und Schmutz, so hat
sich wohl jeder von uns in ernsten Stunden danach gesehnt, mit Menschen seiner
Art zusammenzukommen. Solch ein langes Sehnen zu erfüllen, diesen Sinn hat
ein Treffen hier im Felde . . .« Richard Peters in: Der Zwiespruch, Nr. 4/1917, S. 5.
– Der Zwiespruch entstand aus dem hektographierten Rundbrief Zwischen Maas
und Mosel (seit 1916); er erreichte 22 Hefte mit einer Auflage bis zu 7000 Stück.
Das Blatt wurde nach dem Krieg unter demselben Namen weitergeführt als Zeitschrift der älteren Wandervögel.
166 Vgl. Anm. 17 das Beispiel des Wandervogels-Sachsengaues.
167 Vgl. Anm. 22. Die erste große Liste mit Feldadressen erschien in: WV (e. V.)
4/1916. Walter Fischer unterstanden »Feldwarte« im Westen (Otto Schönfelder
gen. Cölner) und im Osten (Hannes Schinke).
168 WV (e. V.), 31. Kriegsheft, 1918, Umschlagseite 5. J. H. Mitgau (1934), S. 71, berichtet über Schwierigkeiten mit militärischen Stellen wegen der Veröffentlichung
der Listen. Ab 1918 durfte nur noch das Regiment oder die Nummer der Feldpost
angegeben werden.
169 Nord-West-Gau, Siegfriedgau (Belgien und Nordfrankreich), Ardennen, Argon-
nen, Verdun, Mosel, Vogesen (J. H. Mitgau, 1934, S. 73 f). Auch die einzelnen
Gaue und die größeren Ortsgruppen in den besetzten Gebieten brachten Fahrtenblätter heraus, die Ortsgruppe Brüssel das Brüsseler Fahrtenblatt. Sie berichteten
von Sonnenwendfeiern, von der Jugendbewegung in der Heimat und an der Front,
über den Sinn des Wandervogellebens sowie über (nationale) Probleme des besetzten Landes. Die Fahrtenblätter der Feld-Gruppen sind nur in wenigen Exem-
plaren erhalten; man kann nicht ersehen, in welchen (wahrscheinlich unregelmä-
ßigen) Zeitabschnitten sie erschienen.
170 Finnland, Baltenland, Litauen, Bug, Ukraine, Rumänien, Türkei, Palästina. Im Gau
Galizien trafen sich hauptsächlich österreichische Wandervögel (J. H. Mitgau,
1934, S. 74).
Nachrichtenblatt war der Rundbrief der Wandervögel im Osten (»Ostbrief« oder
»Oster« genannt); ab Januar 1917 erschienen neun Hefte.
171 Es gab etwa 40 örtliche Soldatengruppen in Deutschland. Die »Gefangenenver-
mittlung« wurde von dem 16jährigen Schüler Heinz Moeller für den Wandervogel
e. V. organisiert (WV 5–6/1920, S. 146–148). Mit ihm arbeitete Wilhelm Opladen
zusammen (Alt-Wandervogel). Der Jung-Wandervogel sorgte selbst für seine Mitglieder. Sogar in der Gefangenschaft bildeten sich einige Ortsgruppen (R. Kneip,
1963, S. 3). – In einem Sonderdruck »Für Wandervogelkrieger und Freideutsche«,
o. J. (AdJb), finden sich eine Aufstellung der »Ständigen Vermittlungsstellen für
Heimat und Front«, der Zusammenkünfte an der Front, der Soldatengruppen im
Inland und die Adresse des österreichischen »Soldatenwarts«.

172 J. H. Mitgau (1934), S. 78. Vgl. hierzu und im folgenden: Zwiespruch 1916–1918 und Rundbrief der Wandervögel im Osten 1917–1918.
173 Vgl. als Beispiel den Aufruf »An die Freideutsche Jugend« in: Zwiespruch Nr. 22/ 1918, S. 417 f (zu den Beiträgen in der FJ während des Krieges):»Wir Frontsoldaten standen da vor einer hohen Mauer, die das Nichtverstehen so hoch gebaut hatte . . . Und wir wollen doch mit unserem ganzen Jugendherzen freideutsch sein! Hatten wir nicht unentwegt gearbeitet und geschrieben, geworben und gewirkt, daß der ›Bund der Bünde‹ in der Freideutschen Jugend werde!?« Der Aufruf zitiert über dem Text Arnold Bergstraesser:»Wie viele von Euch lesen die ›Freideutsche Jugend‹ und wissen, was sie geben will, und daß sie jetzt *die* Zeitschrift der ganzen Bewegung ist?«
   Zum Einigungsbund vgl. den Aufruf »An die daheim!«, in: Zwiespruch 7/1917, S. 83 f: ». . . erwarten daher von den Daheimgebliebenen in Bälde eine Verschmelzung der einzelnen mit Mühen und Opfern gehaltenen Zeitschriften der Älterenbünde zu der führenden deutschen Jugendschrift und die Zusammenlegung der einzelnen Bünde der Älteren, damit der durchaus erforderliche starke Ruck in unsere Reihen kommt.« Bei Walter Fischer (Ziele des Wandervogelverbandes, Flugblatt o. O., o. D., AdJb A 2–11) wird die gemeinsame Soldatenvermittlung als Schritt zur Einigung der Bünde der Jugendbewegung angesehen.
174 Aus den Kriegsjahrgängen der Zeitschriften der Jugendbewegung geht hervor, daß die Aussprache über das richtige Verhalten von Wandervogel-Soldaten an der Front betreffend Alkohol, Sexualität, Rauchen, allgemein »Gesinnung« durchaus kontrovers geführt wurde.
175 Zwiespruch 7/1917, S. 84.

Anmerkungen zu Kapitel 4

1 Zunächst wurden die Jahrgänge bis 1894 eingezogen. Die Jahrgänge 1895–1900 stellten die Reserve, die die kämpfende Truppe mit frischen Kräften versorgen sollte. 1915 zogen die Militärbehörden die 1895/96 Geborenen ein, 1916 die 1897/ 98 Geborenen, im Juni 1917 folgte der Jahrgang 1899, im Juni 1918 der Jahrgang 1900. K. Saul (1983), S. 91–184.
2 Vgl. S. 235, Anm. 54.
3 Anna Schweisgut in: Rundbrief der Freischar Heidelberg, 23. 7. 1915, S. 5:»Jetzt in den tobenden Wirren der Zeit, wo die Jugend von machtvollem Erleben reif wie das Alter geworden und das Alter im täglichen Neues lernen fast jung wird . . .«
4 Vgl. die Kriegsjahrgänge der Zeitschriften. In den Aufsätzen wird dieser Gedanke immer wieder zum Ausdruck gebracht. Ab 1917 schlug die Stimmung um in das Gefühl einer nahenden Katastrophe, die die gewohnte Welt vernichten würde. Diese alte Welt sei jedoch morsch und habe den Untergang verdient. Besonders die Freideutschen zu Hause reagierten auf die atmosphärischen Veränderungen des Krieges (z. B. Annali Ahlborn in: FJ 7/1917, S. 223 f).
   V. Werner (1966), S. 200–214, bietet bislang den einzigen Beitrag zur Soziologie des Krieges, der sich allgemein mit der Frage nach der Auswirkung moderner Kriege auf die inneren und äußeren Beziehungen der Gesellschaft befaßt. Eine Soziologie der Kriege erschöpft sich meist darin, nur die Verschränkung zwischen

dem naturwissenschaftlich-technischen Stand der Gesellschaft und der Kriegführung bzw. den technisch-naturwissenschaftlichen Fortschritt aufgrund der Erfordernisse des Krieges zu sehen. Vgl. dazu den Überblick über Themen zur Militär-
und Kriegssoziologie bei K. Lang (1972). Dazu auch P. Meyer, der Kriegssoziologie
als Entwicklungsgeschichte des Krieges in Abhängigkeit von der jeweiligen Gesellschaftsordnung auffaßt.

5 Hans v. Röder, Brief an die Gefährten – Auf der Bahnfahrt ins Feld, 8. 12. 1916, in:
H. v. Röder (1917), S. 4 f. – Hans Philipp Freiherr Röder von Diersburg (1897–1917)
gehörte zu einer neuen Generation von jugendbewegten Führern. Während die
Führer des Alt-Wandervogels und des Wandervogels e. V. vor dem Krieg zum großen Teil Lehrer waren, die sich schon in der Gesellschaft etabliert hatten, meldete
sich hier ein Jugendlicher zu Wort. Er war eng mit Gustav Wyneken verbunden, der
ein eigenständiges Recht der Jugend auf Kultur vertrat und die Jugend wegen ihrer
geistigen Frische als Wegbereiter einer neuen Zukunft sah. Dieser Weg sollte vor
allem über eine Erneuerung des Bildungswesens führen; eine auserwählte Elite
sollte Vorreiter für die gesellschaftliche Entwicklung werden.

6 Walter Fischer, Wandervogel und Krieg, Flugblatt o. O., o. D. (AdJb), erschienen
u. a. in: FJ 1/1914. Vgl. auch den Briefwechsel der Bundesleitung des Wandervogels e. V. im August/September 1914 (AdJb A 2–08/2, 3).

7 Nachdem zu Kriegsbeginn dem Wandervogel e. V. die Verbindung zu den Ortsgruppen und Gauen verlorengegangen war, kam die Nachrichtenübermittlung erst 1915
in Gang, ebenso der Fahrtenbetrieb. Im Sachsenspiegel wurden jährlich Statistiken
veröffentlicht über Mitgliederzahlen und Fahrtenbetrieb, ebenso im Niedersach-
sen-Gaublatt. Exemplarische Berichte einzelner Ortsgruppen finden sich: AdJb A
2–11 (Braunschweig) und A 2–08 (Hann. Münden).

8 Zur Wirtschaft s. G. Hardach (1973), S. 62 ff, 119 ff. Als allgemeines Nachschlage-
werk s. H. Aubin/W. Zorn (1976), Bd. 2, Kap. 15a, 15b, 16a, 17a, 17b, 18. Ergänzend
P. v. Kielmansegg (1980), Abschnitt 3; A. Mendelssohn-Bartholdy (1937), S. 195 ff.
Zur Auswirkung der Blockade s. J. Kocka (1978), S. 21, und G. Hardach (1973), S.
39 ff. Zur Lebensmittelrationierung und Gesundheit s. G. Hardach (1973), S. 130,
und M. Rubner (1928), S. 1–142.

9 Ortsgruppe Köln, Flugblatt, Mitte 1916 (AdJb A 2–11), und Werbeschrift des Alt-
Wandervogels (AdJb A 2–04/7). Diese stellen heraus, daß der AWV von den Mitgliedern, also dem Eltern- und Freundesrat, kontrolliert werde; so gebe es kein Ge-
mischtwandern, und gemeinsame Feste zwischen Jungen und Mädchen würden
vom »Eufrat« beaufsichtigt. Dazu auch die Ortsgruppe Braunschweig, die 1915 einen Elternabend veranstaltet (3. Rundbrief der Braunschweiger Wandervögel an
ihre Soldaten, Ernting 1917, AdJb A 2–11), der einen »Einblick in unsere Eigenart«
gibt. – Da die Quellenbasis für die Ortsgruppen sehr schmal ist, kann hier nur die
Vermutung angestellt werden, daß viele Ortsgruppen sich mit dem für diese Zeit
selbstverständlichen Mißtrauen der Eltern auseinandersetzten.

10 Ärzte waren z. B. Knud Ahlborn (Freideutsche Jugend), Harald Schultz-Hencke
(Freund der Freischar Göttingen), Ernst Joël (Wyneken-Anhänger) oder Max Hodann (CAS).

11 Alice Cordua (vgl. Anm. 28 zu Kapitel 1).

12 Hans Koch, Gruppengespräch am 23. 10. 1982 im Archiv der deutschen Jugendbewegung, Burg Ludwigstein.

13 K. Ahlborn, Freideutsche Jugend und Politik, in: FJ 9/1915, S. 172 f.

14 Die Zurückkehrenden waren entweder durch schwere Verletzungen kriegsuntauglich geworden (wie Gerhard Fils, Helmut Tormin, Alfred Kurella oder Hans Koch), oder sie kamen heim, um ihre medizinische Ausbildung zu beenden bzw. im Hinterland in den Lazaretten eingesetzt zu werden (wie Heinrich Nominè, Harald Schultz-Hencke, Ernst Joël, Wilhelm Hagen). Vgl. die Biographien in: H. Jantzen (1974) und G. Ziemer/H. Wolf (1961).

15 Das »öffentliche Leben« oder die »Öffentlichkeit« werden als Begriffe gebraucht, wenn es gilt, den Bereich jenseits der Wandervogel-Gruppen zu beschreiben. Er umfaßt alle Vorgänge in der Gesellschaft, die von einem überindividuellen Interesse geleitet sind. Leonard Nelson beschrieb »Öffentlichkeit« so, wie der Begriff an zahlreichen Stellen von Mitgliedern der Jugendbewegung benutzt wurde:
»Ein öffentliches Leben ist . . . ein solches, das nicht im Dienste von Privatinteressen steht, mögen dies die Interessen einiger oder vieler oder auch aller in der Gesellschaft sein. Die Öffentlichkeit des Lebens hängt nicht von der faktischen Übereinstimmung der Einzelnen in der Wahl ihrer Zwecke ab, sondern von der Eigenart der Zwecke selbst, die die Gestaltung des gesellschaftlichen Lebens bestimmen, nämlich davon, daß dies nicht beliebige Zwecke sind, sondern notwendige Zwecke von jedermann, d. h. solche, die sich jeder Mensch zu eigen machen muß, sofern er nur hinreichend gebildet ist.« L. Nelson (1918/49), S. 213.

16 J. Georgi, Unsere Stellung zum Kriege, in: FJ 6/1915, S. 114–117.

17 Geleitwort (des Verlegers Adolf Saal) zu: FJ 1/1914, Umschlag-Innenseite.

18 K. Ahlborn (1917), S. 26 f.

19 Max Hodann über die deutsche Jugendbewegung, in: Die Frauenbewegung – Organ für das politische Leben der Frau, Nr. 19/1916, S. 74.

20 Knud und Annali Ahlborn, Die Entwicklung der Freideutschen Jugendbewegung, in: FJ 4–5/1915, S. 79–87.

21 Wie Anm. 20, S. 79.

22 Knud Ahlborn, Die Organisation der Freideutschen Jugend, in: FJ 6/1915, S. 110 bis 113; ders., Freideutsche Jugend und Politik, in: FJ 9/1915, S. 171–175.

23 Zusammenfassend K. Ahlborn (1917); ergänzend ders., Die Geschichte der Freideutschen Jugendbewegung, in: Ratgeber für Jugendvereinigungen 10/1916, S. 151–155.

24 Entwurf des Satzungsausschusses auf Grund der Marburger Tagung, in: Ausschuß der Freideutschen Jugend (1914), S. 36–38. – Zum Arbeitsausschuß, der das Jenaer Treffen organisiert hatte, s. Bericht über die Besprechung freideutscher Führer in Jena am 21. und 22. April 1916, in: FJ 6/1916, S. 164–170.

25 Vgl. S. 99 ff.

26 F. Duensing (1913), S. 412. Als Ziele der Jugendwehren werden u. a. angegeben: »Entwicklung bzw. Weiterbildung des Ehr- und Anstandsgefühls mit besonderer Betonung der durchaus nötigen Rücksichtnahme gegen Gleichgestellte, Höhere, Ältere und vor allem Ritterlichkeit gegen Frauen und Mädchen«, »Erziehung zum Gehorsam gegen Vater, Mutter, Lehrer und Erzieher«, »Erziehung zu königstreuen, vaterlandsfrohen und vaterlandsstolzen Staatsbürgern«, »Erziehung zu kriegerischem Geist und Pflege desselben« (a. a. O., S. 416). Vgl. K. Saul (1971), S. 115 f; H. Siercks (1913), S. 98.

27 A. Schmidt (1915), S. 12. Der Zentralausschuß suchte früh eine Verständigung mit der Armee, die sich jedoch zurückhaltend verhielt, weil sie um ihr Monopol für die Ausbildung des Volkes mit der Waffe fürchtete (R. Höhn, 1969, S. 498 f). – Die Sitzung des Zentralausschusses 1893 in Berlin behandelte die Frage: »Inwiefern nützen die Jugend- und Volksspiele der Armee?« (Kriegsjahrbuch, 1915, S. 13). 1899 stand auf dem Programm des vierten Deutschen Kongresses für Volks- und Jugendspiele in Königsberg das Thema: »Welche Anforderungen stellt der heutige Heeresdienst an die körperlichen und sittlichen Eigenschaften der Jünglinge und wie kann unsere Jugenderziehung im Dienst der nationalen Wehrkraft die Vorbedingungen dafür schaffen?« (R. Höhn, 1969, S. 499 f).

28 Vgl. K. Saul (1971), S. 130 f.

29 Vgl. Cuno (1916), S. 14.

30 Vgl. L. Bergsträsser (1965), S. 178 ff.

31 Erlaß betreffend die militärische Vorbereitung der Jugend während des mobilen Zustandes, 16. 8. 1914 (dazu Erläuterungen, 19. 8. 1914), in: Militärisches Wochenblatt Nr. 117/1914, Sp. 2507–2509. Vgl. R. Höhn (1969), S. 645; W. Deist (1970), S. 203, Anm. 7. – Richtlinien für die militärische Vorbildung der älteren Jahrgänge der Jugendabteilungen während des Kriegszustandes, 19. 8. 1914; Erläuterungen und Ergänzungen, Oktober 1915: s. Anhang 1 in diesem Band.

32 Jugendfürsorge, Nr. 7/1915, S. 348 (H. Fr., Jugendwehrpflicht).

33 Vgl. u. a. den Erlaß des Regierungspräsidenten für den Bezirk um Kassel vom 20. 2. 1916, in: Amtliches Schulblatt Cassel, Nr. 3/1916, S. 3.
Neben Offizieren waren dies auch Beamte, Lehrer und andere Honoratioren. Vgl. H. Günther (1916), S. 49.

35 M. Hodann (1917), S. 43: »Es ergibt sich mit logischer Unerbittlichkeit, daß die Organisation der Abteilungen dem Wesen der Jugend widersprach und daß die Jugend . . . den einzig möglichen Schluß zog . . .: Passive Resistenz.« Max Hodann gehörte zum »linken« Flügel der Freideutschen Jugend, der eine gegenüber der offiziellen Linie abweichende Meinung vertrat. Vgl. H. Pross (1964), S. 493; K. Saul (1983), S. 101.

36 Wie Anm. 32.

37 Wie Anm. 32; vgl. E. Kohlrausch (1916), S. 105–115.

38 H. Günther (1916), S. 50.

39 Vgl. das Schreiben des Preußischen Kriegsministeriums an den Vizepräsidenten des Preußischen Staatsministeriums zu dem Entwurf eines Gesetzes betr. die militärische Vorbereitung der Jugend, in: W. Deist (1970), S. 218–221.

40 Vgl. Anhang 1 in diesem Band; dazu und im folgenden L. Sickinger (1916), S. 90 bis 104.

41 Mittelschulen gehörten zum mittleren Schulwesen, waren vor allem in Preußen verbreitet. Sie hatten mindestens fünf aufsteigende Klassen, gegenüber der Volksschule erweiterte Lernziele und mehr Fremdsprache in ihrem Angebot. Sie besaßen keine eigene Vorschule. Fortbildungsschulen waren berufsbegleitende Schulen für nicht mehr schulpflichtige Jugendliche bis zum 17. oder 18. Lebensjahr. Seit 1920 wurden sie zu Berufsschulen ausgestaltet. Der Besuch von Fortbildungsschulen war nicht in allen deutschen Ländern schulpflichtig. Der Große Brockhaus Bd. 4 (1953), Bd. 15 (1972); Meyers Konversationslexikon Bd. 14 (1878); vgl. auch E. Müller-Meiningen (1915), S. 28.

42 Dazu H. v. Hoff (1915), S. 33–36. Zu den Übungen in diesem Alter zählten: Überwinden von Hindernissen (künstliche Hindernisse des Gegners, Schutz vor weitreichenden Feuerwaffen), Wettlaufen in Sprüngen (Infanterieangriff), Werfen (Handgranaten), Gedächtnis- und Sehschulung (Meldegänge). Vgl. auch L. Sickinger (1916), S. 98 (Gewöhnung an Disziplin).

43 L. Sickinger (1916), S. 103.

44 Ursprünglich war das Preußische Kriegsministerium davon ausgegangen, die vormilitärische Jugenderziehung neben den bestehenden Vereinen zusätzlich einzurichten. Dies war auch der Entwurf, mit dem sich die Freideutsche Jugend eingehend auseinandersetzte. Die Vereine sollten ihr gesondertes Vereinsziel pflegen, während sich die Kompanien der vormilitärischen Ausbildung widmeten. Da die Vereine jedoch lästige Konkurrenz heranwachsen sahen, intervenierten sie ständig im Kriegsministerium. Schließlich mußte das Kriegsministerium dem Druck der Vereine nachgeben und sie in die militärische Ertüchtigung einbeziehen. Ende 1916 wurde es den privaten Jugendpflegeorganisationen gestattet, vereinseigene Jugendkompanien zu bilden. R. Höhn (1969), S. 697–703.

45 S. Anhang 1 in diesem Band.

46 Wie Anm. 45. – Es ist zweifelhaft, ob die Kompanien vor allem der sportlichen Ertüchtigung gedient hätten, ohne in einengende militärische Rituale zu verfallen. Die Oberleitung der (freiwilligen!) Jugendwehr des 9. Armeekorps erließ eine Verordnung, nach der die Jugendlichen gezwungen wurden, an den Übungen teilzunehmen. Ihre Namen wurden, wie bei Soldaten, in die Stammrolle aufgenommen. Sie mußten Offizieren des Heeres und der Marine durch militärisches Grüßen Respekt erweisen. Obwohl die Verordnung am 8. 9. 1914 erlassen wurde, also zu einer Zeit, in der die Beteiligung an den Kompanien freiwillig war, konnte die militärische Überleitung der Jugendwehr aufgrund ihrer Machtbefugnisse im Belagerungszustand die Teilnahme an den Übungen zur Pflicht erklären. Unentschuldigtes Fehlen wurde bestraft. Die Strafen reichten vom einfachen Verweis bis zum Strafexerzieren und wurden in der Stammrolle vermerkt. F. W. Foerster/A. v. Gleichen-Rußwurm (1917), S. 79 f.

47 L. Sickinger (1916), S. 103.

48 Vgl. H.-U. Wehler (1980), Kap. III, 2; dazu R. Leonhard (1917), S. 23. Dieser stellt fest, »daß die Jugendwehr eine Sicherung gegen staatsbürgerliche Erziehung [im positiven, aufklärerischen Sinn] bilden wird – wobei das an sich schon verwerfliche Geheimnis der äußeren Politik einen guten Vorwand gegen die Politisierung im Sinne der inneren Politik hergeben wird«.

49 H. v. Hoff, Jungdeutschland-Taschenbuch (1915), Vorwort zur 2. Auflage.

50 Wie Anm. 49.

51 R. Höhn (1969), S. 697–708; nähere Einzelheiten bei K. Saul (1983), S. 104 ff.

52 Vgl. S. Copalle/H. Ahrens (1954), S. 64. Dazu auch Karl Wilker, Auf Irrwegen, in: WVFZ 5/1913, S. 93 (»Oder glaubt man wirklich, daß sich unsere Jugendlichen – Knaben wie Mädchen – Ideale aufzwingen lassen?!«); und die Diskussion um den Jungdeutschlandbund seit 1911 in: AWV 12/1911, S. 311 ff; 1/1912, S. 25 f; JWV 4/1912, S. 65 ff; 6/1912, S. 85 f; 7/1912, S. 104 ff; 8/1912, S. 117 f; WVFZ 1/1913, S. 30 ff.

53 Die Zeitschriften der Jugendbewegung geben nur bedingt Auskunft, weil sie die Zensur passieren mußten. Unter dem Stichwort Jugendpflege oder militärische Jugendpflege bzw. Reichsjugendwehrgesetz finden sich trotzdem einige Artikel, die die Wichtigkeit dieses Themas für die Jugendbewegung belegen. In Briefen findet man immer wieder Erläuterungen zu dem Komplex der militärischen Jugenderziehung; auch in Aufzeichnungen über die Zusammenkünfte im Krieg findet sich mancher Bericht, der später nicht abgedruckt wird. Insgesamt muß dieser Bereich stark diskutiert worden sein. Es gibt auch Notizen über Absichten, Bücher darüber zu veröffentlichen oder Vorträge zu halten.

54 Vgl. die Kriegsjahrgänge von: Der Pfadfinder; als Beispiel (Titelbild!) Nr. 7/1916.

55 Z. B. Bremer Nachrichten, 29. 6. 1915 (Nr. 208), viertes Blatt: H. V. E., Jungmann in der 5. Kompanie der Jugendwehr, schreibt: »Mein Artikel . . . ist nur eine Aufforderung an diejenigen, die der militärischen Vorbereitung noch fernstehen, in erster Linie die Wandervögel, . . . und vor allen Dingen Nebensächlichkeiten wie das Wandern fallenzulassen.« Die Jugendbewegung hatte Grund, sich vor der militärischen Jugendpflege zu fürchten.

56 Vgl. S. 238, Anm. 22.

57 W. Fischer, Zur Lebensfrage des Wandervogels, in: WVFZ 8/1915, S. 60 (auch als Sonderdruck unter dem Titel: Wandervogel und Krieg). Fischer hatte schon vor dem Krieg Artikel zu diesem Thema veröffentlicht: Jung Deutschland, Jugendpflege und Wandervogel, in: AWV 12/1911, S. 311 ff; Jungdeutschland, in: WVFZ 1/1913, S. 30 ff.

58 Fritz Jöde, Jugendbewegung oder Jugendpflege?, in: FJ 3/1915, S. 64.

59 Willy Rönnau, Wandervogel und Jugendwehr, in: FJ 5/1916, S. 136: Der Leiter einer Jugendwehr verbot freideutschen Helfern, bei einem Fest der Jugendwehr ihre Kleidung zu tragen, die nach den Grundsätzen der Kleiderreform angefertigt worden war (Geschmack, Hygiene, Zweckmäßigkeit). – Zur Kleidungsfrage s. FJ 3/1915, S. 66.

60 Vgl. W. Fischer in: WVFZ 8/1915, S. 60; ders. (1916), S. 130.

61 Wie Anm. 58, S. 64.

62 Rubrik: Aus der Bewegung, in: FJ 10/1915, S. 212; dazu ähnliche Beiträge in den Jahrgängen 1914/15/16.

63 G. Schmidt (1917). Schmidt wurde 1915 verwundet und ging Anfang 1917, kurz nach Beendigung des Promotionsverfahrens, wieder an die Front. In der Dissertation findet sich kein Hinweis auf Zugehörigkeit zur Jugendbewegung. Wilhelm Hagen schlug Georg Schmidt jedoch neben anderen Jugendbewegten als Redner für einen 1917 von Eugen Diederichs geplanten Kulturkongreß vor, auf dem die Jugendlichen aus der Bewegung sich vor allem den Erwachsenen gegenüber darstellen sollten (AdJb A 2–12/5). In einer Rezension zu Schmidts Buch »Unsere Muttersprache als Waffe und Werkzeug des deutschen Gedankens« wird er als WV-Führer angesprochen (FJ 4–5/1918, S. 190 f).

64 Christel (= Christian) Schneehagen, Feldbrief, in: MDAF 7–8/1916, S. 9; vgl. Ottokar Bunzlow, a. a. O., S. 7–9.

65 Max Bondy, Bernhard Gastvogels Gedanken über das Reichsjugendwehrgesetz, in: MDAF 9/1916, S. 8.

66 W. Lempelius, Vaterländische Jugendpflege, in: FJ 8/1917, S. 281.

67 Streiflichter zur Jugendwehr, stenografische Notiz, ohne Namen, o. J. (AdJb A 2–12/6). Freundlicherweise übersetzt durch Herrn Gebhardt, Geschäftsführer der Forschungs- und Ausbildungsstätte für Kurzschrift und Maschinenschreiben in Bayreuth e. V.

68 Wie Anm. 67.

69 Wie Anm. 67.

70 Zur Diskrepanz zwischen offiziell gefordertem Verhalten der Soldaten und inoffiziellen Reaktionen s. A. E. Ashworth (1968), S. 409 ff.

71 Vgl. S. 235, Anm. 40.

72 Walter Fischer, Militärische Jugendbewegung, zugleich Bücherbesprechung, in: WV 2/1916, S. 42–44.

73 K. Saul (1983), S. 110 f.

74 Die Diskussionen auf den Bundestagen 1918 des WV e. V. und des AWV hatten die grundsätzliche Übereinstimmung mit den Vorstellungen des Kriegsministeriums ergeben. Vgl. Walter Fischer, Über die militärische Vorbildung der Jugend, in: WVFZ 7–8/1918, S. 115–120. Da die Frontsoldaten einen Abdruck dieses Textes erhielten und Fischer als Soldatenwart und Mitglied der Bundesleitung des WV e. V. eine exponierte Stellung hatte, kann sein Vorschlag als richtungweisend für die weitere Diskussion im AWV und im WV e. V. gelten. Zur endgültigen Stellungnahme hatten AWV und WV e. V. auf ihren Bundestagen jeweils einen Ausschuß gebildet; zu offiziellen Verlautbarungen kam es nicht mehr.

AWV, WV e.V. und JWV hatten sich 1916 zu einem Zweckverband zusammengeschlossen, der gemeinsames Vorgehen ermöglichen sollte (FJ 5/1916, S. 138 f).

Die Kreisleiter des AWV beschlossen auf ihrer Ostertagung 1916 folgende »Leitsätze«:

»1. Alle Bestrebungen, die dahin zielen, die körperlichen und seelischen Kräfte der deutschen Jugend zu erwecken . . ., sind freudig zu begrüßen und auf jede nur mögliche Weise zu unterstützen.

2. Die Erfahrungen des Krieges haben gezeigt, was namentlich durch das Zeugnis der Wandervögel . . . bewiesen wird, daß die segensreiche Tätigkeit, die der Wandervogelbund . . . unter der Jugend der höheren Lehranstalten und der Lehrerbildungsanstalten entfaltet hat, in hohem Grade geeignet gewesen ist, die oben genannten Ziele zu verwirklichen.

3. Daher spricht sich die Kreisleitertagung des Alt-Wandervogels . . . mit aller Entschiedenheit dagegen aus, daß ein Zwang zur Teilnahme an den Übungen der Jugendwehr auf die höheren Lehranstalten und Lehrerbildungsanstalten ausgedehnt wird« (AdJb, Akten Jugendbewegung und Erster Weltkrieg).

75 W. Fischer, Über die militärische Vorbildung der Jugend, in: WVFZ 7–8/1918, S. 118. – Punkt 3 der »Leitsätze« (Anm. 74) scheint sich mit Fischers Vorstellungen nicht zu decken, lehnen die AWV-Kreisleiter doch den Zwang für höhere Lehranstalten und Lehrerbildungsanstalten (Schüler unter 18!) ab. Die Tendenz ist jedoch dieselbe. In Fischers Konzept bleiben die Wandervögel bis zum 18. Lebensjahr unter sich. Es besteht ein »freiwilliger Zwang«, den Körper zu ertüchtigen. Fischer sieht im Wandervogel die beste Möglichkeit zur Körperertüchtigung; deshalb rechnet er wohl damit, daß die Wandervögel zahlreich von den körperlichen Übungen befreit würden. Beide Konzepte enthalten, direkt oder indirekt, den Wunsch nach

Ausnahmeregelungen für die Mitglieder der Jugendbewegung. In beiden Konzepten wird der Zwang grundsätzlich nicht verneint.

76 Wie Anm. 75, S. 118.
77 Wie Anm. 75, S. 116.
78 W. Fischer, Ziele des Wandervogelverbandes, Sonderdruck o. J. (vermutlich 1916), S. 3 (AdJb A 2–11):
»Schließlich soll noch kurz angedeutet werden, was bis jetzt geleistet wurde. Es klingt herzlich wenig, und doch ist's vielleicht mehr, als mancher ›alte Pachant‹, der über die viele Schreiberei und Listenführerei stöhnt und schimpft, in zehn Jahren geschrieben hat.
1. Wir haben auf Angriffe gegen den Wandervogel geantwortet. Dies geschah in einigen Tageszeitungen und in mehreren Zeitschriften (meist konfessionellen).
2. Wir haben das gemeinsame Flugblatt ›Vom Wandervogel und Wanderunfug‹ herausgegeben.
3. Wir haben miteinander Fühlung genommen.
4. Die Soldatenvermittlung ist schon zum Teil gemeinsam. Der weitere Ausbau ist in die Wege geleitet. Auch die Landsgemeinde und die Freideutsche Jugend machen mit. Einige Vortruppler, Wanderer und Fahrende Gesellen haben sich auch schon gemeldet.«
79 Wie Anm. 75, S. 116 f.
80 F. W. Foerster/A. v. Gleichen-Rußwurm (1917), S. 42 ff.
81 Wie Anm. 80, S. 44.
82 Wie Anm. 80, S. 44.
83 Wie Anm. 80, S. 45.
84 Die Reihe, hrsg. im Auftrag der Centralarbeitsstätte für Jugendbewegung, erschien (vermutlich infolge Geldmangels) unregelmäßig. Nachzuweisen sind Hefte im April, Mai, Juni, Juli, Oktober, November und Dezember 1916. Hodann kündigte seine Mitarbeit im November 1916 auf. Breithaupt betonte im Dezember 1916, daß die Schriften nunmehr ihr Gesicht ändern und »*das* Sprachorgan der CAS« würden.
85 W. Breithaupt und K. Vetter werden in einem Bericht an G. Wyneken von 1916 über die CAS als »Demokraten von Prinzip und Monisten« bezeichnet. Beide kämen aus der Arbeiter-Jugendbewegung (AdJb N Wyneken 1703). E. Mohr berichtet G. Wyneken am 11. 9. 1916, Breithaupt sei »sozialistisch angehaucht« (AdJb N Wyneken 1703).
86 Vgl. S. 95 ff zu Leonard Nelson.
87 Wolfgang Breithaupt, Von der jugendlichen Arbeitsgemeinschaft – Ein Ruf an alle!, Sonderdruck aus: Mitteilungen der Centralarbeitsstätte für Jugendbewegung, H. 2, S. 2.
88 Wie Anm. 87, S. 2 f. – Die Mitteilungen der CAS veröffentlichten eine Bibliographie aller Artikel über das Gesetz und die militärische Jugendpflege, die in Tageszeitungen von 1914 bis Mitte 1916 erschienen waren (H. 1, April 1916, S. 11–13, und H. 2, Juli 1916, S. 3 f).
89 Die Freistudenten gründeten sich 1896 in Leipzig gegen die etablierten Burschenschaften. Sie strebten die Gleichberechtigung der Nichtinkorporierten an. Ihre Haltung war eher demokratisch geprägt und gegenüber den Korporationen sehr aggressiv. Vgl. H. Kranold (1914).

90 Vgl. U. Linse (1981), S. 248 ff. – Die Resolution zum Reichsjugendwehrgesetz lautet:
»Die *Berliner Freie Studentenschaft* ist entschlossen, gegen die *für den Frieden* geplante Zwangsjugendwehr anzukämpfen, weil sie in ihr eine schwere Bedrohung jugendlichen Lebens erblickt. Sie verspricht ihren jüngeren Gefährten, überall zu helfen, wo der Wille zu freier und aufrechter Lebensführung lebendig ist« (Mitteilungen der CAS, H. 1/1916, S. 9).

91 Alfred Kurella, Der Wandervogel und die militärische Jugendvorbereitung, Sonderdruck, zusammen mit Walter Fischer, Über die militärische Vorbildung der Jugend, o. J. (AdJb Akten Jugendbewegung und Erster Weltkrieg). – Kurella (1895–1975) gehörte zum »linken« Flügel der Freideutschen Jugend. Er trat 1919 der KPD bei, wurde nach dem Zweiten Weltkrieg Abgeordneter der Volkskammer der DDR, ab 1957 Vorsitzender der Kulturkommission beim Politbüro des ZK der SED (vgl. W. Kindt, 1963, S. 572 f).

92 Wie Anm. 91, S. 7.

93 Vgl. W. Kindt (1968), S. 1055.

94 D. Gerlach, Militärische Jugendpflege und Wandervogel, in: WVFZ 5–6/1916, S. 56.

95 Wie Anm. 94, S. 55.

96 Mitteilungen des Greifenbundes, in: WVFZ 1–2/1916, S. 23: »Der ›Greifenbund‹ ist der Bund der Jugend, welcher der Rahmen des Wandervogels und der verwandten Jugendbünde nicht mehr genügt. Ihr Zusammenschluß bezweckt: Die Lebensart des Wandervogels auszubauen und im Berufsleben zur Geltung zu bringen. Durch städtisches Siedeln am Volksganzen zu wirken. Durch ländliche Siedelungen unserem Willen zur Bodenständigkeit Erfüllung zu schaffen. Mitglieder können Personen deutscher Abstammung und Gesinnung werden, welche auf dem Boden der deutschen Jugendbewegung stehen. Sie schließen sich an den einzelnen Orten zu Gilden zusammen, welche sowohl Verfreundungs- wie Arbeits- und Tatgemeinschaften sind. Die Gilden eines jeden Gaues werden durch ein Gildenamt zusammengehalten, sie bestimmen die Leiter des Greifenbundes.« Pfingsten 1916 ging der Greifenbund im Bund der älteren Wandervögel, den Landsgemeinden, auf. Die Kerngruppe des Greifenbundes gründete sich im September 1916 unter Otger Gräff als Jungdeutscher Bund neu (vgl. W. Kindt, 1968, S. 954 f). Dankwart Gerlach gehörte zur Leitung des Greifenbundes (WVFZ 1–2/1916, S. 23).

97 Wie Anm. 94, S. 57.

98 Der Wanderer 5/1916, S. 51 f.

99 Vgl. die einleitenden Worte D. Gerlachs zur Übernahme der Schriftleitung der Wandervogel-Führerzeitung (1–2/1916, S. 1).

100 Vgl. S. 235, Anm. 40.

101 Vgl. S. 32.

102 K. Ahlborn, Die Gliederung und die Aufgaben der Freideutschen Jugend, in: MDAF 2/1917, S. 75.

103 Amtlicher Bericht über den außerordentlichen Vertretertag der Freideutschen Jugend in Göttingen am Pfingstsonntag 1916, in: FJ 8–9/1916, S. 240 ff. Hier Gerhard Fils, Argumentation für eine Neugestaltung der Organisation, S. 246. Der Organisationsentwurf war bei der Besprechung freideutscher Führer am 21./22. April 1916 im kleinen Kreise ausgearbeitet worden (FJ 6/1916, S. 164 ff).

104 FJ 8–9/1916, S. 246.

105 Anhang 4 in diesem Band. – Der Brief liegt undatiert als Typoskript-Entwurf vor (AdJb Akten Jugendbewegung und Erster Weltkrieg). Als Empfänger wird »Hochverehrter Herr Reichstagsabgeordneter!« angegeben. Das Schreiben ging an etwa 30 Reichstagsabgeordnete, außerdem an die Vorstände aller Reichstagsparteien und an alle Kriegsministerien (K. Ahlborn, 1917, S. 30; dazu W. Karl, 1973, S. 142); es ist um den 20. 4. 1916 zu datieren. Das Bayerische Kriegsministerium bestätigte am 8. 5. 1916 den Eingang einer Eingabe der Freideutschen Jugend vom 20. 4. 1916 (FJ 6/1916, S. 170). Weitere Antworten wurden nicht abgedruckt, so daß man davon ausgehen kann, daß die Antwort des Bayerischen Kriegsministeriums die einzige Reaktion auf diese Eingabe war. Der Deutsche Pfadfinderbund schickte am 18. 4. 1916 aus demselben Anlaß einen Brief an das Preußische Kriegsministerium. Das Schreiben war wesentlich devoter; die Pfadfinderführer stellten dar, daß sie in Wort und Sinn den Richtlinien voll zustimmen würden. Die Antwort des Preußischen Kriegsministeriums vom 27. 5. 1916 bestätigte, daß die Pfadfinder als militärische Vorschule geeignet seien; sie war wohlwollend, ja ausgesprochen freundlich gehalten. Der Pfadfinder 7/1916, S. 98–100; vgl. Anhang 3 in diesem Band.

106 Vgl. S. 223.

107 Äußerung des Vertreters des Preußischen Kriegsministeriums über das Ziel der Jugendwehren auf der Konferenz für militärische Jugenderziehung am 23. 3. 1916 im Preußischen Abgeordnetenhaus; vgl. S. 223.

108 Im Entwurf stand ursprünglich bezeichnenderweise das Wort »Masse«.

109 Vgl. S. 223.

110 Ahlborn versuchte, die Freideutsche Jugend besonders herauszustellen, weil er die begründete Furcht hatte, daß die Wandervogel-Organisationen und die Freideutschen nicht zu den Vereinen zählten, auf deren Mitarbeit die Heeresverwaltung zurückgreifen würde, falls die Vereine bei der Planung des künftigen Gesetzes herangezogen würden.

111 Dieser Briefentwurf und die folgende Göttinger Resolution der Freideutschen Jugend werden bei W. Karl (1973), S. 141–143, zwar erwähnt, jedoch weder zitiert noch interpretiert. Karl verzichtet auf eine Einordnung dieser Quellen in den Gesamtzusammenhang des Komplexes Reichsjugendwehrgesetz und Jugendbewegung.

112 FJ 6/1916, S. 168.

113 Wie Anm. 112.

114 Wie Anm. 112.

115 Die Entschließung der Kreisleiter des AWV (s. Anm. 74) hat ebenfalls einen elitären Zug.

116 Zu dem Bemühen, der hysterischen Stimmung in Deutschland nicht zu erliegen und Entschlüsse nur nach langen, sachlichen Diskussionen zu fassen, um jede Einseitigkeit zu vermeiden, s. Bruno Lemke, Berauschung, in: FJ 5/1915, S. 76: »... weder von bloßen Nützlichkeitsvorstellungen noch von einer recht durchsichtigen Stimmungsmache, die sich berauscht, gebärdet, betört, suche sie [die Jugend] nüchternen Blicks die Dinge zu erfassen, wie sie sind: Jugend ist Trunkenheit ohne Wein.«

117 Entschließung der freideutschen Führer, nach FJ 6/1916, S. 168.

118 Eduard Heimann, Bericht über das Reichsjugendwehrgesetz auf dem Göttinger Vertretertag am Pfingstsonntag 1916, nach Gerhard Fils, Amtlicher Bericht über den außerordentlichen Vertretertag der Freideutschen Jugend, in: FJ 8–9/1916, S. 259.

119 Vgl. dazu W.-D. Greinert/G. Hanf (1981), S. 102 ff.

120 Vgl. S. 225.

121 Dieselbe Meinung vertritt speziell für den Wandervogel Walter Fischer in einem Aufsatz über den Wandervogel im Felde: W. Fischer (1916), S. 124–130.

122 FJ 8–9/1916, S. 259.

123 FJ 8–9/1916, S. 248 f.

124 Alf Seidel, Bericht über die Göttinger Tagung der Freideutschen Jugend, AdJb N Wyneken 1705.

125 FJ 2/1916, S. 51 f.

126 Hans Gieschen, Bericht über die 9. Konferenz der Zentralstelle für Volkswohlfahrt am 16./17. 11. 1916 in Berlin, in: FJ 1–2/1917, S. 51 ff, hier S. 51.

127 Vgl. Schriften der Zentralstelle für Volkswohlfahrt, H. 13/1917. Darin die Beiträge von Knud Ahlborn (S. 155 ff), Max Hodann (S. 174 ff), Bruno Lemke (S. 179 f) und Gerhard Fils(S. 180 ff).

128 Wie Anm. 126, S. 52.

129 Wie Anm. 126, S. 53 f.

130 M. Paul, Zwang und Freiheit in der Jugendpflege, in: MDAF 12/1915, S. 41 f; ausführlich H. Gieschen, wie Anm. 126, S. 53 ff.

131 Schriften zur Jugendbewegung, Dezember 1916: Vom Leben der Jugend, S. 27 f.

132 Vgl. S. 95 ff. In Göttingen lehnte die Freideutsche Jugend eine Beteiligung an der CAS ab, weil sie deren parteipolitische Verwendung fürchtete. Die Herausgeber der Schriften zur Jugendbewegung arbeiteten tatsächlich mit Vertretern der realitätsbezogenen Arbeiterjugend zusammen (vgl. Anm. 84, 85). – Der Widerspruch zwischen den Versuchen, sich als eine Interessenvertretung der Jugend zu organisieren, und der angestrebten Ziellosigkeit bestimmte dann 1917 und 1918 die Entwicklung der Freideutschen stark.

133 Die Landsgemeinden als Älterengruppe der Wandervogel-Organisationen wurden Pfingsten 1916 in Naumburg gegründet. W. Kindt (1968), S. 954 f.

134 AdJb A 2–12/4.

135 Vgl. Aufrufe der CAS: An unsere Mitglieder, Freunde, Kameraden!, o. D.; An unsere Freunde und Förderer, o. D., vermutlich Oktober 1916. AdJb N Wyneken 1703.

136 CAS, An unsere Freunde und Förderer (wie Anm. 135).

137 Korrespondenzen dazu 1917/18: AdJb A 2–11; A 2–04/8.

138 Vgl. S. 28.

139 Vgl. Hauptausschuß der Freideutschen Jugend (1914); darin Diskussionsbeiträge und die Rede A. Webers.

140 G. Traub über die Freideutsche Jugend nach Ch. Schneehagen, Die Freideutsche Jugend und der Wandervogel im Preußischen Abgeordnetenhause, in: Der Wanderer 3/1914; Nachdruck in: W. Kindt (1968), S. 569–571, Zitat S. 570.

141 Zu Leonard Nelson und seinen Vorstellungen s. vor allem W. Link (1964), S. 3 ff; W. Eichler/M. Hart (1938); H.-J. Heydorn (1974). – Nelson (1882–1927) studierte

Mathematik und Philosophie; 1904 wurde er promoviert, 1909 in Göttingen habilitiert. Dort lehrte er als Privatdozent und wurde 1919 außerordentlicher Professor. Seit Beginn der Göttinger Zeit war er Freund der Deutschen Akademischen Freischar. 1913 verfaßte er aus Anlaß des Ersten Freideutschen Jugendtages auf dem Hohen Meißner einen Aufruf: An die freie deutsche Jugend und ihre Freunde (L. Nelson, 1917/21, S. 9 ff). In Göttingen sammelte er während des Krieges studentische Anhänger um sich; vgl. M. Saran (1976), S. 42 ff; L. Nelson (1917/21), S. 169 ff; dazu Martha Paul, Leonard Nelson und seine Beziehungen zur Freischar, Manuskript 1928 (AdJb A 101/65).

142 Dazu vor allem L. Nelson (1918/49), S. 8 ff und 19 f (Kapitalismuskritik), S. 10 f und 15 f (Kritik an der Institution Kirche) sowie S. 18 ff (Liberalismuskritik).

143 Wie Anm. 142, S. 13.

144 Dazu A. Dehms (1953), S. 265 ff. Zur Begründung des naturwissenschaftlichen Schwerpunktes s. L. Nelson (1915/47); W. Link (1964), S. 67 ff.

145 Vgl. F. Paulsen (1921), S. 637 ff und 736 ff.

146 L. Nelson (1918/49), S. 29 ff; ders. (1921), S. 169 ff.

147 L. Nelson (1921), S. 80–134, 135–168.

148 L. Nelson (1918/49), S. 32 ff. Die Gebildeten sind bevorzugt, weil sie durch Bildung zu besserer Einsicht gelangen (der aufklärerische Charakter von Bildung bleibt in Nelsons Konzeption erhalten) und in einer gesicherten wirtschaftlichen Lage sind, da sie dadurch über die Befriedigung der existentiellen Bedürfnisse hinaus am kulturellen Leben teilnehmen können.

149 Vgl. S. 263, Anm. 190.

150 Aufruf anläßlich des Meißnerfestes 1913, an dem Nelson selbst nicht teilnahm: An die freie deutsche Jugend und ihre Freunde, in: L. Nelson (1921), S. 9.

151 K. und A. Ahlborn in: FJ 4–5/1915, S. 79 ff. Vgl. dazu ein Telegramm Alfred Webers an Gustav Wyneken vom 15. 4. 1914 wegen der Aufhebung der Marburger Beschlüsse der Freideutschen Jugend (AdJb N Wyneken 1687).

152 M. Hodann, Freideutsche Jugend und Organisation, in: FJ 7–8/1915, S. 142–147, Zitat S. 145. – Max Hodann (1894–1946) hatte in seiner Schulzeit Kontakte zur Sozialdemokratie, war Freistudent und Gründer einer freideutschen Ortsgruppe in Berlin während des Krieges, Medizinstudent 1913–1919; dazwischen Militärdienst im Inland, 1916 Mitbegründer der Centralarbeitsstätte für Jugendbewegung, 1917 Mitglied des Internationalen Jugendbundes, 1919 Mitglied des Soldatenrates in Berlin, in den zwanziger Jahren Stadtarzt in Berlin und Mitarbeiter am Institut für Sexualwissenschaft (M. Hirschfeld); 1933 Emigration, bis 1936 beim Völkerbund in der Schweiz, Teilnahme am Bürgerkrieg in Spanien, ab 1938 in Schweden. Für Unterstützung bei den Nachforschungen über Hodann danke ich Prof. Dr. Jan Peters, Akademie der Wissenschaften der DDR, Institut für Wirtschaftsgeschichte, Berlin, Ingrid Brzoska, Eschborn, und dem Arbetarroerelsens Arkiv, Stockholm.

153 Wie Anm. 152, S. 144.

154 Wie Anm. 152, S. 144.

155 Wie Anm. 152, S. 146.

156 Wie Anm. 152, S. 144 f.

157 M. Hodann, Zur Frage der Freideutschen Jugend, in: Neue Hochschule, Freistudentische Halbmonatsschrift, Jg. 1, Nr. 7, S. 1 (Sonderdruck AdJb A 2–104/2).

158 Wie Anm. 157.
159 Vgl. S. 32.
160 K. Ahlborn, Greifenbund und Freideutsche Jugend, in: FJ 3–4/1916, S. 84 f.
161 Vgl. S. 32.
162 FJ 6/1916, S. 166.
163 In der FJ erschien gleichzeitig mit dem Bericht über die Jenaer Führertagung die Einladung nach Göttingen (6/1916, S. 163).
164 Ch. Schneehagen, Zur Entwicklung der Freideutschen Bewegung, in: Der Wanderer 4/1914, S. 77 ff.
165 FJ 4–5/1915, S. 79–87; 6/1915, S. 110–113.
166 G. Fils, Amtlicher Bericht über den außerordentlichen Vertretertag der Freideutschen Jugend in Göttingen am Pfingstsonntag 1916, in: FJ 8–9/1916, S. 240 ff, hier S. 246.
167 Wie Anm. 166, S. 246.
168 Wie Anm. 166, S. 252.
169 Zum 1. Vorsitzenden wurde erneut Knud Ahlborn (München) gewählt, zum 2. Vorsitzenden Bruno Lemke, der zu dieser Zeit Soldat war, zum Schriftführer Gerhard Fils (Jena), zum Archivwart Hans Gieschen (Hamburg), zum Kassenwart Ilse Nekker (Berlin). Für die Zeit des Krieges sollte Lemke durch Heinrich Nominé (Bonn) vertreten werden. Christian Schneehagen, der gegen eine Festigung der Organisation eingetreten war und sich nicht am Göttinger Treffen beteiligen konnte, wurde nicht wiedergewählt (wie Anm. 166, S. 250 f).
170 Wie Anm. 166, S. 254.
171 Wie Anm. 166, S. 254 f.
172 Der Fall Foerster, Münchener Kundgebungen – Angriffe Leonard Nelsons, in: MDAF 7–8/1916, S. 18–29; Brief L. Nelsons an K. Ahlborn vom 18. 6. 1916, a. a. O., S. 18 f. Vgl. F. W. Foerster (1953), S. 187 ff.
173 Wie Anm. 166, S. 254.
174 Brief L. Nelsons an K. Ahlborn vom 18. 6. 1916, in: MDAF 7–8/1916, S. 18 f.
175 Brief L. Nelsons an M. Hodann vom 28. 6. 1916, mit vollem Namen, aber gekürzt abgedruckt: in MDAF 7–8/1916, S. 25–28. Nelson wiederholt hier den Vorwurf der Unjugendlichkeit. Der Brief ist ohne vollständige Namensnennung und ungekürzt abgedruckt in: L. Nelson, Reformation (1921), S. 14–26. – Zur brieflichen Auseinandersetzung Nelson/Ahlborn als Nachgeplänkel zur Göttinger Tagung s. MDAF 7–8/1916, S. 18–29, und 9/1916, S. 16–27.
176 Wie Anm. 166, S. 253.
177 Wie Anm. 166, S. 253.
178 Wie Anm. 172, S. 29.
179 Wie Anm. 166, S. 255.
180 Wie Anm. 166, S. 255.
181 MDAF 5–6/1914, S. 4.
182 MDAF 9/1916, S. 16 f.
183 Eduard Heimann, Über die Freischarideen und die Möglichkeiten ihrer Verwirklichung, in: MDAF 10/1916, S. 20–27, hier S. 25.
184 Wie Anm. 183, S. 26.
185 Freischartag 1916 in Göttingen, in: MDAF 10/1916, S. 11–19, hier S. 18.
186 Wie Anm. 183, S. 25 f.

187 Wie Anm. 185, S. 19.
188 Knud Ahlborn, Zur Frage der Freideutschen Jugend, Ausführungen Knud Ahlborns auf dem Freischarbundestag am 21. Oktober 1916 in Göttingen, in: MDAF 2/1917, S. 71–76, hier S. 75.
189 Wie Anm. 188, S. 76.
190 Martha Paul, Leonard Nelson und seine Beziehungen zur Freischar, Manuskript 1928: »Man muß sich fast wundern, daß dieser zweifellos vorhandene Einfluß dieser Persönlichkeit [Nelson] nicht auf die ganze Freischar oder die gesamte Jugendbewegung stärker und direkter gewirkt hat. Hier liegt etwas Sonderbares: stets, wenn dieser Mann den Versuch gemacht hat – und er hat es selbstverständlich versucht –, einen direkten Einfluß auf die Jugendbewegung auszuüben, sie zu irgend einem Tun zu bestimmen, dann haben wir alle gewußt: das darf nicht so sein und haben uns unserer innersten Überzeugung entsprechend gegen ihn gewehrt« (AdJb A 101/65).
191 Meinhard Hasselblatt, Organisation und Aufgaben der freideutschen Bewegung, in: FJ 2/1918, S. 72 ff.
192 L. Nelson an M. Hodann, 28. 6. 1916 (wie Anm. 175, S. 28).
193 M. Hodann/W. Koch (1917), S. 99–166. Darin fordert Hans Mühlestein, ein Anhänger Nelsons in Göttingen, zum ersten Mal die Gründung eines Internationalen Jugendbundes. Nach W. Link (1964), S. 57 und Anm. 90, las Mühlenstein den Aufruf zum ersten Mal im Februar 1917 in einem Kreis Göttinger Studenten vor.
194 M. Hodann, Freideutsche Jugend, in: Die Tat 11/1916, S. 767.
195 Der Durchbruch zu größerer Wirksamkeit gelang erst nach Kriegsende, als der Zusammenbruch der alten Staatsordnung bei vielen nichtakademischen Jugendlichen die Bereitschaft zu politischer Arbeit steigerte. Der IJB richtete nun endgültig sein Programm auf die Arbeiterjugend aus. Langsam vollzog sich eine Wandlung zur Zusammenarbeit mit sozialistischen und kommunistischen Gruppen. Als Führer und künftige Volkserzieher wurden auch Arbeiterjugendliche akzeptiert. Vgl. W. Link (1969), S. 56 ff; J. Ziechmann (1970).
196 FJ 8–9/1916, S. 258.
197 FJ 6/1916, S. 167.
198 1906 hatten Gustav Wyneken und Paul Geheeb die Freie Schulgemeinde Wickersdorf gegründet, die Wyneken 1910 nach internen Streitigkeiten auf Geheiß des Meininger Ministeriums verlassen mußte. Er wurde Vorsitzender des kurz zuvor gegründeten Bundes für Freie Schulgemeinden, der den Gedanken der Wickersdorfer Erziehung in der Öffentlichkeit bekanntmachen sollte. Gleichzeitig übernahm er die Herausgabe der Zeitschrift Die Freie Schulgemeinde. In der Folgezeit hatte er als pädagogischer Berater, Vorsitzender oder Geschäftsführer ständig Kontakt mit Wickersdorf; 1916 kam es zu neuem Zerwürfnis und zum Bruch. Vgl. H. Kupffer (1970), S. 55 ff, 80 ff.
199 Vgl. G. Wyneken (1919).
200 Dazu G. Wyneken, Die deutsche Jugendbewegung, zuerst erschienen in: Frankfurter Zeitung, 28. 12. 1913, abgedruckt in: ders. (1919), S. 97–106. Vorher auch G. Wyneken, Der weltgeschichtliche Sinn der Jugendbewegung, in: FSG 1/1916, abgedruckt in: ders. (1919), S. 149–170. Es handelt sich hier um einen zentralen Aufsatz, in dem Wyneken sein Verhältnis zu den Freideutschen und zum Wandervogel darlegte.

201 Vgl. H. Kupffer (1970), S. 233 ff. – Die Arbeit Kupffers ist die zur Zeit umfassendste und beste über Gustav Wyneken. Sie ist nicht nur eine Biographie, sondern betrachtet Wyneken kritisch in den geistigen Strömungen seiner Zeit. U. Panther (1960) beschäftigte sich mehr mit den pädagogischen Bestrebungen Wynekens. Ihm entging, daß die Einwirkung auf Menschen für den Philosophen Wyneken nur Mittel zum Zweck für die Verwirklichung seiner »Weltanschauung« war. Ganz und gar ohne historischen Bezug analysierte E. E. Geissler (1963) den »Gedanken der Jugend bei Gustav Wyneken«. Sein Versuch, aus Wynekens pädagogischen Ansätzen Leitlinien für die Jugendarbeit der Gegenwart zu ziehen, mußte mißlingen; »Jugend« ist bei Wyneken eher eine geistige Haltung als der Ausdruck einer bestimmten Altersstufe (vgl. G. Wyneken, 1914). R. W. Dougherty (1977) untersucht den Einfluß Wynekens auf die Jugendbewegung, geht dabei jedoch zu einseitig von dem Pädagogen aus und beachtet nicht die eigenständige Verarbeitung seiner Gedanken durch die Jugendlichen. Obwohl die Arbeit den Zeitraum von 1914 bis 1918 umfaßt, behandelt sie weder die Problematik der Jugendlichen im Krieg noch den Einfluß des Krieges selbst.

202 G. Wyneken, Der weltgeschichtliche Sinn der Jugendbewegung, in: FSG 1/1916, abgedruckt in: ders. (1919), S. 149–170, hier S. 154 ff.

203 G. Wyneken, Wandervogel und freie Schulgemeinde, in: JWV 11–12/1913, abgedruckt in: ders. (1919), S. 128–138.

204 G. Wyneken (1919), S. 5–12, 61–66; ders., Die Freie Jugendgemeinde, in: FSG 7/1916, S. 97–108.

205 Dazu G. Wyneken, Der Gedankenkreis der Freien Schulgemeinde (1913), S. 14, über das Führertum in Wickersdorf. Wyneken spricht nicht konkret aus, daß er der Führer sei. Er bietet die FSG, seine Schöpfung, als Maßstab für den Wandervogel an. Wenn der Wandervogel nicht steckenbleiben wolle, dann brauche er erwachsene und berufene Führer. Die Jugendbewegung drücke durch ihr Verhalten die Sehnsucht und das Bedürfnis nach einem solchen Führer aus, der ihnen »Geist« vermittle. Vgl. auch G. Wyneken, Schule und Jugendkultur (1913); Was ist Jugendkultur? (1914); Wandervogel und freie Schulgemeinde, in: Der Kampf für die Jugend (1919), S. 128–138. Dazu auch die Korrespondenz Wynekens mit seinen Anhängern während des Krieges (AdJb N Wyneken 1703 ff), und die Fortführung der Gedanken einer Jugendkultur über die Freie Schulgemeinde hinaus: S. Bernfeld, Die Jugendgemeinde, in: FSG 10/1914–1/1915, S. 52–58.

206 G. Wyneken, Schule und Jugendkultur (1913).

207 G. Wyneken, Wider den altsprachlichen Schulunterricht, in: FSG 4/1916, S. 58 bis 79.

208 G. Wyneken (1919), S. 98.

209 Wie Anm. 200 und 203; dazu auch G. Wyneken (1919), S. 112–121.

210 G. Wyneken, Die Wiedergeburt der Freideutschen Jugend, in: FSG 10/1917, S. 2–11.

211 Vgl. S. 112 ff.

212 Vgl. E. Eberts (1981), S. 44 ff. Ostern 1916 lösten sich oppositionelle Gruppen von der sozialdemokratischen Arbeiterjugend. Sie schlossen sich 1917 zur Freien Sozialistischen Jugend zusammen, die zunächst der USPD nahestand, dann der KPD. 1920 nannte sie sich um in Kommunistische Jugend.

213 A. Kurella (1975), S. 10.

214 A. Kurella, Für Wyneken – Ein Aufruf an die Jugend, in: FJ 1–2/1917, S. 49. Dazu auch Ernst Putz, Zum Aufruf Kurellas: »Für Wyneken«, in: FJ 3–4/1917, S. 143 ff; und Knud Ahlborn, Psychologie und Grundsätzliches zum Fall Wickersdorf – Wyneken, in: FJ 3–4/1917, S. 146 ff. Vgl. auch Brief Knud Ahlborns an Fritz Rahn vom 14. 3. 1916 (AdJb N Wyneken 1705). – Alfred Kurella (1895–1975), Mitglied des Bonner Wandervogels, Verfasser eines Liederbuches, studierte Literatur- und Kunstgeschichte in Berlin und München, überlebte 1916 eine Verschüttung. 1918 gründete er die Freie Sozialistische Jugend in München, nahm am Gründungskongreß der Kommunistischen Jugendinternationale in Moskau teil, trat nach seiner Rückkehr 1919 in die KPD ein. Seitdem war er illegal im Dienst der KP in Berlin tätig. 1920–32 lebte er in Frankreich, ab 1934 in Moskau. Er kehrte 1954 in die DDR zurück und leitete das Institut für Literatur in Leipzig, ab 1955 die Kulturkommission beim Politbüro des ZK der SED; 1963 wurde er Sekretär der Sektion Dichtung und Sprache der Deutschen Akademie der Künste. Vgl. A. Kurella (1947, 1961, 1975); dazu H. Jantzen (1972), S. 175 ff. Weitere Angaben ergab ein Gespräch mit Frau Sonja Kurella am 19. 4. 1983 im Archiv der deutschen Jugendbewegung, Burg Ludwigstein.

215 Fritz Klatt und Hans Koch lebten seit ihren Verwundungen 1914 in Berlin. Klatt hatte 1916 erste Kontakte zu Ernst Joël, von dem er über Wyneken und die Freie Schulgemeinde erfuhr; im August 1916 stattete er Wickersdorf einen Besuch ab, über den er in einem Beitrag der Schriften zur Jugendbewegung berichtete. Zu den Freunden gesellten sich Claire Nathanson, Willi Wolfradt und Kochs Freundin Elsbeth Kühnen. Ab Januar 1916 hatten Koch und Klatt eine gemeinsame Wohnung in Berlin, in der sich ein fester Freundeskreis traf. Hier kamen erste Gedanken auf, eine Siedlung zu gründen, in der Männer und Frauen wie Geschwister zusammenlebten. In diese Gruppe kam Alfred Kurella mit einem aktivistischen Konzept und seinen Beziehungen zur Arbeiterjugend. Wynekens Vertreibung aus Wickersdorf bot den Anlaß, sich aus der Selbstgenügsamkeit zu lösen und in die Öffentlichkeit zu gehen; so entstanden im Dezember 1916 und im Februar 1917 zwei Rundbriefe des Berliner Kreises. Während für Kurella damit die Zeit seiner politischen Tätigkeit begann, verfolgten Koch und Klatt Siedlungspläne privater Natur. Vgl. F. Klatt (1966), S. 57 ff, 236 ff; ders. (1970), S. 148, 150 f. Zu den Biographien s. U. Linse, S. 65 ff und Anm. 761.

216 Heinrich Nominé, Die Freie Schulgemeinde, in: FJ 10–11/1916, S. 352–336.

217 Vgl. den Briefwechsel G. Wynekens 1916/17 (AdJb N Wyneken 1705 f), aus dem A. Kurellas zentrale Rolle eindeutig hervorgeht. Wyneken beschränkte sich darauf, seinen Anhängern brieflich Anweisungen zu geben und, auf Verlangen, bei Treffen mitreißende Reden zu halten.

218 Alfred Kurella, Die Zukunft der Jugendbewegung, in: Die Tat 8/1916, S. 707–723, hier S. 710.

219 Nachfolger der Zeitschrift Der Anfang, die im Juli 1914 verboten wurde, war 1915 Der Aufbruch, Monatsblätter aus der Jugendbewegung. Sie wurde von Ernst Joël herausgegeben; Gustav Wyneken sah sich als Berater. Die Autoren befaßten sich mit der Aufgabe der Jugend, die Erwachsenenwelt zu ändern und die sozialen Mißstände zu beheben; Ziel war es, den »Materialismus« der Sozialdemokratie durch »ethischen Sozialismus« zu ersetzen. – Zur Auseinandersetzung der FJ mit dem Aufbruch s. K. Ahlborn, Zeitschriftenschau, in: FJ 10/1915, S. 213 f, und

11/1915, S. 232 f; M. Hodann, Zum »Aufbruch«: Klärung, Kritik, Erwartung; in: »Die Tat« 9/1915, S. 694–697.

220 Wie Anm. 218, S. 713.

221 Wie Anm. 218, S. 710.

222 Wie Anm. 218, S. 715.

223 Wie Anm. 218, S. 715.

224 Wie Anm. 218, S. 715. Dazu auch Ernst Joël, Die Jugend vor der sozialen Frage, Schriften aus der sozialen Jugendbewegung 1/1914.

225 Wie Anm. 218, S. 724.

226 Wie Anm. 218, S. 722 ff.

227 Kurt Hiller, Aufruf, in: Die weißen Blätter, Jg. 2, 1915, S. 935.

228 K. Hiller, Rundschreiben an die Mitglieder, Freunde und Nachbarn des Freiheitsbundes Deutscher Sozialisten, London, 8. 11. 1943, S. 1 (AdJb N Wyneken 364).

229 Eine Definition des »Geistes« war auch nicht nötig: »Man frage nicht, wer er sei, der Geist. Die, in denen er lebt, wissen es und brauchen keine Erläuterung . . ., die, in denen er unaufgekeimt oder verschüttet lebt, sie befreit keine abstrakte Belehrung« (K. Hiller, Logokratie oder Ein Weltbund des Geistes, in: ders., Das Ziel, Bd. 4/1920, S. 241). Zur Verschwommenheit des Geist-Begriffs s. ders., Philosophie des Ziels, in: Das Ziel (Bd. 1), 1916, S. 203. – Wie unterschiedlich die Konzepte derer waren, die sich an den Ziel-Jahrbüchern beteiligten, zeigt ein Vergleich zwischen den Beiträgen Nelsons (S. 37–55), Wynekens (S. 121–134) und Hillers im ersten Band.

230 K. Hiller, Ein deutsches Herrenhaus, in: Tätiger Geist, Zweites der Ziel-Jahrbücher (1918), S. 379–425.

231 K. Hiller (1920), S. 241.

232 K. Hiller (1969), S. 190. Kurt Hiller war die treibende Kraft hinter dem lockeren Zusammenschluß verschiedener Menschen, zu denen auch Gustav Wyneken und Alfred Kurella gehörten. Vgl. dazu die Korrespondenzen Hillers und Kurellas mit Wyneken (AdJb N Wyneken 542, 683).

233 Dazu Brief E. Joëls an G. Wyneken vom 22. 4. 1917. Joël wendet sich darin gegen den von Hillerschen Gedanken beeinflußten Kurella. Er verweist auf die in den Kreisen um Hiller wenig beliebte Person Hillers und stellt Kurellas Betriebsamkeit die innerlich wirkende Kraft einer um den Führer versammelten Schar gegenüber (AdJb N Wyneken 1706).

234 In der 1918 erschienenen, im August 1917 verfaßten Programmschrift des Berliner Kreises (K. Hiller, 1969, S. 119) machen sich bereits die Einflüsse des Kontaktes mit der Freien Sozialistischen Jugend bemerkbar (F. Bauermeister/H. Koch-Dieffenbach/A. Kurella, 1918). Vgl. auch A. Kurella (1929), Kap. 1. Zur Verknüpfung der Kulturrevolution mit sozialistischer Wirtschaftsweise s. A. Kurella (1981).

235 Zweiter Rundbrief des Berliner Kreises, als Manuskript gedruckt, Berlin, Februar 1917; unterzeichnet von Alfred Kurella, Hans Blüher, Kurt Hiller, Karl Jerosch, Fritz Klatt, Hans Koch und Jaap Kool (AdJb N Wyneken 1720).

236 Wie Anm. 218, S. 722.

237 Erich Mohr, Freideutsche Jugend und Jugendkultur, in: FJ 6/1917, S. 161 ff, hier S. 164.

238 Rundbriefe des Berliner Kreises, hrsg. von F. Bauermeister, H. Koch und A. Kurella, Nr. 1, Dezember 1917.

239 A. Kurella (1975), S. 10 f; U. Linse (1973), S. 79 ff.
240 K. Ahlborn (1917), S. 36.
241 Wie Anm. 240, S. 37.
242 Wie Anm. 240, S. 37.
243 Wie Anm. 240, S. 38.
244 Wie Anm. 240, S. 38. – Zur weiteren Kontroverse zwischen G. Wyneken und der Freideutschen Jugend s. H. Kupffer (1970), S. 272. Dazu eine Polemik zwischen G. Wyneken und K. Ahlborn, in: FSG 1–2/1915–16, S. 2 ff; FJ 3–4/1916, S. 100 ff; FSG 4/1916, S. 131 ff; und K. Ahlborns Polemik gegen die Zeitschrift Der Aufbruch, in: FJ 10/1915, S. 213 f.
245 Vgl. die Einladung zum Westdeutschen Jugendtag (AdJb A 2–104/2) und den Bericht von Paul Vogler (1966), S. 17–31.
246 K. Ahlborn, Westdeutscher Jugendtag, in: FJ 9/1917, S. 328 f, hier S. 328. Der Hauptausschuß einigte sich auf die Antwort:
»Wir begrüßen freudig das Gefühl der Zugehörigkeit der Wandervögel und Landsgenossen zur Freideutschen Jugend, das aus der Entschließung des Westdeutschen Jugendtages spricht.
Für Kritik sind wir stets dankbar. Sehr wünschenswert erscheint uns allerdings, daß sich die Kritiker weniger einseitig über Wesen und Wirken des Freideutschen Verbandes unterrichten, als es offenbar auf dem Westdeutschen Jugendtag geschehen ist. Die Vorwürfe der Entschließung treffen uns nicht.
Die Freideutsche Organisation hat sich von jeher als Dienerin der Bewegung betrachtet. Nicht die Organisation, sondern die Bewegung hat sich seinerzeit Richtung und Grenzen gesetzt, in dem sie sich auch als Gesamtheit zu der in ihren einzelnen Gemeinschaften geübten Auslese der Mitglieder bekannte und bestimmte Kreise Erwachsener und Jugendlicher von sich ausschloß. Dieser Ausschluß besteht noch zu Recht und kann nur von der ganzen uns angeschlossenen Jugend aufgehoben werden. Wir nehmen die Meinungsäußerung des Westdeutschen Jugendtages dazu, die den Grundsatz der Ausleselosigkeit aufstellt, zur Kenntnis.
Die Zeitschrift Freideutsche Jugend hat zu jeder Zeit den Vertretern aller Richtungen zu freier Aussprache offen gestanden. Insbesondere ist die Zeitschrift auch Herrn Dr. Wyneken ausdrücklich zur Verfügung gestellt worden. Wenn der Inhalt der Zeitschrift den Teilnehmern des Westdeutschen Jugendtages nicht gefällt, so ist das zu einem guten Teil ihre eigene Schuld, da sie die dauernd gegebene Gelegenheit, durch ihre Mitarbeit der Zeitschrift den von ihnen gewünschten Charakter zu geben, versäumt haben.
Im übrigen lassen wir uns als Mitglieder der Freideutschen Organisation und der Schriftleitung der Zeitschrift selbstverständlich nicht das Recht nehmen, das wir jedem anderen Freideutschen zubilligen: die eigene Überzeugung in bestimmter Richtung zu vertreten und danach zu handeln. Das erwartet von uns auch die Bewegung, die uns unsere Vertrauensposten übertragen hat, damit wir ihr nach bestem Wissen und Gewissen dienen.
Sollte die Jugend des Westdeutschen Jugendtages wieder einmal eine neue Organisation neben die bestehende setzen wollen, so würden wir das als eine neue unheilvolle Zersplitterung der Bewegung ansehen und bekämpfen. Will sie dagegen uns helfen, daß die Freideutsche Jugend zu immer größerer innerer und äuße-

rer Freiheit, Lebendigkeit und Kraft gelange, so ist sie herzlich willkommen. Wir wollen das Haus, das unserer Bewegung gewidmet ist, weiträumig, fest und schön ausbauen, um es dann, wenn unsere Brüder aus dem Felde heimkehren, zu vollenden.« (MDAF 8–9/1917, S. 178 f).

247 Helmut Tormin, Zweierlei Jugendbewegung, in: FJ 12/1916, S. 342–353. Vgl. Max Bondy, Ein Brief zur Frage der Freideutschen Jugend, in: MDAF 1/1917, S. 56 ff. Beide greifen eine These Knud Ahlborns auf, die dieser 1915 vertrat (Geistesreform und Lebensreform, in: FJ 7–8/1915, S. 139 ff); sie wiederholten diesen Standpunkt im Laufe des Jahres 1917 in MDAF und FJ.

248 M. Bondy, Freideutsche Jugend und Jugendkultur, in: FJ 7/1917, S. 201–207, hier S. 201.

249 AdJb N Wyneken 1705 (Nominé an Wyneken) und 1707 (Schlünz, Fils und Nominé an Wyneken).

250 Vgl. S. 99 ff.

251 Vgl. dazu die Erwiderung auf B. Lemkes Ausführungen von M. Hasselblatt und M. Paul in· MDAF 12/1916, S. 32–34, und andere Artikel derselben Autoren im selben Jahrgang. Dazu Brief M. Pauls an G. Wyneken vom 5. 3. 1917 (AdJb N Wyneken 1707); sowie M. Paul/M. Hasselblatt, Jugend und Politik, in: FJ 1–2/1917, S. 7 ff.

252 S. die Beiträge über die Idee der Freischar in: MDAF 1917.

253 Vgl. Anm. 254.

254 Antrag von Paul Vogler, Liesel Vogler, Tilla Winz und Werner Krukenberg, vorgelesen von Wilhelm Hagen, in: Amtlicher Bericht über die Führeraussprache am 3. 10. 1917 auf dem Solling (AdJb A 2–104/3, 1, S. 15 f). Zu den oppositionellen Gruppen s. a. a. O., S. 20. – Der Deutsche Wandervogel, Gau Groß-Berlin e. V. (DWV) war eine kleine Berliner Abspaltung des Steglitzer Wandervogels e. V. Er blieb selbständig und trat nicht dem Einigungsbund von 1913 bei. Der DWV hatte 20 bis 25 % jüdische Mitglieder. Margret Hahlo, die erste Frau Alfred Kurellas, und ihre Schwester Edith Hahlo kamen aus dem DWV; beide gehörten der internationalen »linken« Richtung der Jugendbewegung an. Edith Hahlo war 1919/20 Mitglied des Zentralrats der Entschiedenen Jugend, deren Mitglieder nach der Auflösung meist in die KPD eintraten. Vgl. W. Kindt (1968), S. 363 ff; und U. Linse (1981), S. 231.

255 Brief von Kurt H. Busse an G. Wyneken, o. D. (AdJb N Wyneken 1709). Dazu auch G. Wyneken, Die Wiedergeburt der Freideutschen Jugend, in: FSG 1/1917, S. 2 ff.

256 Unterzeichnet von Fritz Jöde, Hans Koch und Helmut Tormin, Holzminden, 29. 9. 1917 (AdJb N Wyneken 1709).

257 Vgl. z. B. Brief H. Schultz-Henckes an G. Wyneken vom 21. 10. 1917, in dem dieser sich beklagt, daß Wyneken nicht die Jugend, sondern nur seine eigenen Pläne (Jugendburg etc.) im Auge habe. Er benütze die Freideutsche Jugend nur als Anlaufstelle, um Anhänger zu gewinnen (AdJb N Wyneken 1709).

258 Vgl. deren Beiträge in: Amtlicher Bericht (wie Anm. 254). Die Diskussion drehte sich hauptsächlich darum, wie »Wege zur Tat« (a. a. O., S. 10) gefunden werden könnten und welche Rolle eine Organisation dabei zu spielen habe.

259 S. dazu die Auseinandersetzungen in der FJ, die 1918 in alter Form wieder aufflammten. M. Hasselblatt und M. Paul forderten einen »Kampfbund«; H. Tormin und M. Bondy strebten die »Erziehungsgemeinschaft« an, A. Kurella und H. Koch die »Tatgemeinschaft«. Dazu auch G. Wyneken, Abwehr, in: FJ 6/1918, S. 209 ff.

260 Wie Anm. 254, S. 23.
261 K. Ahlborn, Aus der Bewegung, in: FJ 10–11/1917, S. 393 f.
262 Gottfried Traub (1869–1956), Mitglied des Preußischen Landtages (Fortschrittliche Volkspartei), seit 1917 Vaterlandspartei, gehörte dann als Deutschnationaler 1919/20 der Weimarer Nationalversammlung an (W. Kindt, 1968, S. 1047).
263 G. Traub, Ansprache auf dem Hohen Meißner am Abend des 11. Oktobers, in: Ch. Schneehagen/G. Mittelstraß (1919), S. 26 f.
264 Bei der »Judennummer« handelt es sich um Heft 11, Oktober 1913 der Wandervogel-Führerzeitung. Vgl. Biographie Martin Deckart, in: H. Jantzen, Bd. 3 (1975), S. 85–92.
265 Biographie Otger Gräff, in: H. Jantzen, Bd. 5 (1982), S. 103–105.
266 Adalbert Luntowski gründete im Winter 1913/14 einen »Bund«, der »ländliche und städtische Siedlungen als Arbeitsstätten deutschen Lebens« gründen wollte, um »deutsche Mitmenschen« zu sammeln, »welche sich mit Zucht und frischem Eifer der Eroberung unseres Vaterlandes widmen wollten«; denn bis jetzt sei das Vaterland »Eigentum des Geldes« (A. Luntowski, 1916, S. 7). Ostern 1914 vereinigte sich der Bund mit den Landsgemeinden zum Bund der Landsgemeinden. Auf diesen Kern griff Luntowski 1915 zurück, als er die Deutsche Siedlungsgemeinschaft gründete (AdJb A 2–13/1). – Luntowski kam nicht aus dem Wandervogel, sondern stieß über die Reformsiedlung Eden bei Oranienburg zu den älteren Wandervögeln. Vgl. W. Kindt (1968), S. 951; U. Linse (1983), S. 37 ff.
267 A. Luntowski (1916), S. 10.
268 Wie Anm. 267, S. 10.
269 Wie Anm. 267, S. 12.
270 Dazu M. Bondy, in: FJ 3/1918, S. 100 ff, und M. Paul, in: MDAF 12/1916, S. 27 f; vor allem die Aufrufe zur Einigkeit, in: Der Zwiespruch 7/1917, S. 83 f, ebenfalls erschienen in: Rundbrief der Feldwandervögel im Osten 6/1917, S. 74 f.
271 Egon Kirsch, Deutschland und wir, in: Der Zwiespruch 14/1918, S. 239.
272 Heinz Villeneuve, Auslandsortsgruppen in Belgien, in: Brüsseler Fahrtenblatt 6–7/1918, S. 3.
273 Erstes Sonderheft des Rund-Briefs der Feld-Wandervögel im Osten, Herbst 1917, S. 6. Hier lehnt Wilhelm Stählin in einem Vortrag deutsche Siedler aus russischen oder slawischen Gebieten ab, da diese kulturell rückständig seien.
274 Wie Anm. 273, S. 9.
275 Walter Guhl, Freideutsche Jugend? – Jungdeutscher Bund!, in: Der Zwiespruch 3/1917, S. 10.
276 Wie Anm. 275; dazu Ludwig Wutschke, Einige zeitgemäße Gedanken, in: WVFZ 7/1917, S. 97–99.
277 Otger Gräff (Hrsg.), Flugblätter des Greifenbundes, Erstes Flugblatt: Vom Greifenbund, Weimar, o. J. (ca. 1916), S. 1 (AdJb A 2–13/1, 2 a).
278 Wie Anm. 277, S. 3. Dazu: Erster Bundes-Führerbrief, hrsg. vom Bundes-Führeramt, o. J. (ca. Mai/Juni 1916) (AdJb A 2–13/1, 5).
279 O. Gräff, Vom deutschen Glauben, in: FJ 1/1918, S. 159 ff, hier S. 160.
280 Wie Anm. 279, S. 160.
281 Wie Anm. 279, S. 162.
282 H. Rockicki, Ein offener Brief an den Landsgemeindetag in Jena 1919, in: W. Kindt (1968), S. 1004–1006.

283 Vgl. die Programmdiskussion in: Die Landsgemeinde 1/1916 ff; dazu den Brief-wechsel des Schriftleiters der Landsgemeinde 1916 (AdJb A 2–12/4) und 1917 (AdJb A 2–12/5).

284 Vertrauliches Rundschreiben an die Greifen, 4. 7. 1916, übersandt vom geschäfts-führenden Ausschuß; und: 17. Ordensbrief, 29. 6. 1916 (AdJb A 2–13/1, 36).

285 Erster Bundes-Führerbrief, ca. 1916 (wie Anm. 278), S. 4; und: An den Hohen Deutschen Orden!, 20. 1. 1917 (AdJb A 2–13/1, 4).

286 Briefwechsel W. Hagen/H. Vogel 1916/17 (AdJb A 2–12/4, 5); W. Hagen, Völkisch und zwischenvölkisch – kein Gegensatz, in: FJ 1/1918, S. 27–30.

287 WVFZ 2–3/1917, 3. Umschlagseite. Der Aufruf wurde im Februar 1917 verfaßt. Vgl. auch die Flugblätter des Jungdeutschen Bundes 1917 (AdJb A 2–50/1).

288 Erstes Flugblatt, ca. 1915 (wie Anm. 277), S. 2.

289 Wie Anm. 288, S. 1.

290 O. Gräff, Was wir sind und was wir wollen, in: Jungdeutscher Bund, Flugblatt Nr. 5, Oktober 1917 (AdJb A 2–50/1).

291 Wie Anm. 290.

292 Briefwechsel W. Hagen 1916/17, vor allem mit Else Hiebsch und Otger Gräff (AdJb A 2–12/4, 5).

293 Dazu vor allem die Beiträge von Franz Rust und Dietrich Kurt Bernhardi in: Der Wanderer, Jg. 12, 1918.

294 K. Ahlborn, Bund der älteren Wandervögel, in: FJ 8–9/1916, S. 222–228.

295 O. Gräff, Die völkische Einigung in der Jugendbewegung, Flugblatt Nr. 3/1917, S. 2 (AdJb A 2–50/1).

296 F. Glatzel, Der Jungdeutsche Bund, in: WVFZ 10–11/1918, S. 159–161.

297 Der Schriftleiter der WVFZ, Dankwart Gerlach, war Mitglied des Greifenbundes, wurde dann aber wegen seines primitiven Antisemitismus ausgeschlossen. Die Führerzeitung wurde auch nicht mehr als offizielles Organ der Greifen angesehen (Greifenbund und Freideutsche Jugend, in: FJ 3–4/1916, S. 84 f, und ebenda, Freie Aussprache, S. 85 ff). Vgl. auch M. Hodann, Jugend und Intellektualismus, in: FJ 6/1916, S. 157–161.

298 Die Vaterlandspartei verstand sich selbst als parteiübergreifende nationale Sam-melbewegung. Sie wurde 1917 infolge der Kriegszieldiskussion gegründet, ver-trat einen uneingeschränkten »Siegfrieden«, der dem Deutschen Reich neue Ge-biete in Europa zuführen müsse, und verlangte deutsche Machtpolitik, die statt Re-formen und sozialer Zugeständnisse die Einigung des Volkes unter nationalem Ziel anstrebe. Die Vaterlandspartei sprengte das politische Spektrum des Kaiser-reiches, weil sie sich als Überwinderin der durch Parlament und Parteien verwäs-serten Monarchie verstand, nationale Diktatur im Inneren und Machtpolitik ohne Kompromisse nach außen wollte. Ihr Haß auf alle, die sich diesem Anspruch nicht fügen wollten, ging über das im Kaiserreich übliche Maß an mangelnder Integra-tion hinaus. Dazu D. Stegmann (1970), S. 497–519; und K. Schwabe (1969), S. 161 ff.

299 D. Gerlach in: WVFZ 10–11/1917, S. 164. Vgl. Aussprache über die Vaterlands-partei ebenda 1–2/1918, S. 15 ff, und 4–5/1918, S. 74; dazu D. Gerlach, Erwide-rungen, in: WVFZ 1–2/1918, S. 17 f.

300 D. Gerlach, Erwiderungen, in: WVFZ 1–2/1918, S. 18.

301 Wie Anm. 290.

302 D. Gerlach, Die Einen und die Anderen, in: WVFZ 7/1916, S. 83–87, hier S. 84.
303 D. Stegmann (1970), S. 518.
304 Wie Anm. 299.
305 Wie Anm. 290.
306 F. Glatzel, Völkische Leitsätze, in: FJ 4–5/1918, S. 163 ff.
307 Wie Anm. 306, S. 162 f.
308 Wie Anm. 306, S. 164.
309 Gertrud Prellwitz, Selbstliebe – Volksliebe – Menschenliebe, in: FJ 8/1918, S. 285–287.
310 A. Kurella (1918), S. 15 f; F. Glatzel, Der Jungdeutsche Bund, in: WVFZ 10–11/ 1918, S. 159–161.
311 Vgl. dazu die von O. Gräff verfaßten Flugblätter des Jungdeutschen Bundes, 1916/17 (AdJb A 2–50/1, 1 a–f), und F. Glatzels völkische Leitsätze, 1918 (s. Anm. 306). Glatzel wurde Gräffs Nachfolger als Obmann des Jungdeutschen Bundes (AdJb A 2–50/1, 2 a–d; Führerrundbriefe 1918/19).
312 Georg Stapel, Völkisch und freideutsch, in: FJ 8/1918, S. 279–285.
313 Vgl. F. Glatzel, Bericht von Nürnberg und Würzburg 1918 (AdJb A 2–104/8).
314 Wie Anm. 313, S. 6; M. Hasselblatt, Organisation und Aufgaben der freideutschen Bewegung, in: FJ 2/1918, S. 72–79.
315 Vgl. dazu die Berichte vom Süddeutschen Jugendtag in Tübingen (R. Rahn, 1949, S. 28) und von der Völkischen Woche in Witzenhausen, wo die Richtungen getrennte Treffen abhielten (H. Schaer, in: Der Wanderer 7/1918, S. 72–75). Die Auseinandersetzung zwischen den Gruppen ist dokumentiert in: FJ Jg. 4, 1918.

Anmerkungen zu Kapitel 5

1 Vgl. S. 25 ff.
2 Vgl. dazu die Themen der »Politischen Nummer« der FJ, 1–2/1917.
3 Helmut Tormin, Aussprache, in: MDAF 27/1917, S. 262.
4 Friedrich Bauermeister, Vom Klassenkampf der Jugend, in: Der Aufbruch 1/1915, S. 2–4, hier S. 2.
5 Vgl. S. 124 ff.
6 Zur Nürnberger Tagung s. AdJb N Ahlborn 29; N Wyneken 1709, 1710. Dazu die Zeitschriften FJ 4–5/1918, S. 181 ff; 6/1918, S. 214 ff; 7/1918, S. 258 ff; MDAF 28/1918, S. 281 ff; Der Zwiespruch Jg. 1918.
7 Otto Behncke, Freischararbeit, Beitrag aus dem Felde vom Januar 1916, in: MDAF 2/1916, S. 4.
8 Adolf Allwohn, Das Freischarziel und das soziale Element, Antwort auf den Feldbeitrag Behnckes im Oktoberheft 1916 des Monatsberichtes, in: MDAF 12/1916, S. 37.
9 Friedrich Bauermeister, Vom Klassenkampf der Jugend, in: Der Aufbruch 1/1915, S. 11 f.
10 Bruno Lemke, Berauschung, in: FJ 5/1915, S. 70; s. auch Peter Engel in: WVFZ 1–2/1918, S. 16 f.
11 B. Lemke in: FJ 5/1915, S. 75.
12 Vgl. S. 35 ff.

13 Vgl. u. a. H. Tormin (1918), S. 25; F. Bauermeister (1917), S. 5 ff.
14 E. Joël (1914), S. 11.
15 F. Bauermeister (1915), S. 5 ff.
16 E. Joël (1914), S. 8.
17 Arthur Rothe, Die soziale Frage und die Freideutsche Jugend, in: FJ 1–2/1917, S. 11.
18 H. Tormin (1918), S. 36 f; ähnlich W. Hagen (1917), S. 26.
19 H. Tormin (1918), S. 8, Anm. 2.
20 Wie Anm. 19, S. 37 f.
21 H. Blüher (1917), S. 9 ff, 25 ff.
22 Weihnachtsgruß für die süd- und westdeutschen Feldgrauen des Alt-Wandervogels (vermutlich Weihnachten 1916), S. 12. Die Rubrik »Von unseren Mädels«, S. 12 bis 16. Der anschließende Bericht der (männlichen) Kreisleiter wird überschrieben: »Was die Kreisleiter zu sagen haben« (S. 16).
23 Welche Schwierigkeiten die Heranwachsenden aus »gutem Hause« im Umgang mit dem anderen Geschlecht hatten, zeigen z. B. die Tagebuchaufzeichnungen Fritz Klatts aus den Jahren 1914–1916. F. Klatt (1966), S. 57 ff.
24 Max Hodann, Das erotische Problem in der Jugendbewegung, in: Die neue Generation 1/1916, S. 199–206.
25 Dazu B. Beuys (1980), S. 422 ff.
26 Dazu M. Hirschfeld/A. Gaspar (o. J.), S. 142.
27 Wie Anm. 26, S. 231 ff (Kriegsbordelle) und S. 255 ff (Etappenprostitution). Zu diesem Thema s. auch E. Jirgal (1931), S. 167 ff (Erotik).
28 W. Flex (1936), S. 195.
29 Wie Anm. 28, S. 216.
30 Wie Anm. 28, S. 195.
31 Gustav Kloppenburg an Christian Schneehagen, Juni 1916; als »privates Rundschreiben« der Heidelberger »an den etwas engeren Kreis unserer 1. Freischar und an Mittelstrass« verschickt, und die Antwort von Ch. Schneehagen (AdJb A 2–101/40). Die Briefe wurden in dem nichtoffiziellen Rundschreiben mit vorbereitender Einleitung versehen; außer Schneehagen fand Kloppenburg keinen weiteren Diskussionspartner.
32 Wie Anm. 31, S. 1.
33 Wie Anm. 31, S. 2.
34 Vgl. Anm. 22.
35 Vgl. Adolf Günther, Antifeminismus und wir Freideutschen, in: FJ 6–8/1916, S. 237 ff; dazu die Freie Aussprache »Antifeminismus und wir Freideutsche«, in: FJ 3/1917, S. 72 ff; Susanne Köhler, Antwort auf Franz Sachs »Rede an die Kameradinnen«, in: Schriften zur Jugendbewegung 6/1916, S. 65–71.
36 S. Köhler (wie Anm. 35), S. 65; H. Schultz-Hencke in: FJ 3/1917, S. 81–84 (Beitrag zur Freien Aussprache, wie Anm. 35); ders., Männerliebe, in: Schriften zur Jugendbewegung 6/1916, S. 87–91.
37 S. Köhler (wie Anm. 35), S. 65 f.
38 Hanna Marcuse, Der geistige Antifeminismus in der Jugendbewegung, in: Die Frauenbewegung Nr. 17, 1. 9. 1916, S. 66 f; und Nr. 18, 15. 9. 1916, S. 72.
39 Wie Anm. 38.
40 S. Köhler (wie Anm. 35), S. 65–71.

41 Rudolf Leonhard, Geist und Liebe, in: Schriften zur Jugendbewegung 6/1916, S. 85–87.
42 Wie Anm. 41, S. 86.
43 F. Klatt (1970), S. 57 ff. – Hans Koch bestätigte in einem Telefongespräch am 19. 10. 1983, daß in dieser Gemeinschaft ein neuer Ton unter den Geschlechtern geherrscht habe; vgl. S. 243, Anm. 75.
44 Vgl. A. Kurella (1919), hier werden die unterschiedlichen Positionen noch einmal aufgezeigt.
45 M. Hodann (wie Anm. 24), S. 201.
46 Wie Anm. 45, S. 203 f.
47 H. Tormin (1918), S. 34.
48 Wie Anm. 47. Der »Kunde« ist der fahrende Geselle, der dem Augenblick hingegeben durch die Welt zieht; er ist weitgehend eins mit der Natur.
49 Wie Anm. 47, S. 35.
50 Kannegießerei: politische Schwätzerei.
51 Wie Anm. 47, S. 35.
52 Wie Anm. 47, S. 36.
53 Die Heranwachsenden griffen dabei auf die durch die Romantik geprägten idealisierten Vorstellungen zurück, die den wirklichen Blick auf das Mittelalter verstellten.
54 Vgl. S. 115 f.
55 W. Hagen (1917); M. Hodann/H. Koch (1917); H. Tormin (1918), S. 19 ff; dazu Th. Nipperdey (1983), S. 272 ff.
56 W. Hagen (1917), S. 25.
57 Wie Anm. 56.
58 Vgl. S. 115 f.
59 Zur Auseinandersetzung über Siedlungen: Hans Zacharias, Siedlungszyklus 15., 22., 29. Mai 1916 – Bericht anhand stenographischer Aufnahmen, in: Mitteilungen der Centralarbeitsstätte für Jugendbewegung 2/1916, S. 21–28, hier S. 28. – Den Greifen schwebten Siedlungen vor, wie sie mit der Obstbaukolonie Eden bei Berlin seit den neunziger Jahren des 19. Jhs. bestanden (vgl. U. Linse, 1983, S. 37 ff). Dazu auch die Beiträge in den von der Deutschen Siedlungsgemeinschaft herausgegebenen Blättern vom frischen Leben 4 und 5/1916. Die Siedlungspläne der Völkischen fanden vor allem im BDW Resonanz. Dort bildete sich ein völkisch eingestellter Kreis. Vgl. Hannes Schaer, Zur »Völkischen Frage« (Ein Versuch zur Klärung), in: Der Wanderer 1–2/1918, S. 1–4; und Dietrich Kurt Bernhardi, Deutsch, a. a. O. 6/1918, S. 20–23. Zum Siedeln selbst: Bundestag des BDW 1916 in Braunschweig (AdJb A 2–16/4); Adolf Günther und Irma Gisewsky, Die Siedlungsgemeinschaft Kiel, in: Der Wanderer 4/1916, S. 14–17. Die Siedlungsfrage wurde im BDW 1916 auch sonst stark diskutiert, das völkische Problem 1918. Zur Siedlungsfrage im Bund der Landsgemeinden, der ebenfalls Impulse von der Deutschen Siedlungsgemeinschaft bekam, s. Die Landsgemeinde 3/1917, S. 101 ff (Erster Landsiedlungstag in Eden) und S. 104 ff (Leitsätze dazu). Die einzige Siedlungsgemeinschaft der Freideutschen Jugend war weniger völkisch eingestellt. Dazu Gerhard Fils, Politische Erziehung der Jugend, in: FJ 1–2/1917, S. 1–7 (Sonderdruck als: Erste Flugschrift der freideutschen Siedlungsgemeinde).
60 Max Hodann, Jugend und »Intellektualismus« – Eine Auseinandersetzung mit dem Greifenbund, in: FJ 3–4/1916, S. 85–91.

273

61 Rudolf Hudemann, Jugend und Intellektualismus, in: FJ 6/1916, S. 156.
62 Wie Anm. 61.
63 Greifenbund, 1. Bundesführerbrief, o. J. (1916) (AdJb A 2–13/1).
64 Dankwart Gerlach, Deutsches Wesen und Wandervogel, in: WVFZ 4–5/1914, S. 80–84, hier S. 81.
65 Der Begriff »Asemitismus« ist eine Schöpfung der Völkischen, um sich von den »Antisemiten« abzusetzen. Vgl. Max Bondy, Freideutsche Juden, in: W. Kindt (1968), S. 592–595. Zum Antisemitismus in der deutschen Jugendbewegung grundlegend Winnecken (1985).
66 D. Gerlach, Die Einen und die Anderen – Zum Kampf um die Führerzeitung, in: WVFZ 7/1916, S. 83–87, hier S. 84.
67 F. W. Fulda, Freideutsche Jugend sei auf der Hut! Freideutsche oder weltmenschliche Jugend, in: WVFZ 6/1918, S. 89–91, hier S. 91.
68 Wie Anm. 63.
69 D. Gerlach, Ist »bewußtes Deutschtum« eine »kleinliche Zielsetzung«?, in: WVFZ 6/1914, S. 113–114, hier S. 114.
70 O. Gräff, Vom deutschen Glauben, in: FJ 4–5/1918, S. 159–163, hier S. 159; vgl. F. Glatzel, Völkische Leitsätze, in: FJ 4–5/1918, S. 163–165.
71 M. Hodann, Zum »Aufbruch«: Erklärung, Kritik, Erwartung, in: Die Tat 8/1915, S. 694–697.
72 Wie Anm. 71, S. 695.
73 Wie Anm. 72, S. 695.
74 Wie Anm. 72, S. 695.
75 A. Kurella (1918), S. 6 f.
76 Wie Anm. 75, S. 8 f. Vgl. dazu H. Lübbe (1963), S. 185, über Rudolf Euckens Weltkriegsphilosophie: »Es wäre dieses alte Verfahren, ein Produkt der Abstraktion vom Konkreten zum ontologischen Grund eben dieses Konkreten zu hypostasieren und so als ›Erklärung‹ auszugeben, was in Wirklichkeit bloße Tautologie ist: Alsdann liegt es am deutschen Wesen, welches tätigen Fleiß und Innerlichkeit vereinigt, daß die Deutschen so welthaft fleißig und zugleich innerlich bei sich selbst sind. In dieser Weise hat Eucken, haben andere Philosophen in der Tat eine Deutschtumsmetaphysik entwickelt und das, was als Resultat historischer Prozesse erkennbar ist, zu deren Agens erklärt. Für den ideologischen Charakter dieser Deutschtumsmetaphysik ist es aber entscheidend, daß sie nicht lediglich ein So-sein konstatiert, vielmehr darüber hinaus Beruf und Bestimmung dieses Seins in weltgeschichtlicher Bedeutung postuliert. Sie unterstellt ihm rettenden, missionarischen Auftrag und deutet den Krieg als dessen Vollstrecker. So gibt sie dem Krieg seine ideologische Weihe.«
77 Kuhlmann, Unteroffizier, Brief aus dem Elsaß vom 23. 4. 1916 an die Heidelberger Freischar, S. 12; Rundbrief der Freischar Heidelberg, 17. 5. 1916, S. 8 (AdJb A 2–101/38).
78 Ders., Brief ohne Datum, in: 13. Rundbrief Heidelberg, Sommersonnenwende 1916, S. 3 (AdJb A 2–101/38).
79 Vgl. dazu die Kriegsjahrgänge von FJ, MDAF, WVFZ und Der Wanderer; dazu besonders auch die Diskussion in der Freischar Heidelberg zwischen den Daheimgebliebenen und den Soldaten, Rundbriefe 1916 (AdJb A 2–101/38).

80 Eine Zusammenfassung der Diskussion findet sich im Rundbrief Heidelberg (wie
    Anm. 79), S. 2. – Mit »Bodenreform« bezeichnet man im weiteren Sinne die Re-
    form des Bodenrechts, z. B. des Erbrechts am Boden und des Rechts an Woh-
    nungs- und Siedlungsland (Agrarkommunismus, Agrarsozialismus). Ihre Vertreter
    forderten die ganze oder teilweise Aufhebung des privaten Grundeigentums oder
    die Beseitigung der Grundrente. Zu den in der Jugendbewegung vieldiskutierten
    Agrarsozialisten gehörte Adolf Damaschke (1865–1935). Er gründete 1888 den
    Bund für Bodenreform (ab 1898: Bund deutscher Bodenreformer) und wollte nicht
    die Abschaffung des Privatkapitals, sondern den rechtmäßigen Schutz des Bo-
    dens vor Mißbrauch, da dieser nicht wie eine beliebige Ware vermehrt werden
    könne, und die Besteuerung des Bodenertragszuwachses.
81 D. Gerlach, Deutsches Wesen und Wandervogel, in: WVFZ 4–5/1914, S. 82.
82 Wie Anm. 81, S. 81.
83 A. Kurella (1918), S. 11.
84 F. Glatzel, 1. Rundbrief an deutsche Führer, 3. 11. 1918 (AdJb A 2–50/1).
85 F. Glatzel, 3. Führer-Rundbrief, 25. 1. 1919 (AdJb A 2–50/1).
86 Vgl. dazu F. Glatzel, Freideutsche Jugend und Politik, in: 2. Führer-Rundbrief, Jah-
    reswende 1918/19 (AdJb A 2–50/1). – Die Argumente der Völkischen zeichnen
    sich durch eine bemerkenswerte Konstanz aus, die sich in Vorkriegszeit und Krieg
    erhalten hat. Die Führer-Rundbriefe bezeichnen sich in einem Text unter dem Titel
    als Jungdeutsche Rundbriefe, »jungdeutsch als ein Begriff, der den gesamten
    deutschen Idealismus der Jugendbewegung, des Wandervogeltums, der deut-
    schen Studenschaft und der gesamten Freideutschen Bewegung umfassen
    will, soweit das Wort deutsch dabei einen Sinn enthält und eine Betonung trägt«.
87 Vgl. dazu einen Vortrag K. Bittels über Genossenschaften im Rahmen eines »Sied-
    lungszyklus« der CAS; Bericht in: Mitteilungen der Centralarbeitsstätte für Jugend-
    bewegung 2/1916, S. 21–28. – Karl Bittel (1892–1969), ein Schüler von G. Wyne-
    ken in Wickersdorf, gehörte dem Wandervogel, dann der Freideutschen Jugend an.
    Er gab die Schriftenreihe der Gesellschaft für genossenschaftliche Kultur und nach
    1918 für die Jugendbewegung den Politischen Rundbrief heraus. Neben Bittel be-
    schäftigten sich vor allem die ebenfalls aus der Jugendbewegung stammenden
    späteren Hochschullehrer Eduard Heimann (1889–1967) und Gerhard Weisser
    (geb. 1898) mit volkswirtschaftlichen und genossenschaftlichen Problemen.
88 A. Kurella (1918), S. 11.
89 H. Tormin (1918), S. 24.
90 Wie Anm. 89, S. 23.
91 Wie Anm. 89, S. 22 ff.
92 Wie Anm. 89, S. 24 f.
93 A. Rothe (wie Anm. 17), S. 20.
94 Mitteilungen der Centralarbeitsstätte für Jugendbewegung 2/1916, S. 12 ff.
95 K. Bittel (wie Anm. 87), S. 22.
96 Wie Anm. 95, S. 23.
97 Wie Anm. 95, S. 28.
98 Wie Anm. 95, S. 23; dazu E. Heimann (1916).
99 A. Kurella (1918), S. 10 f.
100 H. Tormin (1918), S. 47.
101 E. Joël (1914), S. 5; s. auch H. Tormin (1918), S. 22 und 45 ff.

102 E. Joël (1914), S. 24.
103 H. Tormin, Politik (1918), S. 25; E. Joël (1914), S. 10 ff.
104 F. Bauermeister, Vom Klassenkampf der Jugend, in: Der Aufbruch 1/1915, S. 11.
105 Ein solcher Versuch wurde 1919 von Hans Koch unternommen, der in Blanken-
    burg bei Donauwörth ein Zusammenleben zwischen Arbeiterjugend und Akade-
    mikern versuchte. U. Linse (1973).
106 Vgl. S. 64 ff.
107 Vgl. S. 64 ff.
108 Zum Menschentyp, wie ihn sich die Jugendbewegung vorstellte (den »echten«
    Wandervogel), s. H. Tormin (1918), S. 34 ff und 40 ff. Dazu auch W. Hammer
    (1918), S. 8; H. Koch-Dieffenbach (1918), S. 11–14.
109 W. Lempelius, Von der Jugendpflege, in: FJ 12/1916, S. 382 f.
110 E. Heimann, Über die Freischaridee und die Bedingungen ihrer Verwirklichung
    (Ein Versuch), in: FJ 1–2/1917, S. 29–33, Zitat S. 31.
111 Wie Anm. 110, S. 30.
112 G. Fils, Politische Erziehung der Jugend, in: FJ 1–2/1917, S. 1–7, hier S. 5.
113 H. Tormin (1918), S. 25 ff und 40 ff; vgl. G. Fils (wie Anm. 112), S. 5 f; und
    A. Kurella (1918), S. 22 ff.
114 H. Tormin (1918), S. 22.
115 G. Fils (wie Anm. 112), S. 6.
116 Vgl. die Bemühungen K. Ahlborns um die Formulierung eines freideutschen Pro-
    gramms (S. 74 ff); und ders., Die Richtung und die Grenzen der Freideutschen
    Jugend, in: FJ 10–11/1917, S. 348–353.
117 E. Heimann (wie Anm. 110), S. 33.
118 H. Tormin (1918), S. 37. Vgl. F. Bauermeister (1918), S. 5 ff.
119 FJ 8–9/1916, S. 240 ff.
120 FJ 6/1916, S. 169 f.
121 M. Hodann, Freideutsche Jugend und Politik, in: FJ 1–2/1917, S. 35–39.
122 Anhang 4 in diesem Band.
123 K. Ahlborn, Erwiderung, in: FJ 1–2/1917, S. 39–43, hier S. 41.
124 M. Hodann (wie Anm. 121), S. 37 f.
125 W. Link (1964), S. 99 ff.
126 E. Heimann (wie Anm. 110), S. 29 f.
127 O. Gräff, 5. Rundbrief des Gildenmeisters, 24. 5. 1916, in: W. Kindt (1968), S. 985.
128 H. Koch-Dieffenbach (1918), S. 12.
129 Marie Buchhold, Warum sind wir reif geworden für indische Ideen, und was bedeu-
    ten sie uns?, in: FJ 10/1918, S. 361–367; Alfred Kurella, Europa – Asien, in: FJ
    10/1918, S. 360 f; dazu das ganze H. 10/1918 der FJ.
130 Zweites Flugblatt der Freideutschen Siedlungsgemeinde, o. D. (vor Kriegsende)
    (AdJb A 2–104/8). – Die Freideutsche Siedlungsgemeinde verwirklichte ihre
    Pläne nicht, nach dem Krieg wurden andere Siedlungsvorhaben in Angriff genom-
    men. Vgl. F. Lembke (1920); G. Becker (1929); U. Linse (1983).
131 Hermann Mitgau und Helmut Hertling, Die Hochschulsiedlung (Ein Entwurf und
    Aufruf), 14. 5. 1919 (AdJb).
132 Fritz Westendorf, Satzungsentwurf für eine Bankabteilung des Arbeitsamtes der
    Freideutschen Jugend e. V. (AdJb A 2–104/8).
133 Emil Ernst Fischer, Freideutsche Berufsberatung, 11. 1. 1919 (AdJb A 2–104/7).

134 Hans Gieschen, Wie sollen wir Deutschlands gefallene und seine heimkehrenden
 Verteidiger ehren?, in: Der Wanderer 5/1915, S. 41–45.
135 Wie Anm. 134.
136 Zu den Diskussionen der Soldaten über Bodenreform und Krieger-Heimstätten s.
 vor allem die Rundbriefe der Freischaren, besonders die der Freischar Heidelberg
 (AdJb A 2–101/38).
137 M. Bondy, Zur Ankündigung der Volkshochschule Marloffstein, in: MDAF 8/1919,
 S. 38; vgl. H. Gieschen, Aus der Bewegung, in: FJ 1–2/1917, S. 51–55. Dazu die
 einsetzende Berufsdiskussion Anfang 1918, z. B. A. Kurella, Das Wesentum, in:
 FJ 9/1918, S. 316–322; F. Sachs, Berufserneuerung, a. a. O., S. 323 f.
138 Biographien bei G. Ziemer/H. Wolf (1961), W. Kindt (1963), H. Jantzen (1972 ff).
139 E. E. Fischer (wie Anm. 133), S. 1.
140 Wilhelm Hagen, Vom Bunde der Landsgemeinden, Typoskript o. J. (2. Hälfte 1917)
 (AdJb A 2–12/6).
141 Wie Anm. 140.
142 E. Heimann, Freideutsche Jugend, Politik und Organisation, in: FJ 2/1918, S. 64
 bis 71.
143 F. Bauermeister (1918), S. 7; vgl. A. Kurella in: F. Bauermeister u. a. (1918), S.
 15–22; und F. Glatzel, Der Jungdeutsche Bund, in: WVFZ 10–11/1918, S. 159 bis
 161.
144 A. Kurella in: F. Bauermeister u. a. (1918), S. 19.
145 A. Kurella, Der Versuch, Sonderdruck aus: Die Hochschule 1/1918, S. 21–28 (zusammen mit W. Wolfradt, Wider den Beruf; und F. Sachs, Der Beruf), hier S. 24.
146 Wie Anm. 145, S. 27.
147 Wie Anm. 145, S. 23.
148 Vgl. S. 106 ff.
149 Vgl. S. 128.
150 A. Kurella (wie Anm. 145), S. 26; dazu U. Linse (1973), S. 56 ff.
151 Wie Anm. 145, S. 24, 26, 27.
152 Wie Anm. 145, S. 24.
153 Wie Anm. 145, S. 25 f.
154 Wie Anm. 145, S. 25.
155 Vgl. A. Kurella (1975).
156 A. Kurella (1975), S. 9–18.
157 U. Linse (1983), S. 126 f; vgl. ders. (1973), S. 90 ff.
158 U. Linse (1973), S. 147 ff.
159 U. Linse (1983), S. 27 f.

Anmerkungen zu Kapitel 6

1 Vgl. S. 25 ff.
2 M. Weber (1919/77), S. 58.
3 Wie Anm. 2, S. 58.
4 Wie Anm. 2, S. 65 f.
5 D. Gerlach, Wandervogel und Politik, in: WVFZ 3/1919, S. 36–38; Nachdruck in: W.
 Kindt (1968), S. 851 f. Vgl. dazu vor allem den Jahrgang 4/1918 der FJ.

6 Flugblatt: An die Freideutsche Jugend!, o. J. (November 1918) (AdJb A 2–104/4); Nachdruck in: W. Kindt (1968), S. 614–617, Zitat S. 614 (dort fälschliche Quellenangabe FJ 1/1919; das Flugblatt war tatsächlich Beilage zu FJ 11–12/1918). Der Aufruf ist unterzeichnet von Knud Ahlborn, Arnold Bergsträßer, Karl Bittel, Rudolf Carnap, Gerhard Fils, Meinhard Hasselblatt, Eduard Heimann, Else Hiebsch, Martha Paul-Hasselblatt, Harald Schultz-Hencke, Hans Theberath, Helmut Tormin, Kurt Walder und Karl August Wittfogel. Die Unterzeichner gründeten am »Revolutionssonntag«, 10. 11. 1918, eine Demokratisch-sozialistische Gruppe der Freideutschen Jugend Groß-Berlins.

7 Vgl. S. 106 ff.

8 F. Glatzel, Flugblatt zum 2. Führerrundbrief, 1. 1. 1919 (AdJb A 2–50/1).

9 Wie Anm. 6, S. 614.

10 Knud Ahlborn, Mein Eintritt in die Unabhängige sozialdemokratische Partei (U. S. P.), in: Politischer Rundbrief Nr. 14, 13. 12. 1918; Nachdruck in: W. Kindt (1968), S. 621 f.

11 Wie Anm. 10, S. 621.

12 Wie Anm. 10, S. 622.

13 Hans Koch, Bruder Arbeiter, in: Der neue Anfang 2/1919, S. 17 f.

14 Flugblatt: Heil!, 31. 12. 1918 (AdJb A 2–50/2). Nachdruck in: W. Kindt (1968), S. 848–851, mit der nicht originalen Überschrift »Ein Flugblatt zur Nationalversammlung« und der falschen Datierung 31. Juli (statt Jul = Dezember) 1918. Der Aufruf ist unterzeichnet u. a. von Martin Deckart, Friedrich Wilhelm Fulda, Walter Fischer, Dankwart Gerlach, Frank Glatzel, Richard Franz Heiling, Wilhelm Kotzde, Albrecht Meyen, Hugo Schomburg, also Mitgliedern der Fahrenden Gesellen, des Deutschen Mädchen-Wanderbundes, des Jungdeutschen Bundes und des Bundes Deutscher Wanderer, die den völkischen Bewegung nahestanden.

15 Vgl. Anm. 6 und 14.

16 D. Gerlach (wie Anm. 5), S. 851.

17 Otto Adam u. a., Partei oder Bewegung?, in: WVFZ 3/1919, S. 38 f; Nachdruck in: W. Kindt (1968), S. 852–854, Zitat S. 853 f.

18 Wie Anm. 17, S. 853.

19 Martin Deckart, Ist freideutsch gleichbedeutend mit sozialistisch? Ein offener Brief an Knud Ahlborn, in: FJ 4/1919, S. 157 f; Nachdruck in: W. Kindt (1968), S. 622 bis 624, Zitat S. 623.

20 W. Hammer, Unser politischer Beruf, in: Der Hohe Meißner, Beilage zum Vortrupp Nr. 3, 1. 2. 1919; Nachdruck in: W. Kindt (1968), S. 619–621, Zitat S. 620.

21 Dazu ausführlich K. Ahlborn (1919).

22 Arbeitsgemeinschaft der Freideutschen Jugend e. V. Altona Othmarschen, Ende 1919, Aufforderung zum Zusammenschluß der Freideutschen Jugend; Nachdruck in: W. Kindt (1974), S. 261–263.

23 Wie Anm. 22, S. 262.

24 Wie Anm. 22, S. 261.

25 Vgl. K. Ahlborn (1923), S. 17.

26 Zur Geschichte der Entschiedenen Jugend s. U. Linse (1981).

27 F. Glatzel, Der Jungdeutsche Bund, Rede auf dem Lauenstein 1919; Nachdruck in: W. Kindt (1963), S. 220–229.

28 Vgl. Richtlinien für ein Aktionsprogramm, 1923 (AdJb A 2–50/12).

29 J. Müller (1971), S. 282.
30 T. Parsons (1939/73), S. 160–179: Eine »Funktionselite« wird ausgewählt aufgrund ihrer fachlichen Kompetenz (spezifische Funktionalität), der Fähigkeit zu rationaler Amtsausübung und der Betonung unpersönlicher Entscheidungskriterien. Eine »Werteelite« definiert sich aufgrund ihres persönlichen Wertes (funktional diffus), auf der Basis traditioneller Erfahrungswerte und der Betonung persönlicher Beziehungen.
31 J. Müller (1971), S. 249 ff. – Das politische Konzept Frank Glatzels, so konkret es auch sei, war freilich nur eine radikalere Variante des jugendbewegten Aufbruchs zur Eroberung der Welt durch das Allheilmittel der »Kultur«.
32 F. Glatzel (wie Anm. 27), S. 225.
33 Wie Anm. 32. Zu den Programmen des Freideutschen Bundes s. K. Ahlborn (1923), S. 26 ff, 28 ff und 34 ff; und: Richtlinien für ein Aktionsprogramm (wie Anm. 28).
34 W. Hagen, Flugblatt der Bundesleitung vom März 1919; Nachdruck in: W. Kindt (1968), S. 1001–1003.
35 Z. B. Rundbrief an die heimkehrenden Soldaten, Entwurf o. O., o. D. (1918) (AdJb A 2–12/2).
36 Vgl. die Rubrik »Der Bund der alten Wandervögel« bzw. »Die Älterenbewegung«, in: Der Zwiespruch 1919/20.
37 Georg Schulz-Moerring, Heimat, in: Junge Menschen 10/1921, S. 151 f.
38 R. Kneip/L. Liebs/K.-H. Zimmermann (1980), S. 11.
39 Wie Anm. 38, S. 12 f.
40 Tagebuch der Wandervogel-Hundertschaft, geführt von Hans Burkart, abgeschlossen Ostern 1920 (AdJb A 2–25/5).
41 Aufruf zur Bildung einer Hundertschaft der schlesischen Wandervögel, 27. 1. 1919; vgl. Aufruf zur Bildung einer Hundertschaft der Thüringer Wandervögel, 1. 2. 1919 (AdJb A 2–25/1).
42 Tagebuch (wie Anm. 40), S. 1–20.
43 Tagebuch (wie Anm. 40), S. 16. Zu den eigenwilligen militärischen Gepflogenheiten a. a. O., S. 17 f.
44 Bericht von Dr. Scheulbach zur Kronacher Tagung, Typoskript (AdJb A 2–14/2). Vgl. die Satzungen des Kronacher Bundes der alten Wandervögel e. V. vom 8./9. 10. 1920 bzw. 22. 1. 1921, abgeändert am 9. 6. 1924 (AdJb A 2–14/1), und: Vom Kronacher Bund zu seinem 4. Bundestag, Pfingsten 1923 (AdJb A 2–14/2).
45 Zu den Berufsgilden und ihrer Arbeit s. AdJb A 2–14/40.
46 Wie Anm. 44 (Bericht).
47 Der Mitherausgeber Knud Ahlborn trennte sich nach H. 17/1921, der Schriftleiter Fritz Klatt schon nach H. 1/1920 von der Zeitschrift (vgl. Impressum).
48 Das erste, kleinformatige Heft erschien Ende 1919, das erste großformatige H. 2–3/ 1920 am 7. 2. 1920. In H. 16–17/1920 wurde die Rubrik »Der Krieg« eröffnet.
49 W. Hammer in: Junge Menschen 16–17/1920, S. 160.
50 Von der schlesischen Landsgemeinde, Rundbrief vom 27. 11. 1918 (AdJb A 2–12/ 9).
51 Sie wurde im Sommer 1922 nach der Auflösung des Wandervogels e. V. nach einer Grenzlandfahrt durch Böhmen in Regensburg gegründet. Zu den Grundsätzen s. Was ist die schlesische Jungmannschaft?, Flugblatt vom Herbst 1924; Nachdruck in: W. Kindt (1974), S. 138 f.

279

52 H. Jantzen, Bd. 5 (1982), S. 155–160.
53 Wie Anm. 52, S. 171–174.
54 W. Kindt (1968), S. 568 f; und ders. (1974), S. 115.
55 W. Kindt (1974), S. 47 ff.
56 Willi Kelber, Den Siegern!, in: WV 9–10/1920, S. 211 f; Nachdruck in: W. Kindt (1968), S. 92 f.
57 Rundschreiben (der Schlesischen Landsgemeinde): Vom Erlebnis des Krieges und der Revolution, 7. 5. 1919, S. 4 (AdJb A 2–12/9).
58 Sachsenspiegel, »Leipziger Heft«, o. Nr. (Mai 1920), S. 73.
59 W. Kindt (1974), S. 87 ff.
60 Der Weiße Ritter 8–9/1923 (Themenheft »Freiheit und Sendung«), S. 332 f; Nachdruck in: W. Kindt (1974), S. 412–415, hier S. 414.
61 Wie Anm. 60.
62 W. Kindt (1974), S. 1529 ff.
63 Flugblatt: Grenzfeuer der vereinigten deutschen Jugendbünde im Fichtelgebirge am 3. und 4. Erntings 1923 (AdJb A 2–152/1).
64 Wie Anm. 63, S. 5.
65 W. Kindt, Führertreffen in Hameln: Auflösung des Fichtelgebirgsbündnisses, in: W. Kindt (1974), S. 125–127.
66 Vgl. die außenpolitische Tagung des Jungdeutschen Bundes in Lobeda und das Aktionsprogramm von 1923 (AdJb A 2–50/12).
67 Zu dieser Entwicklung vgl. Der Zwiespruch, Jg. 10/1928 ff.
68 W. Kindt (1974), S. 121 ff.
69 W. Kindt (1974), S. 81–150, 1050 ff.

Anmerkungen zu Kapitel 7

1 Vgl. M. Greiffenhagen (1977), S. 59; zum folgenden auch S. 51 ff und 252 ff.
2 Ch. v. Krockow (1958), S. 35.
3 Wie Anm. 2, S. 1 ff.
4 Wie Anm. 2, S. 1 ff.
5 M. Greiffenhagen (1977), S. 252.
6 Formulierung in Anlehnung an einen Buchtitel: Wilhelm Stählin, Fieber und Heil in der Jugendbewegung (1922). Der Autor vertritt die These, daß die Jugendzeit eine Zeit des Fiebers ist, in der die Jugend auf der Suche nach der Wahrheit Utopien entwirft, die sie ohne analytischen Verstand, dafür aber mit um so mehr Gefühl, als Meßlatte an die Welt der Erwachsenen anlegt. Diese Suche nach Wahrheit und Gerechtigkeit werde zum krankmachenden Fieber, wenn ihr nicht eine abkühlende Phase folge. Diese Aufgabe habe die Jugendbewegung in ihrem damaligen Stadium zu leisten: Sie sei dabei, reif zu werden, vom Fieber zum Heil zu kommen.
7 Ch. v. Krockow (1958), S. 159.

Quellen-, Literatur- und Abbildungsverzeichnis

I. Archivalien

Archiv der deutschen Jugendbewegung, Burg Ludwigstein

1. Akten:
   A 2-04 (Alt-Wandervogel)
   A 2-06 (Jung-Wandervogel)
   A 2-08 (Wandervogel e. V)
   A 2-11 (Feldwandervogel)
   A 2-12 (Bund der Landsgemeinden)
   A 2-13 (Greifenbund)
   A 2-14 (Kronacher Bund)
   A 2-16 (Bund Deutscher Wanderer)
   A 2-18 (Fahrende Gesellen)
   A 2-25 (Wandervogel-Hundertschaft)
   A 2-50 (Jungdeutscher Bund)
   A 2-101 (Deutsche Akademische Freischar)
   A 2-104 (Freideutsche Jugend)
   A 2-152 (Bund Deutscher Neupfadfinder)
2. Nachlässe:
   N Ahlborn (Nachlaß Knud Ahlborn) 2, 29–40
   N Wyneken (Nachlaß Gustav Wyneken) 364, 505, 542, 683, 1653, 1687, 1688, 1703, 1705, 1706, 1707, 1709, 1710, 1720
3. Noch nicht verzeichnete Bestände, bes. Akten Jugendbewegung und Erster Weltkrieg.

II. Gedruckte Quellen

1. Zeitschriften

(Die Jahresangaben beziehen sich auf die für diese Arbeit herangezogenen Jahrgänge.)

Der Anfang. Zeitschrift der Jugend. 1913/14.
Der Aufbruch. Monatsblätter aus der Jugendbewegung. 1915.

Blätter für die Fortbildung des Lehrers und der Lehrerin. Halbmonatsschrift mit besonderer Berücksichtigung der Bedürfnisse der jüngeren Lehrerwelt. 1911/12.
Blätter vom frischen Leben. Hrsg. von der Deutschen Siedlungsgemeinschaft. 1916.
Freideutsche Jugend. Eine Monatsschrift. 1914/15–1919.
Die Freie Schulgemeinde. Blatt des Bundes für Freie Schulgemeinden und der Freien Schulgemeinde Wickersdorf. 1914/15–16/17.
Das Freie Wort. Frankfurter Halbmonatsschrift für Fortschritte auf allen Gebieten des Geistigen Lebens. 1913.
Die Hochschule. Blätter für akademisches Leben und studentische Arbeit. 1918/19.
Junge Menschen. Blatt der deutschen Jugend, Stimme des neuen Jugendwillens. 1920–1922.
Jung-Wandervogel. Zeitschrift des Bundes für Jugendwandern »Jung-Wandervogel«. 1912–18.
Die Landsgemeinde. Hrsg. vom Bund der Landsgemeinden. 1916/17.
Mitteilungen der Centralarbeitsstätte für Jugendbewegung. 1916.
Monatsbericht der Deutschen Akademischen Freischar. 1914–1919.
Der neue Anfang. Zeitschrift der Jugend. 1919.
Die neue Generation. Publikationsorgan des deutschen Bundes für Mutterschutz, der internationalen Vereinigung für Mutterschutz und Sexualreform und des deutschen Neumalthesianer Komitees. 1911–14.
Die Neue Hochschule. Freistudentische Halbmonatsschrift. 1916.
Der Pfadfinder. Jugendzeitschrift des Deutschen Pfadfinderbundes. 1916.
Ratgeber für Jugendvereinigungen. Hrsg. von der Zentralstelle für Volkswohlfahrt Berlin. 1916.
Rundbrief der Feldwandervögel im Osten. 1917–1918.
Sachsenspiegel. Gaublatt der Wandervogelgaue Sachsen, Churmark und Thüringen. 1920.
Schriften zur Jugendbewegung. Hrsg. im Auftrag der Centralarbeitsstätte für Jugendbewegung. 1916.
Die Tat. Sozial-religiöse Monatsschrift für deutsche Kultur. 1915/16–1916/17.
Der Wanderer. Hrsg. vom »Hamburger Wander-Verein«. 1914/15–1917/18.
Der Wandervogel. Zeitschrift des Bundes für Jugendwanderungen »Alt-Wandervogel«. 1911–12.
Wandervogel. Monatsschrift für Jugendwandern. 1916–1920.
Wandervogel-Führerzeitung (ab 1916: Führerzeitung für die deutschen Wandervogelführer). 1913–1919.
Die Weißen Blätter. Eine Monatsschrift. 1915.
Der Weiße Ritter. Eine Führerzeitung. 1923.
Westfälische Fortbildungsschule. Zeitschrift des Vereins zur Förderung des Berufs- und Fortbildungsschulwesens in der Provinz Westfalen. 1916.
Der Zwiespruch. Gaublatt der Wandervögel zwischen Maas und Mosel. 1917–1918.
Der Zwiespruch. Unabhängige Zeitung für die Wandervögelbünde. 1919–1928.

2. Veröffentlichungen bis 1945, Quellenpublikationen, Nachschlagewerke

Ahlborn, Knud: Die Freideutsche Jugendbewegung (172. Flugschrift des Dürerbundes). München 1917.

– Das Freideutschtum in seiner politischen Auswirkung. Werther 1923.

– Krieg, Revolution und Freideutsche Zukunft. Die Reden und Aussprachen der Jenaer Tagung 1919 (Beihefte der Freideutschen Jugend, H. 2). Hamburg 1919.

Aubin, Hermann/Zorn, Werner: Handbuch der deutschen Wirtschafts- und Sozialgeschichte, Bd. 2. Stuttgart 1976.

Ausschuß der Freideutschen Jugend (Hrsg.): Die Marburger Tagung der Freideutschen Jugend. Bericht über die Verhandlungen und Entwurf für das Programm und die Satzungen. Hamburg 1914.

Balck, D.: Entwicklung der Taktik der Infanterie. In: M. Schwarte (Hrsg.), Die militärischen Lehren des großen Krieges, Berlin 1920, S. 17–66.

Bauer, H.: Der Krieg und die Jugend. Stuttgart 1915.

Bauermeister, Friedrich: Der öffentliche Betrieb. In: F. Bauermeister u. a. (Hrsg.), Absage und Beginn, Leipzig 1918, S. 5 ff.

Bauermeister, Friedrich/Koch-Dieffenbach, Hans/Kurella, Alfred: Absage und Beginn. Worte an die Kameraden. Leipzig 1918.

Baumgarten, Otto/Flitner, Wilhelm u. a. (Hrsg.): Geistige und sittliche Wirkungen des Krieges in Deutschland. Stuttgart/Berlin/Leipzig 1927.

Becker, Georg: Die Siedlung der deutschen Jugendbewegung. Eine soziologische Untersuchung. Phil. Diss. Köln 1929.

Bernfeld, Siegfried: Die Schulgemeinde und ihre Funktion im Klassenkampf (Schriftenreihe »Neue Menschen«). Berlin 1928.

Bittel, Karl: Bibliographie des Genossenschaftswesens (Genossenschaftliche Kultur, H. 10). Esslingen 1916.

Blüher, Hans: Führer und Volk in der Jugendbewegung. Jena 1917.

Braun, Otto: Krieg und Jugendbewegung (Kriegsvorträge der Universität Münster i. W.). Münster 1914.

Brunner, Otto/Conze, Werner/Koselleck, Reinhart (Hrsg.): Geschichtliche Grundbegriffe. Historisches Lexikon zur politisch-sozialen Sprache in Deutschland, Bd. 1 ff, Stuttgart 1972 ff.

Buch, Günther (Bearb.): Namen und Daten. Biographien wichtiger Personen der DDR. Berlin/Bad Godesberg 1973.

Bumm, F. (Hrsg.): Deutschlands Gesundheitsverhältnisse unter dem Einfluß des Weltkrieges (Reihe Wirtschafts- und Sozialgeschichte des Weltkrieges, Deutsche Serie). Stuttgart/Berlin/Leipzig/New Haven 1928.

Copalle, Siegfried/Ahrens, Heinrich: Chronik der deutschen Jugendbewegung. Bd. 1: Die Wandervogelbünde von der Gründung bis zum Ersten Weltkrieg. Bad Godesberg 1954.

Cuno (N. N.): Neue Richtlinien zur militärischen Vorbereitung. In: Westfälische Fortbildungsschule, Jg. 12/1916, S. 13–18.

Dehms, Alexander: Leonard Nelson und die »Walkemühle«. In: Leonard Nelson zum Gedächtnis, hrsg. von M. Specht und W. Eichler, Frankfurt/Göttingen 1953, S. 265 ff.

Deist, Wilhelm: Militär und Innenpolitik im Weltkrieg 1914–1918 (Quellen zur Geschichte des Parlamentarismus und der politischen Parteien, Zweite Reihe: Militär und Politik, Bde. 1/I und 1/II). Düsseldorf 1970.

Delbrück, Hans/Daniels, Emil/Haintz, Otto: Geschichte der Kriegskunst, Teil 7. Berlin 1936.

Deutsches Biographisches Jahrbuch. Hrsg. vom Verband der Deutschen Akademien, Überleitungsband II, 1917–1920. Stuttgart/Berlin/Leipzig 1928.

Dostojewski, Fjodor Michajlowitsch: Sämtliche Werke in Deutsch. Revidierte Neuausgabe. München 1958.

Duensing, Frieda (Schriftl.): Handbuch für Jugendpflege. Hrsg. von der Deutschen Zentrale für Jugendfürsorge. Langensalza 1913.

Eichler (N. N.): Die militärische Vorbereitung der Jugend. In: Kriegsjahrbuch für Volks- und Jugendspiele, Leipzig/Berlin 1916, S. 77–90.

Eichler, Willi/Hart, Martin: Leonard Nelson. Ein Bild seines Lebens und Wirkens. Paris 1938.

Eildermann, Wilhelm: Jugend im ersten Weltkrieg. Tagebücher, Briefe, Erinnerungen (Dezember 1912 – Oktober 1918). Berlin 1972.

Erlaß betreffend die militärische Vorbereitung der Jugend während des mobilen Zustandes, 16. 8. 1914 (Minister der geistlichen und Unterrichtsangelegenheiten, Kriegsminister, Minister des Innern); dazu Erläuterungen, 19. 8. 1914 (Kriegsministerium). In: Militärisches Wochenblatt, Berlin, Nr. 117, 3. 9. 1914, Sp. 2507–2509.

Erlaß der Oberleitung der Jugendwehr des 9. Armeekorps vom 8. 9. 1914. In: F. W. Foerster/A. v. Gleichen-Rußwurm, Das Reichs-Jugendwehrgesetz, Leipzig 1917, S. 79 f.

Erlaß des Regierungspräsidenten für den Bezirk um Kassel vom 20. 2. 1916 zur militärischen Vorbereitung der Jugend. In: Amtliches Schulblatt, Cassel, Nr. 9/1916, S. 3.

Falkenhayn, Erich von: Die Oberste Heeresleitung 1914–1916 in ihren wichtigsten Entschließungen. Berlin 1920.

Fallada, Hans: Damals bei uns daheim. Reinbek 1984.

Fichte, Johann Gottlieb: Reden an die deutsche Nation. In: J. G. Fichte, Ausgewählte Werke, hrsg. von Fritz Medicus, Bd. 5, Darmstadt 1962, S. 365–610.

Fischer, Walter: Die große Fahrt. Rudolstadt 1922.

– Der Wandervogel im Felde. In: Kriegsjahrbuch für Volks- und Jugendspiele, Leipzig/Berlin 1916, S. 124–130.

Flex, Walter: Der Wanderer zwischen beiden Welten. Ein Kriegserlebnis. In: W. Flex, Gesammelte Werke, Bd. 1, 8. Aufl., München o. J. (1936), S. 185–265.

Flitner, Wilhelm: Der Krieg und die Jugend. In: O. Baumgartner u. a. (Hrsg.), Geistige und sittliche Wirkungen des Krieges in Deutschland, Stuttgart/Berlin/Leipzig 1927, S. 217–356.

Foerster, Friedrich Wilhelm: Erlebte Weltgeschichte 1869–1953. Nürnberg 1953.

– Jugendseele, Jugendbewegung, Jugendziel. Erlenbach-Zürich/München/Leipzig 1923.

Foerster, Friedrich Wilhelm/Gleichen-Rußwurm, Alexander von: Das Reichs-Jugendwehrgesetz. Leipzig 1917.

Frobenius, Else: Mit uns zieht die neue Zeit. Eine Geschichte der deutschen Jugendbewegung. Berlin 1927.

Geiger, Theodor: Die soziale Schichtung des deutschen Volkes (1932). Darmstadt 1967.

Gerth, Hans Heinrich: Die sozialgeschichtliche Lage der bürgerlichen Intelligenz um die Wende des 18. Jahrhunderts. Phil. Diss. Frankfurt 1935.

– Bürgerliche Intelligenz um 1800. Zur Soziologie des deutschen Frühliberalismus (1935). Mit einem Vorwort und einer ergänzenden Bibliographie hrsg. von Ulrich Hermann (Kritische Studien zur Geschichtswissenschaft, Bd. 13). Göttingen 1976.

Goltz, Colman von der: Das Volk in Waffen. In: E. v. Schenckendorff/H. Lorenz (Hrsg.), Wehrkraft durch Erziehung, Leipzig 1904, S. 69–77.

Grabowsky, Adolf/Koch, Walther: Die freideutsche Jugendbewegung. Ursprung und Zukunft (Das Neue Deutschland, Ergänzungsheft 3). 2. Aufl., Gotha 1921.

Grimmelshausen, Hans Jakob Christoffel von: Der abenteuerliche Simplicissimus. Hrsg. von Gotthold Klee. Leipzig 1927.

Große Brockhaus, Der (Brockhaus-Enzyklopädie). 16. Aufl., Wiesbaden 1952 ff; 17 Aufl., Wiesbaden 1966 ff; 18. Aufl., Wiesbaden 1977 ff.

Günther, A.: Die Folgen des Krieges für Einkommen und Lebenshaltung der mittleren Volksschichten Deutschlands (Economic and Social History of the World War, Deutsche Serie). New Haven 1924.

Günther, Agnes: Die Heilige und ihr Narr. Stuttgart 1913.

Günther, H.: Neue Erläuterungen und Ergänzungen zu den Richtlinien für die militärische Vorbereitung während des Kriegszustandes. In: Blätter für die Fortbildung des Lehrers und der Lehrerin, 1916, S. 49–62.

Hagen, Wilhelm: Der burschenschaftliche Gedanke. Eine geschichtlich-politische Studie. Jena 1917.

Hammer, Walter: Werdet Führer Eurem Volke! (Vortrupp-Flugschrift Nr. 49). Hamburg 1918.

Handwörterbuch der Soziologie. Unveränderter Nachdruck. Hrsg. von Alfred Vierkandt. Stuttgart 1959.

Hassel, Ulrich von: Tirpitz, sein Leben und Wirken mit Berücksichtigung seiner Beziehungen zu Albrecht von Stosch. Stuttgart 1920.

Hauptausschuß der Freideutschen Jugend (Hrsg.): Die freideutsche Jugend im Bayrischen Landtag. Bericht über die Landtagsverhandlungen. Die Presseäußerungen. Die Aufklärungsversammlung in der Münchener Tonhalle mit der Rede von Alfred Weber. Hamburg 1914.

Heimann, Eduard: Vom neuen Wirtschaftsgeist (Genossenschaftliche Kultur, H. 9). Esslingen 1916.

Helfferich, Karl: Der Weltkrieg, Bde. 1–3. Berlin 1919.

Heydorn, Heinz-I. (Hrsg.): Leonard Nelson. Ausgewählte Schriften. Frankfurt/Köln 1974.

Hiller, Kurt: Leben gegen die Zeit. Bd. 1: Logos. Reinbek 1969.

– (Hrsg.): Tätiger Geist. Zweites der Ziel-Jahrbücher 1917/18. München/Berlin 1918.

– (Hrsg.): Das Ziel. Aufrufe zu tätigem Geist (Bd. 1). München/Berlin 1916.

– (Hrsg.): Das Ziel. Jahrbücher für geistige Politik, Bd. 4. München 1920.

Hirschfeld, Magnus/Gaspar, Andreas (Hrsg.): Sittengeschichte des ersten Weltkrieges. Nachdruck der 2., neubearbeiteten Auflage. Hanau o. J.

Hodann, Max: Die Verstaatlichung der Jugendkompanien. Eine Stimme aus der Jugendbewegung. In: Fr. W. Foerster/ A. v. Gleichen-Rußwurm, Das Reichs-Jugendwehrgesetz, Leipzig 1917, S. 42 ff.

Hodann, Max/Koch, Walther (Hrsg.): Die Ur-Burschenschaft als Jugendbewegung in zeitgenössischen Berichten zur Jahrhundertfeier des Wartburgfestes. Jena 1917.

Hoff, Heinz von: Jungdeutschland-Taschenbuch. 2. Aufl., Berlin/Leipzig 1915.

– Jugendwehr und Zukunftsheer. Ein Rückblick und ein Ausblick. Oldenburg 1915.

Jantzen, Hinrich: Namen und Werke. Biographien und Beiträge zur Soziologie der Jugendbewegung, Bde. 1–5. Frankfurt/Main 1972–82.

Jauch, Bernhard: Moderne Jugendpflege. Freiburg/Breisgau 1915.

Jirgal, Ernst: Die Wiederkehr des Weltkrieges in der Literatur. Wien/Leipzig 1931.

Joël, Ernst: Die Jugend vor der sozialen Frage (Schriften aus der sozialen Jugendbewegung, H. 1). Charlottenburg 1914.

Jünger, Ernst: In Stahlgewittern. Ein Kriegstagebuch. Stuttgart 1920.

Kindlers Literaturlexikon im dtv. Unveränderter Nachdruck von Kindlers Literaturlexikon. Bd. 5, München 1974.

Kindt, Werner (Hrsg.): Die deutsche Jugendbewegung 1920–1933. Die bündische Zeit (Dokumentation der Jugendbewegung, Bd. III). Düsseldorf/Köln 1974.

– (Hrsg.): Grundschriften der deutschen Jugendbewegung (Dokumentation der Jugendbewegung, Bd. I). Düsseldorf/Köln 1963.

– (Hrsg.): Die Wandervogelzeit. Quellenschriften zur deutschen Jugendbewegung 1896–1919 (Dokumentation der Jugendbewegung, Bd. II). Düsseldorf/Köln 1968.

Klatt, Fritz: Aufzeichnungen und Briefe nach Berlin. Bremen 1970.

– Biographische Aufzeichnungen. Aus dem Nachlaß hrsg. von Lis Klatt und Günter Schulz (Bremer Beiträge zur freien Volksbildung, H. 7). Bremen 1966.

Kneip, Rudolf/Liebs, Ludwig/Zimmermann, Karl-Heinrich: Vom Geheimnis Bündischer Führung. Dokumentarische Gespräche mit Hermann Kügler. Frankfurt/Main 1980.

Koch-Dieffenbach, Hans: Die Jugend-Gemeinschaft. In: F. Bauermeister u. a. (Hrsg.), Absage und Beginn, Leipzig 1918, S. 11–14.

Kohlrausch, Ernst: Belehrungskursus des Kriegsministeriums über militärische Jugendvorbereitung vom 23.–26. 3. 1916 in Berlin (Bericht). In: Kriegsjahrbuch für Volks- und Jugendspiele in Deutschland, Leipzig/Berlin 1916, S. 105–115.

Kranold, Hermann: Die Freie Studentenschaft in Vergangenheit und Zukunft (Schriften der Münchner Freien Studentenschaft, H. 3). München 1914.

Kriegsjahrbuch für Volks- und Jugendspiele. In Gemeinschaft mit den Vorsitzenden des Zentralausschusses für Volks- und Jugendspiele in Deutschland, hrsg. von Prof. Dr. E. Kohlrausch. Jg. 24, Leipzig/Berlin 1915.

Kurella, Alfred: Deutsche Volksgemeinschaft. Offener Brief an den Führerrat der Freideutschen Jugend. Hamburg 1918.

– Der Einzelne und die Gesellschaft. In: F. Bauermeister u. a. (Hrsg.), Absage und Beginn, Leipzig 1918, S. 15 ff.

– Die Geschlechterfrage der Jugend. Hamburg 1919.

– Gründung und Aufbau der Kommunistischen Jugendinternationale. Berlin 1929.

– Ich lebe in Moskau. Berlin 1947.

– Wofür haben wir gekämpft? Beiträge zur Kultur und Zeitgeschichte. Berlin/Weimar 1975.

– Zwischendurch. Verstreute Essays 1934–1940. Berlin 1961.

Lagarde, Paul de: Deutsche Schriften. Gesamtausgabe letzter Hand. 5. Aufl., Göttingen 1903.

Langbehn, Julius: Rembrandt als Erzieher. Von einem Deutschen. Leipzig 1890.

Lembke, Friedrich: Ländliche Volkshochschulsiedlungen. Langensalza 1920.

Leonhard, Rudolf: Bemerkungen zum Reichs-Jugendwehrgesetz. Berlin 1917.

– Brief an einen Wandervogel. In: F. W. Foerster/A. v. Gleichen-Rußwurm, Das Reichs-Jugendwehrgesetz, Leipzig 1917, S. 46–49.

Ludendorff, Erich (Hrsg.): Urkunden der Obersten Heeresleitung über ihre Tätigkeit 1916/18. 4. Aufl., Berlin 1922.

Lütkens, Charlotte: Die deutsche Jugendbewegung. Ein soziologischer Versuch. Frankfurt/Main 1925.

Luntowski, Adalbert: Die Eroberung unseres Vaterlandes. Leipzig 1916.

Mannheim, Karl: Ideologie und Utopie (1929). 3. vermehrte Aufl., Frankfurt/Main 1952.

Marr, Heinz: Soziologie der Jugendbewegung (Soziales Museum, 15. Jahresbericht 1917). Frankfurt/Main 1918, S. 3–18.

Matthias, Adolf: Deutsche Wehrkraft und Kommendes Geschäft. Leipzig 1915.

Meerwarth, Rudolf/Günther, Adolf/Zimmermann, Waldemar: Bevölkerungsbewegung, Einkommen und Lebenshaltung in Deutschland. Stuttgart/Berlin/New Haven 1932.

Mendelssohn-Bartholdy, Albrecht: The War and German Society (Economic and Social History of the World War, Deutsche Serie). New Haven 1937.

Messer, August: Die Entwicklung der freideutschen Jugendbewegung. In: A. Grabowsky/W. Koch, Die freideutsche Jugendbewegung, Gotha 1921, S. 2–7.

– Die freideutsche Jugendbewegung. Ihr Verlauf von 1913 bis 1922 (Philosophische und pädagogische Schriften, H. 1, 5. Aufl.). Langensalza 1924.

Meyers Konversationslexikon. Dritte, völlig umgearbeitete Aufl., Bd. 14. Leipzig 1878.

Mitgau, Johann Hermann: Der Feldwandervogel. In: W. Vesper (Hrsg.), Deutsche Jugend, Berlin 1934, S. 63–83.

Mittelstrass, Gustav/Schneehagen, Christian (Hrsg.): Freideutscher Jugendtag 1913. 2. Aufl., Hamburg 1919.

Moltke, Helmut von: Gesammelte Schriften und Denkwürdigkeiten, Bd. V. Berlin 1892.

Müller-Meiningen, Ernst: Wir brauchen ein Reichs-Jugendwehrgesetz. Leipzig/Berlin 1915.

Natorp, Paul: Deutscher Weltberuf, Die Seele des Deutschen. Jena 1918.

– Hoffnungen und Gefahren unserer Jugendbewegung (Vorträge und Aufsätze aus der Comenius-Gesellschaft, Jg. 22, Stück 1). Jena 1914.

Nelson, Leonard: Öffentliches Leben (1918). 3. Aufl., Göttingen/Hamburg 1949.

– Die Reformation der Gesinnung durch Erziehung zum Selbstvertrauen (1917). 2. Aufl., Leipzig 1921.

– Vom Beruf der Philosophie unserer Zeit für die Erneuerung des öffentlichen Lebens (1915). Braunschweig 1947.

Neuendorff, Edmund: Die militärische Vorbereitung der Jugend im Urteile Sachverständiger. Hrsg. von Zentralausschuß für Volks- und Jugendspiele. Leipzig/Berlin 1916.

Nietzsche, Friedrich: Also sprach Zarathustra. Ein Buch für Alle und Keinen (Nietzsches Werke, Erste Abteilung, Bd. 6). Leipzig 1904.

Paulsen, Friedrich: Geschichte des gelehrten Unterrichts an den deutschen Schulen und Universitäten vom Ausgang des Mittelalters bis zur Gegenwart. Mit besonderer Rücksicht auf den klassischen Unterricht. 3. erw. Aufl., Bd. 2: 1740–1892, Der gelehrte Unterricht bis zum Weltkrieg 1892–1914. Berlin/Leipzig 1921.

Piper, Otto: Die Gestaltwerdung des Jugendbundes. In: G. Ziemer/H. Wolf, Wandervogel und Freideutsche Jugend, Bad Godesberg 1961, S. 248 ff.

Die preußischen Ministerialerlasse betr. Jugendpflege vom 18. 1. 1911 und vom 30. 4. 1913. In: F. Duensing (Schriftl.), Handbuch für Jugendpflege, hrsg. von der Deutschen Zentrale für Jugendfürsorge, Langensalza 1913, S. 853–864.

Rabe, Hanns Gerd: Wir ziehen auf »große Fahrt« in den Orlog. In: G. Ziemer/H. Wolf, Wandervogel und Freideutsche Jugend, Bad Godesberg 1961, S. 519 ff.

Richtlinien für die militärische Vorbildung der älteren Jahrgänge der Jugend-Abteilungen während des Kriegszustandes nebst Erläuterungen und Ergänzungen. Hrsg. vom Königlichen Kriegsministerium. Berlin 1916.

Röder, Hans von: Hans von Röder zum Gedächtnis. Königsberg 1917.

Rohden, Gotthold von (Hrsg.): Zwei Brüder. Feldpostbriefe und Tagebuchblätter. Bde. 1–2, Tübingen 1916.

Rubner, Max: Das Ernährungswesen. In: F. Bumm (Hrsg.), Deutschlands Gesundheitsverhältnisse unter dem Einfluß des Weltkrieges, II. Halbband, Stuttgart/Berlin/ Leipzig/New Haven 1928, S. 1–142.

Schenckendorff, Emil von/Lorenz, Hermann (Hrsg.): Wehrkraft durch Erziehung. Im Namen des Ausschusses zur Förderung der Wehrkraft durch Erziehung. Leipzig 1904.

Schierer, Herbert: Das Zeitschriftenwesen der Jugendbewegung. Ein Beitrag zur Geschichte der Jugendzeitschrift. Charlottenburg 1938.

Schmidt, August: Emil von Schenckendorff. Ein Gedenkblatt. In: Kriegsjahrbuch für Volks- und Jugendspiele, Leipzig/Berlin 1915, S. 4–23.

Schmidt, Georg: Die Aufgaben der militärischen Jugenderziehung in pädagogischer Beleuchtung. Langensalza 1917.

– Militärische Jugendpflege. Langensalza 1917.

Schmoller, Gustav: Was verstehen wir unter dem Mittelstande? Hat er im 19. Jahrhundert zu- oder abgenommen? Vortrag auf dem 8. evangelisch-sozialen Kongreß in Leipzig am 11. 6. 1896. Göttingen 1897.

Schultheß' Europäischer Geschichtskalender. Neue Folge, 30. Jg. 1914 (Bd. 55,1). Hrsg. von Wilhelm Stahl. München 1917.

– Neue Folge, 32. Jg. 1916 (Bd. 57,1). Hrsg. von Ernst Jäckh und Karl Hönn. München 1921.

Schwarte, Max (Hrsg.): Die militärischen Lehren des großen Krieges. Berlin 1920.

Seeckt, Hans von: Gedanken eines Soldaten. Erweiterte Ausgabe. Leipzig 1935.

Sellmann (N. N.): Auf Posten Jungdeutschland. Witten 1916.

Sickinger, L.: Die militärische Vorbereitung der Jugend. II: Ausblick. In: Kriegsjahrbuch für Volks- und Jugendspiele, Leipzig/Berlin 1916, S. 90–104.

Siercks, Hans: Jugendpflege. Teil I – Männliche Jugend. Berlin/Leipzig 1913.

Silesius, Angelus: Der Cherubinische Wandersmann. Hrsg. von Will-Erich Peuckert. Bremen 1956.

Specht, Minna/Eichler, Willi (Hrsg.): Leonard Nelson zum Gedächtnis. Frankfurt/Göttingen 1953.

Speiser, Heinz (Hrsg.): Hans Breuer – Wirken und Wirkungen. Eine Monographie. Burg Ludwigstein 1977.

Stählin, Wilhelm: Fieber und Heil in der Jugendbewegung. Hamburg 1921.

Toepfer (N. N.): Minenkämpfe. In: M. Schwarte (Hrsg.), Die militärischen Lehren des großen Krieges, Berlin 1920, S. 211–221.

Tönnies, Ferdinand: Gemeinschaft und Gesellschaft (1887). 4./5. Aufl., Berlin 1922.

Tormin, Helmut: Freideutsche Jugend und Politik (Freideutsche Schriften, H. 2). Hamburg 1918.

Verhandlung des Preußischen Abgeordnetenhauses. Stenographischer Bericht, 22. Legislaturperiode, III. Session 1916/17, 27. Sitzung, 16. 3. 1916.

Vesper, Will (Hrsg.): Deutsche Jugend. 30 Jahre Geschichte einer Bewegung. Berlin 1934.

Weber, Alfred: Kultursoziologie. In: Handwörterbuch der Soziologie. Unveränderter Nachdruck, Stuttgart 1959, S. 284–294.

Weber, Max: Politik als Beruf (1919). 6. Aufl., Berlin 1977.

Der Weltkrieg 1914 bis 1918. Bearbeitet vom Reichsarchiv. Der Marne-Feldzug (Die militärischen Operationen zu Lande, Bde. 3 und 4). Berlin 1926. – Der Herbst-Feldzug (Die militärischen Operationen zu Lande, Bde. 5 und 6). Berlin 1929.

Wrisberg, Ernst von: Erinnerungen an die Kriegsjahre im Königlich Preußischen Kriegsministerium. 3 Bde., Leipzig 1921/22.

– Heer und Heimat 1914–1918. Leipzig 1922.

– Wehr und Waffen. Leipzig 1922.

Wyneken, Gustav: Der Gedankenkreis der Freien Schulgemeinde. Jena 1913.

– Der Kampf für die Jugend. Gesammelte Aufsätze. Jena 1919.

– Der Krieg und die Jugend. Öffentlicher Vortrag, gehalten am 25. November 1914 in der Münchner Freien Studentenschaft. München 1915.

– Schule und Jugendkultur. Jena 1913.

– Was ist Jugendkultur? Öffentlicher Vortrag am 30. Oktober 1913 in München. München 1914.

Zentralstelle für Volkswohlfahrt (Hrsg.): Schriften der Zentralstelle für Volkswohlfahrt. Neue Folge der Schriften der Zentralstelle für Arbeiter-Wohlfahrtseinrichtungen, H. 13. Berlin 1917.

Ziemer, Gerhard/Wolf, Hans: Wandervogel und Freideutsche Jugend. Bad Godesberg 1961.

III. Darstellungen nach 1945

Abendroth, Wolfgang: Sozialgeschichte der europäischen Arbeiterbewegung. 9. Aufl., Frankfurt/Main 1973.

Adorno, Theodor W.: Kulturkritik und Gesellschaft. In: ders., Kulturkritik und Gesellschaft, Frankfurt/Main 1976, S. 7–31.

Ashworth, A. E.: The Sociology of Trench War 1914–1918. In: British Journal of Sociology, Nr. 19/1968, S. 407 ff.

Arbeitsgruppe Pädagogisches Museum (Hrsg.): Hilfe Schule! Ein Bilder-Lese-Buch über Schule und Alltag Berliner Arbeiterkinder. Von der Armenschule zur Gesamtschule, 1827 bis heute. Berlin 1981.

Aufmuth, Ulrich: Die deutsche Wandervogelbewegung unter soziologischem Aspekt (Studien zum Wandel von Gesellschaft und Bildung im 19. Jahrhundert, Bd. 16). Göttingen 1979.

Bergmann, Klaus: Agrarromantik und Großstadtfeindlichkeit. Meisenheim 1970.

Bergsträsser, Arnold: Rückblick auf die Generation von 1914. Auszug aus einem Beitrag zu der Festschrift »Ordnung als Ziel« zum 60. Geburtstag von Dr. Dr. h. c. Peter von Aubel am 5. 6. 1954, hrsg. von R. Tillmanns. In: W. Kindt (Hrsg.), Die Wandervogelzeit, Düsseldorf/Köln 1968, S. 634–639.

Bergsträsser, Ludwig: Geschichte der politischen Parteien in Deutschland. 11. Aufl., überarb. und hrsg. von W. Mommsen. München/Wien 1965.

Beuys, Barbara: Familienleben in Deutschland. Neue Bilder aus der Vergangenheit. Hamburg 1980.

Birker, Karl: Die deutschen Arbeiterbildungsvereine 1840–1870 (Einzelveröffentlichungen der Historischen Kommission zu Berlin; Publikationen zur Geschichte der Arbeiterbewegung). Berlin 1973.

Böhme, Helmut: Deutschlands Weg zur Großmacht. Studien zum Verhältnis von Wirtschaft und Staat während der Reichsgründungszeit 1848–1979. Köln 1966.

– Prolegomena zu einer Sozial- und Wirtschaftsgeschichte Deutschlands im 19. und 20. Jahrhundert. 8. Aufl., Frankfurt/Main 1981.

Bornewasser, Manfred/Hesse, Friedrich Wilhelm/Mielke, Rosemarie/Mummendey, Hans Dieter: Einführung in die Sozialpsychologie. 2. verb. Aufl., Heidelberg 1969.

Bruch, Rüdiger vom: Wissenschaft, Politik und öffentliche Meinung. Gelehrtenpolitik im kaiserlichen Deutschland (1890–1914) (Historische Studien, H. 435). Husum 1980.

Burchardt, Lothar: Die Auswirkungen der Kriegswirtschaft auf die deutsche Zivilbevölkerung im Ersten und Zweiten Weltkrieg. In: Militärgeschichtliche Mitteilungen, Nr. 15, 1/1974, S. 67 ff.

– Walther Rathenau und die Anfänge der Rohstoffbewirtschaftung im ersten Weltkrieg. In: Tradition – Zeitschrift für Firmengeschichte und Unternehmerbiographie, Nr. 15/1970, S. 169–196.

Chatellier, A.: Julius Langbehn: un reactionnaire à la mode en 1890. In: Revue d'Allemagne, Bd. XIV, Nr. 1/1982, S. 55 ff.

Christadler, Marieluise: Kriegserziehung im Jugendbuch. Literarische Mobilmachung in Deutschland und Frankreich 1914. Frankfurt/Main 1978.

Dahrendorf, Ralf: Gesellschaft und Demokratie in Deutschland. München 1968.

Deist, Wilhelm: Die Armee in Staat und Gesellschaft 1890–1918. In: M. Stürmer, Das kaiserliche Deutschland, Düsseldorf 1970, S. 312–339.

Demeter, Karl: Das deutsche Offizierskorps in Gesellschaft und Staat 1650–1945. 2. neubearb. Aufl., Frankfurt/Main 1962.

Dougherty, Richard W.: Eros, Youth Culture und Geist: The Ideology of Gustav Wyneken and its Influence upon the German Youth Movement. Phil. Diss. Wisconsin/Madison 1977.

Eberts, Erich: Arbeiterjugend 1904–1945. Sozialistische Erziehungsgemeinschaft – Politische Organisation. Frankfurt/Main 1980.

Eisenstadt, Samuel N.: Von Generation zu Generation. Altersgruppen und Sozialstruktur. München 1966.

Erdmann, Karl Dietrich: Die Zeit der Weltkriege (Bruno Gebhardt, Handbuch der deutschen Geschichte. Neubearb. Aufl., Bde. 18–22). München 1980.

Ernst, Johann (Hrsg.): Innenansicht eines Krieges. Deutsche Dokumente 1914–1918. München 1973.

Favrat, Jean: Conservatismen et modernité: Le cas de Paul de Lagarde. In: Revue d'Allemagne, Bd. XIV, Nr. 1/1982, S. 35 ff.

Feldman, Gerald D.: Gegenwärtiger Forschungsstand und künftige Forschungsprobleme zur deutschen Inflation. In: O. Büsch/G. D. Feldman (Hrsg.), Historische Prozesse der deutschen Inflation 1914–1924 – Ein Tagungsbericht, Berlin 1978, S. 3–21.

Feldman, Gerald D./Homburg, Heidrun: Industrie und Inflation. Studien und Dokumente zur Politik der deutschen Unternehmer 1916–1923 (Reihe Historische Perspektiven, 5). Hamburg 1977.

Fenske, Thomas: Die Jugendbewegung und die Herausforderung des Ersten Weltkrieges, untersucht am Beispiel des Wandervogels e. V. und der Freideutschen Jugend. Unveröffentlichte Magisterarbeit. Berlin 1982.

Fischer, Fritz: Griff nach der Weltmacht. Die Kriegszielpolitik des kaiserlichen Deutschland. Düsseldorf 1961.

Flatz, Roswitha: Krieg im Frieden. Das aktuelle Militärstück auf dem Theater des deutschen Kaiserreichs. Frankfurt/Main 1976.

Flora, Peter: Indikatoren der Modernisierung. Ein historisches Datenhandbuch (Studien zur Sozialwissenschaft, Bd. 27). Opladen 1975.

Frecot, Janos: Die Lebensreformbewegung. In: K. Vondung (Hrsg.), Das wilhelminische Bildungsbürgertum, Göttingen 1976, S. 138–152.

Frenzel, Ivo: Friedrich Nietzsche in Selbstzeugnissen und Bilddokumenten. Hamburg 1979.

Fricke, Dieter: Die deutsche Arbeiterbewegung 1869 bis 1914. Ein Handbuch über ihre Organisation und Tätigkeit im Klassenkampf. Berlin 1976.

Gall, Lothar: Bismarck, der weiße Revolutionär. Berlin 1980.

– (Hrsg.): Liberalismus. 2. Aufl., Köln 1980.

Garbarino, James: Entwicklung im Jugendalter: Eine ökologische Perspektive. In: L. Montada (Hrsg.), Brennpunkte der Entwicklungspsychologie, Stuttgart/Berlin 1979, S. 300–312.

Gehlen, Arnold: Die Seele im technischen Zeitalter. Hamburg 1957.

Geissler, Erich E.: Der Gedanke der Jugend bei Gustav Wyneken (Forschungen zur Pädagogik und Geistesgeschichte, Bd. 1). Frankfurt/Berlin/Bonn 1963.

Gerber, Walther: Zur Entstehungsgeschichte der deutschen Wandervogelbewegung. Ein kritischer Beitrag. Bielefeld 1957.

Gessner, Dieter: Zur Genesis der »bürgerlichen Gesellschaft« in Deutschland. Neue Literatur zum Verhältnis von liberaler Bewegung, »bürgerlicher Gesellschaft« und Industrialisierung in der ersten Hälfte des 19. Jahrhunderts in Deutschland. In: Neue politische Literatur, Jg. 26, Nr. 3/1981, S. 281–291.

Glaser, Hermann: Literatur des 20. Jahrhunderts in Motiven. Bd. 1, 1870 bis 1918. München 1978.

Greiffenhagen, Martin: Das Dilemma des Konservatismus in Deutschland. München 1977.

Greinert, Wolf-Dietrich/Hanf, Georg: Indoktrination und Disziplinierung. Die Fortbildungsschule in Berlin um 1900. In: Hilfe Schule!, hrsg. von der Arbeitsgruppe Pädagogisches Museum, Berlin 1981, S. 102–106.

Greven-Aschoff, Barbara: Die bürgerliche Frauenbewegung in Deutschland 1894–1933 (Kritische Studien zur Geschichtswissenschft, Bd. 46). Göttingen 1982.

Gründer, Konrad: Bildungsphilister. In: J. Ritter (Hrsg.), Historisches Wörterbuch der Philosophie, Bd. 1, Basel 1971, Sp. 937 f.

Guenau, Y.: Nietzsche et la modernité. In: Revue d'Allemagne, Bd. XIV, Nr. 1/1982, S. 71 ff.

Habermas, Jürgen: Strukturwandel der Öffentlichkeit. Untersuchungen zu einer Kategorie der bürgerlichen Gesellschaft. Darmstadt 1982.

Hafkesbrink, Hanna: Unknown Germany. An inner chronicle of the first world war based on letters and diaries. New Haven 1948.

Haltern, Utz: Entwicklungsprobleme der bürgerlichen Gesellschaft. In: Geschichte und Gesellschaft, Jg. 5/1979, S. 274–293.

Hamann, Richard/Hermand, Jost: Stilkunst um 1900. 2. Aufl., München 1975.

– /– Expressionismus (Epochen deutscher Kultur von 1870 bis zur Gegenwart). München 1976.

Hampe, Peter: Sozioökonomische und psychische Hintergründe der bildungsbürgerlichen Imperialbegeisterung. In: K. Vondung (Hrsg.), Das wilhelminische Bildungsbürgertum, Göttingen 1976, S. 67–79.

Hardach, Gerd: Der erste Weltkrieg. München 1973.

Henning, Friedrich-Wilhelm: Die Industrialisierung in Deutschland 1800 bis 1914 (Wirtschafts- und Sozialgeschichte, Bd. 2). Paderborn 1973.

Henning, Hansjoachim: Das westdeutsche Bürgertum in der Epoche der Hochindustrialisierung 1860–1914. Soziales Verhalten und soziale Strukturen. Teil I: Das Bildungsbürgertum in den preußischen Westprovinzen (Historische Forschungen im Auftrag der Kommission der Akademie der Wissenschaften und der Literatur, Bd. VI). Wiesbaden 1972.

Hermand, Jost: Ismen, Stile, Etiketten. Zur Periodisierung der modernen Kunst. Wiesbaden 1978.

– Der Schein des schönen Lebens. Frankfurt/Main 1972.

Herzer, Manfred: »Bringt uns wirklich der Klapperstorch?« Zum Werk des Berliner Arztes und Sexualpädagogen Max Hodann. Unveröffentlichtes Typoskript, o. J. (im Besitz der Verfasserin).

Hildebrand, Klaus: Bethmann-Hollweg. Der Kanzler ohne Eigenschaften. Urteile der Geschichtsschreibung. Eine kritische Bibliographie. 2. Aufl., Düsseldorf 1970.

– Imperialismus, Wettrüsten und Kriegsausbruch. Literaturbericht zum Kriegsausbruch. In: Neue politische Literatur, Jg. 20, H. 2/1975 und 3/1975, S. 160–194, 339–364.

Hintze, Otto: Der Beamtenstand. In: ders., Soziologie und Geschichte, hrsg. und eingeleitet von G. Oesterreich, 2. erw. Aufl., Göttingen 1964, S. 66–126.

Höfele, Karl Heinrich: Selbstverständnis und Zeitkritik des deutschen Bürgertums vor dem ersten Weltkrieg. In: Zeitschrift für Religions- und Geistesgeschichte, Jg. 8/1956, S. 40–56.

Höhn, Reinhard: Sozialismus und Heer. Bd. III: Der Kampf des Heeres gegen die Sozialdemokratie. Bad Harzburg 1969.

Hohorst, Gerd/Kocka, Jürgen/Ritter, Gerhard A.: Sozialgeschichtliches Arbeitsbuch. Materialien zur Statistik des Kaiserreiches 1870–1914. München 1975.

Holborn, Hajo: Der deutsche Idealismus in sozialgeschichtlicher Beleuchtung. In: H.-U. Wehler (Hrsg.), Moderne deutsche Sozialgeschichte, 5. Aufl., Köln 1975, S. 85–108.

Holl, Karl/List, Günther: Liberalismus und imperialistischer Staat. Der Imperialismus als Problem liberaler Parteien 1890–1914. Göttingen 1975.

Hornstein, Walter u. a.: Lernen im Jugendalter (Gutachten und Studien der Bildungskommission des Deutschen Bildungsrates, Nr. 54). Stuttgart 1976.

Huber, Ernst Rudolf: Deutsche Verfassungsgeschichte seit 1789. Bd. 3: Bismarck und das Reich. Stuttgart 1963.

Jahrbuch des Archivs der deutschen Jugendbewegung. Bd. 1 ff. Burg Ludwigstein 1969 ff.

Jantzen, Walter: Die soziologische Herkunft der Führungsschicht in der Jugendbewegung 1900–1933. In: Führungsschicht und Eliteproblem (Jahrbuch der Ranke-Gesellschaft, Bd. 3), Frankfurt/Berlin 1957, S. 127–135.

Jarausch, Konrad H.: Illiberalism and Beyond. German History in Search of a Paradigm. In: Journal of Modern History, Bd. 55, Nr. 2/1983, S. 268 ff.

– The Social Transformation of the University. The Case of Prussia. In: Journal of Social History, Bd. 12/1978–79, S. 609–631.

– Students, Society and Politics in Imperial Germany. The Rise of Academic Illiberalism. New Jersey 1982.

– The Enigmatic Chancellor. Bethmann-Hollweg and the Hybris of Imperial Germany. New Haven/London 1973.

Jaspers, Karl: Nietzsche. Einführung in das Verständnis seines Philosophierens. 3. Aufl., Berlin 1950.

Kaelble, Hartmut: Chancengleichheit und akademische Ausbildung in Deutschland 1910–1960. In: Geschichte und Gesellschaft, Nr. 1/1975, S. 121 ff.

– (Hrsg.): Geschichte der sozialen Mobilität seit der industriellen Revolution. Königstein/Taunus 1978.

– Historische Mobilitätsforschung. Westeuropa und die USA im 19. und 20. Jahrhundert (Erträge der Forschung, Bd. 85). Darmstadt 1978.

– Industrialisierung und soziale Ungleichheit. Europa im 19. Jahrhundert. Eine Bilanz. Göttingen 1983.

– (Hrsg.): Probleme der Modernisierung in Deutschland (Schriften des Zentralinstituts für sozialwissenschaftliche Forschung der Freien Universität Berlin, Bd. 27). Opladen 1978.

– Soziale Mobilität und Chancengleichheit im 19. und 20. Jahrhundert. Deutschland im internationalen Vergleich. Göttingen 1983.

Kaempfer, Wolfgang: Ernst Jünger. Stuttgart 1981.

Karl, Willibald: Jugend, Gesellschaft und Politik im Zeitraum des Ersten Weltkriegs. Zur Geschichte der Jugendproblematik der deutschen Jugendbewegung im ersten Viertel des 20. Jahrhunderts unter besonderer Berücksichtigung ihrer gesellschaftlichen und politischen Relationen und Entwicklungen in Bayern. München 1973.

Kielmansegg, Peter Graf von: Deutschland und der erste Weltkrieg. 2. Aufl., Frankfurt/Main 1980.

Klönne, Arno: Erkenntnisse aus Interviews. In: Jahrbuch des Archivs der deutschen Jugendbewegung, Bd. 14/1982–83, S. 345–349.

Klose, Werner (Hrsg.): Deutsche Kriegsliteratur zu zwei Weltkriegen. Arbeitstexte für den Unterricht. Stuttgart 1984.

Knobloch, Johann/Moser, Hugo/Weisgerber, Leo u. a. (Hrsg.): Sprachwissenschaftliches Colloquium (Bonn). Kultur und Zivilisation, Band III der europäischen Schlüsselworte. Wortvergleichende und wortgeschichtliche Studien. München 1967.

Kocka, Jürgen: Angestellte im europäischen Vergleich. Die Herausbildung angestellter Mittelschichten seit dem späten 19. Jahrhundert. Göttingen 1981.

– Klassengesellschaft im Krieg. Deutsche Sozialgeschichte 1914–1918 (Kritische Studien zur Geschichtswissenschaft 8). 2. Aufl., Göttingen 1978.

Koebner, Thomas/Janz, Rolf-Peter/Trommler, Frank (Hrsg.): »Mit uns zieht die neue Zeit«. Der Mythos Jugend (edition suhrkamp, Neue Folge, Bd. 229). Frankfurt/ Main 1985.

Korte, Hermann: Der Krieg in der Lyrik des Expressionismus. Studien zur Evolution eines literarischen Themas. Bonn 1981.

Koselleck, Reinhart: Staat und Gesellschaft in Preußen 1815–1948. In: H. U. Wehler, Moderne deutsche Sozialgeschichte, 2. Aufl. Köln/Berlin 1968, S. 55–84.

Krabbe, Wolfgang R.: Gesellschaftsveränderung durch Lebensreform, Strukturmerkmale einer sozialreformerischen Bewegung im Deutschland der Industrialisierungsperiode. Göttingen 1974.

Krafeld, Franz Josef: Geschichte der Jugendarbeit. Von den Anfängen bis zur Gegenwart. Weinheim/Basel 1984.

Kratzsch, Gerhard: Kunstwart und Dürerbund. Ein Beitrag zur Geschichte der Gebildeten im Zeitalter des Imperialismus. Göttingen 1969.

Krockow, Christian Graf von: Die Entscheidung. Eine Untersuchung über Ernst Jünger, Carl Schmitt, Martin Heidegger. Stuttgart 1958.

Kroug, Wolfgang: Sein zum Tode. Gedanke und Bewährung. Lebensbilder im Kampf gebliebener Mitglieder der Akademischen Vereinigung Marburg. Bad Godesberg 1955.

Kupffer, Heinrich: Gustav Wyneken. Stuttgart 1970.

Kunz, Andreas: Verteilungskampf oder Interessenkonsensus? Einkommensentwicklung und Sozialverhalten von Arbeitnehmergruppen in der Inflationszeit 1914–1924. In: Die Deutsche Inflation, hrsg. v. G. D. Feldmann, C.-L. Holtfrerich, G. A. Ritter, P. C. Witt, Berlin/New York 1982, S. 374–384.

Lang, Kurt: Military Institutions and the Sociology of War. A Review of the Literature with demoted Bibliography. Beverly Hills/London 1972.

Laqueur, Walter Z.: Die deutsche Jugendbewegung. Eine historische Studie. Köln 1962 (Studienausgabe 1978).

Lemmermann, Heinz: Kriegserziehung im Kaiserreich. Studien zur politischen Funktion von Schule und Schulmusik 1890–1918, Bde. 1–2. Bremen 1984.

Lieber, Hans-Joachim: Kulturkritik und Lebensphilosophie. Studien zur deutschen Philosophie der Jahrhundertwende. Darmstadt 1974.

Link, Werner: Die Geschichte des Internationalen Jugend-Bundes (IJB) und des Internationalen Sozialistischen Kampfbundes (ISK). Ein Beitrag zur Geschichte der Arbeiterbewegung in der Weimarer Republik und im Dritten Reich. Meisenheim 1964.

Linse, Ulrich, Die entschiedene Jugend 1919–1921. Deutschlands erste revolutionäre Schüler- und Studentenbewegung. Frankfurt/Main 1981.
– Hochschulrevolution. Zur Ideologie und Praxis sozialistischer Studentengruppen während der deutschen Revolutionszeit 1918/19. In: Archiv für Sozialgeschichte, Bd. XIV/1974, S. 1–114.
– Die Jugendkulturbewegung. In: K. Vondung (Hrsg.), Das wilhelminische Bildungsbürgertum, Göttingen 1976, S. 119–137.
– Die Kommune der deutschen Jugendbewegung. Ein Versuch zur Überwindung des Klassenkampfes aus dem Geiste der bürgerlichen Utopie. Die »kommunistische Siedlung Blankenburg« bei Donauwörth 1919/20. München 1973.
– Das wahre Zeugnis. Eine psychohistorische Deutung des Ersten Weltkriegs. In: K. Vondung (Hrsg.), Kriegserlebnis – Der Erste Weltkrieg in der literarischen Gestaltung und symbolischen Deutung der Nationen, Göttingen 1980, S. 90–114.
– Zurück, o Mensch, zur Mutter Erde. Landkommunen in Deutschland 1890–1933. München 1983.
Lübbe, Hermann: Politische Philosophie in Deutschland. München 1974.
Lundgreen, Peter: Bildung und Wirtschaftswachstum im Industrialisierungsprozeß des 19. Jahrhunderts. Methodische Ansätze, empirische Studien und internationale Vergleiche (Historische und pädagogische Studien, Bd. 5). Berlin 1973.
– Historische Bildungsforschung. In: R. Rürup (Hrsg.), Historische Sozialwissenschaft – Beiträge zur Einführung in die Forschungspraxis, Göttingen 1977, S. 96–125.
Manegold, Karl Heinz: Universität, Technische Hochschule und Industrie. Ein Beitrag zur Emanzipation der Technik im 19. Jahrhundert unter besonderer Berücksichtigung der Bestrebungen Felix Kleins (Schriften zur Wirtschafts- und Sozialgeschichte, Bd. 16). Berlin 1970.
Matzerath, Horst: Mobilität und sozialer Wandel am Beispiel der Städte Rheydt und Rheindahlen. In: H. Kaelble (Hrsg.), Probleme der Modernisierung in Deutschland, Opladen 1978, S. 13–79.
Mayntz, Renate/Roghmann, Klaus/Ziegler, Rolf: Handbuch der empirischen Sozialforschung. 2. neubearb. Aufl., Bd. 9, Stuttgart 1977.
Meyer, Peter: Kriegs- und Militärsoziologie. München/Opladen 1977.
Moenks, Franz J./Hill, John P.: Entwicklungsperspektiven Jugendlicher. In: L. Montada (Hrsg.), Brennpunkte der Entwicklungspsychologie, Stuttgart/Berlin 1979, S. 337–352.
Mogge, Winfried: Wandervogel, Freideutsche Jugend und Bünde. Zum Jugendbild der bürgerlichen Jugendbewegung. In: Th. Koebner u. a. (Hrsg.), »Mit uns zieht die neue Zeit«, Frankfurt/Main 1985, S. 174–198.
Mommsen, Wolfgang J. (Hrsg.): Der moderne Imperialismus. Stuttgart 1971.
– Wandlungen der liberalen Idee im Zeitalter des Liberalismus. In: K. Holl/G. List, Liberalismus und imperialistischer Staat – Der Imperialismus als Problem liberaler Parteien 1890–1914, Göttingen 1975, S. 109 ff.
Montada, Leo (Hrsg.): Brennpunkte der Entwicklungspsychologie. Stuttgart/Berlin 1979.
Müller, Jakob: Die Jugendbewegung als deutsche Hauptrichtung neukonservativer Reform. Zürich 1971.
Musial, Magdalena: Jugendbewegung und Emanzipation der Frau. Ein Beitrag zur Rolle der weiblichen Jugend in der Jugendbewegung bis 1933. Phil. Diss. Essen 1982.

Muth, Heinrich: Jugendpflege und Politik. Zur Jugend- und Innenpolitik des Kaiserreiches. In: Geschichte in Wissenschaft und Unterricht, Jg. 12, H. 10/1961, S. 597–619.

Nagel, Paul (Hrsg.): Erinnerungen an Gustav Wyneken. Im Auftrage der Gustav-Wyneken-Gesellschaft. Göttingen 1966.

Neis, Edgar: Der Krieg im deutschen Gedicht (Interpretationen motivgleicher Gedichte in Themengruppen, Bd. 3). 2. Aufl., Hollfeld 1980.

Neuloh, Otto/Zilius, Wilhelm: Die Wandervögel. Eine empirisch-soziologische Untersuchung der frühen deutschen Jugendbewegung (Studien zum Wandel von Gesellschaft und Bildung im 19. Jahrhundert, Bd. 19). Göttingen 1982.

Nickel, Horst: Entwicklungspsychologie des Kindes- und Jugendalters. Ein Lehrbuch für Studierende der Psychologie, Erziehungs- und Sozialwissenschaften. 2. Aufl., Bern/Stuttgart/Wien 1976.

Nipperdey, Thomas: Deutsche Geschichte 1800–1866. Bürgerwelt und starker Staat. München 1983.

– Gesellschaft, Kultur, Theorie. Gesammelte Aufsätze zur neueren Geschichte (Kritische Studien zur Geschichtswissenschaft, Bd. 18). Göttingen 1976.

– Über einige Grundzüge der deutschen Parteigeschichte. In: Festschrift für H. C. Nipperdey, hrsg. von R. Dietz und H. Hübner, Bd. II, München/Berlin 1965, S. 815 bis 841.

O'Boyle, Leonore: Klassische Bildung und soziale Struktur in Deutschland zwischen 1800 und 1848. In: Historische Zeitschrift, Bd. 207/1968, S. 584–608.

Paetel, Karl Otto: Jugend in der Entscheidung 1913–1933–1945. Bad Godesberg 1963.

Panther, Ulrich: Gustav Wyneken. Leben und Werk. Weinheim 1960.

Parsons, Talcott: Evolutionäre Universalien der Gesellschaft. In: W. Zapf (Hrsg.), Theorien des sozialen Wandels, Köln/Berlin 1969, S. 55–91.

– Beiträge zur soziologischen Theorie (1939). 3. unveränd. Aufl., Darmstadt/Neuwied 1973.

Paul, Wolfgang: Das Feldlager. Jugend zwischen Langemarck und Stalingrad. Esslingen 1978.

Petzina, Dietmar: Materialien zum wirtschaftlichen und sozialen Wandel in Deutschland seit dem Ende des 19. Jahrhunderts. In: H. Winkel (Hrsg.), Wirtschaftliche Entwicklung und sozialer Wandel, Darmstadt 1981, S. 297–342.

Preuß, Reinhard: Linke Strömungen in der deutschen Jugendbewegung 1913 bis 1919. Phil. Diss. Marburg 1983 (erscheint 1989 in der Edition Archiv der deutschen Jugendbewegung).

Puhle, Hans Jürgen: Agrarische Interessenpolitik und preußischer Konservativismus im Wilhelminischen Reich 1893–1914. 2. Aufl., Hannover 1975.

Rahn, Rudolf: Ruheloses Leben. Aufzeichnungen und Erinnerungen. Düsseldorf 1949.

Resasade, Hadi: Zur Kritik der Modernisierungstheorien. Ein Versuch zur Beleuchtung ihres methodologischen Basissyndroms (Sozialwissenschaftliche Studien, Schriftenreihe der sozialwissenschaftlichen Institute der Universität Hamburg, H. 21). Opladen 1984.

Ringer, Fritz K.: The Decline of the German Mandarins. The German Academic Community 1890–1933. Cambridge/Massachusetts 1969.

– Education and Society in Modern Europe. Bloomington 1979.

Ringer, Fritz K.: Die Gelehrten. Der Niedergang der deutschen Mandarine 1890–1933. Stuttgart 1983.

Ritter, Gerhard A.: Arbeiterbewegung, Parteien und Parlamentarismus. Göttingen 1976.

Röhl, John C. G.: Germany without Bismarck. The crisis of Government in the Second Reich 1890–1900. London 1967 (deutsch Tübingen 1969).

Rosenberg, Arthur: Entstehung und Geschichte der Weimarer Republik. Frankfurt/Main 1961.

Rosenberg, Hans: Große Depression und Bismarckzeit. Wirtschaftsablauf, Gesellschaft und Politik in Mitteleuropa. Berlin 1967.

– Machteliten und Wirtschaftskonjunkturen. Studien zur neueren deutschen Sozial- und Wirtschaftsgeschichte. Göttingen 1978.

– Die Pseudodemokratisierung der Rittergutsbesitzerklasse. In: H.-U. Wehler (Hrsg.), Moderne deutsche Sozialgeschichte, 2. Aufl., Köln/Berlin 1968, S. 287–308.

– Wirtschaftskonjunktur, Gesellschaft und Politik in Mitteleuropa 1873–1896. In: H.-U. Wehler (Hrsg.), Moderne deutsche Sozialgeschichte, 2. Aufl., Köln/Berlin 1968, S. 225–253.

Rosenmayr, Leopold: Einführung in die Jugendsoziologie. Heidelberg 1976.

– Jugend als Faktor sozialen Wandels. In: F. Neidhardt u. a. (Hrsg.), Jugend im Spektrum der Wissenschaften, 2. Aufl., München 1972, S. 203–228.

Rüschemeyer, Dietrich: Modernisierung und die Gebildeten im kaiserlichen Deutschland. Überlegungen zu einer in Arbeit befindlichen Untersuchung. In: P. Ch. Ludz (Hrsg.), Soziologie und Sozialgeschichte (Kölner Zeitschrift für Soziologie und Sozialpsychologie, Ergänzungsband 16), Opladen 1972, S. 515–529.

– Partielle Modernisierung. In: W. Zapf (Hrsg.), Theorien des sozialen Wandels (Neue Wissenschaftliche Bibliothek, Bd. 31), Köln/Berlin 1970, S. 382–396.

Ruppert, Wolfgang: Die Fabrik. Geschichte von Arbeit und Industrialisierung in Deutschland. München 1983.

Saran, Mary: Never give up. Memoirs. Foreword by Arthur Lewis. London 1976.

Saul, Klaus: Jugend im Schatten des Krieges. In: Militärgeschichtliche Mitteilungen, Nr. 34, 2/1983, S. 91–184.

– Der Kampf um die Jugend zwischen Volkshochschule und Kaserne. Ein Beitrag zur »Jugendpflege« im Wilhelminischen Reich 1890–1914. In: Militärgeschichtliche Mitteilungen, Nr. 9, 1/1971, S. 97–143.

Saul, Klaus/Flemming, Jens/Stegmann, Dirk/Witt, Peter-Christian (Hrsg.): Arbeiterfamilien im Kaiserreich. Materialien zur Sozialgeschichte in Deutschland 1871–1914. Düsseldorf/Königstein 1982.

Schafferdt, Norbert: Die arbeitslosen Akademiker. Die Krise 1880–1900 und der Rechtsruck des Bildungsbürgertums. In: Journal für Geschichte, H. 6/1982, S. 10–15.

Schallenberger, Horst: Untersuchungen zum Geschichtsbild der wilhelminischen Aera und der Weimarer Zeit. Eine vergleichende Schulbuchanalyse deutscher Schulgeschichtsbücher aus der Zeit von 1888 bis 1933. Ratingen 1964.

Scheibe, Wolfgang: Die Reformpädagogische Bewegung 1900–1932. Eine einführende Darstellung. 3. Aufl., Weinheim/Basel 1972.

Schieder, Wolfgang (Hrsg.): Der Erste Weltkrieg. Ursachen, Entstehung und Kriegsziele. Köln 1969.

Schmid, Carlo: Erinnerungen. Bern/München/Wien 1979.

Schmidt-Richberg, Wiegand: Die Regierungszeit Wilhelms II. Handbuch zur deutschen Militärgeschichte 1648–1939, hrsg. vom Militärgeschichtlichen Forschungsamt, Bd. V: Von der Entlassung Bismarcks bis zum Ende des Ersten Weltkriegs, Frankfurt/Main 1968, S. 152–155.

Schüddekopf, Otto-Ernst: Der Erste Weltkrieg. Gütersloh 1977.

Schulz, Gerhard: Über die Entstehung und Formen von Interessengruppen in Deutschland seit Beginn der Industrialisierung. In: Politische Vierteljahrsschrift, Jg. 2/1961, S. 124–154.

Schwedhelm, Karl: Propheten des Nationalismus. München 1969.

Seidelmann, Karl: Gruppe – soziale Grundform der Jugend. Teil 1: Darstellung. Hannover 1970.

Selle, Gert: Über die bürgerlichen Reformversuche der Produktkultur zwischen 1898 und 1912. In: E. Siepmann (Hrsg.), Kunst und Alltag um 1900, Lahn-Gießen 1978, S. 58 ff.

Sheehan, James: Der deutsche Liberalismus. Von den Anfängen im 18. Jahrhundert bis zum Ersten Weltkrieg 1770–1914. München 1983.

Stegmann, Dirk: Die Erben Bismarcks. Parteien und Verbände in der Spätphase des Wilhelminischen Deutschland. Sammlungspolitik 1897–1918. Berlin 1970.

Stern, Fritz: Bethmann-Hollweg und der Krieg. Die Grenzen der Verantwortung. Tübingen 1968.

– Kulturpessimismus als politische Gefahr. Eine Analyse nationaler Ideologie in Deutschland. Bern/Stuttgart/Wien 1963.

– Das Scheitern illiberaler Politik. Studien zur politischen Kultur Deutschlands im 19. und 20. Jahrhundert. Frankfurt/Berlin/Wien 1972.

Sternberger, Dolf: Über Jugendstil. 2. Aufl., Frankfurt/Main 1977.

Struve, Walter: Elites against Democracy. Leadership Ideals in Bourgeois. Political Thought in Germany 1890–1933. Princeton/New Jersey 1973.

Stürmer, Michael: Das kaiserliche Deutschland. Düsseldorf 1970.

– Das ruhelose Reich. Deutschland 1866–1918 (Die Deutschen und ihre Nation, Bd. 3). Berlin 1983.

– Regierung und Reichstag im Bismarckstaat 1871–1880. Cäsarismus oder Parlamentarismus. Düsseldorf 1974.

Tenbruck, Friedrich H.: Jugend und Gesellschaft. Soziologische Perspektiven. 2. Aufl., Freiburg 1965.

Titze, Hartmut: Die zyklische Überproduktion von Akademikern im 19. und 20. Jahrhundert. In: Geschichte und Gesellschaft, H. 1/1984, S. 92–121.

Ulmen, G. L.: The Science of Society. Towards an Understanding of the Life and Work of Karl August Wittfogel. Den Haag 1978.

Vierhaus, Rudolf: Bildung. In: O. Brunner/W. Conze/R. Kosellek, Geschichtliche Grundbegriffe, Bd. 1, Stuttgart 1972, S. 508–551.

Vogler, Paul: Das Bündnis der westdeutschen Jugend mit Gustav Wyneken 1917. Ansprache auf der Burg Ludwigstein am 19. 3. 1966. In: Erinnerungen an Gustav Wyneken, hrsg. von P. Nagel, Göttingen 1966, S. 17–31.

Vondung, Klaus (Hrsg.): Kriegserlebnis. Der Erste Weltkrieg in der literarischen Gestaltung und symbolischen Deutung der Nationen. Göttingen 1980.

– Probleme einer Sozialgeschichte der Ideen. In: ders. (Hrsg.), Das wilhelminische Bildungsbürgertum, Göttingen 1976, S. 5–19.
– (Hrsg.): Das wilhelminische Bildungsbürgertum. Zur Sozialgeschichte seiner Ideen. Göttingen 1976.
Wallach, Jehuda Lothar: Kriegstheorien, ihre Entwicklung im 19. und 20. Jahrhundert. Frankfurt/Main 1972.
Weber-Kellermann, Ingeborg: Die Kindheit. Frankfurt/Main 1979.
Wehler, Hans-Ulrich: Das deutsche Kaiserreich 1871–1918 (Deutsche Geschichte, Bd. 9). 4. Aufl., Göttingen 1980.
– (Hrsg.): Moderne deutsche Sozialgeschichte. 2. Aufl., Köln/Berlin 1968.
Werner, Victor: La guerre est-elle un facteur d'acceleration de progrès? In: Res publica, Nr. 8/1966, S. 200–214.
Winnecken, Andreas: Antisemitische Strömungen in der deutschen Jugendbewegung. Phil. Diss. Braunschweig 1985 (erscheint 1989 in der Edition Archiv der deutschen Jugendbewegung).
Wiswede, Günter/Kutsch, Thomas: Sozialer Wandel. Zur Erklärungskraft neuerer Entwicklungs- und Modernisierungstheorien. Darmstadt 1978.
Wunberg, Gotthard (Hrsg.): Nietzsche und die deutsche Literatur. Texte zur Nietzsche-Rezeption, Bd. 1: 1873–1963. München 1978.
Zapf, Wolfgang (Hrsg.): Theorien des sozialen Wandels (Neue wissenschaftliche Bibliothek, Bd. 31). Köln/Berlin 1969.
Zechlin, Egmont: Deutschland zwischen Kabinettskrieg und Wirtschaftskrieg in den ersten Monaten des Weltkrieges 1914. In: Historische Zeitschrift, Bd. 199/1964, S. 347–458.
– Zum Kriegsausbruch 1914. Die Kontroverse. In: Geschichte in Wissenschaft und Unterricht, Jg. 35, H. 4/1984, S. 211–221.
Ziechmann, Jürgen: Theorie und Praxis bei Leonard Nelson und seinem Bund. Bad Heilbronn 1970.
Zilius, Wilhelm: Ulrich Aufmuth, Die deutsche Wandervogelbewegung unter soziologischem Aspekt. In: Jahrbuch des Archivs der deutschen Jugendbewegung, Bd. 12/1980, S. 201–206.
Zunkel, Friedrich: Industriebürgertum in Westdeutschland. In: H.-U. Wehler, Moderne deutsche Sozialgeschichte, Köln/Berlin 1968, S. 309–341.

IV. Abbildungen

Die Karten S. 47 und 49 sind entnommen: Schlachten des Weltkrieges in Einzeldarstellungen, hrsg. im Auftrage des Reichsarchivs, Bd. 10, Oldenburg/Berlin 1926.

Alle sonstigen Abbildungen stammen aus dem Archiv der deutschen Jugendbewegung, Burg Ludwigstein.

Die Zeichnung S. 39 (»Der Krieg«) stammt von Rudolf Sievers, die Zeichnung S. 61 (»Nach dem Sturm«) von A. Paul Weber.

Für die Titelseite wurde eine Fotografie von 1918 verwendet.

Abkürzungen

A	Akten
AdJb	Archiv der deutschen Jugendbewegung
AWV	Alt-Wandervogel
BDW	Bund Deutscher Wanderer
CAS	Centralarbeitsstätte für Jugendbewegung
DAF	Deutsche Akademische Freischar
FJ	Freideutsche Jugend/»Freideutsche Jugend«
FSG	Freie Schulgemeinde/»Freie Schulgemeinde«
FWV	Feld-Wandervogel
JWV	Jung-Wandervogel/»Jung-Wandervogel«
KPD	Kommunistische Partei Deutschlands
MDAF	»Monatsbericht der Deutschen Akademischen Freischar«
N	Nachlaß
SPD	Sozialdemokratische Partei Deutschlands
USPD	Unabhängige Sozialdemokratische Partei Deutschlands
WV	Wandervogel/»Wandervogel Monatsschrift«
WVDB	Wandervogel Deutscher Bund
WV e.V.	Wandervogel eingetragener Verein
WVFZ	»Wandervogel-Führerzeitung«

Sachregister

Häufig verwendete Begriffe wie Feldsoldaten, Freideutsche Jugend, Jugendbewegung, Wandervogel (außer Namen von Organisationen), Krieg, Weltkrieg wurden in das Register nicht aufgenommen.

302

Personenregister

Biografische Notiz

Die Autorin:
Gudrun Fiedler, geboren 1956, 1976–82 Studium der Germanistik, Geschichte und Philosophie in Braunschweig, 1985–89 Wissenschaftliche Mitarbeiterin am Historischen Seminar der Technischen Universität Braunschweig, seit 1989 Archivreferendarin am Niedersächsischen Staatsarchiv Osnabrück.